霍布斯
政治哲学研究

思想興社會
Logos & Polis
研究系列

霍布斯
政治哲学研究

刘海川 著

上海三联书店

本书为国家社科基金项目"霍布斯政治哲学研究"
（项目号：17CZX039）的成果

总　　序

λόγος 和 πόλις 是古代希腊人理解人的自然的两个出发点。人要活着，就必须生活在一个共同体中；在共同体中，人不仅能活下来，还能活得好；而在所有共同体中，城邦最重要，因为城邦规定的不是一时的好处，而是人整个生活的好坏；人只有在城邦这个政治共同体中才有可能成全人的天性。在这个意义上，人是政治的动物。然而，所有人天性上都想要知道，学习对他们来说是最快乐的事情；所以，人要活得好，不仅要过得好，还要看到这种好；人要知道他的生活是不是好的，为什么是好的，要讲出好的道理；于是，政治共同体对人的整个生活的规定，必然指向这种生活方式的根基和目的，要求理解包括人在内的整个自然秩序的本原。在这个意义上，人是讲理的动物。自从古代希腊以来，人生活的基本共同体经历了从"城邦"（πόλις）到"社会"（societas）与现代"国家"（stato）的不同形式；伴随这种转变，人理解和表达自身生活的理性也先后面对"自然"（φύσις）、"上帝"（deus）与"我思"（cogito）的不同困难。然而，思想与社会，作为人的根本处境的双重规定，始终是人的幸福生活不可逃避的问题。

不过，在希腊人看来，人的这种命运，并非所有人的命运。野蛮人，不仅没有真正意义上的政治共同体，更重要的是，他们不能正确地说话，讲不出他们生活的道理。政治和理性作为人的处境的双重规定，通过特殊的政治生活与其道理之间的内在关联和微妙张力，恰恰构成了西方传统的根本动力，是西方的历史命运。当西方的历史命运成为现代性的传统，这个共同体为自己生活讲出的道理，逐渐要求越来越多的社会在它的道理面前衡量他们生活的好坏。幻想包容越来越多的社会的思想，注定是越来越少的生活。在将越来越多的生活变成尾随者时，自身也成了尾随者。西方的现代性传统，在思想和社会上，面临着摧毁自身传统的危险。现代中国在思想和社会上的困境，正是现代性的根本问题。

对于中国人来说，现代性的处境意味着我们必须正视渗透在我们自己的思想与社会中的这一西方历史命运。现代中国人的生活同时担负着西方历史命运的外来危险和自身历史传统的内在困难。一旦我们惧怕正视自己的命运带来的不安，到别人的命运中去寻求安全，或者当我们躲进自己的历史，回避我们的现在要面对的危险，听不见自己传统令人困扰的问题，在我们手中，两个传统就同时荒废了。社会敌视思想，思想蔑视社会，好还是不好，成了我们活着无法面对的问题。如果我们不想尾随西方的历史命运，让它成为我们的未来，我们就必须让它成为我们造就自己历史命运的传统；如果我们不想窒息自身的历史传统，让它只停留在我们的过去，我们就需要借助另一个传统，思考我们自身的困难，面对我们现在的危机，从而造就中国人的历史命运。

"维天之命，於穆不已。"任何活的思想，都必定是在这个社会的生活中仍然活着的，仍然说话的传统。《思想与社会》丛书的使命，就是召唤我们的两个传统，让它们重新开口说话，用我们的话来说，面对我们说话，为我们说话。传统是希腊的鬼魂，要靠活的血来喂养，才能说话。否则海伦的美也不过是沉默的幻影。而中国思想的任务，就是用我们的血气，滋养我们的传统，让它们重新讲出我们生活的道理。"终始惟一，时乃日新。"只有日新的传统，才有止于至善的生活。《思想与社会》丛书，是正在形成的现代中国传统的一部分，它要造就活的思想，和活着的中国人一起思考，为什么中国人的生活是好的生活。

目录

注 释 说 明

1. 正文采用随文夹注的注释体例。涉及引文，随文依次标识作者名、文献发表年、引文在文献中的页码，比如"（波特，2018 年，第 33—34 页）"或者"（Bobbio，1993，p.31）"。可以在"参考文献"查找到引文出处的详细信息。

2. 涉及霍布斯的观点、表述等，随文标注所出文献的名称缩写、页码，比如"（Lev，p.11）"。相关文献名称缩写的全称如下：

EL = *the Elements of Law：Natural and Political*，ed. J.C.A. Gaskin, Oxford：Oxford University Press，1994

Lev = *Leviathan*，ed. Sir. William Molesworth，Bart，London：John Bohn，1839

OB = *Concerning Body*，ed. Sir. William Molesworth，Bart，London：John Bohn，1839

OC = *On the Citizen*，eds. & trans. Richard Tuck and Michael Silverthorne，Cambridge：Cambridge University Press，1998

OM = *Man and Citizen*（*De Homine and De Cive*），ed. Bernard Gert，Indianapolis/Cambridge：Hackett Publishing Company，1991

3. 外文引文悉数由笔者译成中文。引文中方括号（"[ ]"）内的内容是必要的意思补足或澄清，由笔者根据对引文上下文的理解添加。

致　　谢

倘若没有李猛老师六七年的言传身教,本书不可能完成。李老师启发和琢磨了我做学问的方式,传授给我本书用到的大部分背景知识(洛克、卢梭等,特别是亚里士多德)。李老师指导了我的以霍布斯为主题的博士论文——虽然本书内容和那篇论文几无关系,不过书中的诸多看法是从同李老师课上课下交流中,从他那里获得的。学生期间和李老师的共处,是我人生中最快乐的一段时光。感谢李猛老师。

感谢徐向东老师。硕士期间,我参加了很多徐老师主持的研究生讨论班,这些讨论班训练了我思考道德政治问题的能力,也给予我当代道德政治哲学的视野。徐老师对待思想的严肃态度以及哲学上的专业素养,是我一直要追随和效仿的。

感谢甘阳老师。当我博士毕业时,甘老师付出很大努力得以让我到中山大学博雅学院工作。彼时的博雅,老师们开放而纯粹、学生们好学且谦恭,是理想的教学研究环境。况且,甘老师有独特的人格魅力,就是在他身边,你会不由自主地觉得自己在做伟大的事,从而总是充满自信、自重和激情。甘老师的这些馈赠,是本书能够顺利完成的条件。

在凯风基金会的支持下,一些师友曾讨论本书的初稿,提出许多批评改进意见。随后,在吸纳这些意见的基础上,我对初稿进行了修改和完善。参与讨论的师友有:李猛、吴增定、吴飞、陈涛、陈斯一、雷思温、吴功青、郭小雨、泮伟江。感谢。

感谢我的父亲、母亲和妹妹。感谢我的妻子冯茜:除了生活上的帮扶,我妻子在学问上极为勤奋,这让我时时对自己的懒散感到羞耻,从而让这本书完成得很快。

最后,感谢重庆大学人文社会科学高等研究院在我学术生涯陷入困厄时的援助和收留。

刘海川

2021 年 6 月

重新理解霍布斯（代序）

李 猛

霍布斯对于理解现代政治的关键意义，近年来已经受到中文学界的普遍关注，陆续涌现了一批优秀的研究成果。刘海川的新著，视野宏阔，分析精湛，首尾贯通，自成一家之言，澄清了许多基于零散的阅读印象与顽固的解释先见而产生的误解，为准确把握霍布斯的政治哲学进行了重要的尝试，对许多关键问题提出了新的阐释思路，值得进一步的研究和辨析。作为有幸最早读到这部书稿的读者，我颇受启发。这本书对我个人的许多想法也产生了相当有力的冲击和挑战，希望将来有机会深入思考后做出回应。现在我努力从这部内容丰富的作品中提出几个我特别关注的问题，稍作讨论。

刘海川的博士论文（《霍布斯的政治哲学：一个以其哲学体系为背景的阐释》，北京大学哲学系，2015），就已经从哲学体系的角度着眼考察霍布斯的政治哲学思想，特别关注其政治哲学与自然哲学之间的思想关联。经过数年的思考，本书对这一问题得出了不同的结论，主张霍布斯的政治哲学具有相对于其自然哲学的"自足性"。刘海川博士对霍布斯政治哲学的这一"定位"很容易引起误解。"政治哲学自足性"的命题，并不意味着可以脱离道德哲学或人性论的论述把握霍布斯的政治哲学（参见作者对 Lloyd 类似观点的批评），这一命题的目的是反对用自然哲学或人性物理学的狭隘观点机械地解释霍布斯的人性论和道德哲学。作者反对在未经充分论证的情况下，借助霍布斯的自然哲学的概念和命题作为分判道德哲学中有争议概念的标准，或作为解决政治哲学理论困难的主要途径。在作者看来，这种貌似合理的做法往往有很大的随意性，类比的启发意义多于严格的理论阐释。也就是说,霍布斯政治哲学中的道德学说和人性观念,不能直接还原为其有关自然世界的机械论。这一反对的具体意涵尤其体现在作者对霍布斯有关意愿行为的机械论描述的态度上。作者认为这一学说极端模糊,根本没法理解,学者们试图用这一自然主义描述来澄清霍布斯自我保存学说的意涵,只会事与愿违,导致更多的混乱。刘海川对这一论点的论证,相当有说服力,也为他抛开机械论物理学重构霍布斯物理学扫清了道路。事实上,霍布斯坚持主张,政治哲学知识所具有的精确性,无法从我们对物理世界有限的猜测性知识中获得充分的保证。依赖自然知识来为人性知识奠基,与霍布斯本人对哲学体系的整体考虑并不一致。

从《论物体》的有关内容来看("献辞","给读者的信",第一章"论哲学"和第六章"论方法"),霍布斯虽然反复强调他的整个哲学的"体系性"("次序"),但却并不认为,政治哲学必须采取所谓"长途"路线,即从哲学第一原理出发,经推理确立"欲望及灵魂扰动的科学",并进而"以同样的途径"达致"制定的政治体的原因和必然性",霍布斯自己的做法表明,作为"政治哲学原理"的出发点,"人的欲望与灵魂的运动"这些现象,即使不学几何学和物理学,同样也可以通过经验的短途"分析方法"获得。从"经验"的角度来把握霍布斯的道德学说和政治哲学,反而能避免固执依赖"几何学"或"物理学"解释途径而产生的许多似是而非的误解。而在《利维坦》这样的著作中,霍布斯之所以在道德学说和政治哲学之前率先讨论人性物理学,"并非基于为其政治学说奠基的目的,而是为了彰显或批判其他理论的错误和荒谬"。用霍布斯自己的话说,他在《论公民》发表后阐述的物理学,主要的意图是驱除形而上学妖怪(empusa metaphysica。"现在我依循清楚的次序,采用物理学的真基础"安顿已经出版的政治哲学,"消除和驱逐……这个形而上学妖怪"。[《论物体》"致辞"])。但通过阐述"物理学的真基础"所建立的更为体系性的"次序",如何有助于我们更好地"消除和驱逐"各种形而上学幻象在人类道德生活中产生的影响,仍然是主张霍布斯"政治哲学自足性"的学者需要正面回答的问题,特别是如果我们不把《利维坦》第一部分作为人性论准备的自然哲学部分仅仅看作是修辞性的话。事实上，作者从防护性或治疗性的角度对霍布斯人性物理学部分作出的一些观察，呼应了其他学者通过正面考察霍布斯的哲学体系而得出的许多相关结论（例如扎卡在《霍布斯的形而上学决断》中阐述的"分离的形而上学"）。类似的解释问题，在休谟和卢梭的解释中会以不同的形式出现。可以说，在康德以实践理性重建道德哲学的基础之前，现代政治哲学在自然原理的瓦解与政治哲学的自足性方面并没能形成比较稳定的解决方案，现代政治哲学的人性论，也因此始终处于悬而未决的状态。

"在霍布斯的政治哲学视野内，国家是由人构成的、由人建立的，最终为人建立的。据此，我们感到人性知识在其政治哲学中的根本性和重要性。"基于这一洞见，这本研究霍布斯政治哲学的专著非常重视对人性论的分析。书中，对霍布斯人性论的理性主义重构所占篇幅最大，洞见颇多，极为精彩。作者全面破除了长期以来支配霍布斯道德学说解释的一些流行观念——从利己或利他的二元对立来评价霍布斯的道德出发点，从激情与理性的主奴关系来梳理霍布斯的行为心理学，从全面的虚荣自负或自然稀缺性导致的资源竞争等描述或讽刺所谓新兴资产阶级心态来把握霍布斯的自然状态学说。作者对这些颇有影响的观点的批评，不是简单地从霍布斯的著作中搜罗一系列不利的文本证据，而是从霍布斯对人的定义（"人是物体—自动的—理性的"）出发对其人性观念进行了系统的重构。这一系统的重构，充分揭示了"激情"和"理性"概念蕴含的复杂思想要素，从而能够解释成熟的人类行动者"发动意愿行为的心理机制"（作者认为，这是霍布斯人性论的核心）。作者指出，以往的学者对霍布斯使用这对概念时的"同名异义"现象注意不够，各执一端，相互攻讦，由此导致了许多无益的争论。而本书在系统澄清霍布斯的道德心理学的基础上，以相当清晰的笔触勾画了霍布斯人性论的图景。

根据作者的分析，霍布斯的"激情"概念，既包括驱动个别行为的瞬时性的"情感"，也包括更具持久性的"品性"。对于一个成人来说，激发他具体行为的直接原因是"情感",而品性则可以视为行为的"间接原因"。而霍布斯的"理性"概念则更为复杂。首先,我们需要区分针对特殊事物的权衡与进行普遍化思维的理性,基于这一划分,作者指出,一般所谓"被激情而非理性统治"的形象,严格来说适用于"动物、婴儿或孩子",而道德—政治哲学关注的"成人"并非"一个被激情而非理性统治的行动者"。成人具有的实践理性始终致力于从"长远利益"或"整体善"对当下欲望进行反思,从而"控制、统治或征服"激情。因此,霍布斯的实践理性概念是从"整体善"的角度进行"长远考虑",从而反思和控制当下的激情和欲望的机制。没有"整体善"的观念,既不能理解一个成人所具有的稳定"品性",也无法说明他作为理性动物"稀松平常"的道德行动。经过对霍布斯人性论的这一重构,霍布斯恢复了他作为理性主义伦理学伟大传统成员的荣光。

本书对霍布斯人性论的哲学重构,最令人惊讶的后果或许是,初看上去,霍布斯显得非常"亚里士多德"。此前,尽管霍布斯的读者经常会在他的作品中发现亚里士多德某些思想或概念的痕迹,但这些痕迹更多被看作是霍布斯人文主义教育的遗产,一种思想的阑尾,无害但也无用,偶尔发作还需要用新科学的手术刀切除。但作者却在霍布斯人性论的核心处发现了他与亚里士多德广泛而深刻的共同之处。这不仅体现在作者对霍布斯实践理性的解释,始终强调"整体善"对于理性和品性等人性基本概念不可或缺的构成意义,而且也在于他从这一理性概念发展出来的对霍布斯自然状态概念规范性的分析。作者发现 Hampton"骇人听闻"的结论——"霍布斯始终处于亚里士多德的阴影中"——不再是霍布斯思想的一个令人遗憾的弱点,而恰恰是他人性论最值得重视的方面。

不过,对霍布斯人性论的这一重新阐释,仍面临一些疑难。虽然凸显霍布斯人性论中的亚里士多德主义因素有助于我们避免大部分霍布斯解释者陷入的工具理性主义窠臼,但霍布斯是否因此显得不那么"霍布斯",特别考虑到"亚里士多德性"(Aristotelity)可以说是霍布斯重点防范的"形而上学妖怪"? 例如,在评论《利维坦》第六章从"欲望对象"入手界定"善"的做法时，作者反对 Watkins-Gauthier 的"主观主义价值论"解释，认为这一理解太过"狭隘"。但这一"狭隘"的理解，牵涉霍布斯思想与柏拉图—亚里士多德传统的诸多对立之处（其中就包括作者指出的，霍布斯道德哲学中并没有亚里士多德意义上的幸福理论），仍需要"新思路"认真对待，并对霍布斯如何借助亚里士多德式的实践理性得出了他独特的人性论，做出更为充分的说明。

另一个更为重要的问题涉及对自然社会规范性的理解。作者之所以强烈批判传统霍布斯解释中的所谓"主观主义价值论"，很大程度因为这一理论与"工具主义理性"概念互为表里，使解释者难以在霍布斯这里找到严格意义的道德哲学，从而构成恰当理解霍布斯自然法学说不可克服的障碍。作者指出，自然状态虽然是国家法阙如的状态，但却并不能简单等同为规范性完全阙如的"道德真空"，而必须要分梳自然法在自然状态下复杂的存在形式，区分自然状态概念中的事实性分析和规范性描述。作者由此得出了与传统解释大为不同的结论，即自然状态作为合理利己主义者的社会，恰恰是在国家阙如条件下，理性成人通过"对等性要求"等规范化操作构建的结果，而并非人性的根本特征。这一结论及其论证过程，对于我们判断霍布斯道德学说的性质及其与人性论的关系，都具有非常重要的理论意义。作者在这一基本洞见下阐释了霍布斯自然法学说内部的演绎结构，即从实践理性的内在规定性出发论证作为这一演绎结构焦点的和平原则。作者在这里，运用前述人性论的道德直觉主义分析，重新激活了 Warrender 学说中的义务论解释，剔除其中的超越根据，径直从自然法在实践理性上的自明性，揭示了霍布斯的"世俗道德主义"独特的规范性形式，从而无需倚助神学的奥援，就反对了假言命令的解释。尽管能否使霍布斯的自然法学说完全摆脱假言命令解释的形式，仍值得进一步研究，但作者的尝试无疑大大增进了我们对这一问题的实质理解。

与本书在人性论和道德哲学方面系统全面的分析相比，作者对霍布斯纯粹政治的学说集中在所谓"绝对国家"的概念澄清上，而其中最核心的问题，仍然是所谓"绝对国家"公共权威的权利。值得注意的是,虽然在人性论和道德哲学部分,作者始终坚持理性主义的立场,强调霍布斯的学说具有普遍性的哲学知识,避免历史化的解读,但在这一部分,却倾向于从英国政治具体的历史语境解读其"政治学写作的基本旨趣",对绝对国家论提出了潜在的批评。但作为理性主义的政治哲学家,霍布斯究竟如何理解绝对国家论中个人权利与国家权威之间所存在的张力,恐怕仍然需要从绝对国家概念延伸到主权与政府的权力分析上,尤其恐怕难以绕开建立绝对国家的契约论环节。事实上,这正是最能揭示霍布斯政治哲学理性主义色彩及其规范性特征的环节。

对于今天的读者来说,霍布斯不只是一个思想史的人物,而利维坦更不是一个早已失灵的神话或比喻。刘海川对霍布斯思想的新颖阐释,将激发我们重新审视现代政治中的人性前提和道德规范。

第一章　导　　论

　　在《论公民》"给读者的序言"中,霍布斯将既往的政治思想与实践分成两个时段:"质朴阶段(the times of simplicity)"和"自作聪明阶段(the times of sophisticated stupidity)"(OC,p.9)。"最遥远的古代"(OC,p.7),主权神圣性观念以神话和寓言为载体传播,并塑造起稳固的政治服从习俗。在这个阶段,"国王们无需宣称主权权力,只是运用它。他们亦无需通过论证辩称自己的权能,而是直接用它惩罚坏人、保护好人。相对地,公民们将国家的法律而非私人意见当作正义的尺度;和平通过政府的权力、而非讨论得到维系。事实上,公民们将主权权力(无论一个人掌握,还是为一个团体掌握)当成可见的神来敬重"(OC,p.9)。政治服从的品性或习俗客观上成就了祖先们和平、有序的社会生活。

　　苏格拉底是道德—政治反思的始作俑者,并且他认定"所有科学中,政治科学是最具尊严的学科"(OC,p.8)。苏格拉底之后,"柏拉图、亚里士多德、西塞罗和其他希腊和罗马的哲学家们、各个国家的哲学家们甚至闲暇的绅士们"(OC,p.8)都热衷探究道德和政治问题。不过,在霍布斯看来,这些人各自坚信的"善的共同规则(the common rules of good)"——关于人应当如何生活、应当建立怎样的政治制度等问题的观点——只是各式意见、而非知识。一个证据是:苏格拉底以降的所谓政治哲学史,是分歧不断、聚讼无休的历史。这种混乱的局面表明,道德和政治的探究尚未获得科学性。①就是说,尚未获得几何学,或者"哥白尼的天文学""伽利略的普遍物理学""哈维的生理学"(OB, pp. vii—viii)等的确定性,以及伴随而来的一旦被理解,终结分歧和解除困惑的品质:"不过几部著作,就平息了几何学领域的全部争议。因此,倘若道德家们的教导果真是确定和充分证明了的,考虑到数不胜数的伦理学作品,道德领域的争议早该不存在了。"(OB, p.9)

进一步地,按照霍布斯的看法,与理论科学的失败不同,道德和政治问题上的无知、错误与争执会导致恶劣的实践后果。"如果在思考理论学科的对象时犯下错误,那么除了浪费时间,没有别的坏处;然而,生活方式问题上的错误和无知必然导致冒犯、争端和杀戮。"(OC, p.8)就是说,与道德和政治意见的聚讼史结伴同行的是彼此冒犯的私人交往史,尤其是以正义之名对抗政治统治,因而引发战争和动乱的政治史。

道德和政治意见的聚讼既要为战争和动乱的可悲境况负责,意味着人们在道德观和政治观上的合意是实现和平、有序社会生活的条件。那么,怎样重新实现合意? 首先,伦理政治反思既已开启,那种企图使人性弃绝反思,重返"质朴阶段"的构想——如果不是不道德的话——是没有可行性的。其次,霍布斯的立场是:人们确实不应当放弃道德—政治反思,然而应当运用"正确的方法"②来思考和探究。换言之,道德和政治观念合意的再实现,以真正政治科学的建立为条件。

事实上,霍布斯认为他已经完成了对于道德和政治议题的科学探究:"政治哲学更年轻,不早于我的著作《论公民》。"(OB, p. ix)据此推

---

① "笔战像实际战争那样持续不断;关于自然权利和自然法的知识,现在同以往一样贫瘠;争论各方援引各种哲学家来支持自己;同样的行为,在这人这里获得夸奖,却在那人那里得到谴责;同一人此时维护他彼时唾弃的事物,并且,同样的行为,若是旁人所为,他就会作另一番臧否——这些无不表明:道德哲学家们目前为止的著作,对知识全无贡献:它们的用处不在于启蒙心灵,而是通过情绪性语言来左右人的意见。"(OC, p.5)

② "每个人生来就带着哲学,也就是自然理性。因为任何人都能做一定程度的推理、胜任对特定事物的探究。不过,如果探究需要的推理很长,由于缺乏方法(want of method),大多数人都会跑偏和犯错误"(OB, p.1)。

想,他的愿景是:政治哲学既已建立,接下来的任务就是启蒙——对它的学习和理解。①普遍理解的结果是道德和政治观上普遍合意的达成。进一步地,这种一致性使得和平有序的生活成为可能。总之,如果他的思想被普遍理解,"自作聪明阶段"将告终结、人类将迎来(或可称作)"政治科学阶段"。

霍布斯身后的历史表明,他的著作没能发挥预想的作用。对此,有建设性的态度是认为我们尚未把握霍布斯的教诲,而非顾虑他的论证的效力。事实上,霍布斯研究领域中解释观点的分歧和聚讼迫使我们怀疑,我们大概真的尚未理解他。

第一节　研　究　现　状

霍布斯当代研究的四项争论与本研究相关。涉及的议题分别是:1. 政治哲学与哲学体系的关系;2. 人性理论;3. 道德理论;4. 政治学说。接下来,分述这些议题、相应的解释路径以及解释观点。

1. 哲学体系与政治哲学

霍布斯的哲学观念与抱负是老派的:哲学的旨趣系于实现对世界或者整全的完备理解。在这个理念的指引下,霍布斯写作了"哲学诸原理",即《论物体》《论人》和《论公民》三部曲。一般的说法是,三部著作分别阐述了物体的理论(the doctrine of body)、人的理论(the doctrine of animated-rational-body)、政治体的理论(the doctrine of politic body)。②进一步地,事实上,《论物体》包含一系列子部门:1. 逻辑学,逻辑规则的理论及哲学方法论;2. 第一哲学或"哲学基础","这个部分

---

① "我认为,多印行这部著作[指《利维坦》]是有益的;如果把它定为大学教材,则益处更大……因为大学是政治和道德理论的源泉;教士和贵族从大学汲水,并用它们(通过布道和日常交谈)滋养民众。"(Lev, p.713)

② "我是出于理智的愉悦而研究哲学的,并且在哲学的每个分支中,我都希望发掘第一原理。我将哲学分为三个部分,并且打算顺次探究它们。第一部分讨论物体和物体的普遍特性;第二部分讨论人和人所特有的能力及激情;第三部分讨论政治体以及公民的义务。"(OC, p.13)

将精确定义普遍观念"(OB，p. xiv)；3. 几何学，对于"空间的延展"(OB，p. xiv)或"简单运动"(OB，p.71)的探究；4. 物理学或"自然现象学"(the Phenomena of Nature)(OB，p.388)的一个部分，"关于星体运动及可感性质的理论"(OB，p. xiv)。

霍布斯这里，哲学的各部门——逻辑学、第一哲学、几何学、物理学、人性论、政治学——不只是整体的诸部分，如此这般的顺序或次第(order)使得整体(the whole)构成一个体系(a system)。那么，如何理解霍布斯哲学的结构性或体系性？当代研究触及这项议题的两个方面：(一)第一哲学、几何学、物理学的关系；(二)物理学和政治哲学的关系。

(一)第一哲学、几何学与物理学。霍布斯若干表述留下的印象是：科学或哲学的模板是几何学，哲学应当以演绎推理或证明的形式展示。①据此，或可推想，霍布斯将哲学体系构想为"彻上彻下"的演绎系统。那么，具体部门的次第反映的是逻辑顺序：几何学结论从作为前提的第一哲学相关内容中演绎出来、物理学探究是以几何学内容为前提的演绎等。

这个推想难以接受。明显地，诸如普遍观念蕴涵着几何学对象的本质和属性，或者几何学命题作为获得物理学知识的充分条件等想法是荒谬的。关于第一哲学、几何学、物理学的关系，Sacksterder 提出一种更精致的观点。他认为，对霍布斯来说：1. 每门科学具有专属的特殊原理；2. 每门科学的其他原理从上位科学接受或者"借来"；3. 任何下位科学(因此，不包括第一哲学)必须"符合"上位科学(Sacksterder，1992，pp.741—742)。关于诸哲学部门的顺序，Sorell 评论："霍布斯对于运动类型和程度的安排决定了科学各部分的次第。每门科学考察一种不同类型的运动，各类运动根据从普遍到特殊的原则加以安排。"

---

① 比如，"感觉和记忆生来具有，审慎是从经验中获得的。理性既不同于感觉和记忆、也不同于审慎——它通过技艺获得。首先，给事物命名；其次，以名字为始点，通过有序的方法，将它们连接，形成命题；最后，命题与命题相联系，形成三段论——直到获得事物的全部的名字序列为止。这样的活动，称作'科学'"(Lev，p.35)。

(Sorell，1986，p.25)

霍布斯的哲学方法论区分哲学活动的两方面：私人探究（"知识的发现"）和公共展示（"知识的教授"）。①Sacksterder 从展示的角度描述，即任何下位科学中的演绎，除依赖上位学科的内容外，尚需引入本部门的专属原理。Sorell 从探究的角度描述，即对于特殊对象的彻底理解以普遍原理的掌握为条件，普遍原则由上位科学提供。不过，要旨大抵相同。一方面，上位科学之于下位科学的优先性，或可称作"理解的优先性"：不掌握普遍观念的定义，无法实现对几何学对象的（某种意义的）彻底理解；不理解几何学，就无法获得对物理对象或自然现象的彻底理解等。另一方面，上位科学知识并非理解下位科学对象的充分条件；换言之，诸如物理学彻底还原为几何学或几何学彻底还原为普遍观念，这是不可能的。

事实上，关于第一哲学、几何学和物理学的关系，当代讨论差强人意。尽管 Sacksteder 和 Sorell 的思想貌似合理，不过他们只抽象地、泛泛地刻画了这个思想。

（二）物理学和政治哲学。有些解释霍布斯政治哲学的著作，会涉及物理学的相关内容。通常来说，解释者们这么做，倒不是为了回应物理学之于政治学优先性的观念。

首先，霍布斯声称"没有学过哲学第一部分（即几何学和物理学）的人可以通过分析的方法获得政治哲学的原理"（OB，p.74），或者"这个部分［指政治哲学］……奠基于凭借经验而知道的原理之上"（OC，p.13）。根据这些表述，可以这样勾勒霍布斯关于政治哲学与哲学体系关系的完备立场：理想情况下，政治哲学应当在哲学体系之中来探究或理解。不过并非必然如此。在独立于其它哲学部门条件下，政治哲学的探究同样可能——在此意义上（借用 Sorell 的表述），政治哲学

---

① "教授无非是让学生的心灵遵循我们探究的历程抵达我们发现的知识，因此发现的方法和证明的方法是一致的。不过，在证明中，我们将忽略从对事物的感觉抵达普遍原理的部分。普遍原理，作为原理，是不能被证明的；同时，由于它们是就其本性而被知道的东西，也无需证明：它们只需要解释。"（OB，p.80）

具有自足性（the autonomy of civil science）（Sorell，1986，p.7）。

其次，一方面，人性理论是政治哲学的基础；在此，人性理论的主题是"心灵运动，即欲望、厌恶、爱、仁慈、希望、恐惧、愤怒、好胜、嫉妒等"（OB，p.72）。另一方面，霍布斯物理学的要旨是唯物主义机械论：存在的东西都是物体，任何自然现象或变化都是物体的位移运动和/或其结果。Malcolm 指出，心理学概念（特别是意图及与意图概念内在相关的意愿行动概念）和机械论概念属于"不同类型的描述"。就是说，从机械论的概念架构中引申出任何包含心理学概念的结论是不可能的，遑论具有实质内容的心理学理论了（Malcolm，2002，p.150）。类似地，Sacksterder 提出：由于人类行为的意向性特征——"我们总是根据自己选择的目的来引导自身能力的运用"（Sacksterder，1984，p.110），心灵现象不能还原为生理的及物理的事实。

总之，政治哲学自足性观念表明，霍布斯允许独立于物理学来理解他的政治哲学及作为政治学基础的人性心理学。同时，唯物主义机械论和作为政治学基础的人性论之间存在明显的张力。基于这些考虑，政治哲学解释者的惯常策略是，不理会霍布斯的物理学思想。比如，Oakeshott 宣称，借助"建筑隐喻"理解霍布斯的哲学体系观念——霍布斯的体系是由地基（"唯物主义—机械主义的自然观"）和政治哲学的上层建筑构成的整体——是错误的（Oakeshott，1975，pp.16—17）。McNeilly 观察到，"［在《利维坦》中，］诉诸'微动（endeavor）'的生理学说明很快消失了，而且［在霍布斯的道德和政治哲学论证中］从未使用过"，鉴于此，"关于霍布斯的唯物主义机械论，《利维坦》的读者们应采取的态度是：一劳永逸地忽略掉它们——就像霍布斯在论证中很快抛弃了它们那样"（McNeilly，1968，p.106）。Kavka 提出"霍布斯的政治理论无须承诺唯物主义、机械论抑或决定论；他的政治理论可以独立于任何本体论或形而上学立场得到理解"（Kavka，1986，p.11），"在霍布斯的道德和政治学中，机械主义没发挥什么实质作用"（Ibid，p.18）等。

不过，有解释者认为，霍布斯的物理学思考一定程度上影响或塑造了他对实践问题的反思,基于此,物理学相关内容的澄清有助于政治学的理解。政治学解释者以两种方式运用霍布斯的物理学:1. 澄清作为政治哲学基础的人性论;2. 澄清政治哲学方法论。

在《论物体》第 25 章("论感觉和动物运动")和《利维坦》第 6 章("论意愿运动的内部开端:通常称作'激情';论表述激情诸样态的术语"),在对意愿行为进行心理学阐释同时,霍布斯也为意愿行为提供了一个机械因果性描述。Watkins 和 Gauthier 诉诸这个物理学描述,特别地,其中涉及的"欲望作为生机运动的促进"观念(OB,p.406;Lev. p.42),支持了他们的解释观点:霍布斯持有心理利己主义动机理论(Watkins,1989,pp.75—80;Gauthier,1969,pp.14—20)。与之相对,Gert 通过对该"物理学描述"的文本分析和哲学反思,反驳 Watkins-Gauthier 的解释策略。Lloyd 宣称,这个"物理学描述"没有解释力:"在解释或预测诸如思想、信念、激情、关于义务或许可的判断等心理现象如何相互作用以产生哪怕最简单的人类行为方面,这个粗糙的生理学不能提供任何指导";进一步地,"这个唯物主义还原论仅被霍布斯作为科学猜想提出,而非作为他的特殊人性观念、道德哲学或政治哲学的基础提出"(Lloyd,2009,pp.58—59)。

在施特劳斯的霍布斯解释中,一个集中辩护的论题是:作为霍布斯政治哲学基础的人性论,并非近代科学自然观视域下的"自然主义的"人性自我理解,而是"人本主义的道德对立"。后者"从个人的自我认识和自我考察那里,得到深化和确证;它不是建立在某种一般科学理论或者形而上学理论的基础上的","它不是来源于自然科学,而是奠基在人类生活的直接经验当中"(施特劳斯,2001 年,第 34 页)。不过,施特劳斯在西方伦理—政治思想的历史语境中辩护这个论题;就此而论,他对人性心理学相对物理学独立性的辩护和 Gert 或 Lloyd 的辩护路径不同。

有人认为"霍布斯将物理科学的方法应用到政治学的研究中"(Malcolm,2002,p.146),那么对于霍布斯物理学方法的阐释有助于理解他的政治哲学。这个想法可能和 Oakeshott 相关。Oakeshott 曾指出，霍布斯这里，各哲学部门的统一性或形式系于一致的理解标准或理性规范："霍布斯的哲学是世界在哲学之镜中的映像。在此，每个映像都是一个崭新对象的表象，不过，每一表象都由镜子本身的特征决定"，进一步地，"由这面镜子透视的世界是一个原因和结果构成的世界：原因和结果是哲学之镜的范畴"（Oakeshott，1975，p.17）。

哲学既是因果性知识，Watkins 进一步提出，对霍布斯来说，揭示因果性的方法是伽利略在物理学研究、哈维在生理学研究中采用的"分析—综合"法；霍布斯的政治哲学是该方法应用于政治现象的成果。在其论文和专著中，Watkins 不遗余力地刻画"分析—综合"法的历史谱系、伽利略和哈维对该方法的应用、霍布斯对该方法在政治领域中的转用等（Watkins，1955，pp.129—135；1965，pp.28—54）。Gauthier 评论，"霍布斯是方法论上的机械论者。他尝试构造统一的科学。这个统一体以对物体的研究为起点，进展到对于一类特殊物体（人）的研究，最后以对人造物体（国家）的研究为终点"（Gauthier，1969，p.2），以及，"［霍布斯政治哲学的方法］是伽利略的分析—综合法，这种方法是帕多瓦学派发展出来的"（Ibid，p.3）。这些评论表明，关于霍布斯的政治哲学方法论问题，Gauthier 一度完全追随 Watkins。

不过，Gauthier 后来转而宣称，"霍布斯区分了先天证明与后天证明：前者是几何学和政治学的方法，后者是物理学的方法。这个区分意味着所有科学统一为一个演绎体系的设想是不可能的"，进一步地，"无疑，霍布斯设想统一科学的根据不是方法论的统一性，因为如果存在不同的构造对象，构造主义方法论就使得科学的统一性不再可能"（Gauthier，1997，pp.515—516）。McNeilly 亦诉诸霍布斯对物理学方法和几何学—政治学方法的区分——前者的方法是假说—演绎，后者的方法是以确定的命题为始点的证明——驳斥诸门科学的统一性系于方法论的统一性这种解释观点（McNeilly，1968，pp.71—76）。Sorell 也反对将霍布斯的政治哲学方法与物理学方法等量齐观：在政治哲学中，"霍布斯应用的方法是权利与义务的分解和发现，而非所谓的分析和综合"（Sorell，1988，p.74；Sorell，1986，pp.17—21）。Malcolm 亦提出论证,反对将霍布斯视作方法论上的机械论者(Malcolm, 2002，pp.146—155)。

本研究不仅策略性地接受政治哲学自足性的观念,而且准备彻底地为它辩护。在一般层面,将论证:1. 霍布斯本人认为,《利维坦》中对于各种心理现象(特别地,对于意愿行为)的机械论描述外在于他的道德—政治理论;2.《论物体》提到的人性论(因而,政治哲学)以物理学为基础的观念(OB，p.72)和政治哲学自足性观念相容。在更具体方面,将论证:霍布斯对意愿行为的机械论描述根本不可理解(unintelligible),因此,任何以这个描述为始点引申(对道德和政治理论有意义的)人性观点的做法注定似是而非。另外,我们也会阐释霍布斯的政治哲学方法论,并且这个阐述独立于物理学方法。那么,如果这个阐释是成功的,就自动证成了霍布斯(至少)不必是方法论上的机械论者。驱散笼罩在霍布斯人性、道德、政治思想上面的机械论阴影的工作,主要在第二章、第三章中完成。

2. 人性理论

von Wright 归纳了道德哲学的两种进路:"水平"进路和"垂直"进路。"垂直"进路的道德哲学致力于"在人的需要和欲求以及人作为行动者的特殊本性中寻找道德的基础"。那么,在这种进路中,"'人类学'或'心理学'的概念对于道德哲学具有极端的重要性。可以说,这种进路将伦理学置于哲学人类学的视域中"(Wright，1963，pp.7—8)。

霍布斯的道德哲学及政治哲学无疑应当归入"垂直"路径的范畴,理由在于他一贯声明人性理论构成其道德和政治理论的基础。《法律原理》提出,"本文的任务是,精确阐释自然法和政治法的原理;这个阐释依赖关于人性是什么、政治体是什么及法律是什么的知识"(EL，p.21)。关于《论公民》的基本内容,霍布斯报告:"以几个绝对确定的人性公理为始点,我相信我以最清晰的推理证明了合意和守诺的必要性,以及道德德性和政治义务的原理。"(OC，p.6)《利维坦》"导言"提出,要理解国家的本质,首先要求理解作为国家"质料和制作者"的人(Lev. p.x);据此,《利维坦》第一部分的主题是"论人性"。此外,《论物体》评论:"如果要获得国家属性的知识,那么人类性情、情感和品性的知识是必要的;因此,政治哲学分成两部分:以人的性情和品性为主题的伦理学;以人的政治义务为主题的政治学,或者说[狭义的]政治哲学。"(OB, p.11)

(一)围绕心理利己主义的争论。关于霍布斯的作为道德和政治哲学基础的人性论的要旨,源远流长的解释传统是心理利己主义(psychological egoism)。当批评霍布斯对自然的人际关系的理解没考虑到"人类是通过友爱的纽带以及……对于他人的友善情感而普遍联系起来"(Pufendorf,1688,p.169)时,Pufendorf预设霍布斯的自然人是某种形式的利己主义者。再如,Butler宣称,霍布斯否认人类行动者具有慈善的自然动机①。在当代解释者中,Watkins、Gauthier、Kavka、Nagel、Hampton、Curley均使用"利己主义"或"心理利己主义"标识霍布斯的人性理论。

如前所述,Watkins和Gauthier借助霍布斯对意愿行为的"物理学描述"辩护他们的利己主义解释观点。这种解释策略以及利己主义解释观点,受到Gert与McNeilly的反驳。Gert试图论证:"从霍布斯关于人类行为的任何机械论解释中有效推演出心理利己主义理论是不可能的"(Gert,1966,p.341)。基本的理由是:心理利己主义是关于动机的理论;"A具有一个动机"蕴涵"A具有一个信念";机械论和信念无涉,因此与动机无涉。McNeilly声称:

> 霍布斯的机械论当然不蕴涵利己主义,不过这不意味着机械论是他的哲学的无关紧要的部分。在《法律原理》和《论物体》中,霍布斯确实持有利己主义理论,并且这个理论以机械论的形式表现,不过他很快放弃了这个做法。……《论公民》中,利己主义理

---

① "Bishop Butler认为,霍布斯否认人类慈善的现实性,他将所有的慈善现象都看作为自私动机的结果。在 *Fifteen Sermons Preached at the Rolls Chapel* 第一部分的一个长注释中,Butler向我们报告:霍布斯宣称,所有表现出来的显得慈善的现象,其背后的原则不过是'对于力量,以及运用力量所产生快乐的爱'。"(Sorell, 1986, p.97)

论的提出并没有诉诸机械论术语。而在《利维坦》中，霍布斯提出了一个非利己主义的人性观念（不过这个观念又一次诉诸了机械论术语）。(McNeilly，1966，p.206)

在后来的文章、著作中，Gert 评论：一方面，"没人会将霍布斯在 1658 年出版的《论人》中提出的人性论解释为利己主义"，另一方面，"霍布斯最早的作品《法律原理》确实支持一种利己主义的人性观"。遗憾的是，"研究者往往倾向于借助霍布斯早期的《法律原理》，而非后期的《论人性》，来解释《论公民》和《利维坦》"，这导致利己主义这一误导性的解释观点的流行(Gert，2010，pp.30—31)——这个评论表明，Gert 接受了 McNeilly 的想法，转而认为霍布斯的人性论发生过变化。最后，Sorell 提出："许多评论者认为，在《法律原理》中，霍布斯持有利己主义的人性论，《利维坦》中的人性论则远没这么简单。……我认为，如果心理利己主义是指人们从来不会为了他人的好处行事，那么霍布斯始终不是一个利己主义者。"(Sorell，1986，p.98)

I. 关于这项争论，需要注意的是：尽管诸多解释者用"心理利己主义"或"利己主义"概括霍布斯的人性论要旨，不过在这些解释者那里，它们意谓的东西不尽相同。1. 从 Watkins 和 Gauthier 的使用来看(Watkins，1965，pp.75—80；Gauthier，1969，pp.5—10)，"心理利己主义"指称一种动机理论。该理论的要点是，任何意愿行动的最终动机必然是行动者的个人利益，"而促进或尊重邻人的好处至多只是当事者的中介目的"(von Wright，1963，p.184)。2. Kavka 提出，霍布斯的动机理论是"主导性的利己主义(Predominant Egoism)"："在最一般层面，主导性的利己主义说的是：在决定人类行为时，自我利益的动机倾向于压倒非自我利益的动机；就是说，当非自我利益的动机和自我利益的动机发生冲突时，前者通常为后者让路。"(Kavka，1986，p.64)那么，与 Watkins 和 Gauthier 不同，在 Kavka 看来，霍布斯没有彻底否认利他动机的可能性。3. Nagel 断言，"没人错失这个要点：《利维坦》中的论证以自我利益为基础。利己主义的动机论弥漫全书"(Nagel，

1959，p.117）。不过，Nagel 的"利己主义"更宽泛："利己主义认为，每个个体的行为理由或行为的可能动机，必须从他的自我利益和欲望中产生出来——无论这些利益如何定义。在这种观点看来，只有当邻人的利益与行动者的某种情感（比如同情、怜悯或仁慈）相联系时，前者才为行动者提供动机或行为理由。"（Nagel，1970，p.84）这就是说，Nagel 意义上的利己主义，不意味着对利他动机的否定（出于同情、怜悯或仁慈等"利他情感"做出利他行为的情况和这种形式的利己主义相容），它否认的是对于邻人利益的"纯粹认识"驱动利他行为的可能性。4. Sidgwick 评论：

> 将霍布斯尝试构造道德的基础称作"利己主义"是通行做法，而且也并非不恰当……不过，霍布斯"利己主义"学说的要义是"自我保存"，正是这个目的决定了第一条理性利己主义规则（霍布斯称为"自然法"）："追求并维持和平"。在霍布斯的体系中，我们每每发现，是自我保存、而非快乐，被确立为正确行为的最终目的和标准。就此而论，霍布斯的利己主义不严格等同于我定义的利己主义。按照我的定义，每个行动者都追求他自己的最大快乐或幸福。（Sidgwick，1962，p.89）

这段表述中，一方面，Sidgwick 定义的利己主义可看作包含两个承诺。即，类似 Watkins-Gauthier 定义的利己主义（任何行为的最终动机都是当事者自己的好处或利益）和快乐主义（一个行动者的好处或利益总是他的快乐或者痛苦的避免）。另一方面，按照 Sidgwick 的理解，霍布斯人性论的要点是，任何行动者都将死亡当成最大的不利或坏事。据此，我们不能理解 Sidgwick 所谓将霍布斯的人性论归为利己主义"并非不恰当"这一评论的要点（我们看不到"死亡作为最大的恶"思想和 Sidgwick 定义的"利己主义"，甚至 Watkins-Gauthier 的"利己主义"有任何关系）——Sidgwick 想说的大概是，霍布斯属于下述意义的利己主义者："同义反复的利己主义（tautological egoism）是这样的观

点,人们的行动总是为了满足自己的欲望。"(Kavka,1986,p.35)①

II. 一定程度上,上述介绍表明,在霍布斯研究领域,利己性/利他性视角本身——利己/利他二元对立的含义——并不足够清楚。从其它角度反思这一对立的模糊性。1. 如果利己性意味着"毫不关心任何他人的利益",该意义的利己主义者属于精神变态(a psychopath. Williams,1993,pp.9—10);那么,利己主义的人性论(断言任何人都是利己主义者)简单地是假的和不能接受的。2. 那么,或许应当将利己性理解为日常所谓的自私(selfish)。毕竟,日常的自私之人并非全然不关切他人利益的人,而是在日常伦理观点看来,对于他人的关切存在局限性的人:关切范围过小(比如,只关切他的家庭的福祉)、关切动机不稳定(比如,他出于一时冲动偶然地帮助了陌生人)之类。然而,这个理解同样面临困难。比如,不难发现:就描述层面而论,自私和仁慈(beneficence)并非对立,而是程度的差别(关切范围大小、关切他人动机的稳定性或频繁性等。Williams,1993,pp.11—12),那么相应地,利己/利他的所谓对立是错觉。再如,如果利他性相当于仁慈,利己性和自私对应,那么自然应当追问:在刻画人性时,为什么不引入更丰富的指涉性格或品性的语词(竞争或贪婪、适度;猜忌、轻信;荣誉、无耻;虚荣、卑微;正义、不义;和蔼、冷漠、粗鲁等)? 我认为,这个追问将坚持利己(=自私)/利他(=仁慈)对立的理论家的还原论暴露出来,类似:任何德性都还原为仁慈、任何恶还原为自私,或者,任何行为理由或还原为"行为 S 对我来说是好的"、或还原为"行为 S 对他人是好的"。然而,在日常语言和实践中,根本发现不了这类还原论的任何基础。

总之,尽管从利己性/利他性视角出发刻画霍布斯的人性论是通常做法(事实上,在当代的一般人类学和道德哲学讨论中,利己性/利

---

① "我们看到,如果'利己主义'这个字眼仅蕴涵着下述思想:建立行为的第一原则总得引述自我,那么关于第一原则的内容,这个字眼就什么都没有说。因为举凡我们的冲动——无论是高级的还是低级的,感性的还是道德的——都以同样的方式和自我相关。也即,除非我们体验到两个或多个冲动相互冲突,否则我们将自我等同于每一个体验到的冲动。"(Sidgwick,1962,pp.90—91)

他性同样构成重要范畴或议题），不过鉴于利己主义概念的模糊性，不应该将这个视角视作透视霍布斯人性论的现成视角。事实上，读者随后会看到：本研究提供的霍布斯人性论重构，基本不牵扯利己主义以及相关问题。

（二）围绕实践理性（practical reason）观念的争论。关于人性论，解释者共同关注的另一方面是霍布斯的实践理性观念。霍布斯预设，理性是人的自然能力："人类身体和心灵的自然能力可以区分为四种：体力、经验、理性和激情。"（E.L.，p.77；OC，p.21）进一步地，理性被他视作人类行动者区别于其它存在者的特性："'人'是一个物体：这个物体具有自动性、能够感觉以及理性……其中，'理性'是人的种差。"（OB，p.83）那么，理性在人性的实践中的功能是什么？

关于霍布斯的实践理性观念，一度流行的是工具理性（instrumental reason）或者合理性（rationality）的解释。实践理性作为工具理性或合理性思想的基本含义是：理性在实践中的基本功能是使行动者认识并且选择实现既定目的的最好手段。Watkins，Gauthier 和罗尔斯（罗尔斯，2011 年，第 61—62 页）等明确持有这种解释观点。

特别基于对合理性概念在道德辩护上不充分性的认识，晚近关于霍布斯的实践理性概念的看法发生很大变化。比如，1. Gert 提出，霍布斯具有三个理性概念：工具理性、"语词计算"或语词推理的能力、"自然理性"。其中，"自然理性"很特别，又对霍布斯的道德理论至关重要。其独特性在于，"自然理性"不是一种形式性的能力，它内在地包含内容：其功能在于使得人类行动者直观到"理性目的"暨"避免死亡、痛苦和无能力"（Gert，2001，p.248）。"自然理性"在霍布斯道德理论中的重要性体现在，避免死亡、痛苦和无能力——作为"理性目的"——构成人的基本道德义务：它们是自然法条款规定的、其它具体道德义务的基础。2. 在 Lloyd 看来，对霍布斯来说，一个理性行动者，是一个只做获得理性辩护的行为的当事者；而一个获得理性辩护的行为，是一个如果他人对行动者如此这般行事，行动者自己也能够接受的行为。那么，理性行动者是在"相互性限制"的规约下进行决策和采取行动的行动者(Lloyd,2009,p.4)。3. van Mill 从自由和自主性的观点出发重构霍布斯的人性论。他激烈反对将霍布斯的实践理性观念等同于工具理性。在 van Mill 的分析中,实践理性的作用是多样的。除了发现实现既定目的的手段外,实践理性也负责:根据行动者的偏好系统或生活计划评价特定欲望或目的的价值;根据实践情境的变化调整偏好系统或生活计划;当事者的不偏不倚的立场;理解共同体中的道德规则及确立将道德规则作为行事和评价根据的(用 Hart 的话)"内部观点"等(van Mill,2001,pp.73—149)。

事实上,综观霍布斯人性理论的当代重构,映入眼帘的是形形色色的表达、五花八门的描述。比如,"不存在通过力量的运用而待实现的最终目的。人类行为不具有整体的目的结构,而是关注在获得欲望目标上的持续成功,欲望却是历时性地变化的。进一步地,这种成功不仅在于当下欲望对象的获得,而且在于确保未来欲望的实现。这种成功就是幸福:幸福是一种不断运动的状态,而非平息或静止。获得这种成功的手段称为'力量';因此人性中具有对于力量的永恒的和永无止息的欲望,因为欲望是幸福的充分原因"(Oakeshott,1975,pp.32—33)。比如,"霍布斯政治哲学的基础,不是来自道德中立的动物欲望(或道德中立的人类权力追逐)与道德中立的自我保存之间的自然主义对立,而是来自根本上非正义的虚荣自负与根本上正义的暴力死亡恐惧之间的人本主义道德对立"(施特劳斯,2001年,第32—33页)。再如,"霍布斯的理性概念与柏拉图和亚里士多德哲学传统中的理性概念、而非休谟开创的现代传统中的理性概念更接近。……对于霍布斯来说,理性不是(或者至少不应该是)激情的奴隶,相反,激情为理性所控制"(Gert,2001,p.253)。再者,"霍布斯的政治哲学意图论证的是:社会失序的原因在于人类行动者为了获得'超越性利益'而反抗政府;所谓的'超越性利益'是指,那些人们为了获得它,甚至宁可牺牲自己生命的利益"(Lloyd,2009,p.x)。不一而足。

一方面,"国家的质料和制造者都是人"(Lev,p.x)——就是说,在霍布斯的政治学视野内,国家是由人构成的、由人建立的,最终为人建立的。据此,我们感到人性知识在其政治哲学中的基本性和重要性。另一方面,"认识人类是一项极为艰巨的工作,其难度超过了习得任何一门语言或掌握任何一门科学"(Lev,p.xii)——必须承认:重构霍布斯的人性论是困难的工作。首先,霍布斯的著作中提供了过于丰富、充满矛盾的人性描述。其次,解释者们当然得以霍布斯的道德和政治理论为着眼点,重构他的人性论。然而,由于霍布斯的道德和政治哲学论证的复杂性,使得人性论的重构变得棘手。举个例子。比如,不大可能诉诸同一组人性特征既解释"作为战争状态的自然状态"的观念又解释服从自然法的动机①,如此一来,解释者将不得不进一步处理两组人性特征的关系。

本研究将花费大量篇幅探讨霍布斯的人性论。第三章会清理对于霍布斯人性理论(特定方面的)某些误解,第四章阐述我理解的霍布斯的人性理论。我的阐释思路或宗旨简单而直接:1. 人性理论,顾名思义,是关于人的本性或本质(man's nature or essence)的理论。2. 霍布斯对人性的定义是一贯的:"人是物体—自动的—理性的。"(a man is a body-animated-rational. EL,p.21;Lev,p.ix;OB,p.4,p.83)3. 据此,重构人性论的任务无非是:分别揭示三个人性特征——人作为物体(身体)、人作为动物、人作为有理性的东西——的具体含义;在此基础上,界说它们的关系。不过,在这个简单想法的引导下,进入霍布斯的思想,我们会发现:关于人性,他描绘了一幅足够丰富、足够复杂的画面。

3. 道德理论

分别在《法律原理》14—18 章、《论公民》2—4 章、《利维坦》14—15章,霍布斯阐述他的自然法学说。"关于自然法的真学说是真正的道德哲学"(Lev,p.146),因此所谓霍布斯道德理论的研究,就是对他的自然法学说的研究。这些文本阐述自然法学说的模式基本相同:首先

---

① 这个要点解释了为什么研究者们总是诉诸各种形式的"对立"刻画霍布斯的人性理论:McNeilly 和 Watkins 聚讼中的利己和利他的对立、施特劳斯提出的两种激情的对立、Gert 提出的激情和理性的对立、Lloyd 提出的"超越性利益"与自我保存的自我欲望之间的对立等。

提出"追求并且维护和平"的"基本自然法",继而一系列"其它自然法"——"执行你制定的契约""感恩他人""尽量适应他人""谅解他人""处事公道""己所不欲勿施于人"等——作为"和平的道路或诸手段"(Ibid)提出。值得注意的是,从常识道德的观点看,基本印象是:其它自然法都比较平淡、没什么怪异或特出之处。

针对霍布斯的道德理论,当代解释者们的核心关切或问题意识或可归为两种。首先,有历史兴趣的解释者关注霍布斯理论在西方伦理思想传统中的地位和意义(我们称之为"霍布斯与自然法传统"议题)。其次,具有哲学兴趣的解释者关心霍布斯关于道德的本质(the essence of morality)的看法,特别地,道德和自我利益的关系(称作霍布斯道德哲学中的"义利之辨"议题)。

(一)霍布斯与自然法传统。我们说,把霍布斯的道德理论放置在自然法传统当中来考察是顺理成章之事。因为,正如 Bobbio 评论,"无疑,霍布斯属于自然法传统的历史。任何法律或政治思想史著作,以及任何分析霍布斯哲学的著作,都将霍布斯的思想看作自然法理论的典型表达"(Bobbio,1993,p.114)。

通常来说,将霍布斯视为自然法学家的解释者会尝试揭露霍布斯的理论与既往自然法思想的差异,借此凸显霍布斯道德理论的特色。这里介绍两种观点。

I. 简·波特论"自然法的现代进路"。波特概括了"自然法现代进路"的两个基本特征[1]。在我看来,这个概括,作为对霍布斯的道德理论的描述,同样是准确的。

首先,现代自然法理论具有世俗化特点。道德理论的世俗化不意味着,现代自然法学家(格劳秀斯、霍布斯、普芬多夫等)的道德理论建构独立于任何基督教因素(比如,圣经经文的解释或者神圣启示的维

---

[1] 事实上,有许多观念史家尝试捕捉现代自然法和传统自然法的区别。相关文著,比如:马里旦的《自然法:理论与实践的反思》、登特列夫的《自然法:法律哲学导论》、施特劳斯的《自然权利与历史》、奥克利的《自然法、自然法则、自然权利:观念史中的连续和中断》、西蒙的《自然法传统:一位哲学家的反思》等。特别值得一提的是,得益于一批学者同仁的努力,大量的自然法研究著作在近年译成中文,参见商务印书馆的"自然法名著译丛"。

度）——恰恰相反，"在现代早期阶段的公共讨论中，自然法与神学论证不存在明显的不和谐；人们相信它们相互扩充、彼此强化"（波特，2018年，第32页）。不过，现代早期的自然法理论不是宗教本位的；进一步地，在理论构建中，理性是主导或中心性的，相较之，启示因素是辅助性或边缘性的。这突出表现在：在早期现代的自然法理论中，"先是理性自身起作用，然而启示介入进来，肯定、校正和补充所产生的道德法典"（同上书，第33页）。

在我看来，霍布斯追随着格劳秀斯的著名宣言"即使上帝不存在，自然法依然有效"，或者说，他确认道德理论的世俗化精神。在随后对霍布斯道德理论的正式研讨中，我们会更严格地辩护这个观点，这里限于提出两处文本证据。1.《利维坦》中，完成自然法演绎后，霍布斯评论：

> 人们将这些理性的指令［指诸自然法条款］称作"法"——严格来说，这个名字不合适。因为，一方面，它们只是关于人类保存和防御的一系列结论或定理；另一方面，法律是具有命令权利者对他人的命令。不过，如果考虑到，这些定理正是上帝的话语，而上帝具有命令一切事物的权利，那么在此意义上，称它们为"法"倒是恰当。（Lev，p.147）

这个评论至少表明，霍布斯认为，理性在认识道德规则方面是充分的；换言之，在不依赖启示知识或圣经的条件下，人类"凭借理性就能够发现自然法"（Lev，p.116）。2.《法律原理》和《论公民》的自然法阐述分成两部分：首先，展示"通过推理达成的自然法的理解"（《法律原理》15—17章，《论公民》2—3章）；其次，论证"通过推理达成的自然法的理解和圣经一致"（OC，pp.58—59）（《法律原理》18章"论自然法与上帝话语的一致性"，《论公民》4章"论自然法是神法"）。这个阐述顺序表明：霍布斯认为，理性在认识道德方面是自足的。总之，罗尔斯的评论是公允的："《利维坦》中包含着一种世俗的政治和道德体系。

就其理念的结构和原则的内容而言,这种世俗的政治和道德体系是完全能够被理解的,如果我们把那些神学假设放在一边的话。换言之,为了理解这个世俗体系的内容,我们并不需要借助神学假设。"(罗尔斯,2011 年,第 26—27 页)

其次,现代自然法理论具有科学化或体系性的理想。波特论述:

> [在现代自然法学家这里]我们首次看到了要求一种真正科学的道德知识的理想的出现。按照普芬多夫的说法,这种知识"完全建立在扎实的基础之上,据此能够演绎出真正的证明,这些证明能够产生稳固的科学。它的结论是可以从确定的原则推导出来的,这无可置疑,没有更深的基础是可疑的了"。这是一个节点,此后自然法开始被视为一个体系,据此可以推导出一个具体道德原则的完整集合,或者至少是一个框架,据以评判现有的规则,确认它们,并把它们置于系统性的相互关系中。相应地,自然法这时开始被首先等同于那些具体规则的集合,它能够被推导或证成。……[按照现代自然法学家的理解]自然法是能够通过一组道德规范得到理想的表达的,这组道德规范源于一个或少量的首要原则,而首要原则又是被广义的自然给定的,或者是实践理性本身的必然性所规定的。(波特,2018 年,第 33—34 页)

波特将普芬多夫看作自然法理论科学化理想的代言人,不过有理由相信:普芬多夫的道德科学观念是对霍布斯——这个认定几何学式的"确定的原理—演绎"构成任何科学的理想表达形式的思想家——相应观念的继承。或者(退一步说),霍布斯的自然法学说已然鲜明地表现着体系性的特征。我们看到,自然法分为"基本自然法(the fundamental law of nature)"(Lev,p.117)和"其它诸自然法(the rest laws of nature)"(Lev,p.146);进而,霍布斯声称,其它自然法从基本自然法中"引申而来(be derived from)"(Lev,p.118),或者,它们是以基本自然法为前提,演绎得到的"结论或定理"(Lev,p.147)。

对近代早期哲学的当代研究者们来说,近代哲学家对"确定的原理—演绎方法"的痴迷和(在各门特殊科学中的)推广是稀松平常的事实。在这里,我们应当承担的任务是:精确地澄清笛卡尔、霍布斯、斯宾诺莎等理解的所谓"确定的原理—演绎方法"的含义。那么,就霍布斯的道德理论而言,至少存在两个问题有待解决:1. 基本自然法("应当追求并且维护和平")在何种意义上具有确定性、不可错性或自明性等? 2. "应当寻求并且维护和平"究竟在何种意义上"蕴涵"其它自然法(比如"应当遵守信约")?

II. 自然"法则"论向自然"权利"论的转变。在 1950 年代出版的《自然法:法律哲学导论》中,登特列夫提出,"近代自然法理论根本不是关于法律的一套理论,而是关于权利的一套理论"(登特列夫,2008年,第 68 页)。而施特劳斯的诸多文著——尤其是《霍布斯的政治哲学:基础和起源》与《自然权利与历史》——可看作是对登特列夫这一主张的诠释和发挥。

在《霍布斯的政治哲学:基础和起源》中,施特劳斯声称,霍布斯的道德和政治理论具有毋庸置疑的首创性,进而,首创性的根据在于霍布斯开创了全新的自然法理念:

> 在近代的自然法观点和传统的自然法观点之间,是否没有原则区别。事实上,原则区别确实存在。传统的自然法,首先和主要是一种客观的"法则和尺度",一种先于人类意志并独立于人类意志、有约束力的秩序。而近代自然法,则首先是一系列"权利",或倾向于是一系列"权利",一系列的主观诉求,它们启始于人类意志。……尽管霍布斯远不如自然法的多数鼓吹者那样重视"人的权利"的实际意义,他的学说却比任何人的学说都更清晰地体现了近代自然法的精髓及其所有的本质涵义。这是因为,霍布斯显然不像传统学说那样,从自然"法则"出发,即从某种客观秩序出发,而是从自然"权利"出发,即从某种绝对无可非议的主观诉求出发;这种主观诉求完全不依赖任何先在的法律、秩序和义务,

相反,它本身是全部法律、秩序或义务的起源。霍布斯的政治哲学(包括他的道德哲学),就是通过这个作为道德原则和政治原则的"权利"观念,而最明确无误地显示出它的首创性。因为,通过从"权利"出发,从而否定了"法则"的首要地位,霍布斯开创了一个针对理想主义传统的立场。另一方面,通过把道德和政治奠定在"权利"的基础上,而不是奠定在自然倾向和自然欲望的基础上,霍布斯又开创了一个针对自然主义的立场。就是说,"权利"的原则介于两者之间,一方面,是严格意义上的道德原则(如传统自然法的道德原则);另一方面,是纯粹的自然原则(如快乐、欲望甚或功利)。(施特劳斯,2001 年,第 2—3 页)

引文中所谓作为"全部法律、秩序或义务的起源"的"绝对无非议的主观诉求"指涉为人类行动者普遍具有的、追求和维护自我保存的欲望:"霍布斯试图以自我保存的权利或无可逃避的对暴力死亡的恐惧为始点,演绎自然法或道德法。"(Strauss,1965,p.17)

我国学者大抵对上述"霍布斯造就了自然'法则'论向自然'权利'论转变"思想都很熟悉。针对这个论题及施特劳斯对它的辩护,初步评论如下。一方面,权利观念,特别地,自我保存的自然权利观念,无疑是霍布斯道德理论(以及政治理论)中的基础性概念。另一方面,在我看来,无论《霍布斯的政治哲学:基础和起源》还是《自然权利与历史》,对于权利/自然权利概念的分析或阐释并不充分。比如,施特劳斯似乎从未妥善地说明自我保存的自然权利和每个人都欲求自我保存或恐惧死亡的心理事实(这同样是霍布斯明确的理论预设)之间的关系。后文中,我们有机会详细地检讨施特劳斯的霍布斯解释。

(二)霍布斯道德理论中的"义利之辨"。Kavka 清楚地解释了从"义利之辨"角度思考霍布斯道德理论的内涵:

数个世纪以来,道德哲学家致力于澄清道德与合理自利之间的关系(the relationship between morality and rational self-interest)。

他们特别关注：如果采取道德的行为，那么看起来将与行动者的自我利益相冲突的情况——比如，撒谎、欺骗，或者偷窃[明显更符合行动者自我利益]的情况。由于霍布斯持有利己主义的人性观，他尤其被上述情形困扰。这是因为：如果心理利己主义是真的，并且，如果上述情况是实在的，也就意味着，存在这样的实践处境，在该处境下，人们不得不或者不道德地行事（act in a way that is immoral），或者不合理的行事（act in a way that is irrational）。为了避免这个难以接受的结论，霍布斯尝试表明：上述情况是幻觉——也就是说，在道德和合理审慎之间没有实在的冲突。（Kavka，1983，p.419）

道德要求和个人自我利益之间的冲突是日常实践经验的重要部分。从这种经验出发，道德反思似乎有两种可能的出路：或者辩护道德要求和个体自我利益诉求之间具有"深层的"统一性；或者承认道德要求与自我利益的（可能）不一致，进而谋求对道德本质的非利己主义形式的说明。

I. 自然法款项作为假言命令。根据引文，Kavka 认为：霍布斯的道德反思遵循第一种路径。在他看来，霍布斯道德理论的基本主题是对于道德要求和个体自我利益诉求之间统一性的辩护，或者，霍布斯尝试将诸道德准则——从常识的观点或"表面的观点"看，道德规则向我们提出（在某些情况下）违背自我利益的要求——解释成为人类行动者有效兑现自我利益的一组规则。事实上，霍布斯道德理论的宗旨系于表明"道德和合理审慎之间没有实在的冲突"是许多解释者的共同意见。

罗尔斯评论，"对霍布斯来说，自然法规则是通过参照每一个人都拥有自我保存这一目的而得到证明的。因此，它们是作为假言命令而得到证明的；它们因而确实是假设性的假言命令"（罗尔斯，2011 年，第 66 页）。

Watkins 声称：

康德将命令区分为直言命令（它们对于道德上必然的行为予以规定）和假言命令（它们规定实现特定目的的实践上的必要手段）；进而，他将后者区分为不确定的假言命令（它们规定可能目的的手段）以及断言式假言命令（它们规定既定目的的手段）。……诸自然法条款是被霍布斯作为一系列的断言式假言命令提出的。进一步地，自然法条款规定的具有实践必要性的手段，是相对于一个既定目的来说的——这个既定目的是行动者个体的［生命］保存以及对于伤害的避免；这是一个自我中心的目的。这些思想蕴涵：霍布斯的自然法条款不具有显著的道德特征。（Watkins，1965，pp.55—56）

类似地，Gauthier 提出：

霍布斯的道德概念与常识道德观念的一处重要相似在于：它同样承认道德与理性的联系。就是说，［道德上］正确的行为是人们具有（好的）理由的行为。……如果从霍布斯对于道德概念的形式定义，转向道德概念的质料定义，那么我们发现：无论权利还是义务都必然具有一个审慎的基础。这种必然性来自霍布斯的理性概念，即理性是个体具有的、发现实现其目的——这些目的是自我中心性的（self-centered ends）——的合适手段的工具。［工具主义的理性概念或者利己主义的人性观导致了］霍布斯的道德观念与常识预设的背离。……［在日常生活中，］我同样能够基于人类福祉或人类的保存的理由来承担一项道德义务。（Gauthier，1969，p.93）

简单解说 Gauthier 的这个评论。首先，在他看来，霍布斯的道德观念和常识道德观念存在一个共识：承认（道德）正确性和理性之间的概念关联。即在对某人、某种品性、特定动机或意图、行为等做道德评价时，存在下述形式的等式，"X 是正确的/道德的/好的"＝"X 是理性的"。其次，Gauthier 认为，1. 霍布斯持有心理利己主义的人性论："每个人追求、并且仅仅追求保存和加强自己。对于自身持续幸福的关注是人类行为的充分且必要的基础。人性是自私的"（Ibid，p.7）；2. "理性是自我维持的机器暨人的本质构成部分"（Ibid，p.12），并且在霍布斯这里，实践理性只是工具主义的理性。那么，给定心理利己主义和工具主义的理性观念，对 Gauthier 来说，霍布斯作为"正确理性的指令"（Ibid，p.36）提出的诸自然法条款似乎不可能是别的东西，只能是断言式假言命令：

> 这些指令［即霍布斯提出的诸自然法条款］（它们从霍布斯的人性论中引申出来）是对于一个人为了尽可能地实现他的主要目的（也就是，他的自我保存和幸福），所必做之事的规定。（Ibid，p.52）

再次，值得注意，Gauthier 多少认为：尽管与常识道德一致，霍布斯也承认道德（正确性）和理性的概念联系，然而由于霍布斯将理性理解为工具理性，导致从常识的观点看去，霍布斯的"道德体系"——也就是一个断言式假言命令构成的集合——具有某种狭隘性。

霍布斯的道德理论想要将道德要求还原为审慎建议是一回事，根据他的自然法条款行事是否**事实上**能够实现和保障个人利益是另一回事。换言之，假定对霍布斯来说，自然法条款无非是审慎建议，那么这些"审慎建议"是否真的审慎或合理？在《利维坦的逻辑》中，Gauthier 测试了"你应该执行契约"这个条款的合理性。将该表述理解为审慎行为的准则，那么其完整表达式类似"你应当执行你订立的信约，因为执行信约（相较不执行）更能够实现你的利益。"Gauthier 表明：在利益交换的契约中，对于参与的一方来说，相较执行契约，不执行契约的行为总是（即无论对方执行或者不执行）更合理（即获得更大利益）（Gauthier，1969，pp.76—89）。

II. 自然法款项作为神圣命令。考虑到上述困难，Taylor 和 Warrender 提出,霍布斯这里,自然法条款不能还原为审慎建议,自然法的规范性根据不应解释为自我利益和合理性的结合。Taylor 宣称:

> 霍布斯面临着两个不同的问题:一个问题是,我为什么应当像一个好公民那样行事? 另一个问题是,如果关于义务的知识无法充分驱动我[按照一个好人的方式]行事,那么存在什么别的诱因使我做一个好人? 正如霍布斯一再重复的,如果我相信违背法律以及摧毁和平能够让我有所获益,那么我当然会这样去做——这是一个心理学事实。因此,霍布斯论证的要点在于:这样的行为将不会让我有所获益……不过,霍布斯对于另一个问题——我为什么应当,或者,我为什么被约束着做一个好公民? ——的回答是截然不同的:如果我拒绝"履行我制定的信约",那么这个拒绝构成不公道、是就其自身而言的恶(iniquity, malum in se)。霍布斯严格意义上的道德理论,一方面,与他的心理利己主义之间不存在逻辑上的必然联系;另一方面,是极为严格的道义论——就此而论,它具有康德理论的典型特征(尽管也和康德的理论存在某些有趣的差异)。(Taylor, 1938, p.23)

Warrender 评论:

> 霍布斯学说中的诸自然法并非个人自我保存的严格规则。在霍布斯的话语体系中,个人的自我保存,不是一项义务(a duty),而是一项权利(a right);个人的自我保存并非造成行为的义务性的原因,而是使得个人解除义务要求的豁免理由。自然法(寻求和平、遵守信约,等等)是关于保存全人类的规则(rules for the preservation of men in general);相较之,为了保命,一个人完全可能采取更可疑的手段。因此,辩护国家的公式并非"保存你自己"(尽管这总是允许的),而是"以所有人都能够被保存的方式行动,除非这样行动与你的自我保存冲突"——进一步地,如此这般

的规范性原则是无法从日常意义上的个体自我利益中引申出来的。……一方面,霍布斯将诸自然法归结为"做你愿意他人对你做之事"原则;另一方面,霍布斯赋予了自然法以普遍性——这使得他的自然法体系区别于一个便利体系(a system of expedience)。(Warrender,1962,p.139)

既然 Taylor 和 Warrender 拒绝通过心理利己主义和工具主义理性观念的结合来辩护自然法的规范性,他们理应提出其他辩护形式。关于道德义务的辩护问题,Taylor 认为,对霍布斯来说,人们之所以应当服从自然法,是因为它们是上帝的命令:"'自然法'是上帝的命令,并且服从自然法**是因为**它们是上帝的命令"(Taylor,1938,p.32);进一步地,鉴于霍布斯提出"在自然王国中,上帝统治权利的唯一基础在于他的不可抗拒的力量"(Ibid,p.33),那么服从自然法的具体根据是上帝的全能特性。相对而言,Warrender 这方面的思想显得更精致些。他提出,自然法义务的根据系于(a)神圣奖惩,或者(b)上帝的意志,或者(c)自然法的自明性或其内在权威性这三种方案都与"霍布斯理论的其它部分相容"(Warrender,1965,pp.89—90)。

我不同意 Taylor-Warrender 对于霍布斯道德理论的超自然解释倾向。对此,前文提供了两条文本证据,后文还会涉及哲学的理由。另一方面,同情地看,引入上帝及其特性,似乎是在发现个人利益观念与合理性观念的简单结合无法达成对道德义务的辩护后,Taylor-Warrender 采取的不得已做法。这样一来,就能大致描述我们在霍布斯道德理论的阐释方面面临的基本任务,即在霍布斯的著作中发掘和重构一种道德辩护模式:一方面,这个辩护应当是自然主义的;另一方面,关于个人利益和道德义务的关系,它最好能够给出合情合理的(reasonable)解释。

不难发现,"义利之辨"主题下两种立场的主张者共享了某些理解框架,类似绝对命令/假言命令或利己动机/道德动机的二分等。这似乎意味着,在理解和解释霍布斯的道德理论时,无论假言命令的倡导者、还是神圣命令的倡导者,都有范式先行的嫌疑。而为了使得理解更客观,有解释者逐渐将关注点从霍布斯道德理论的实体内容方面转向更为形式的方面,也就是诸如霍布斯对"'道德'是什么?"的问题,对道德哲学的任务或目的、方法与程序的阐述等。这种有启发性的解释倾向在 McNeilly(McNeilly,1968)和 Lloyd(Lloyd,2009)那里鲜明地体现出来。

本研究第六章阐释霍布斯的道德理论。首先,分析霍布斯的道德哲学观念和自然法概念,借此廓清霍布斯道德理论的任务、方法及若干基本特征。其次,在此基础上,重构霍布斯的道德义务辩护模式:我将它称作"道德义务的形质论辩护"。

4. 政治学说

最终说来,霍布斯对人性和道德的关切,源于并且服务于他的政治关切;首要地,霍布斯是政治哲学家。霍布斯将政治哲学的基本任务规定为确立"政治体或者主权者的权利以及臣民的义务"(Lev,p.72;OC,p.7;OB,p.74)。对此,我们说,他想做的事自然不是(譬如)通过经验研究揭示某个既存或现存国家(古希腊、英国或中国等)的政治结构,而是尝试建立理想政治的理论或者展开对国家的规范性探究。因此,对霍布斯政治哲学主题的更精确表述是诸如"在国家中,统治者和臣民应当分别具有什么权利以及义务?"或者"一个理想的/最好的国家中的基本权利义务关系是怎样的?"等。

表面看来,关于霍布斯主张和辩护的理想的政治权利-义务关系,至少存在两种解释观点。Bobbio 提出:"霍布斯一再重申,主权权力是人类能够自愿授予他人的最大权力。主权权力的庞大系于下述事实,其拥有者针对臣民对主权权力的运用不受任何限制:主权者的权力是绝对的"(Bobbio,1993,p.53)。除 Bobbio 之外,Oakeshott(Oakeshott,1975,p.66)、Gauthier(Gauthier,1969,p.135)、McNeilly(McNeilly,1968,pp.232—234)都曾指出,霍布斯理想中的政治组织方式是绝对主义国家。在政治思想史上,政治权力绝对性的代言人或专制主义的辩护者构成霍布斯的标准形象,比如绝对国家的拥趸 Filmer 把霍布斯引为同道(Filmer,1991,pp.184—186)、自由主义者贡斯当将霍布斯当成"专制政治的信徒"加以驳斥(贡斯当,2015年,第105—106页)等。

另一派学者主张,归根到底,霍布斯是自由主义者,他的政治理想是某种形式的有限政府。比如,van Mill声称:"通常认为,霍布斯青睐倾向专制而非自由的政府形式……不过,霍布斯的自然法讨论蕴涵一个以自由为宗旨的、权力限制理论。这些限制是'不伤害原则'的雏形,它们保护着公民个体免于主权者及其他公民的侵犯","霍布斯的主要考虑是:创制一个以公民自由为特征的社会。"(van Mill,2001,p.9)再如,关于霍布斯的政治理想及对它的专制主义解释,Lloyd提供了一个(某种意义上)很精彩的评论:

> 自然状态是一个连续性的观念……想象一条线段:左端点代表每个人在任何事情上都诉诸私人判断的情形;右端点代表只存在一个私人判断的情形:也就是一个人格判断所有臣民的任何事情的情况(具有绝对权力的主权者)。当从左向右移动时,私人判断的范围——或者通过限制实施私人判断的人数,或者通过限制私人判断适用的议题——逐步缩小。在这个过程中,顺次经过诸小家庭的内部统治、部族体系、内战、各种分权和/或有限政府的政治体系,直到霍布斯认为合适的主权权力的形式。再往右走,将经历侵扰性的体制、压迫性的体制以及集权体制——这些体制的区别系于主权者对于私人判断不适当运用(即对于公共善的维护来说是不必要的)的程度和范围。许多人提出,霍布斯的政治理想系于这条线段的最右端。然而,这是荒谬的观点……霍布斯的自然人从左到右移动是为了寻求一个临界点:在这个点上,每个人都能够期待最有效地发挥能动性;就是说,考虑到他人具有同样欲望,每个人都能期待实现自己的目的。……如果主权者过度运用主权权力,也就是他们侵蚀了每个人(用霍布斯的话来说)"无害自由"的领域,那么也就摧毁了每个人(相较于无政府状态)

合理偏好政府的理由。……由于提出主权理论是为了限制行动者的相互侵犯，它推荐的政治理想必定不是使得个人能动性无法发挥的集权体制。（Lloyd，2009，pp.24—25）

总之，van Mill 和 Lloyd 的霍布斯洋溢着密尔的气息。再者，Levin 甚至认为，根据霍布斯的人性论和自然状态观念，对他的自然人来说，最合理的政治安排应当是诺齐克式的"最小国家"（Levin，1982，pp.673—685）。

实际上，从文本来看，霍布斯辩护准-绝对国家这一点是相当清楚的。不过，我们不能借此判定自由主义的解释立场全无价值。这是因为，这一派解释者的基本洞见大抵是：霍布斯的论证不能或不足以支持绝对国家的结论；恰恰相反，霍布斯政治学中的诸多思想要素——诸如鲜明的个人主义及对个人自由价值上的肯认、诉诸同意观念探讨政治义务的方法、自我保存或者社会和平（而非某些更高的个人或社会目标）作为创制国家目的的观念等——理应交汇成为某种形式的自由主义国家。进而，像 van Mill 或 Lloyd 提供的解释，更多的是在开掘霍布斯政治思想的可能性，而非对霍布斯本人的政治哲学立场进行澄清。

本研究第七章将重构和批判霍布斯的绝对国家论，也将反思霍布斯的政治学说与自由主义的关系。关于霍布斯与自由主义的关系，一方面，鉴于霍布斯辩护和主张准-绝对主义国家，而非某种形式的有限或者责任政府，他不是自由主义者；另一方面，为了论证政治生活的必要性或者说服臣民的政治服从（这是霍布斯的现实关切），霍布斯发明并运用"国家作为必要的恶"的论证模式或教学法。这个教学法在"自然地热爱自由"（Lev. p.153）的人性和作为约束个体自由的政治生活这两个观念的张力中展开。具体而言，首先，政治生活，基于对个体自由的约束，先行看作对个体而言可恶的东西；其次，通过两恶相权取其轻的理性原则建立政治生活（相较无政府处境下的个人生活）被偏好的理由。这是典范性的自由主义论证模式。

第二节 聚讼的原因

培根和笛卡尔是近代哲学精神的道成肉身。而倘若针对培根和笛卡尔亮相于世人的姿态作一个漫画式描述，可以说，他们以共同的"三连拍"开场。首先，提出一个判断：除了几何学，古希腊以降的哲学或科学是彻头彻尾的失败。①其次，诊断既往学术失败的原因，基本的观点是古人没能掌握哲学或科学的正确方法。②最后，宣称只有他们自己的探究——通过"新工具"或者"正确运用理性及在诸科学中寻求真理的方法"取得的智识成就——配享"严格科学"的称号。

笛卡尔和培根之所以对既往的学术失望，是基于当时科学的混乱局面。针对当时的学术状况，笛卡尔描述：

> 关于同一个主题，不同的饱学之士辩护着全然不同的意见，然而这些意见中至多只能有一个是真的。由此，我不得不决定：将所有貌似合理的意见都看作假的。（Descartes，2006，p.10）

类似地，培根评论：

> 以前在哲学家中间曾存在过这样大的分歧以及五花八门的学派，这一事实就充分表明了那由感官到理解力的路径不是划定

---

① 比如，笛卡尔的声明："从书本中学习"除了让他"发现了自己的无知"之外，没有任何其它用处（Descartes，2006，p.7）。培根的著名论断："倘若期待通过为旧事物添加或移植某些新东西的方式来取得诸科学上的重大进展，不过是空想罢了；除非一个人满足于在科学研究上兜圈子，或者满足于微不足道的进步，否则必须从最基础的地方重新开始。"（培根，1985年，第16页）

② 比如，笛卡尔"指导心灵的诸规则"以及"在诸科学中正确运用理性以寻求真理的方法"观念。培根的"新工具"观念："科学当中迄今所做的一些发现时邻于流俗概念，很少钻过表面。为要钻入自然的内部或深处，必须使概念和原理都是通过一条更为确实和更有保障的道路从事物引申而得；必须替智力的动作引进一个更好和更准确的方法。"（培根，1985年，第12页）

的很清晰,而哲学的共通的基础则被割切而碎裂成这样许多含糊而繁复的谬见。现在,关于第一性原则和意见分歧的情况虽有改善,但在哲学的一些部分上仍然存在着无数的问题与争执。(培根,1985 年,第 58 页)

借助库恩的科学史反思,我们更清楚地理解了培根和笛卡尔身处其中的混乱。培根和笛卡尔处在"科学的早期发展阶段"或者传统范式瓦解、新范式尚未确立的过渡期。这种时期的特点,用库恩的话说,"是以许多不同的自然观不断竞争为特征的,每一种自然观都部分地来自科学观察和科学方法的要求,并且全都与科学观察和科学方法的要求大致相容。这些不同学派之间的差别,不在于方法的这个或那个的失效——这些学派全都是'科学的'——差别在于我们称之为看待世界和在其中实践科学的不可通约的方式"(库恩,2012 年,第 3 页)。据此,也就不难理解笛卡尔和培根这样的局中人——他们足够敏感,能够感知到知识陷入的这种混乱,同时,对"在科学中发现真理"足够热忱——对既往科学的失望以及重建科学的渴望。

进一步地,关于既往科学失败的根本原因,笛卡尔和培根共同的诊断是:古人当然不缺乏认识真理的能力暨自然理性,不过他们没有掌握正确地运用理性的方法。同时,在对学术的种种抱怨中,他们都提到,既往的研究者总是以各种方式、有意无意地滥用语词——这是害人害己的做法:既扰乱了研究者本人的思考,又误导了读者的理解[1]。相对地,笛卡尔和培根强调,他们自己的著作具有表述严谨且易懂、论证清楚而分明的优点[2]。

那么,我们容易推测近代哲学精神对于霍布斯研究当中众多分歧和聚讼的看法。对于这种精神来说,首先,混乱的事实表明的是霍布

---

[1] 比如,笛卡尔在《指导心灵的规则》的"规则三"下对古代著作的评论(Descartes,1985,p.13)。培根的"市场假象"观念(参见培根,1985 年,第 32—34 页)。

[2] 比如,笛卡尔提出,他的《光学》和《方法谈》是工匠都读得懂的书(Descartes,2006,p.62)。在《哲学原理》法文版"序言"中,笛卡尔宣称,对于他的《哲学原理》,读者们最多阅读四遍,肯定能彻底地理解它(Descartes,1985,p.185)。

斯研究领域的整体失败。其次,失败的责任或应归咎于解释者们的无所用心、冥顽不灵、缺乏正确的解释方法等——当然,也有另一种可能(笛卡尔大概会迫切地提出这种可能性):霍布斯的哲学或许如此拙劣,以至理解上的会同本就没有指望。

在刚健的近代哲学精神这里,无论对世界的理解还是对文本的解释,毕竟存在成功和失败之别;进而,倘若失败了,就应当追究失败的原因——不是为了嘲讽责任人,而是为了理解和解释的进步。在这种精神的引导下,本节反思霍布斯当代解释的众说纷纭局面。首先,着眼霍布斯的写作风格等,分析分歧广泛存在的原因;其次,过渡到对于本研究若干旨趣和方法的说明。接下来的评论相对零散、大抵是经验之谈,不过通过它们,读者既可以形成霍布斯的初步印象,也能了解本研究的某些特点。

我们说,霍布斯分享了培根和笛卡尔的上述全部特征:对于科学混乱状况的感同身受和痛心疾首、推倒重来的勇气与重建科学的信心、对于科学方法的关切等。特别地,追随培根的市场假象和剧场假象观念,霍布斯不遗余力地揭露"语词滥用"(或曰"无意义谈论")及论证谬误的各种形式(OB, pp.33—34, pp.55—64, pp.88—89;Lev, pp.27—28, pp.32—35)。霍布斯也承诺他的政治哲学著作表述严谨、论证清晰。比如,在《法律原理》中,他声称运用"数学的方法"而非"教条的方法"探究政治哲学的话题,"而就展示风格而言,……我的写作更多地求诸逻辑,而非修辞"(EL, p.19)。在《论公民》中,他宣称做到了以"两条绝对确定的人性公理"为始点,通过"最清楚的推理证明"政治哲学结论(OC, p.6)。

然而,必须承认,霍布斯的著作不曾充分兑现表述严谨、论证清晰的承诺。首先,帕菲特这样评论康德及其写作:

> 康德有时候被认为是一个冷酷、枯燥的理性主义者。但他其实是一个情感极端主义者。……康德极少使用诸如"大部分""许多""几个"或"一些"这样的语词,而是偏爱使用"全部"或"全不"

来写作。(帕菲特,2015 年,第 xxvii 页)

这可看作是对霍布斯的绝佳描述。1. 霍布斯是"情感极端主义者"。如 Oakeshott 所言,"霍布斯的写作向我们表现了他的力量和自信。他傲慢(但并非年轻人的那种傲慢),教条、总是用一种自信的、终结问题的口吻说话。……在他著作中,不存在未成或半成的想法、不存在尚待发展的思想;不存在承诺,只有兑现。这是一种自信——蒙田式的自信:他已然接纳了自己,并且期待别人以他接纳自己的方式接纳他"(Oakeshott,1975,p.10)。2. 特别地,霍布斯是一位"偏爱使用'全部'或'全不'来写作"的作家,查看他的两个表述:

> 1. 战争,不仅指实际的争斗,或战斗的行为;也指这样的时段:相互竞争的意图是彼此充分知道的。……所有其它时段是和平。(Lev, p.113)
> 2. 不正义的定义是:不履行已制定的信约。任何事项,如果不是不正义的,就是正义的。(Lev, p.131)

这些表述中,战争/和平、正义/不正义显得是非此即彼的事。然而,我们当然可以设想和平与战争的某种"混合",抑或既非正义也非不正义的行为。通常来说,任何(一对概念或命题的)不一致或互斥(an inconsistency),在霍布斯的笔触下,都被表述为矛盾(a contradictory)——他很少关注互斥者作为相反者(a contrary)的可能性。[①]在他的文字里,多有"极端"(extremes)、罕有"中间"(means);多见质(qualities)的差异、而罕见量或程度(quantities/degrees)的区别。

自信和决绝的语气、偏爱强表述的写作习惯以及眼花缭乱的修辞

---

① "说'两个陈述构成矛盾(a contradictory)'是指 1. 这两个陈述彼此不一致(inconsistent),并且 2. 不存在与这两者均不一致的其它陈述";"说'两个陈述是相反的(two statements are contraries)',是指这两个陈述彼此不一致,同时开放这样一种可能,即可能存在与这两者均不一致的其它陈述。"(Strawson,1964,p.16)

是霍布斯的著作引人入胜的原因,然而这些特点也每每误导读者,从而构成准确把握其思想的(借用霍布斯的一个著名术语)"外部阻碍(external impediments)"。

其次,施特劳斯这样评论霍布斯的著作:

> 固然,霍布斯的每一个读者,都被他思想的清晰、严密和坚定所打动。但是,霍布斯的每一个研究者,也都为他的著述中比比皆是的矛盾之处而震惊。他的最重要、最独特的论断,大都自相矛盾,或者因在他的著作中某些地方否认了其明显含义而产生矛盾;只有散见于他的著作中的很少几个论断不是这样。(施特劳斯,2001 年,第 4 页)

这个评论不是夸张:关于霍布斯"著述中比比皆是的矛盾",随便举些例子。

1. 对人性的刻画。霍布斯提供了许多生动的人性描述,不过这些描述多有不一致和矛盾之处。比如,《论公民》提出一个著名的"人性公理":"每个人都将死亡作为自然中最大的恶来避免。"(OC,p.6)这个"公理"可做两种理解。如果理解成事实命题,那么它明显地不符合经验(McNeilly,1968,pp.178—182;Kavka,1986,pp.80—82),同时也和霍布斯刻画的那些为了"超越性利益"而做自我牺牲的行动者形象矛盾(Lloyd,2009,pp.60—73)。如果理解为规范命题,那么它和霍布斯在某些场合下提出的舍生取义的道德要求矛盾(Lloyd,2009,p.54)。再如,在《论公民》中,霍布斯提出,"就其本性而言,我们并不追求朋友,而是追求从他们那里获得的荣誉或利益。对人来说,荣誉或利益是首要追求的东西;朋友总是第二位的"(OC,p.22)——这个表述似乎只能理解为对心理利己主义的表达。不过,在对人类激情的讨论中,霍布斯定义了一系列利他情感(仁慈、好意、慈善、怜悯、同胞感、同情等),并且这些定义都没有诉诸个人利益或好处的观念——这种做法似乎显示,霍布斯不持有利己主义的人性观(McNeilly,1968,

pp.117—119)。

2.自由概念。霍布斯曾明确地定义"自由"："'自由'的恰当涵义是相反者的缺失；所谓'相反者'，是指运动的外部阻碍；因此，自由既可以谓述无理性的、以及不具有自动特征的东西，也可以谓述有理性的东西。"(Lev，p.116，p.196)这个定义倒是清楚，问题在于，霍布斯在具体语境中对"自由"的使用——比如，将自由作为与(道德或法律)义务相对的概念(Lev，pp.116—117)，或者，将自然状态称作人性具有"充分和绝对自由"的状态(Lev，p.201)等——明显地不符合这个定义。我们借此想说，霍布斯的一个烦人的倾向是，用清楚的表述、自信的口吻为概念下定义，然后堂而皇之地不使用规定的意思。

3.对自然法的规定。Gauthier曾总结，关于自然法，霍布斯至少提供了三种规定性：自然法"通过人的自然理性而发现……它们是实现和平的诸定理"；自然法是"上帝(具有命令任何事情权利的位格)的命令"；"作为国家的命令，自然法就是国家法，因为人们服从它们的义务根源于主权者的权力"(Gauthier，2001，p.258)。这三种规定指向截然不同的看待道德的观点：后果论视角、宗教的或超自然主义的视角、(某种意义的)消除主义视角。可想而知，从不同规定性出发，将发展出不同气质的霍布斯道德理论解释。

4.对建国契约的描述。众所周知，霍布斯诉诸同意或契约理论阐释主权者和臣民的政治权利—义务关系。不过，关于建国契约，他至少提供了三种版本的描述：缔约方向第三方转移自然权利的描述(OC，pp.69—74)；缔约方放弃并向第三方授权"统治自己的权利"的描述(Lev，p.158)；缔约方各自放弃自然权利、第三方依然保留自然权利的描述(Lev，pp.297—298)。关键在于，如果推敲他的权利转移理论、授权和代表理论以及自然权利观念等，那么我们会发现，三种描述蕴涵的主权者-臣民之间的政治权利-义务关系是有差异的。

霍布斯的著述中之所以存在"比比皆是的矛盾"，主要的原因是他在"思想上令人印象深刻的活力"(Oakeshott，1975，p.11)。一方面，对于任何意见，霍布斯都有检讨、批判或利用的冲动；不过，他似乎缺乏思想的综合所要求的足够耐心。另一方面，对于所主张的观点，霍布斯总能迅速地构造论证；然而，他很少考虑这个论证和他的其它论证是否一致的问题。一个次要原因是（我觉得），尽管霍布斯有杰出的分析能力，不过他好像记性不好①，以致每每做出精细的区分，在随后行文中会忘掉。

重要的是，在我看来，各种解读林立的状况，很大程度上是解释者们对霍布斯著作中"比比皆是的矛盾"做不同取舍的结果。举例来说，在解释战争状态的人性根据时，Gauthier 把物欲放在核心地位，施特劳斯强调人性的虚荣；重构人性论时，Watkins 和 Gauthier 抓住看似表达利己主义的那些说法不放，Gert 或 McNeilly 关注偏向利他主义的说法；关于理性概念，工具主义理性观的主张者援引"思想仿佛……搜寻场地、直到找到猎物的猎犬"（Lev，p.14）作证据，Lloyd 反复重申"自然法的简单总则是……己所不欲勿施于人"（Lev，p.144）；关于道德理论，审慎建议的倡导者看重"每个人都会同意，和平是好的；因此，实现和平的道路或手段——正义、慷慨、温和、公道、怜悯——是好的"（Lev，p.146），Warrender 和 Martinich 发挥自然法作为神圣命令的观念等。那么，需要考虑的问题是，解释者应当怎样处理文本中遭遇的矛盾？特别地，取舍是否总是必须的？ 倘若必须，它是否意味着解释者拥有了"自由裁量权"？

（一）"范式先行"的文本解释观念及相关问题。针对提出的这个问题——"解释者应当怎样**处理**在文本中遭遇的矛盾？"有人或许认为，它多少是无意义的。因为，在他们看来，理解无非是解释者将既已形成的认知结构或观点"施加到"理解的对象（文本或事实）上去，就此而论，理解和解释并非（权且这样说）主动的活动：

---

① 霍布斯指出，"［在语词的计算中，］如果计算太长，计算者就可能把前面的东西忘掉"（Lev，p.35）。众所周知，笛卡尔也关注记忆力对于复杂推理的可能限制，并提出对长推理进行检查（enumeration）的必要性（Descartes，1985，pp.25—28；Descartes，2006，p.17），不过霍布斯大概没有检查的习惯。

假如我们对某位作家的言说没有任何预期和成见,我们便不可能对该作者曾经说了什么进行考察,尤其在一个全然陌生的文化环境中更是如此。这一困境正是心理学家所熟知的,他们将其称为观察者的思维定向。我们的过往经验"使我们定向于以某种方式观察细节",而一旦这一参照系形成,"这一过程便意味着准备以某种方式观察或做出回应"。……我们不可避免地要借助某种模式和先入之见组织和调整我们的知觉和思想,它们本身构成了我们思考和理解内容的决定因素。为了能够理解,我们必须进行分类,而我们只能从自己所熟悉的角度划分不熟悉的事物。(Skinner,2002,pp.58—59)

首先,如果把范式先行观念看作对文本解释中一类常见问题的揭露,那么它是"如实"和有意义的。举两个例子。1. 我每每发现:在最终呈现的解释中,解释者们往往或对霍布斯言说的某些部分避而不谈,或避重就轻地谈到某些东西。为何如此? 合理的解释是,这是解释者以固有的"预期和成见"看待霍布斯教诲的结果;一俟如此,很自然地,他们会对霍布斯言说的特定部分——不满足他的"预期或成见"的部分——有意无意地"视而不见"。①2. 综观对历史上各种思想的**当代解释**,我们很难不感到乏味。这是因为,比方说,在当代解释中,霍布斯、普芬道夫、洛克、卢梭思想中被专题化处理的议题及处理方式大同小异:关于人性,追问利己还是利他;关于自然状态,追问战争或者和平;关于道德,追问假言命令抑或绝对命令……这是令人遗憾的事实,而原因看来是:当代解释者倾向于关注思想家们显见的相似性(比如契约论的叙事结构);更重要的是,他们有意无意地以当代人的眼光(人性观、道德观、政治观等)看待这些思想家——要紧之处在于,当代

---

① "人们不引入自己的判断,按照事件的发生原封不动地陈述,这是极为罕见的。确实,当见闻某些新事时,一般来说,除非有意提防,否则人们极易受先见(preconceived beliefs)的影响,以至见到或听到之事与所见或所闻之事已相去甚远。倘若事件超出述者或听者的理解,或者,他多少预期它以特定方式发生,那么上述情况几近无可避免。"(Spinoza,2002,p.452)

人的成见将思想家们各自的特殊视域和问题意识掩盖了起来：

> 离房屋不远的野地里
>
> 一份充斥奇闻的报纸已躺了几个月。
>
> 它在日晒雨淋的昼夜里衰老，
>
> 变成植物，一个白菜头，与大地融为一体。
>
> 就像一个记忆慢慢变成你自己。（特朗斯特罗姆：《论历史》）

其次，如果范式先行观念是作为一种关于文本解释本质的理论提出的，那么在我看来，它是错误的和不可接受的。1. 我们看到，Skinner 提出，解释者"不可避免地"带着他特殊的"预期和成见"进入某位作家的言说。倘若事实如此，那么归根到底，解释无非是让某位作家的言说来兑现解释者自己的"预见和成见"的活动，归根到底，解释者所谓的对某位作家言说的解释，不过是他固有的"预见和成见"的表达。总之一句话，文本解释"不可避免地"是"六经注我"。然而，这样一来，文本解释丧失了起码的吸引力或价值——毕竟，人们有什么理由关心解释者（比如斯金纳）的"预期和成见"呢？即便这些"预期和成见"被"经典作家言说"的修辞所装饰。2. 文本的理解总是某种"有偏见的看作""从某种相对观点出发的看待"的论调不符合尝试理解（try to understand）或运用理性（the application of intellect）的基本经验。我们说，人们读书（read books），特别地，对文本进行哲学思考（to philosophize）是为了学习东西（have learnt something）或者被启蒙（be enlightened）。进而，稀松平常的事实是，这个目的兑现是可能的。就是说，如果严肃地思考、严肃地和经典作家对话，那么不用怀疑，读者将踏上克服偏见（overcome prejudices）的道路、"通过与主观的、个人性的甚至仅仅属人的视域逐渐分离，从而达成一种客观观点的历程"（Nagel，1986，p.7）。结合这种经验，此处完整的箴言是，自大的人只能在书中看见自己，谦虚的人则可能在书中见证真理。范式先行观念之所以滥觞，是因为时下自大的人太多。

值得一提的是,上述阅读和理解文本的经验,和作者或读者是否以及能够达成"绝对真理"或"认识的绝对客观性"无关。阅读中的进步当然相容于下述可能情况:读者诚然摆脱了狭隘的观点 P 并占据了更客观的立场 Q,然而还存在尚未占据的观点 R:R 是暴露 Q 的狭隘性的观点等。然而,一个作者值得切磋琢磨,也无需预设他占据绝对真理。拿霍布斯来说,只需假定,相较于我们,关于人性、道德、政治,他的思考**更靠近**"无成见"或"**相对来说**更绝对"("他看得**更**远"),就足以支持聆听他的教诲。

硬币的另一面是:霍布斯对人性、道德、政治的思考,或许自有错误或狭隘之处。如果经过慎重的思考,我们对作者的错误有所发现,或者对作者的观点有所迟疑,那么恰当的态度是无须讳言。我们说,从绝对真理或事情本身的理念出发,致力掌握某种关于事情本身(比如人性、道德、政治)的思想,必然包含对这种思想的批判。

在哲学面前,也就是绝对真理或事情本身的理念面前,"经"(文本)和"我"(解释者/读者)都是相对的:文本唯其承载着真理而具有价值,解释者的意义则存在于通过文本捕捉事情本身的意图和努力中。就此而论,究竟"六经注我"还是"我注六经"本是末节;根本在于,在解释者和文本的纠缠中,真理或事情本身——至少,靠近真理或事情本身的东西——应当有所展现。

这是本研究遵循的解释理念。换言之,本研究的基本旨趣是对霍布斯的著作进行哲学的考察(哲学的重构和批判)——让我们通过卡夫卡的一则传说重申这个旨趣:

> 这传说试图解释那不可解释的。因为它的根据来自真理,它就必定又终于不可解释。
>
> 关于普罗米修斯的传说有四种:
>
> 根据第一种传说:他为着人类而背叛了神,因而被罚铐在高加索山脉的岩石上,神派老鹰去啄食他的肝,而他的肝不停地重新生长……(卡夫卡:《普罗米修斯》)

设想神象征绝对真理或事情本身,普罗米修斯象征思考事情(人性、道德、政治)本身的霍布斯,老鹰象征作为霍布斯著作的读者的我们,那么这第一种传说的意思,是出于寻求绝对真理的目的,我们尝试理解——包括批判("啄食")——霍布斯的著作:它们就摆在那里("铐在高加索山脉的岩石上");它们的意蕴是不竭的("肝不停地重新生长"),即便实际上只传达了部分的真理("背叛了神")。对我来说(一个哲学文本的解释者,或者,文本的哲学解释者),这个传说的最大教诲是,鹰的职分是听神差遣。

(二)处理矛盾的几种方式。回到前文提出的具体问题,解释者应当怎样处理在文本中遭遇的矛盾?首先,当面对矛盾时,哲学定向的解释者的"第一反应"理应是,着眼于它作为表面矛盾的可能性,致力于通过综合化解这个(表面上的)矛盾。这是因为,除非占据"超越于"矛盾双方的立场,矛盾的化解是不可能的;那么,相应地,成功地化解矛盾总是意味着更深入地认识了矛盾双方的共同主题。举例来说,在将实践理性比喻为"搜寻场地、直到找到猎物的猎犬"时,霍布斯似乎意在指出激情"宰制"理性的关系;另一些场合,他又指出理性应当"克服"或平复某些激情的搅扰等。有鉴于此,解释者们开始在"霍布斯人性论中理性和激情的'主奴关系'"问题上争执不下。不过,何不尝试思考两种陈述只是表面矛盾的可能性——比如,或许两个陈述中的"激情"或"理性"是同名异义的?读者随后会看到,在这个猜想的指引下,我们重构的霍布斯的心理学哲学,完全摆脱了理性和激情的"主奴关系"窠臼。其次,尽管证明(看似)对立双方的统一性是处理矛盾的最好方式,不过不能指望我们能够以这种方式处理全部矛盾。在此基础上,如果解释要继续下去,那么有时不得不在矛盾的双方中取舍。不过,必要的取舍不意味着解释者进入了"自由裁量"领域——在此,取舍的合理性必须得到辩护。进而,存在两种基本的取舍标准(取舍合理性的辩护理由)或取舍的限制条件。1. 文本的限制。这特别指下述可能情况:针对一处矛盾,如果将视线限定在霍布斯学说的特定局部,确实找不到取舍的标准;然而,如果更宏观、更全面地看待霍布斯的思想体系,发现合理取舍的根据是可能的。举例来说,在以"自然法"为题的二三个章节中,确实包含对自然法的神圣命令定义。据此,似乎有理由将霍布斯设想为基督教伦理学家。然而,倘若关注到霍布斯政治著作整体结构方面的一贯特征〔首先"单纯从自然的诸原理……引申主权权力的权利和臣民的义务",然而讨论神学政治学暨"依赖于上帝意志的超自然启示"的政治学(Lev,p.359)〕以及他如此安排的根据〔"上帝的话语不可能违背理性"(Lev,p.360)〕,我们很难再认为基督教伦理学家形象和霍布斯的思想气质一致。这就是说,在对霍布斯政治哲学体系的统观或"鸟瞰"中,获得了沿着自然主义方向重构其道德理论的理由。2. 反思的标准。这是指解释者通过独立地运用理性,就取舍形成的判断。依然以霍布斯道德理论的神圣命令解释流派为例。Taylor 曾提出,霍布斯的文本中明确出现"在自然王国中,上帝统治权利的唯一基础在于他的不可抗拒的力量",据此,霍布斯这里,按道德行事的根据是上帝的全能(Taylor,1938,p.32)。不过,通过反思,我们或许认识到,类似力量作为权利的根据或者力量充当被服从的规范性根据等思想是不合理的、错误的、不可理解的等等;这种条件下,当重构霍布斯的道德理论时,就应当转而关注和阐发霍布斯提出的,道德根据的其它(更合理的)观念。

第三节 观 点 综 述

接下来,交代本研究的篇章安排并且概览各章的基本内容和观点。

第二章题为"政治哲学:结构、定位与方法"。"结构"指涉霍布斯政治学著作的文本结构。《利维坦》分成四个部分:"论人性""论国家""论基督国家""论黑暗王国";第一节结合《论物体》第一卷的哲学/科学方法论阐述,揭示《利维坦》结构的原理。(a)"论国家"的任务是以国家的定义为始点,引申国家的诸特性,特别地,演绎主权者-臣民的权利-义务关系。根据霍布斯的规定,这个部分构成严格或者狭义的政治学。（b）由于国家概念的复杂性，其定义需要阐释；进一步地，国家本质的诸要素或者是，或者还原为人性的特定方面。因此，"论国家"之前，首先"论人性"。根据霍布斯的规定，狭义的政治学，连同作为狭义政治学基础的人性理论，共同构成广义的政治学。（c）"论基督教国家"和"论黑暗王国"的内容外在于霍布斯的政治哲学。"论黑暗王国"是对各种（霍布斯所谓的）"错误理论"的批判，该部分之于政治学的外在性是无异议的。就"论基督教王国"而论，尽管它的部分功能系于从神学或启示角度证成前两部分"单纯通过自然的诸原理"（Lev，p.359）建立的政治学，不过对这个部分与前两部分关系的更恰当描述是，"论基督教王国"是一个应用政治学（an applied politics），即霍布斯将（前两个部分建立的）政治理论应用于当时的政治现实。

"定位"是指政治哲学在霍布斯哲学体系中的定位。前文指出，在当代讨论中，"霍布斯的政治学与其哲学体系的关系问题"基本上指涉霍布斯的政治学和物理学（唯物主义机械论）的关系问题，更具体地，作为政治学基础的人性"心理学"和人性"物理学"的关系问题。第二节中，（a）在全面考察霍布斯关于物理学和政治学关系论述的基础上，区分政治学的"长途"和"短途"。"长途"是指：从第一哲学出发，顺序经过数学、物理学（人性"物理学"暨生理学）、人性"心理学"，最后抵达（狭义）政治学的"彻上彻下的"路径；"短途"是指抛开第一哲学、数学和物理学，径直以人性"心理学"为始点，进展到（狭义的）政治学的路径。进一步地，（b）论证《论公民》和《利维坦》都是"短途"的贯彻。针对《论公民》，这个观点明显地成立，因为《论公民》不包含任何物理学或机械论的内容。相较之，《利维坦》第一部分确实出现了很多对人性的物理学描述。针对《利维坦》中的人性物理学，我们通过文本证据表明，霍布斯引入它们，是为了批判和拒斥相关的"错误理论"，而非因为他认为它们对于政治学的探究和教学来说是必要的。

"方法"指涉"政治学的分析"（analysis/resolution in politics），暨霍布斯所谓"在思想中拆开国家"（OC，p.10）的观念。关于"在思想中拆开国家"的涵义，大部分解释者的共识是，作为理解政治的必要步骤，霍布斯建议读者设想"在社会生活中移去共同权力"(李猛,2015 年,第 114 页)条件下,人性的共同处境;进一步地,这个现实生活"减去"政治维度的"差数"就是自然状态的著名观念。然而,到此为止,这个理解显然面临一个悖论,即"思想中拆开国家"似乎预设了拆分者已经理解了国家。第三节提出,解除这个悖论的关键是:"在思想中拆分国家"得以可能,无需预设拆分者具备了国家的知识(the knowledge of a commonwealth,这种知识在政治学研究完成后才能获得),而是具有关于国家的意见(some opinions of a commonwealth)即可。这个澄清自然地引发的追问是:霍布斯是根据何种国家的意见而"在思想中拆分的国家"的? 对此,结合霍布斯写作政治学的基本语境和意图,我们提出,在霍布斯的"政治学分析"中,国家被先行看作对治下臣民的特定生活计划、欲望、愿望及致力实现它们的行为构成"外部阻碍"的东西;或者说,国家是对臣民的自由施加(特定的)限制的东西。那么,相应地,"思想中拆开国家"的结果(即"自然状态")就是恢复了"纯粹根据自己的判断来行事的绝对自由"(Lev,p.201)的人性的共处境况。

第二章第三节对政治学方法论的反思,将我们带到了霍布斯的自然状态以及自然人观念面前,在此基础上,第三章("人性理论:不是什么")批判两种对于霍布斯人性阐述(某些方面)的当代理解。霍布斯声称,自然状态是普遍战争状态,并提出若干"人性当中……导致战争的原因"(Lev,p.112),第一节批判两种引申战争关系的方案。关于自然战争的本质,施特劳斯认为是虚荣者的争胜,Gauthier 认为是贪婪者对物的竞争。(a)我们会分别指出两种解释在哪些方面扭曲了霍布斯的表述。(b)不过,两种解释的更大缺陷是,结合霍布斯政治学的结构性特征,我们发现,它们蕴涵了极端狭隘以至无法接受的国家观。(c)在上述批判的基础上,提出关于战争状态人性根据的"抽象解释"。我们将"人性当中……导致战争的诸原因(物欲、荣誉、猜忌等)"中涉及的欲望对象——既存之物、荣誉、安全等——抽象出去,形成欲望冲突(the conflict of desires)的一般观念:如果一个人性 A 欲望事态 F 出现并且人性 B 厌恶 F 出现,那么 A 和 B(在 F 是否出现这件事上)存在欲望冲突。进而,我们主张,自然状态作为战争状态的本质是人际间欲望冲突的广泛存在。

在霍布斯的人性、道德、政治思想中,"暴死作为至恶"或者"自我保存作为基本善"观念扮演着关键的角色。第二节批判尝试从动物运动的机械论描述中引申出"自我保存作为基本善"的思路。为此,我们辩护一系列命题:(a)事实上,霍布斯对动物运动的机械论描述是不可理解的(unintelligible);(b)假设意愿行为的物理学和自我保存观念存在什么关联,那么,从观念起源的角度讲,合理的看法也应当是:自我保存观念影响或塑造了霍布斯的动物运动物理学建构;(c)即便动物运动的物理学确实包含特定意义的自我保存,它也和在霍布斯道德-政治理论中起作用的"自我保存"同名异义:前者的意义是一般描述(a wider description)或统摄一个生命体致力获取及同化生存必需品的所有个别行为或活动;相较之,政治学中的"自我保存"具体指涉一个人在和他人共处条件下的"生命安全"(Lev, p.322)。第二章第二节连同本节,构成我们对于"政治哲学自足性"论题(即霍布斯的政治学相对他的物理学的独立性)的完整辩护——我希望这些论证一劳永逸地把投射在霍布斯人性-道德-政治思想上的物理学阴影驱散掉。

第四章("人性理论")占据本研究接近三分之一的篇幅。这一章的任务是,立足霍布斯的人性定义——"人是物体-自动的-理性的"(OB, p.4),重构作为其道德政治思想基础的人性理论。这项重构的核心是对"激情/欲望"和"理性"两个概念的澄清,在霍布斯这里:

1."激情(passion)"是(a)"意愿行为的原因"(Lev, p.38),并且是(b)对之追问"'为什么?'问题('Why?'-Question)"总是有意义的心理事件。激情具有两种基本样态:

1.1:情感(emotions)或感受性欲望(sensory desires)。基本特征包括:(a)属于当事者直接感受或经验的心理事件;(b)"容易变化"(Aristotle, 1963, 9a8—9a9, p.24);(c)包含认知的方面:一定意义上,它是当事者对所处具体环境或周遭的"看作"或解释;(d)

"伴随着"或能够"激发"当事者的身体反应、肢体动作，以及行为。

1.2："性情和/或品性（dispositions/manners）。基本特征包括：（a）作为人类行动者具有的东西，其（在一个当事者这里的）存在不是当事者通过感觉或者直接经验而知道的；（b）"更持久并且很难变化"（Aristotle，1963，9a8—9a9，p.24）；（c）包含认知性的内容，后者或者是赋予当事者生活**整体**以意义的对象或事态，或者是当事者"忠诚于"的行为准则等。

2. 理性（reason）的两种/三种基本样态：

2.1："不使用语词的计算"：实践方面表现为"权衡（deliberation）"，后者是指在感受到一个欲望的条件下，当事者针对满足该欲望的最合适手段所做的那类考虑。

2.2："普遍名词序列的加减"：指涉实践方面的"一般化与类型化"（佩蒂特，2010 年，第 33 页）考虑，具有两种样态：

2.2.1："一般化思维（general thinking）"。这是（a）当事者的将他的个人生命历程看作整体或统一体的观点或者能力（the view-point of taking his own life as a whole or an unity），以及，（b）从这个生活整体性观点出发，在具体情境下，做出决策和采取行动的能力。

2.2.2："普遍化思维（universal thinking）"。（a）当事者的"将他自己看作**平等的**行动者中的一个"的观点（the view-point of taking himself as one of many equally），以及，从这个"*爱人如己*"（EL，p.100）的观点出发，（b）反思、批判和调整他在特定时刻感受到的欲望，特别地，反思、批判和调整他既有的整体善或生活目标的能力。

关于这个结构，有很多可说的东西，比如，（a）有些性质是动物和人性共有的（感受性欲望和权衡），另一些是人性独具的（性情/品性、两种"一般化与类型化的"实践考虑）：动物具有感受性欲望及权衡的观念将霍布斯的动物-形而上学理论与笛卡尔的动物-机器理论区分开来。(b)有些性质是当事者"生而俱有的",另一些需要后天养成[它们得以被养成的条件——所谓"一阶能力(the first order capabilities)"——是当事者"生而俱有的"]:"生而俱有"/后天养成的区分牵扯着孩子(a child)/成人(a man)的(伦理的)区别,也指示着公民教育话题在霍布斯政治学中的地位等。

这个结构是参照亚里士多德的灵魂理论,通过全面细致地分析霍布斯的心理学哲学(psychological philosophy)以及意愿行为(voluntary actions)表述(相关的文本包括《利维坦》第1到12章、《论人》第10到14章、《法律原理》第1到13章、霍布斯和Bramhall关于意愿行为本质和自由意志问题的争论)而获得的。正如在霍布斯那里,人性论构成道德哲学和政治哲学的基础,本研究随后的论述——特别是第五章("自然状态观念:若干方面")的第一节、第二节及第六章("道德理论")——与这个结构及本章其它内容密切相关。

霍布斯的一个思维习惯是,先"孤立地"(Lev,p.1)考察对象,在此基础上考察对象之间的关系(relationship)。模仿这种思维方式,在阐释人性理论之后,第五章再次回到霍布斯的人际的自然关系思想,即自然状态观念。第三章第一节已经讨论了自然状态作为战争状态的两组人性根据:物欲(竞争)和荣誉,第五章第一节("两种自然品性:虚荣与猜忌")考察另两组原因:虚荣之人-适度之人的性格对立以及猜忌。(a)针对虚荣之人-适度之人,在定义这对概念的基础上,结合《比希莫特》中霍布斯对英国内战的历史分析,重构这对哲学概念的"经验原型":(内战时期的)人民的引诱者-人民。就霍布斯的虚荣之人观念而言,有人将它解释为贵族形象的观念投射(施特劳斯),有人提出它反映了基督教的人性自我理解(即负担原罪的人性。Martinich)。我们提出了第三种解释;进一步地,尽管不必将三种解释看作互斥的关系,不过我们的解释最信实。(b)尽管霍布斯自始至终都将"猜忌"列为战争状态的人性根据之一,不过事实上,他并没有妥善地定义这个概念。我们将猜忌看作"'忠诚于/无视'特定行为准则"类型的品性;进而提出,猜忌的人是受下述准则支配的人:对于任何人,如果我不知道他是否具有将要伤害我的意志,那么将他当作具有伤害意志的人来看待及对待("猜忌-准则")。在定义猜忌的基础上,我们发现:猜忌既不是人性的必然特征(像物欲那样),也不宜看成人性的常规性(normal)特征(像荣誉那样)。这意味着,自然状态观念的一个"内部问题"是:自然状态下,自然人选择采纳"猜忌-准则"(成为猜忌之人)的理由或根据是什么? 我们提供了解决"自然人接受'猜忌-准则'的合理性(rationality)"问题的基本思路。

第二节("自然社会的规范性")从规范性的角度检查自然状态,或者说,揭示自然社会的规范性维度。我们提出,自然状态不是"道德真空"。自然状态下,自然法在两种意义上在场:(a)尽管诸自然法(natural laws)不约束自然社会成员的"外部领域",不过"始终约束任何成人的内心领域"(Lev,p.145);(b)就彼此**知道并承认**对方具有"对于一切事物的权利,包括他人身体"而言,自然人自觉地兑现了作为自然法"本身"(natural law itself)或理性"本身"(reason itself)的"对等性要求"。上述思想的阐释,牵涉几个微妙而重要的思想,比如,霍布斯的道德"内在观念论";霍布斯对人类行动者的权衡和决策过程的一个细腻观察;霍布斯的人道主义:他的个体生命价值绝对性的伦理立场;正义战争的两种(互斥)模式:基于正当理由/基于对手的正当敌人身份等。

第三节("战争状态观念的道德教育意义")反思作为战争状态的自然状态观念在霍布斯政治著作的角色,或者说,阐述它的修辞学或教学法意义。首先,将霍布斯政治学著作的双重文本性质区分开来:(a)作为教授政治及道德科学知识的教材;(b)作为以"规劝或忠告"或者"用某种方式说服或劝阻某人去做或不做某件事情"(斯金纳,2005年,第46—48页)为目的的政治评议。其次,尝试论证:从作为教材的角度看,著作中提出的"一切人对于一切人的战争"(Lev,p.113)观念——连同对于"人性中……导致战争的原因"(Lev,p.112)的阐述,是多余的。再次,发掘战争状态观念在政治学著作作为政治评议维度上的意义。霍布斯写作政治学的目的之一是说服读者服从国家。展现不存在国家条件下，人类生活的"病态"（Lev，p.115）和"悲惨"（Lev，p.153）构成实现这个劝说目的的"有效甚至必要的"（von Wright，1963，p.150）手段。

第六章（"道德理论"）阐释所谓"关于诸自然法的真学说（the true doctrine of the laws of nature）"（Lev，p.146）。第二节（"道德义务的'形质论'辩护"）重构霍布斯的道德辩护，涉及两个子论题：首要和基本自然法（"应当追求和维护和平"）的辩护，以及，诉诸首要自然法对"其它诸自然法"的辩护。（a）针对论题一，在批判 Warrender 的道德直觉主义理解方案的基础上，我们提出：首要自然法是两个命题合成的结论：（i）任何人都厌恶战争；（ii）"己所不欲勿施于人"或者"爱人如己"。其中，命题（i）是霍布斯人性基本善（the primary good）设定暨"自我保存作为基本善"的一个蕴涵；规范性命题（ii）表达的是实践理性——即"自然法是正确理性的指令"（EL，82；OC，p.33；Lev，p.147）中的"正确理性"——本身的规定性，或者，表达实践理性的内在要求。同时，我们也强调，霍布斯的首要自然法（以及其它所有自然法条款）不是所谓的绝对命令或者"无前提"规范。霍布斯持有个体生命价值绝对性的伦理立场，这个立场的道德哲学意义是：对人类行动者来说，当履行道德义务和自我保存发生冲突时，道德义务转化为"分外之事"——在这种情况下，如果当事者选择履行道德义务（相应地，牺牲个人生命），那么他成就了一件崇高之事；不过，如果他选择保全性命（相应地，行悖德之事），那么他的选择也应免于指责。（b）针对第二个论题，我们提出，其它诸自然法是首要自然法的分殊。具体来说，诸自然法是对于"追求并维护和平"的**具体规定**；或者，是针对**各式**人际欲望冲突的非-战争（和平）解决方案。这个"月映万川"的关系，类似亚里士多德的伦理学中，作为德性公式或德性"本身"的适度与适度在生活领域"各个局部"的表达形式（节制、勇敢、慷慨、大方、大度、友善、诚实、机智、正义等具体道德德性）之间的关系。

应该提出的是，上述对霍布斯自然法学说的理解，从 Lloyd 和 Warrender 的解释中获益颇多。Lloyd 认识到，霍布斯这里，"自然〔理性的]法"中的"自然理性"意味着"对等性限制"。Warrender 观察到，对霍布斯来说，自我保存和道德义务的关系之一是"个人的自我保存构成使得他解除义务要求的豁免理由"（Warrender，1962，p.139）。

在阐述自然法的章节，除了提出自然法款项之外，霍布斯谈论了许多别的内容；特别地，阐述道德哲学（moral philosophy）概念、批判其他"道德哲学的作家"（Lev，p.146），以及定义自然法概念。第五章第一节是对这些自然法款项之外内容的考察。（a）考察霍布斯的道德哲学观念。这个考察的好处是多方面的。首先，它帮助我们认识到霍布斯的（用 Sidgwick 的术语）"哲学直觉主义"道德哲学立场（a philosophical intuitive moralist）。霍布斯无意提出新颖的道德要求，他的道德哲学旨趣在于常识道德（the morality of common sense）的"理性综合"（some rational synthesis），或者说，为常识道德确立"第一原理"（Sidgwick，1963，p.102）。其次，这项考察，结合霍布斯对亚里士多德诉诸"适度"定义道德德性做法的批判，让我们认识到，霍布斯主张一种以准则为中心的、定义德性（道德恶）的方式。大抵而言，针对表示具体道德德性或道德恶的素质词（"正义/不义""友善""感恩/忘恩负义"等），霍布斯建议将它们分析为"（'持久并且很难改变地'）遵守/不遵守规则 R"加上 R 的内容。再次，霍布斯自觉地限定了道德哲学的限度（limits）或范围（scope）。道德哲学的研究对象并非任何品性或者全部行为准则，它只关切和处理"在交往中，一个人对待他人的那些品性"（EL，p.99）或者"与相互交往及人类社会相关的"（Lev，p.146）规则。（b）尽管将霍布斯的道德理论放在"自然法传统"当中考察顺理成章，不过除非准确地界定所谓"自然法传统"的涵义，否则这种进路难有建树。因此，思想史家应当严肃地辨析霍布斯的自然法概念。霍布斯这里，"自然法（natural law）"是"自然理性的法（natural reason's law）"的缩写；进一步地，"自然理性的法"有两重涵义：自然理性是自然法的"立法者"[这个意义上，"理性就是自然法本身（reason is the law of nature itself）"（OC，p.58）]，以及，自然理性是自然法的"发现者"["自然法是理性发现的诸指令或普遍规则（a law of nature is a precept or general rule found out by reason)"（Lev，p.116）]。自然法既是理性自身的规定性，又是理性的认识对象，那么自然法概念就揭示出，道德哲学的根本方法是理性的自我批判。

第七章（"捕捉利维坦"）重构和检讨霍布斯的政治理论和相关观念。（a）第一节重构霍布斯的"人造人"学说，即他诉诸契约论观念对于主权者臣民权利义务关系的说明。除了准-绝对国家论（臣民近乎绝对地服从主权者的义务）的部分之外，我们将重构的重点特别放在霍布斯的主权者义务观念上。为此，第一节第2部分既描述了《论公民》诉诸感恩自然法对于主权者义务的说明，也刻画了《利维坦》借助信托或授权-代表的法律制度对于主权者职分的说明。在理解霍布斯政治理论时，一个肯定会导向过分简单化（over-simple）的先见是：既然霍布斯已然主张臣民的（近乎）绝对服从，他谈论"Salus populi suprema lex"不过是虚与委蛇，或者至少，主权者的义务不是其政治反思的核心关切。然而，不认同"Salus populi suprema lex"的学说，根本构不成一种政治哲学理论。（b）在第二节中，我们以西方政治传统为背景，分析和玩味霍布斯那些更恢宏的政治观念。首先，我将尝试揭示霍布斯否定"人就其本性是政治动物"的意涵，进而建议，某种意义上，《利维坦》仿佛柏拉图的"铜铁阶层"（柏拉图，1986年，第130—133页）写就的《理想国》。其次，说起来，霍布斯那两个国家的比喻性意象——利维坦（Lev，p.ix，p.158，p.307）和上帝（Lev，p.158；OC，p.9），不过是平民眼中国家的形象，或者，老百姓对于国家的想象。霍布斯教会我们以平民的观点——用你我的眼睛——打量政治，这个事实要比任何政治立场、任何价值主张都更加意味深长。

第二章 政治哲学：
结构、定位与方法

当晚年的霍布斯回忆 1640 到 1660 年英国的光景时，他总结道：

> 倘若时间和空间相仿佛，也有高低之分，那么我确信，1640 到 1660 年的岁月是时间的顶点。那时，若有人从魔鬼之山鸟瞰这个世界和人类的行为——特别是，来看看英格兰，世界能够承受的全部不义和全部愚蠢将映入眼帘；并且，由于不义和愚蠢分别源于人们虚伪和自欺，于是，那时的世界充斥双倍的不公道与双倍的荒唐。（Hobbes，1990，p.1）

霍布斯的政治哲学著作——《自然法与政治法原理》（1640）、《论公民》（1642）、《利维坦》（1651）——完成和出版于英国内战（1640—1660）前夕和期间。同时，无疑，正是为霍布斯亲历的内战构成了他的政治反思的基本素材或对象："对于国家解体危险的担忧激发了霍布斯的政治哲学。"（Bobbio，1993，p.31）

在霍布斯的书写中，这一点总是明确地表达出来。在《利维坦》"综述与结论"中，他提出，《利维坦》"是当下无序的局势激发出来的"（Lev，p.713）著作。在《论公民》的"给读者的序言"中，他指出，《论公民》"出自一个向往和平的作者之手，他为祖国时下的灾难感到悲伤"（OC，p.15）。关于《法律原理》的写作背景和旨趣，霍布斯自述：

议会(1640年4月—1641年5月)争议并否认国王的诸多权力,尽管这些权力对于王国的和平以及国王人格的安全是必要的。这种局势下,霍布斯先生用英语写了一个短论文;他在这个论文中证明了:这些权力和权利不可能同主权分离开来——当时,议会并不否认主权的承担者是国王,不过他们似乎没有理解(或毋宁说,不愿意去理解)这些权力和主权的不可分离性。那时,这个论文并未出版,不过许多绅士有它的复本。它引发了对于作者的极大争议;要不是国王解散了议会,它会为作者引来杀身之祸。(EL,p.xii)

霍布斯思想的另一个鲜明的特点是,在哲学活动中,对于几何学的定义—演绎方法的青睐,"跟那个时代的许多人一样,霍布斯相信,在所有科学中,数学最卓越;数学的方法和程序为任何科学提供了应当借鉴和复制的模型"(McNeilly,1968,p.76)。Aubrey的笔触下,霍布斯同几何学的邂逅与奥古斯丁的"花园奇迹"相仿佛:

在接触几何学的时候,他已经40岁了;霍布斯和几何学的遭遇是一个偶然。在一位绅士的图书馆里,欧几里得的《几何原理》碰巧翻开在第一卷的命题47①。他阅读这个命题;"啊,上帝",他说道,"这不可能!";于是他去阅读证明,而这个证明将他带回到这个命题;他反复阅读,最终这个证明说服他相信了这个真理。这个经历让他爱上几何学。(EL,p.235)

从霍布斯随后的智识历史来看,与其说这个经历让他"爱上几何学"(诚然,他做过一些几何学研究),毋宁说让他爱上了《几何原理》的展示方式或几何学教学法②。此后,霍布斯认为,任何题材的科学/哲

---

① 《几何原理》卷一的命题47:直角三角形中,直角所对的边上的正方形面积等于夹直角两边上正方形面积之和。

② "就在那次法国之旅途中,他[即霍布斯]开始研究欧几里得的《几何原理》。他极为勤奋地研读它,为欧几里得的方法感到兴奋。他不仅被《几何原理》提出的诸定理吸引,也折服于它所展现的娴熟的推理。"(EL,pp.246—247)

学探究都要求"正确推理（true ratiocination）"的运用，而"所谓'正确推理'，就是计算（computation）"（OB，p. 3；pp. 65—66；Lev，pp. 29—30）；成为一部哲学/科学著作的必要条件是，包含"句子序列的一系列证明"（Lev，p. 71）。特别地，几何学作为科学/哲学样板的思想也投射到了政治哲学观念，使他认定"将数学方法应用于政治哲学，将意味着政治第一次被提升到科学的高度，成为理性知识的一个部类"（施特劳斯，2001 年，第 164 页）。于是，我们看到，《法律原理》中，霍布斯声称他运用"数学的方法"而非"教条的方法"教授政治哲学（EL，p. 19），"数学的方法"是指"从自明原则出发的"演绎（EL，p. 75）。在《论公民》中，他宣称做到了以"两条绝对确定的人性公理"为始点，通过"最清楚的推理来证明"政治学结论（OC，p. 6）。

　　本章的主要任务是，以霍布斯思想的上述两个特征（内战这种政治-社会现象构成霍布斯政治反思的基本对象以及几何学方法作为典范性的科学/哲学方法）为线索，阐述其政治哲学文本的若干方面。第一节结合几何学教学法的观念分析《利维坦》的文本结构，并且借助国家是人造物观念解释霍布斯的国家定义的特点。第二节关涉政治哲学自足性论题（即霍布斯政治学相对于其物理学的独立性）的辩护。我们将论证，对霍布斯来说，出现在《利维坦》"论人性"部分的"人性物理学"属于外在于政治哲学的内容。第三节分析和澄清政治哲学的写作意图以及"在思想中拆分国家"（OC，p. 10）观念的含义，这个分析径直引出自然人和自然状态这两个霍布斯政治学的基本概念。

　　初看上去，霍布斯的政治学文本内容丰富甚至庞杂，而只有掌握了霍布斯政治哲学的主题、方法、划分文本的根据等，才可能清楚地判定哪些内容构成主线或主干、哪些内容属于旁出或末节。在这个意义上，本章是准备性的。1. 它将本研究关切的文本范围大致划定在《利维坦》第一、第二部分（即"论人"和"论国家"），并且"论人"部分的"人性物理学"也被排除出去。2. 霍布斯政治学的研究旨趣、基本思路，包括若干重要的思想元素也获得了不同程度的刻画。

第一节 文 本 结 构

在《利维坦》"导言"中,霍布斯这样描述他的政治哲学研究规划:

> 为了描述这个人造人的本性,我将考虑:
>
> 第一,它的质料(matter),以及它的制造者(the artificer)——两者都是人(man)。
>
> 第二,它是怎样,以及通过什么信约(covenants)而制造的;主权者的权利,以及主权者的力量或权威是什么;国家的保存和瓦解的本质为何。
>
> 第三,什么是一个基督教国家(a Christian commonwealth)。
>
> 第四,什么是一个黑暗王国(the kingdom of darkness)。(Lev, p.x)

这个研究规划同时是《利维坦》文本结构的报告。大体来说,与政治哲学的四项探究对应,《利维坦》分成四个部分:"论人""论国家""论基督教国家""论黑暗王国"。接下来,结合霍布斯的哲学/科学的一般观念,重构这个政治哲学研究规划——相应地,如此这般安排的文本结构——的根据。

1. "论国家":国家定义的提出及主权者臣民权利义务关系的演绎

我们先考察《利维坦》的第二部分"论国家"。在《利维坦》中,霍布斯将政治哲学规定为,"以政治体的诸属性为始点的推理",进一步地,它包括两个主题:1. "以国家的建制为始点推导政治体或主权的权利和义务";2. "以国家的建制为始点推导臣民的义务和权利"(Lev, p.72)。严格地说,"国家的建制(the institution of commonwealths)"指涉国家的制作方式(production)或者(更一般地)生成方式(generation),不过在这个表述中,显然用以指代国家的定义。霍布斯之所以用"国家的建制"代指国家的定义,可以诉诸他关于定义的一个观念得到解释。霍布斯认为,对于任何事物的定义都应当包含该事物如何(或者可能如何)生成或产生这一要素:

> 任何事物的定义——如果其原因是可设想的话——必然要包含着表述它的原因或生成方式的名字,比如把一个圆定义成一条直线在一个平面上做环行运动所产生的形状。(OB, pp.81—82)

因此,这个做法类似于我们有时用"那种内角和等于两直角的形状"指代三角形(用必然属性指代实体),或者用"有理性的东西"指代人(用差来指代实体)。

按照这个政治哲学概念,《利维坦》"论国家"部分才是政治哲学。因为以国家定义为始点演绎或引申主权者—臣民的权利和义务的全部工作在"论国家"部分完成的。我们看到,"论国家"首章("国家的原因、生成和定义")提出国家定义。次章("按约建立的主权者的权利")从这个定义"引申出主权权力的所有权利和权能"(Lev, p.159)。进而,这个部分也阐释了臣民的权利和义务("论臣民的自由")以及主权者的义务或职分("论主权代表者的职分");并且,形式上说,这些阐释依赖于国家定义。

霍布斯对于政治哲学的这个规定(以及"论国家"部分对该规定的贯彻)构成他的科学/哲学教学法(the method of teaching)一般观念的例示:

> [哲学/科学知识的]教授不过是将学生的心灵依循探究者的探究顺序引向所发现的知识,因此发现的方法就是我们向他人证明的方法。不过,教授中,我们忽略从对事物的感觉到普遍原则的部分;普遍原则,作为原则,是不能被证明的……它们无需证明,尽管需要解释。因此,教授的全部方法是综合,也就是以最初或最普遍的命题为始点……通过三段论来不断结合命题,直到最

终使学习者理解了结论的真。……普遍原则就是定义。（OB, pp.80—81）

进一步地，我建议，这个科学/哲学教学法的一般描述可以看作是霍布斯将几何学的典型教学法加以普遍化的结果。举例来说，对于三角形科学知识的传授，典型的方式是教师从三角形定义出发（结合其它自明的、已获得证明的及被学生接受的其它命题），向学生展现对于三角形各种性质的证明。

尽管霍布斯将"主权者的权利或义务，以及臣民的义务或权利"确立为政治学的核心议题，不过"论国家"的讨论不限于主权者-臣民的规范性关系。事实上，"论国家"极为广泛探讨了国家的各种性质，或者说，政治的诸多方面。比如，政体类型学（"三种按约建立的国家；以及，主权权力的继承"）；家庭中的权利-义务关系（"家长权或专制权"）；国家治下的臣民联合体或社团（"论臣民构成的体系：政治性的和私人性的"）；政治经济学问题（"国家的营养和生殖"）；法理学问题（"国家法"、"罪行、免罪理由和减罪"、"惩罚和奖励"），特别是政治与道德、国家法与自然法关系；相关公职的职能和义务（"主权权力的公共治理者"、"咨议"）；政治稳定性问题（"削弱和导致国家解体的因素"）；公民教育问题（"主权者的职分"），等等。一方面，当然不能指望这些议题的阐释方式都是以国家定义为始点的演绎；另一方面，大体来说，这些议题的讨论确实是在国家的定义及由该定义引申而来的准-绝对国家论的关照下进行的——虽然每个议题在何种意义上依赖国家定义和准-绝对国家论需要具体分析。

2."论人"：国家本质各要素的分别阐释

在《论物体》中，论及哲学的基本划分，霍布斯提出：

> 由于存在两类彼此不同的物体：作为自然造作而成的自然物体，以及作为人类意志合意结果的国家……相应地，哲学分为两个主要部门：自然哲学和政治哲学。进一步地，由于关于国家特

性的知识（the knowledge of the properties of a commonwealth）以人的倾向、情感和行为方式的知识为前提，那么政治哲学亦分成两个部门：处理人的倾向及品性的伦理学和认识人的政治义务的政治学（后者也称作"政治学"或"政治哲学"）。（OB，p.11）

这个阐述区分了狭义的政治学和广义的政治学。狭义的政治学是（借用《论物体》中的哲学定义）"从国家的生成或原因的知识出发，通过正确推理，抵达国家的特性或结果的知识"（OB，p.3）；在此，"国家的生成或原因"指代国家的定义，"国家的特性或结果"具体指涉"人的政治义务"。如前所述，《利维坦》中，狭义政治学在"论国家"部分完备地阐述完成。

广义的政治学则包含两个部分：狭义的政治学和以"人的倾向和品性"为研究对象的"伦理学"①。进而，霍布斯提出，对于人性的理解（他的人性论或"伦理学"）构成狭义政治哲学得以理解的条件。那么，值得追问的是，如何理解人性理论之于（狭义）政治学的基础性地位？——显然，解决了这个问题，也意味着把握到了《利维坦》中"论人"安排在"论国家"前面的理由。

I. "简单名字"和"复杂名字"。《论物体》提出：

> 由于定义是原理，或者说是最初命题，因此它们是语言；由于语言的作用是，在学习者的心灵中引起关于特定对象的观念（这当然只有在相应对象有名字的条件下才是可能的），因此定义无非是通过语言对于对象的名字的解释。比如，如果定义人，我们就说："人是一个物体—自动的—具有感觉的—理性的（man is a

---

① 联系上下文来看，这里的"伦理学"明确地指涉人性理论，而非霍布斯的道德理论或自然法学说。在《论物体》其它地方，霍布斯也用"道德哲学（moral philosophy）"指称他的人性论（见 OB，p.73），尽管在《论公民》和《利维坦》中，他曾明确提出道德哲学是他的自然法理论（OC，p.56；Lev，p.146）。我们在"导言"中曾提到，霍布斯的一个烦人的倾向是：首先明确定义一个概念，然后堂而皇之的不使用所定义的意思；而很明显，"伦理学"和"道德哲学"使用的随意性构成霍布斯这个倾向一个例子。

body animated，sentient，rational)"；这些名字——"物体""自动的"等——也就是作为整体的名字（"人"）的诸构成部分。因此，这类定义总是由"属（genus）"和"差（difference）"构成：从前到后的名字都是普遍的，最后的那个名字是差。不过，如果某个名字已然是最普遍的了，那么对它的定义就不再可能由"属"和"差"构成了——对于最普遍的名字，我们最多只能通过迂曲的说法来解释它的效力。（OB，p.83）

这段表述的基本思想是明确的：定义一个复杂概念（或者复合事物），就是对该概念的意义（该事物的本质）做完备的分析。即，分解为更简单的诸"意义要素"（事物本质的各个部分）。这意味着，对于一个复杂概念（或复合事物）的理解或掌握，以对诸"意义要素"（事物本质的诸构成部分）的分别理解或掌握为条件："必然地，只有知道了各部分，我们才可能具有关于整体的知识。"（OB，p.67）

II. "国家"是一个复杂名字。霍布斯提出，国家是类似钟表那样的人造物，或者说，类似上帝的眼界中的人（Lev，p.ix）。这个类比的最基本的意义是，它提示我们应该像理解一部钟表那样探究国家的本质。首先，钟表是人们运用技艺加工和组合自然材料而成的东西。在这个意义上，明显地，这种类型东西的本质至少包含两个方面：1. 其得以构成的材料或质料；2. 材料得以构成这类组合物的方式。比如，假设某人对于眼前这个滴滴答答的东西无知，问到"这是什么东西？"那么，回答者应当告诉他，它的零件（齿轮、游丝、表针、表壳子等）分别是什么，以及，这些零件以怎样的方式组合才弄成了这个玩艺。

其次，钟表是工具，工具是为了满足人的特定需要被制造，因而具有特定功能的东西。用 Sacksteder 的话说："如此这般的'automata'是其制造者为了使它以所希望的方式来运动（或者工作）而被制造的东西"，它们"具有被施加的目的（such imposed ends）"（Sacksteder，1984，p.115）。或者，按照 von Wright 的说法，"特定目的和工具类型的事物具有'本质相关性'"（von Wright，1963，p.21）。总之，工具的本质总是包含它的功能或用处；举例来说，即便某人知道了钟表的各个零件和制作方式，倘若他不知道钟表的功能或用处，那么当然没有人会认为他完全理解了钟表。

综上所述，国家是人造物的观念告诉我们的是，对霍布斯来说，要把握国家的本质，就要求分别研究并且理解 1. 国家的材料；2. 这些材料得以组成国家的方式；3. 国家的功能或用处。显然，这个分析得到了下述表述的印证：

> 为了描述这个人造人的本性，我将考虑：
> 第一，它的质料，以及它的制造者——两者都是人。
> 第二，它是怎样，以及通过什么信约而制造的……（Lev，p.x）

一方面，国家得以被制成的材料是人性，创制方式是人性彼此缔结某种信约。这意味着，对于国家本质的理解，以对人的本质（人性理论）和信约的本质（自然法学说，特别地，第二、第三自然法联合表述的信约理论）——作为国家本质的两个部分——的先行掌握为条件。另一方面，之所以要探究作为制造者的人，是为了阐释国家的功能。道理在于，一种工具的功能和制造者的需要以及创制目的是一致的。我的意思是，比方说，人为了计时（或者出于计时的需要）创制钟表，相应地，钟表的功能是计时。类似地，国家的功能可以通过人对它的需要或者创制它的目的——"创制国家的必要性和原因"（OB，p.74）——得到说明。那么，再一次地，国家本质的掌握以理解人性为条件[1]。

---

[1]　针对《利维坦》"导言"中开宗明义地提出的国家是人造人观念，Sacksteder 评论，"根据霍布斯在《利维坦》中引入的那个意义重大的类比，人是创制者，而非机器。或者毋宁说，人是发明机器的机制：他设计并制作那些服务于他的目的的东西"（Sacksteder，1984，p.105）。那么，按照 Sacksteder 的这个理解，国家是人造人的观念蕴涵着，人类创制国家的意图或"目的因"是霍布斯政治学中考虑的重要维度。我认同这个观点。

在给斯金纳《霍布斯政治思想中的理性与修辞》的书评中，Gauthier 评论，"斯金纳宣称，霍布斯在自然科学与道德科学之间做了三重区分：1. 自然哲学允许假说，道德科学则从严格的定义开始；2. 自然哲学是纯粹机械论式的，而道德哲学必然'要考虑国家得以被制造的意图'；3. 自然科学中，理性和雄辩术无需结合在一起，在道德哲学中，理性和雄辩术（转下页）

III. 总结上述论证。1. 霍布斯提出，对一个复杂概念的理解，以对其意义要素的分别理解为条件，或者说，对于一个复杂事物的理解，以对其本质诸方面的理解为前提。这是符合直觉的思想。2. 国家是人造物观念表明的是，在霍布斯的政治哲学中，国家的概念或本质被看作复杂的，包含材料、创制方式（组合材料的方式）、功能三个要素。3. 因此，要掌握国家的本质，上述要素要求在先地分别得到理解。相应地，从教学法的角度出发，自然的做法是在提出国家定义之前，分别

（接上页）'彼此支持'。……不过，对霍布斯来说，是否允许假说不构成区分自然哲学和道德哲学的标准，而是区分一方面几何学和政治学（这两者以严格的定义为始点）、另一方面其它科学的标准。霍布斯的理由是，只有在几何学和政治学中，研究对象是我们自己造的，这使得从生成性定义——对我们制造行为的描述——开始的证明可能。第二个区分，即在公民科学中引入了意图或目的因的维度，则是霍布斯从没有严肃考虑过的问题。就是说，霍布斯没有明确提出几何学证明与公民科学中的证明的区别。"（Gauthier，1997，p.95）这个评论正确之处是，霍布斯确实认为，定义—演绎是几何学和政治学的程序，而假说—演绎是自然哲学的程序。他提出的理由是：几何学和政治学的研究对象（几何学对象和国家）是人制造的东西，而自然哲学的研究对象（自然物）是上帝的造物；对于上帝的造物，人们只能设定其生成的"可能原因"，因此演绎的始点——对于对象原因的描述——必然是假说性的（Six Lessons，pp.183—184）。这个评论的错误之处是，"国家是一个人造物"以及"任何'automata'……都以制造者所意图的方式运动"（Lev，p.ix）等表述表明了，霍布斯当然"严肃地考虑了"几何学对象和国家的区别，即国家——作为人造的'automata'——的定义要求包括人创制国家的意图，或者，国家对于人的用处。值得一提的是，Gauthier随后明智地修正了这个方面的思想。在后来的文章里，Gauthier注意到下述文本事实：1. 霍布斯的国家定义中包含着国家的创制方式和人创制国家的目的或意图这两个要素；2. 霍布斯对主权者-臣民的权利-义务关系的推导依赖于这两重要素，据此他转而强调人创制国家的意图这个因素在霍布斯政治学中具有重要的意义（Gauthier，1997，pp.517—521）。

尽管综观国家作为人造物的观念、国家的定义等，能够很明确地注意到霍布斯的政治学包含着人性创制国家的目的或意图这一"最终因"维度，不过很多解释者忽视和否认这一点。在我看来，很大程度上，这种忽视源于一个先入为主的看法，类似于：霍布斯是唯物主义机械论者，那么在他的体系中，目的因的维度即便并非无意义，至少不能太重要。这是看法因其过度泛泛而错误。首先，霍布斯的一贯观点是：对于无生命物的运动的解释或说明不应当诉诸目的因观念（只能诉诸效力因观念）。比如，在《利维坦》第二章，关于经院哲学家的"重物基于静止的欲望而在下落过程中自动停在合适地方"观念，霍布斯评论，这属于以拟人化的方式解释无生命物的运动，然而这种比附是错误的（Lev，p.4）；《论物体》评论，"除了在具有感觉和意志的存在物那里，目的因的谈论是无意义的"（OB，p.132）。其次，需要承认的一个文本事实是：霍布斯确曾尝试——甚至在《利维坦》这部政治哲学著作中——"证明目的因就是效力因"（OB，p.132）。对此，1. 本章随后将证明，霍布斯对意愿行为的机械因果性解释之于他的政治哲学是外在关系，他始终贯彻的是以人性"经验"为政治哲学基础的理念。2. 下一章会论证，霍布斯证明"目的因就是效力因"的那些论证根本就是不可理解的（unintelligible）。

阐释它包含的这些要素。这就好比，如果圆的定义是一条直线在一个平面上做环行运动生成的形状（OB，pp.81—82），那么为了让学生理解这个定义，教师在提出这个定义之前，应当向学生解释什么是直线、什么是平面、什么是环形运动、什么是形状等。进而，对霍布斯来说，国家本质的三要素或者径直是，或者能够还原为人性的某些方面①，据此"论国家"之前的对于国家本质诸要素的阐释统称为"论人"。

关于国家作为人造人的观念，补充一项评论。关于这个观念，巫师气质的思想家将注意力聚焦在"最初的造作"（发明活动）及相应能力（发明能力），以及发明活动中不可或缺的灵感因素。不过，对于揭露发明和创制之物的本质来说，这些要素并不重要。假设某个人不知道眼前这个发光的东西的本质，于是问爱迪生："这是什么？"如果爱迪生只是回答"这是我的发明""这是我灵感的产物"，那么提问者当然认为他答非所问，或者，提问者最多从这个回答中知道它是一个人造物（不是自然物）。这个反思是针对施密特提出的。在施米特的霍布斯解释中，国家的原因被"原子化的个人……理智的灵光一闪"（施米特，2008 年，第 70 页）这个抽象的表述一带而过。然而，即便任何人造物的最初生成要求人性的"灵光一闪"，如前所述，"灵光一闪"并不参与对于这个/这类人造物本质的具体说明。就是说，"灵光一闪"对于这种或那种人造物的哲学并不重要；那么，反过来讲，只提到"灵光一闪"意味着，施密特没有将霍布斯的政治思想看成政治哲学。

3. "论基督教国家"：政治哲学的一个应用

在《利维坦》第三部分首章开头，霍布斯报告了"论基督教国家"处理的议题：

> 目前为止，我们单纯从自然的诸原理……也就是，从通过经验而被知道的人类本性，及从一切政治推理都不可或缺、又取得普遍同意的语词定义中，引申主权权力的权利和臣民的义务。接

---

① 对这个思想的进一步阐释，参见第五章，第三节，2。

下来,我要处理的是基督教国家的本质和各种权利。由于这个议题的诸多方面依赖于上帝意志的超自然启示,这个讨论的根据不仅是上帝的自然话语,也包括上帝的预言。

> 不过,当然不能放弃感觉和经验,也不能放弃另一种上帝的确定话语——我们的自然理性。……尽管上帝话语谈论的许多事情超出理性(我们的自然理性既无法证明、也无法反驳),不过无论如何上帝的话语不可能违背理性。当两者看起来出现矛盾时,或者由于解释的不力,或者由于推理的错误。(Lev,pp.359—360)

所谓"基督教国家"也就是基督徒构成的国家,基督徒是相信圣经——作为"上帝意志的超自然启示"(Lev,p.395)——至高权威的人们。从文本来看,"论基督教国家"的主要工作是解释圣经。圣经解释的目的在于向基督徒表明《利维坦》前两部分"单纯诉诸自然诸原理"建立的政治理论和圣经的教诲一致或至少相容。或者,毋宁说,霍布斯试图向基督徒证明,他的政治理论不仅具有理性的根据,也具有圣经权威的根据。

宗教改革后,伴随着教会不再能够垄断圣经解释,欧洲(包括英国)宗教的基本情况是,尽管基督徒们共同承认圣经的无上权威地位,不过圣经解释陷入极端的混乱当中。[1]在这个背景下,基于政治学书写说服方面的旨趣,当时基督教世界的政治著作一般都会论证或至少宣称:所传递的政治理论不仅具有理性根据,而且具有圣经根据。我们看到,不啻霍布斯,Bramhall、费尔默、弥尔顿、斯宾诺莎、洛克的作品都是如此。[2]因此,某种意义上,这种政治书写套路是特殊文化氛围的

---

[1] "路德的宗教改革削弱了教皇的权威,与此同时却未能提供一套融贯的教义系统。结果,基督教世界分裂成众多教派,每个教派都尝试向其他教派强加自己的圣经解释。"(Lubienski,1930,p.3)

[2] 比如,Bramhall 在证明人的自由意志时,会构造两组论证:"基于圣经对于自由的诸证明"和"基于理性对于自由的诸证明",霍布斯也分别诉诸圣经经文和理性反驳 Bramhall 的论证(see Hobbes and Bramhall,1999)。费尔默宣称,他构造四类论证辩护父权制,即"神(转下页)

产物。

进一步地，结合霍布斯的具体做法，"论基督教国家"与其说是以圣经为根据证明政治哲学，毋宁说是《利维坦》前两个部分独立于圣经建立了政治哲学，现在根据这个政治哲学的视野重释圣经。毕竟，我们看到，霍布斯先行确立的圣经解释规则是"上帝的话语不可能违背理性"——潜台词是：圣经的教诲不可能与我的政治哲学相悖。

更一般地，鉴于霍布斯将宗教方面的各种问题（世俗权力与宗教权力的关系、教派之间的冲突、世俗义务与个人信仰冲突的情况、获得神圣启示的判断标准等）看作当时英国政局动荡的典型表现和主要原因②，我的意见是，应当把《利维坦》前两部分和"论基督教国家"部分视为普遍理论的建构与其特殊应用的关系——好比普遍数学在"质料和运动测量；物体的推动；建筑术；航海术；制造工具；计算天体的运动、星体的诸方面，以及时间的各部分；地理学等"（OB, p.7）具体领域中的应用。或者，这么说：霍布斯对基督教国家的谈论，明显属于对当时的政治现实的回应。比如，不难想象，倘若霍布斯是以色列人或阿拉伯人，他会用"论犹太教国家"或"论伊斯兰教国家"取代这个"论基督教国家"。在那个部分，他会把《塔木德》或《可兰经》解释的和《利维坦》前两部分建立的政治哲学一致或相容。同时，针对各种各样的宗教问题，他会给出与"论基督教国家"类似的答案——而无论是宗教经文的解读还是针对宗教问题的回答，其根据都是《利维坦》前两部分提出的理论。总之，我认为，"论基督教国家"的内容外在于霍布斯（在《利维坦》"论人"和"论国家"部分获得表述）的政

（接上页）学的、理性的、历史的、法理的"（Filmer, 1991, p.1）。洛克《政府论（上篇）》中对费尔默父权制理论的反驳，主要方法是通过重释经文反对费尔默的神学论证（see Locke, 1988）；而《政府论（下篇）》的大量（在洛克政治理论中处于前提地位的）观念或命题——诸如人性的平等、人类对世界的共同财产权、父母对孩子的权力与政治权力的区别、财产继承理论，是洛克从对费尔默的圣经解释的批判中获得的（see Lock, 1988）。弥尔顿的政治哲学论文（see Milton, 1991）、斯宾诺莎的《神学政治论》（参见斯宾诺莎，2016年）等亦充斥着大量圣经解释内容。

② 可参见吴增定的论文《霍布斯论政治与宗教》（吴增定，2017年，第87—158页）。

治哲学。①

4."论黑暗王国":理论批判

如果说,在"论人"和"论国家"两个部分,霍布斯建构起他的政治哲学,而"论基督教国家"是这个哲学的一个应用,那么,《利维坦》的"论黑暗王国"与霍布斯的政治哲学之间的关系更外在。《利维坦》第四部分是对种种(他所谓的)"错误学说(false doctrines)"的批判,包括对圣经的误读和曲解、异教学说和魔鬼学、"虚假的哲学(vain philosophy)"等。

---

① 我们对"论基督教国家"的评论不蕴涵霍布斯是无神论者的观点。许多解释者相信霍布斯是无神论者,这个意见特别被 Martinich 驳斥。首先,Martinich 声称,霍布斯不但是有神论者,而且一定意义上是正统基督徒:他信奉加尔文派的立场,以及,霍布斯构造神学理论的目的是:"想要(a)表明圣经中的宗教内容和新科学是相容的;(b)证明致力于瓦解政府的宗教都是不合法的。"(Martinich, 1992, p.5)其次,Martinich 相当精彩地解释了为什么当代人会错误地以为霍布斯是无神论者。1. 调和新科学和教义的旨趣使得霍布斯的教义解释在当时保守的宗教人士眼中显得怪异,而宗教顺从于政治的观念则让霍布斯成为当时许多教派(这些教派致力于借上帝之名对抗现实的政治)的眼中钉。2."那个时代,'无神论者'更多的是一个骂人的字眼:倘若某个人的哲学或宗教原则与批判者的个人意见不一致,后者就会说这个人是'无神论者'"(Ibid, p.32);由此,霍布斯在他的时代就得到了"无神论者"的名声。3. 在随后的基督教(新教)的发展中,霍布斯的神学没能成为范式;那么,在基督教(新教)的辉格史中,他自然地保留了"无神论者"的一般声誉。4. 当根据霍布斯以往的宗教声誉"霍布斯是个无神论者"定位他的宗教立场时,许多当代的解释者只知道"无神论者"的字面意思(即不相信上帝存在的人),却忽视了这个词以往的用法(用来指责和自己哲学或宗教立场不同的人),由此导致的结果是,许多人眼里,霍布斯变成了反宗教的哲学家。

我认同 Martinich 关于霍布斯宗教立场的基本判断,即霍布斯不但是有神论者,而且是正统的基督徒[在"信奉前四次教会会议确立的权威的基督教纲领"(Ibid, p.2)意义上],同时,我也认同 Martinich 的一个更一般的论断,即 17 世纪的思想家们罕有无神论者(Ibid, p.40)。不过,不同于 Martinich 的研究,本研究拒绝将上帝和其它神学观念视作霍布斯人性、道德、政治理论构造依赖的、具有根本重要性的要素。在这个意义上,本研究属于对霍布斯道德、政治哲学的(用 Martinich 的话说)"世俗化的解释"(Ibid, p.13)。

霍布斯的人性、道德、政治理论等分别在何种意义上依赖(或者不依赖)宗教思想要素,需要具体问题具体分析。不过,针对 Martinich 这样的、对霍布斯道德政治哲学的神学本位解释路径,也存在一个一般的反驳线索,即霍布斯自觉地将他的政治哲学和神学区分开来的事实。比如,1. 霍布斯区分知识的三种来源或人类获得知识的三种途径:经验、理性和启示。他提出,典型的宗教题材——上帝、天使等——既非经验的对象、也非理性对象,而是启示的对象(唯一的例外是上帝存在:除了通过启示知道以外,霍布斯相信,这个命题也可以被理性地证明(Lev, pp.95—96))。而其它的教义——上帝的属性、三位一体等——并非作为理性知识被相信,而是作为主权者的命令而应当被相信的(OB, pp.10—11)。2. 霍布斯提出,他的政治学说的建立主要凭借理性的运用,同时也依赖经验和常识意见(Lev, pp.359—360; OC, p.6; EL, p.19);并且正是因为如此,他认定自己的学说属于哲学。

5.《法律原理》与《论公民》的文本结构

根据 Aubrey 的报告——"随后，这篇小论文［指《法律原理》]扩展成《论公民》，后来又进一步扩展为难啃的《利维坦》"（EL，p.236），霍布斯后完成的政治著作总是对此前著作的修订和扩展。①在对于《利维坦》文本结构阐释的基础上，让我们简要地描述和评论《法律原理》和《论公民》的结构。

《论公民》包括三个部分："自由""政府""宗教"。这三个部分和《利维坦》的前三个部分分别对应，只是每部分的论述都更简略。就是说，从结构上讲，《论公民》缺少《利维坦》"论黑暗王国"的内容（即对"错误学说"的批判）。《法律原理》由两部分构成："人性"和"政治体"。就主题而论，这两个部分和《利维坦》前两个部分（相应地，《论公民》前两个部分）分别对应。就是说，相较《论公民》，《法律原理》缺少圣经解释或探讨基督教国家的内容；相较《利维坦》，《法律原理》缺少探讨基督教国家（圣经解释），以及，批判各种理论的内容。

如果前文对《利维坦》文本结构的阐释是合理的，那么，基本上可以说，在《法律原理》当中，霍布斯已经完备地建立和阐述了他的政治哲学。换言之，《论公民》和《利维坦》对于《法律原理》的"扩展"，对于霍布斯政治哲学的理解来说，大抵具有的是战术意义。因为，这些"拓展"具有时效性：它们是霍布斯的政治哲学照进了当时的现实、是太阳倒映在那片水域中的影像；随着现实的起伏、媒介的流转，时过境迁，它们现在成了只适合用历史眼光端详的题材。

第二节　定　位

目前为止，初步澄清了霍布斯政治哲学的"内部结构"，本节拟在

---

① "一般地说，《利维坦》的 1—12 章是［《法律原理》的]'论人性'部分 2—13 章的改写……［《法律原理》的]'论人性'部分的 14—19 章，以及［《法律原理》的]'论政治体'的绝大部分内容，经过一定程度的修改，形成《论公民》1—14 章和《利维坦》13—19 章"（Gaskin，"the Elements of Law Compared with the Contents of Hobbes's Other Works"，in EL，p. xliii）。《法律原理》《论公民》《利维坦》三部著作的章节比较，参见 EL，pp. xliii—xlvii。

霍布斯宏大的哲学体系中为政治哲学寻找定位。我们先来简要地介绍这个论题的背景，并根据霍布斯政治学的研究现状对它做进一步的限定。

首先，在《论物体》"给读者的信"中，霍布斯通过对创世纪的比附或戏仿来阐述他的整体哲学规划。仿佛创造天地后，神的灵在渊面上运行，"如果你致力成为哲学家，就让你的理性在你的认识和经验的渊面上运行"（OB，p. xiii）。仿佛神用六天完成天地万物的造作，"沉思的顺序是，依次考察理性、定义、空间、天体与可感性质、人，以及（在人成熟之后）人对命令的服从"（Ibid），相应地，哲学分成六个部分："[《哲学原理》的]第一卷包括四个部分：第一部分题为'逻辑学'，引出理性之光；第二部分题为'哲学基础'，出于避免含混之故，我以准确的定义对最普遍的观念进行区分；第三部分的研究对象是空间的延展，题为'几何学'；第四部分包含对天体运动的处理以及可感性质的理论。在第二卷中，我将处理人。第三卷是关于服从的理论——这一卷已经完成"（OB，pp. xiii—xvi）。

上述"超级的"哲学体系观念魅惑或勾引着某些解释者，导致他们尝试将其它哲学部门的思想要素引入霍布斯政治哲学的理解和解释。

其次，这种解释理念最常采取的策略是尝试借助霍布斯对人类心灵运动的机械因果性（"物理学"）描述来理解他的人性"心理学"。

前一节谈到霍布斯的"伦理学"或人性理论构成其（狭义）政治哲学基础的观念。从内容来看，这个作为政治哲学基础的人性论涉及（诸如）对于与意愿行为相关的各式心理现象（激情或欲望的各种样态、权衡、意志或决定等）的阐述、实践理性观念、人类行动者的生活目标理论、品性和/或性情学说等。总之，或多或少地，这个人性论是借助"心理学"的术语和概念而谈论的。

进而，在有些文本中，霍布斯提供了对于相关心理现象的"物理学分析"。典型地，《论物体》第 25 章（"论感觉和动物运动"）以及弥散在《利维坦》第 1 至 6 章中的对感觉、想象、欲望、意愿行为等的机械因果性描述。这些文本，结合（哲学体系性观念中的）物理学之于人性理论的优先性思想,使得 Watkins、Gauthier 或 Bertman 等物理主义倾向的解释者们以为,这些"物理学分析"对于霍布斯政治哲学的理解来说意义重大。基于此,在解释霍布斯政治哲学时,他们不遗余力地发掘"物理学分析"的意义。

在政治哲学在霍布斯哲学体系中的定位这个一般论题下,我们关注的是政治哲学和物理学的关系。在这方面,Watkins、Gauthier 或 Bertman 等人的做法预设了:"物理学"(对于人性的机械因果性描述)是人性"心理学"的基础,"心理学"是霍布斯(狭义的)政治哲学的基础;由此,一般而论地,人性"物理学"构成其政治哲学的基础。这一节将通过严格的文本分析,辩护相反的观点:霍布斯自己的主导想法始终是,政治哲学独立于物理学。这就是说,尽管霍布斯偶尔表达体系性哲学的观念以及物理学先于"心理学"(政治哲学)的意思,不过他更多声明的是物理学(以及物理学的上位科学)之于"心理学"(及政治哲学)的不必要性,并且,尤为关键的是,霍布斯从来没有将体系性观念贯彻到他的政治哲学的研究和展示当中。

当然,基于文本分析,对于霍布斯实际想法的重构,其论证效力是有限的。因为,即便证明了霍布斯事实上贯彻了(广义的)政治哲学与物理学相互分离的构想,这个结论不能断绝下述可能性:唯物主义机械论思想确实塑造或影响了霍布斯的人性"心理学"。因此,本节的阐述尚不足以彻底反驳 Watkins、Gauthier 或 Bertman 等的解释筹划。在下一章中,我们会直接面对霍布斯对意愿行为的机械因果性描述,借此论证:这个描述(以及类似的人性"物理学")不可理解(unintelligible),因此对于霍布斯的人性"心理学"建构,它们不可能发挥任何作用。我希望一劳永逸地斩断霍布斯的物理学与政治学的所谓"联系"(在文本中,两者偶尔在人性理论这里遭遇)、一劳永逸地清除对霍布斯政治学(人性"心理学")的物理学还原定向的解释思路(以及这种解释不可避免地包含的各种似是而非)。

1.《论物体》:政治学探究的"长途"与"短途"

关于物理学之于人性"心理学"(以及政治哲学)的奠基地位,明确的表述来自《论物体》"论方法"一章阐述哲学各部门顺序的段落。在那里,霍布斯提出,在逻辑学和以定义普遍观念(common notions)为己任的第一哲学之后,根据所研究的物体和运动由简单(普遍)到复杂(特殊)的区别,哲学顺序分为"几何学""物理学""道德哲学"和"政治哲学"(OB,pp.70—73)。进而,他这样规定"道德哲学":

> 在物理学之后,我们会去到道德哲学。道德哲学的题材是诸如欲望、厌恶、爱、仁慈、希望、恐惧、生气、竞争、嫉妒等心灵的运动。具体来说,它将考察这些心灵的运动引起什么,以及它们的原因是什么。道德哲学被安排在物理学的后面,是因为这些心灵运动的原因存在于感觉和想象中,而感觉和想象是物理学的题材。道德哲学被安排在上述所有这些哲学部分[指几何学和物理学]后面的理由是:除非首先知道了物体最小部分的运动,否则我们不可能理解物理学;进一步地,除非我们知道了什么导致另一物体的运动,否则我们不可能知道物体部分的运动;最后,除非我们知道了简单运动的结果,否则我们不可能知道什么导致另一物体的运动。……因此我们得先研究简单运动(这是几何学的对象);继而研究明显[指对感官来说明显的,即可经验的]运动得以产生的各种方式;最后,研究内部的和不可见运动的各种产生方式(这是自然哲学家们要探究的)。就是说,除非探究以几何学为始点,否则自然哲学的研究将是徒劳的。(OB,pp.72—73)

这段表述传递的基本思想是:"道德哲学"的探究和理解以物理学知识为条件,进一步地,物理学以几何学为条件。从研究的主题来看——"道德哲学"的主题是人的各种激情及其因果,"道德哲学"显然是指(其它文本所谓的)作为狭义政治哲学基础的人性论或"伦理学"(Lev,p.xi—xii;OB,p.11;OC,p.6)。据此,几何学、物理学、道德哲学(作为政治哲学基础的"伦理学"或人性理论)、(狭义的)政治哲学构成次第关系。

不过,紧接着这段表述,霍布斯立刻评论:

> 政治哲学与道德哲学并非必然关联在一起,而是可以彼此分开的。因为心灵运动的原因不仅可以通过推理而被知道,而且倘若人们致力于观察他的内部运动,亦可通过每个人的经验而被知道。因此,人们不仅可以以哲学的第一原则为始点,通过综合的方法,最终获得关于心灵激情和变化的知识……而且那些没有学过上位哲学——也即几何学和物理学——的人,也可以通过分析的方法获得政治哲学的诸原则。(OB, pp.72—73)

根据上述"政治哲学和道德哲学可以彼此分开",Lloyd 构造了一个(狭义)政治学自足性的论证:

> 我认为,在霍布斯看来,他的政治哲学无须任何道德哲学的支撑。在《利维坦》第九章的表格中,霍布斯表达得很清楚:政治哲学是从国家的概念——国家的概念是某种特殊人造物的概念——中引申政治权利和义务的科学,因此政治哲学并非自然哲学的一个分支;与之相对地,伦理学——霍布斯所谓的关于人类激情的结果的科学——是自然哲学的一部分。政治哲学既然不是道德哲学的某种特殊应用,我认为将霍布斯的政治哲学看作一门自足科学是毫无问题的。(Lloyd, 2009, p.xii)

"自然造就的理性的、同时最卓越的东西是人"(Lev. p.ix),因此人性理论属于自然研究的范畴。国家被看作"人类意志合意的结果"(OB, p.11)、是"人造人"(Lev, p.ix),因此政治哲学从属于人造物研究领域。进而,Lloyd 提出,既然道德哲学或人性论与政治哲学分属不同的存在者范畴,前者不可能构成后者的基础;因此(霍布斯认为),相对道德哲学或者人性理论,政治哲学是独立的。

这个论证之所以谬误,在于 Lloyd 没有认识到,人性与国家分属不同存在者范畴的事实与人性论是否构成政治哲学的基础无关。比如，霍布斯认为，几何学对象是"人们自己构造和描述的"，几何学属于对于人造物的研究（Six Lessons，p.184）；与此同时，他声称，几何学是物理学的基础："除非从几何学开始，否则自然哲学的研究是徒劳的。"（OB，p.73）

进一步地，我们看到，霍布斯在别处都坚持，他的政治哲学以某种人性理论为基础（EL，p.21；OB，p.11；OC，p.6；Lev，p.x）。那么，应当怎样理解"政治哲学和道德哲学可以彼此分开"这个表述呢？——毕竟，它表达的意思似乎和人性论构成政治学基础的观念相矛盾。我们认为，这个表面矛盾可以借助霍布斯的知识类型学得到化解。根据获得方式的差别，霍布斯将知识分成两种类型，即"经验知识"和"理性知识"或"哲学/科学知识"①：

1. 存在两种知识：一种是关于事实的知识，另一种是关于句子序列的知识。前者说到底只是感觉和记忆……比如，我们看见或记住一个事实时做的那样；后者也被称为"科学"……这种知识是哲学家们追求的那种知识，也就是说他通过推理所获得的知识。（Lev，p.71）

2. 尽管对于事物的感觉和记忆——这两者是人和动物共有的能力——属于知识，不过由于它们是自然直接给予我们的，而非通过推理获得的，因此不是哲学。同理，经验既然只不过是记忆而已，……经验不是哲学。（OB，p.3）

在这个视域下，"政治哲学和道德哲学可以彼此分开"的意思是：（狭义的）政治哲学可以和关于人的心灵运动的**哲学**分开。所谓关于人的心灵运动的哲学，根据哲学的定义②，是通过推理获得的关于心灵

①　严格来讲，除了经验知识和理性知识以外，霍布斯还承认另一种获得知识的途径，即神圣启示（see OB，p.11；Lev，pp.359—366）。不过，很明显，启示知识和当前讨论的话题无关。

②　"如果已经具有了结果或现象的原因的知识，那么哲学就是通过正确推理获得的、关于结果或现象的知识；以及，如果先具有了结果或现象的知识，那么哲学就是通过正确推理获得的、关于它们的可能原因的知识。"（OB，p.3）

运动原因的知识。这种心灵运动的理性知识或哲学,在霍布斯的著作中,表现为对各式心理活动的机械因果性描述或解释。由此,对这个表述的合理解读是:构成政治哲学基础的人性论并不需要牵涉对于心理活动的哲学解释(也就是,对于心理活动的机械因果性描述或解释);特别地,它不蕴涵这样的意思(像 Lloyd 错误认为的那样),即政治哲学能够独立于任何意义的人性知识。

最后,把《论物体》的两段引文结合起来看,霍布斯的完整构想是:一方面,他相信,存在着一条经由几何学、普遍物理学、关于人类心灵运动的物理学或哲学(对相关心理现象的机械因果性描述或解释)、心灵运动的经验知识,最终抵达(狭义的)政治哲学的彻上彻下的"综合之路"或者"长途"。另一方面,他认为,如果只着眼于政治哲学的探究和理解,那么踏上漫漫"长途"是不必要的:"没有学过上位哲学——几何学和物理学——的人,可以通过分析的方法获得政治哲学的诸原理"(OB, p.73)。由于人们通过经验或者"认识你自己"(Lev. p.xi)获得的关于心灵运动的"经验知识"对于政治哲学的探究和理解来说就是充分的,存在一条从人性的"经验知识"抵达(狭义的)政治哲学的"短途"。那么,进一步的问题是:霍布斯政治学究竟实践或贯彻了"长途"抑或"短途"?

2.《论公民》:"政治哲学的原理是通过经验而被充分知道的"

毫无疑问,《论公民》的探究贯彻的是"短途"。比如,在《论公民》"给读者的序言"中,霍布斯声称,作为政治哲学基础的人性知识是"任何人通过经验就能够充分知道的":

> 根据这个方法,我将首先提出下述原理——该原理是任何人通过经验就能充分知道,并且一经提出,每个人都会承认的:人类的自然倾向是,如果他们不为对一个共同力量的恐惧所限制,他们将会不信任和恐惧对方;并且每个人都能正当地——他们也将必然如此——动用他的所有资源来照看自己。(OC, p.10)

再如，在《论公民》当中，霍布斯报告了他写作政治哲学的意图和理由；许多解释者①认为，这个报告包含着政治哲学相对人性物理学独立性的思想：

> 我是出于理智的愉悦来研究哲学的，并且在哲学的每个分支中，我都希望发掘第一原理。我将哲学分为三个部分，并且打算顺次探究它们。第一部分讨论物体和物体的普遍特性；第二部分讨论人和人所特有的能力以及激情；第三部分讨论政治体以及公民的义务。因而，第一部分包含第一哲学以及物理学的一些原理：时间、空间、原因、力量、关系、比例、量、形状、运动这些概念在这一部分被研究。第二部分则考查想象、记忆、理解、推理、感性欲望、意志、好、坏、道德与非道德以及类似的主题。而关于第三部分的主题，我先前已经说过了。然而，我充实内容、着手按规划顺序进行缓慢而痛苦的写作阶段，正是我的国家爆发内战的前几年。那时，国内被统治权利以及公民服从的问题弄得沸沸扬扬，而这也正是内战的前兆。基于这种状况，我也就将先前规划的研究顺序放到了一旁，先着手第三部分的写作。结果就造成了这种结果：本来是研究顺序中的最后部分，反倒是最早面世了；不过，在我看来，这个部分也倒是并不需要此前的部分，因为它奠基于凭借经验而知道的自身原则之上。（OC，p.13）

除了这些声明之外，更关键的是，《论公民》正文没有涉及任何人性物理学的内容。总之，Sorell 对于《论公民》中物理学/人性物理学和政治学关系的概括是恰当的：

> 按照预先的设想，《论公民》是霍布斯的哲学/科学原理三部曲（依次处理物体、人和公民）的最后一部分。然而，事实上，《论

---

① 比如，施特劳斯（施特劳斯，2001年，第7—10页）、Malcolm（Malcolm，2002，p.147）和 Sorell（Sorell，2002，p.70）。

公民》却是最早出版的。在 1647 年版的《论公民》序言中，霍布斯解释了《论公民》最先出版之所以不构成问题的原因——这是因为《论公民》可以独立地被理解："《论公民》的奠基性原理是我们可以通过经验而充分知道的，因此无须借助其它部分来理解它。"……因此，政治科学是奠基于自身原理之上、自足的科学。但是，进一步地，政治哲学的奠基原理属于机械论的心理学吗？……

我不这样认为。科学心理学属于哲学原理三部曲的第二部分，即论人的部分。……与之相对，政治哲学被认为是就其自身而言可理解的。（Sorell，1988，p.70）

3.《利维坦》："认识你自己"

第一节曾通过分析《利维坦》中国家作为人造物的观念阐述人性的知识之于（狭义的）政治哲学的基础地位。进一步地，在《利维坦》中，霍布斯提出，这种人性知识是通过"认识你自己"获得的：

有这么一句时下流行的话：读人，而非读书，使人有智慧……然而，若是真的想读懂他人，人们最好尽力按照另一个说法来做（关于这个说法，人们尚未明白它的意义），也就是：认识你自己……这个说法是在教导我们，由于人们在思想与激情上是彼此相似的，因此无论是谁，只要反省自己、考虑自己的活动——也就是，去考虑自己诸如的"思考""给出意见""推理""希望""恐惧"等等时在做什么，他就能以此为根据，知道他人在类似情形下的思想与激情。我所谓的人在激情方面的相似，是指所有人都具有欲望、害怕、希望等等，而不是指每个人都欲求相似的对象……（Lev，p.xi）

显然，"认识你自己"——经验或者内省——作为获得人性知识途径的思想表明，《利维坦》贯彻的依旧是人性"心理学"（而无需"物理学"）作为（狭义的）政治学基础的"短途"构想。

不过,和《论公民》不同,一个文本事实是:《利维坦》"论人性"确实包含若干对于心理现象的机械因果性描述。计有:1. 对于感觉的物理学描述。感觉者 A 对于可感对象 O 的感觉是 O 物理作用于 A 的特殊感觉器官和大脑,在感官和大脑处引起的物理反应(第一章"论感觉")。2. 对于想象和相关心理现象的物理学描述。(a)诉诸物理运动的惯性观念解释想象或记忆——"影像(在意识中的)维持"(Lev,p.4)——的可能性;(b)诉诸运动遭受外部阻碍的观念解释(想象或记忆中)"影像衰退"(Ibid)的现象;(c)诉诸身体状态、身体的"内部部分"(神经等)、大脑三者之间可逆的物理因果性解释和做梦相关的现象:身体的特定状态引发特定情绪,继而引起和这种情绪相适应的对象的影像(即梦境)等(第二章"论想象")。3. 对于作为"意愿运动内部开端的激情"(Lev. p.38)的机械因果性描述。行动者 A 对于感觉对象 O 的欲望或厌恶是 O 物理作用于 A 的心脏,在心脏引起的物理反应(第六章"论意愿运动的内部开端——通常称为'激情',以及表述激情的语言")。那么,要维护我们目前的论点,就要求证明这些物理学描述之于作为(狭义的)政治学基础的人性理论的外在性。

对霍布斯来说,它们确实是外在的。论证这一点,需要研究《利维坦》第一章的文本结构和相关表述。"论感觉"1—2 段是针对思想和感觉的一般性说明:

> 单个来看,每个思想都是处在我们外面的、某个物体的某些性质或属性的再现或现象;这个被表象的物体一般成为"对象"。对象以不同方式作用于(works)我们的眼睛、耳朵或身体的其它部分,就产生了不同的现象。(Lev, p.1)

这个说明不牵涉任何机械因果性的要素。特别地,在这个地方,霍布斯没有具体界定可感对象作用感知者的方式;就是说,他没有声称这种作用是物理作用。

第 3 段是评论的段落,霍布斯说道:

至于知道感觉的自然原因,对于我们手头的工作来说并无必要;而且我已经在其它地方用很大篇幅来谈论这个话题。不过,为了使我当前方法的每个部分都得到充实(to fill each part of my present method),在这里我还是扼要地转述一下。(Lev,p.1)

接下来的第 4 段提供了对于感觉活动的机械因果性描述。

首先,这个评论——"至于知道感觉的自然原因,对于我们手头的工作来说并无必要"——已然表明:霍布斯承诺,感觉现象的物理学对于《利维坦》中政治哲学的探究和理解来说没有必要性。其次,要理解为什么接下来的第 4 段毕竟"转述感觉的自然原因",就需要明确第 3 段中出现的"我的当前方法"的意思。针对这个问题,"论感觉"结束段落的评论提供了线索。

在感觉现象的物理学(第 4 段)之后,霍布斯在最后的段落(第 5 段)中批评了经院哲学家的感觉理论,即种相论。进而,在全章的最后,霍布斯提出:

> 说这些[指对于经院哲学家的感觉理论的批判]并不是要否认大学的作用;而是,由于随后要谈论大学在国家中的职能,因此我就得利用一切场合让你看到,大学的哪些方面应当纠正——频繁使用无意义的语词正是其中之一。(Lev,p.3)

联系这个表述理解"我的当前的方法",也就是,霍布斯在《利维坦》的写作中自觉承担了批判各种错误理论(特别地,当时大学中教授和流行的错误理论)的任务。而"论感觉"一章之所以引入对感觉的机械因果性描述,不是因为霍布斯认为这些描述对于他的政治学的构造和阐释来说是必要的,而是因为他得借助它们来批判经院哲学家的感觉理论。

这个解读被《利维坦》牵涉人性物理学的其它文本所佐证。我们每每发现,在《利维坦》中,只要引入对于心理现象的机械因果性描述,总是跟随着对某种错误理论的批评。计有：1. 第一章"论感觉"：对于种相论的批判（Lev，p.3）。2. 第二章"论想象"：对于无生命物具有自然目的观念的批判（Lev，p.4）；对异象（vision）观念的批判（Lev，pp.8—18）。3. 第三章"论想象序列"：对"欺骗和被骗的哲学家们以及大学中人"的无限（infinity）概念的批判（Lev，p.17）。4. 第六章"论激情"："既然大学中人不能在走或移动的欲望中发现实际的运动，他们又不得不认为有运动存在，于是就称其为'比喻性运动'——这当然是扯淡的名字，因为'比喻的'只能谓述语词，不能用来谈论物体和运动。"（Lev，pp.39—40）

第一节曾表明，相较《论公民》，《利维坦》多出"论黑暗王国"，后者的任务是各式错误理论的批判。现在，我们可以补充，霍布斯不仅专辟一个部分做理论批判，而且，事实上，理论批判的工作贯穿或弥散于《利维坦》篇章的始终。总之，如果说《论公民》的旨趣在于霍布斯构造和阐释他的政治学（"立"），那么可以说，《利维坦》具有"立"和"破"的双重旨趣：在阐述他的政治学的同时，霍布斯也"利用一切场合"（Lev，p.3）做理论批判。

而他之所以在《利维坦》中谈论人性物理学，不是出于为政治哲学奠基的目的，而是为了揭露"错误理论（false doctrines）"的错误和"虚假哲学（vain philosophy）"的虚假。既是如此，这些人性物理学当然外在于霍布斯的政治哲学。

第三节　写作意图及分析方法

目前为止，我们初步阐述了霍布斯的以人性的经验知识（无需对人性的科学认识暨霍布斯体系中的人性物理学）为始点，构造政治理论的筹划。不过，考虑到人性的"经验知识"——无论基于内省的自我认识，还是从生活经验中汲取的、关于自我和他人的看法等——是无穷无尽的，或者，人性的"经验特征"包含着无穷无尽的方面，目前的澄清显得过分笼统。我相信，通过分析"在思想中拆分国家"的方法论观念以及霍布斯的政治学写作意图，能够进一步廓清下述问题：出于为政治学奠基之故，应选取的观察或者经验人性的视角是什么？或者，应当经验观察何种条件或何种环境下的人性？

在《论公民》"给读者的序言"中，关于政治哲学的探究方法，霍布斯介绍：

> 就方法而言……我应该以政府为始点，然后进展到它的生成和形式，以及正义的最初起源。这是因为，任何事物最好都借助其构成原因来被理解。好比一只钟表（或者别的小机器）——除非我们把它拆开，并且检视各部分，否则我们不能知道齿轮的材料、形状与运动；类似地，如果要细致探究国家的权利以及臣民的义务，就需要将国家"拆开"——当然，在这里，我不是说要真的将国家拆开，而是我们要去考虑一个国家仿佛解体了的状态。也就是说，我们去正确理解人性的性质、材料、人性的哪些特征适合建立政府、哪些特征不适合，以及人们需要通过怎样的彼此同意才能建立一个基础牢固的国家。（OC, p.10）

首先，"在思想中拆开国家"指涉分析或分解（analysis/resolution）的一般哲学方法在政治学领域中的应用。霍布斯认为，某类现象 O 的哲学的基本任务是，诉诸普遍原理，解答或解释 O 的本质和/或原因。[①]尝试借助普遍原理求解"O 是什么？"和/或"O 为什么发生？"的活动，如果是探究者的私人探究（an inquiry），称作"综合"（synthesis）；如果是有知识者向学生（以语言为中介）的教授（teaching），称作"证明"（demonstration）。那么，问题在于，如何获得（综合或证明中）解释现象 O 的普遍原理呢？对此，霍布斯提出：

---

① "对于一个结果，只有分别知道了 1. 它得以产生的诸原因；2. 承担这些原因的实体；3. 在什么实体上，这些原因产生了它[指结果]，以及 4. 这些原因以何种方式产生它，才有资格说'知道了这个结果'。这种知识就是关于原因的科学（the science of causes）——像通常说的那样，关于'为什么……'的科学。"（OB, p.67）

任何知识的最初来源都是感觉或想象的影像,这些影像是基于自然就被我们充分知道的;但是知道它们为什么是(to know why they be)——或者知道它们是通过什么原因生成的——则是理性的工作;理性的活动具有两种方式,即综合和分解或分析……

任何理性方法的运动,都要从已知的事物出发,抵达尚不知道的事物……由于普遍事物包含在特殊事物的本性当中,如果要获得关于普遍事物的知识,就要求理性对特殊事物进行分析。比如,针对某个特殊事物——一个正方形——的复合观念或概念,分析成一个平面、特定数量的相等直线围成,若干个直角。通过这种分析,我们就抵达个更普遍的,或者说为任何物体所分有的那些事物:线、面、角、直、相等、垂直等;如果能够进一步发现这些东西的原因,那么通过综合它们,我们或许就能知道一个正方形的原因。类似地,如果某人具有黄金的复合观念,他也许能够将它分解为固性、可见性、重性等一系列比黄金更普遍的观念;然后,他能够针对这些观念分别作进一步的分析,直到抵达最普遍事物的观念。就是说,通过连续的分析,我们或许能够分别知道那些事物[注:应指通过分析所获得的更普遍的事物或观念]的所是,以及它们各自的原因。在此之后,我们就把这些综合起来,也就使我们具有了特殊事物的知识。因此,我提出:获得关于事物的普遍知识的方法,就在于分析。(OB, pp.66—69)

虽然不清楚这段哲学/科学方法论表述究竟来自亚里士多德、帕多瓦学派还是培根,不过,它传递的基本思想貌似明确:解释现象的普遍原理是通过对经验或特殊现象的分析而得到的;进而,哲学探究始于对经验的分析,据此获知普遍原理,终于诉诸原理对所关注的现象的解释暨综合。

相应地,政治哲学的探究始于政治经验的分析("思想中拆开国家"),据此获知普遍原理(人性理论以及人性诸方面综合而成的国家的定义),终于通过原理对相关政治现象的解释(以国家的定义为始点,引申主权者-臣民的权利义务关系和国家的其它特征)。

其次,许多解释者提出,"思想中拆开国家"的更具体含义是,霍布斯建议读者去设想如果"在社会生活中移去共同权力"(李猛,2015年,第 114 页)、抽象掉"'阻碍''自然'生活的习俗、习惯、社会规范"(von Wright,1963,p.193)、"直接假定所有地方的所有人都处于相同的无国家状态"(诺奇克,2008 年,第 4 页)、"所有的法律及契约的强制都被移除"(Macpherson,1962,p.22)条件下,人类行动者的状况以及相互关系。进一步地,他们共同指出,"思想中拆开国家"的成果,也就是霍布斯政治学叙事当中著名的自然状态观念(李猛,2015 年,第114 页;Watkins,1989,p.47):

> 总而言之,自然状态,正如其字面所暗示的,缺乏霍布斯借助契约实现的意志统一,以及在此基础上人为建立的"政治体"。如果说,霍布斯的自然状态中的"自然"有一个明确的对立物的话,那么这个对立物不是"习俗",也不是"技艺",而是人为。(李猛,2015 年,第 112—113 页)

在我看来,上述理解虽然正确,不过尚不充分。这是因为,在这些解读中,"思想中拆分国家"貌似面临的一个悖论没有得到探讨和解决。根据它们,"思想中拆分国家"——设想国家不存在条件下,人性的共同处境——是获得政治哲学知识的必要环节。然而,一方面,"在思想中拆分国家"的活动如果可能,似乎预设探究者已经知道国家是什么;另一方面,探究政治哲学正是为了发现国家是什么(这意味着,探究者当下还并不知道)。由此,1. 或者探究者已经知道了国家是什么,那么他当然能够"在思想中拆分国家",不过政治学探究对他不再必要。2. 或者探究者不知道国家是什么,那么政治学探究诚然必要,不过他不能"在思想中拆分国家";而由于"在思想中拆分国家"是获得政治学知识的环节,他不可能获得政治哲学知识。

可以借助意见(opinions)和知识(knowledge)的传统区分,来解除这个悖论。我们说,设想国家不存在条件下人性的共同状况,无疑要求探究者具有对国家的某些领会。不过,这种领会无需是针对国家的真理或者科学知识,即政治哲学探究最终抵达的东西。进一步说,由于每个人都有政治生活的经验、每个人都有关于国家的某些现成看法和意见;这些看法和意见就可以保证"思想中拆分国家"的活动。

问题在于,尽管每个人都有政治生活的经验、都有某些关于国家的现成意见,不过这类意见通常是模糊和千差万别的:如果问身边的人:"国家是什么?",那么诚然每个人都能多少说出一些东西,不过这些谈论大抵是含糊的、不成系统的、内在及相互地不一致的等。因此,想要进一步分析"思想中拆分国家"的观念,就必须查看霍布斯的拆分预设的关于国家的意见(进一步地,由于自然状态是拆分的产物,这个查看将有助于自然状态观念的理解)。我们借助霍布斯对于他的政治哲学写作意图的报告来审视这个论题:

> 我写作这部作品不是为了获得夸奖,而是为了你,读者!我希望,当理解了呈现于此的学说后,你能够耐心容忍国家为你的私人事务可能带来的某些不便,而非去搅扰国家秩序。我希望,你在思考行为的正当性时,以国家的法律为正义的尺度,而非以某个个人的言论或建议为尺度。我希望,你不再被有野心之人利用——他们激发你的激情,只是出于增加他们个人力量的私欲。我希望,你产生这样的想法:相较于步入战争,国家中的生活对你来说更好,否则"宛其死矣,他人是愉"。至于那些拒绝服从主权者并想要免除公共义务、与此同时,又生活于国家中并要求国家提供保护的人,希望你把他们当成敌人,切勿把他们公开或私下说的话当作上帝的话语接受下来。让我把话说得更明白些。任何一个人(无论是一名教士、一名告白者,还是一位诡辩家)倘若宣扬类似下述意见,就是在忤逆上帝,比如,正当杀害主权者是可能的;存在免于主权者命令的人;公民能够正当地叛乱等——你切不可信这人,而应向主权者告发他。(OC, p.14)

那么，霍布斯写作政治学是为了说服读者服从主权者的法律和命令。需要结合历史语境，对这个意图做进一步阐述。霍布斯从事政治学写作的契机是，他发现"在内战前的几年，我的国家已然被政府权利和公民服从问题所搅扰：这是内战爆发的前兆"（OC, p.13）。具体来说，内战前夕，英国基本的政治形势是，多种政治理想或意识形态并立。霍布斯在《比希莫特》中归纳：内战爆发前，长老会成员拥护贵族政治；教皇制信奉者认为应当由天主教会和教皇掌握主权；"独立派和其他信奉宗教自由教派""年轻时受古代希腊和罗马政治著作荼毒的人"以及"伦敦人"基于不同的理由推崇民主制；"一般民众"认定除非政府承认并保护私人财产权，否则它不可能是正当的，等等（Hobbes, 1990, pp.2—4）。一方面，这些政治理想彼此抵牾，又共同地与英国现实的政治统治形式冲突。另一方面，这些政治理想不只是少数人的私见。由于每种意识形态的鼓动者都具有影响民众的能力和途径——比如，各个宗教派别（长老会、教皇制信奉者、独立派等）的布道、长老会成员控制上院、希腊—罗马政治理论的拥趸们支配着下院等，使得每一种意识形态都搜掠和聚集了数量可观的民众，从而形成了拥护不同政治纲领的多股政治势力。不难料想，这些势力和当时统治者的权力此消彼长：这些势力越强大，查理一世越不能有效地实施统治；当这些势力足够强大，查理一世终将沦为名义上的统治者。事实上，按照霍布斯的分析，内战爆发前，查理一世的权力已然被架空，以至他无法从民众那里征税，以组织军队（Hobbes, 1990, p.2）："民众普遍腐化，不服从的人被尊为爱国者。"（Ibid）①考虑到这些背景，针对霍布斯的写作意图表述，我们说：他预期的读者是内战前的英国人；所谓"不去

---

① "只要国内政党中对立的各方成功削弱了那个无所不包的政治单位即国家，'政治'＝'政党政治'这个公式就能成立。国内政治对立面激化的结果就是削弱了共同对外的一致性。如果国内各政党间的冲突成为'唯一'的政治对立，那么'国内的政治'局面就达成了最极端的程度。也就是说，国内的而非外国的敌—友划分对爆发武装冲突起着决定作用。我们必须时时牢记，这种冲突的可能性始终存在。如果有人想把'国内政治'作为'首要问题'来谈论政治的话，那么，这种冲突就不再是指有组织的民族单位（国家或帝国）间的战争，而是指内战。"（施米特，2015年，第38页）

搅乱国家秩序",意在劝导英国人继续服从查理一世的统治,不要听信和顺从宣传各种意识形态的修辞家们:"我希望,你不再被有野心之人利用"(OC,p.14)。

现在,尝试着设想:那些不服从或者打算不服从的英国人——霍布斯政治学的预期听众——如何看待查理一世的统治呢?尽管根据所相信的意识形态的差异,不服从的具体理由不一而足,不过,在抽象的层面,他们具有某种一致的看法:查理一世的统治是不义的[①];这就是说,针对臣民的生活计划、欲望和愿望以及实现它们的行为,查理一世的意志在不应当限制或"阻碍"之处设置了限制和"阻碍"。将这个看法以特定方式一般化,形成这样一条关于国家的意见:

> 一般而论地,对一个臣民来说,国家的存在意味着他的生活计划、欲望或愿望以及实现这些生活计划、欲望或愿望的行为(至少在某些方面)受到限制或"阻碍"。

我认为,这个关于国家的一般意见,非但为政治不服从蔚然成风时期的民众普遍地感受到,而且是每一个具有政治生活经验的人都能够同意的。我的意思是,比方说,国家对个体自由的限制毕竟是渗透到每个人生活细节的事——当纳税时、想要闯红灯时、官司败诉时、犯罪被羁押时,人们切身地感受着来自国家的限制或"阻碍"。

如果从臣民的观点看,国家的存在总是意味着治下臣民的自由或多或少地受到限制或"阻碍",那么在"思想中拆分国家"则意味着:去设想作为"阻碍"或限制的国家不存在——相应地,每个人享有或恢复了"纯粹根据自己的判断来行事的绝对自由"(Lev,p.201)、"每个人被允许对任何人做任何事;针对他想要和能够获得的任何东西,他都允许占有、使用及享用它们"(OC,p.28)、"根据我们自己的判断来运用我们的自然力量或能力的不受指责的自由"(EL,p.79)——的条件

---

① "正是在不能发现正义的地方,我们就发现了强力,等等"(帕斯卡尔,1985年,第157页)。

下，人类行动者的相互关系，或者说，个人（在这种实践处境下的）可能遭际。①

此前，我们指出，霍布斯这里，人性的"经验知识"为政治哲学奠基。现在，则辨识出了经验人性的重要限制，即考察国家——作为限制或者"阻碍"人类行动者自由的东西——不存在的条件下，或者，行动者个体具备"绝对自由"的条件下，"人的性情、情感和品性（dispositions, affections, manners）"（OB, p.11）。

由于国家是人造物（Lev, p.ix），人为与自然相对（李猛，2015年，第113页），在霍布斯的用语中，具有"纯粹根据自己的判断行事的绝对自由"的人类行动者称作"自然人（a natural man）"；"没有国家的情形下，人类的共同处境"（OC, p.21），或者，自然人共处的状况或者关系，称作"自然状态（a natural condition）"。预先指出的是：在霍布斯的政治学中，"自然人"**仅仅是**抽象掉政治属性或身份（而非全部文化特征）的人类行动者，"自然状态"**仅仅是**抽象掉政治权力（而非全部文化建制）条件下的人性的共同境况。这就是说，严格来说，在霍布斯这里，"自然人"中的"自然"指涉"第二自然（the second nature）"——他们不是，比方说，卢梭设想的、异于动物者几希的人性，而是实际生活中的各式（已经被文化培养起来的）品性或者性格（dispositions or characters）的反映；相应地，霍布斯的"自然状态"只是"没有政府的社会

---

① 严格说来，将政治维度从现实生活中剥离掉，并不自动地达成个体拥有任意行事自由的状态。理由在于，政治的阙如不意味着道德的阙如。在第五章第二节（经历了霍布斯的人性论洗礼后），我们会看到，霍布斯这里，以政治维度的剥离为始点，最终抵达自然人的任意行事的权利，还有很长的路要走。简单地说，1. 国家的剥离意味着国家法义务从人性中的剥离：这种条件下，人性仍然保留另外两类行为理由，即道德理由和利己的理由；在此基础上，2. 霍布斯提供了关于不存在国家条件下，人性在选择和行动方面"悬搁"道德考虑的**规范性辩护**。辩护的核心是：(a)在个体生命面临危险的处境下，任何道德义务转化为"分外之事"；(b)没有国家的条件下，任何个体随时面临生命危险；因此，(c)没有国家的条件下，任何人被允许（在决策和行动中）不考虑道德。进一步地，只是经过这个辩护，自然人才被普遍设想为"只受自己理性[合理性]管制"（Lev, p.117）。上述自然人"悬搁"道德的规范性辩护，牵涉霍布斯的人性以及道德思想中两个极为重要却又相当微妙（以至目前为止，罕有解释者捕捉到）的观念：一是（我称作）道德的内在观念论；二是（我称作）个体生命价值绝对性的立场——第五章、第六章会逐渐接触这两个观念。

(a society without government)",不是"没有任何文化的自然(a nature without any culture)"。①在检讨卢梭对于霍布斯的一处误读时,我们会回到这个要点。②

马基雅维利指出,"除非出于必要,人从来不做任何好事;但是在有充分的选择自由的地方,并可能利用放肆的时候,每件事都立刻充满混乱和无序"(马基雅维利,2013 年,第 155 页)。类似地,霍布斯宣称,自然状态是"一切人反对一切人的战争"(Lev,p.115)、也是人性可能遭遇的最坏实践处境:

> 在这种处境下,没有勤劳,因为勤劳的所获是不稳定的。这样一来,举凡农业、航海、远洋商业、舒适的居所、交通和大型运输的工具、地表的知识、时间的记载、技艺、文字、国家都不存在。最糟糕的是,人们在对死亡危险的持续恐惧中惶惶度日,人的生活孤独、贫困、卑污、残忍而短命。(Lev,p.113)

联系霍布斯的写作意图,我们说,他极尽能事地渲染自然状态的"孤独、贫困、卑污、残忍而短命",当然是为了向当时的英国人(以及我们)表达:相对政治生活(政治生活意味着个人的自由多少受到限制),每个人具有绝对自由的共同生活更糟糕,因此,与其反抗政治,不如服从:

> 人类生活毕竟总有这样那样的不便。不过,跟内战状况下,或者无人统治、没有法律的服从、没有胁迫性力量约束人们的劫掠和报复情形下人的悲惨和灾难相比,任何政府形式可能为人们带来的不利通常都是微不足道的。(Lev. p.170)

---

① 霍布斯的自然状态只"意味着没有政治社会才能建立的人为制度和公共权力。所有被霍布斯从自然状态中排除的东西,都与这一人为的公共权力的缺乏有关",进而"对于那些无须依靠这种公共权力而进行的人的活动,哪怕涉及人与人之间的交往与关系,霍布斯无意在自然状态中完全排除其存在"(李猛,2015 年,第 111—115 页)。

② 第三章,第二节,3。

霍布斯的政治哲学（即便在本章既已限定的范围内）包含着丰富的思想，不过如果准备追随他的脚步进行思想冒险，那么最应该期待的是：他关于政治或国家对于人类生活意义的教诲。具体来说，一方面，我们——和 17 世纪的英国人没什么两样——"天性热爱自由"（Lev，p.153）、热爱"随心所欲的生活"（Aristotle，1984，p.183）；另一方面，国家却意味着对治下臣民自由的这样那样的限制或"阻碍"。这两个朴素的观念之间存在显见的张力。归根到底，霍布斯关注的是这个张力，在此基础上，他的政治学期待为处在"生活的十字路口"——政治的生活还是"绝对自由"的生活——的人们，提供路标或者向导。

本章结合对霍布斯哲学方法论的考察，阐述人性理论作为政治哲学基础的观念。关于人性论之于霍布斯政治学的奠基性，查看霍布斯思想的实体内容会更显明确。自然人的相互敌意及自然状态对人性的悲惨意义无疑需要根据特定的人性观来辩护；更进一步，似乎很难在不涉及某种人性理解的条件下，阐述国家的功能、制作方式等。总之，既然国家是以人为材料、由人创制、最终为人创设的东西，看起来，国家的全部奥秘都蕴藏在人性当中。那么，接下来，我们就着手探讨霍布斯的人性理论。

第三章　人性理论：不是什么

一方面，"不容否认，在结成政治社会之前，人性的共同处境是战争；并且，不是简单的战争，而是一切人反对一切人的战争"（OC，p.29）。普遍战争的原因系于人性的激情："虚荣和猜忌、比较、物欲"（EL，p.78；OC，pp.26—27）或者"竞争、猜忌、荣誉"（Lev，p.112）。另一方面，由于每个人都极端怕死（fear of death）、极端渴望自保（self-preservation）并欲求舒适的生活（commodious living. Lev，p.116），对人性来说，普遍战争构成"不幸"（Lev，p.110）或"悲惨的状态"（Lev，p.153）。进一步地，只有通过理性的引导——"理性揭示了实现与维持和平的诸可行条款，它们是可期待人们达成共识的；这些条款，在其它场合，称作'自然法'"（Lev，p.116），人性得以通过相互缔约创制国家而摆脱战争处境。

上述是对霍布斯政治学叙事的一幅速写。通过这幅速写，不难发现，人性不同方面的刻画贯穿于霍布斯政治哲学的各个环节。比如，1. 相互敌对和战争的人际自然关系通过一组自然激情辩护；2. 战争状态的消极意义以及创制国家的动机根据特定的生活目标理论（"自我保存""怕死""对舒适生活的欲望"等）获得解释；3. 创制国家的方式及其知识（更一般地，自然法和自然法的知识）与人类行动者的实践理性（practical reason）密切相关。所有这些——导致战争状态的自然激情、基本的生活目标、实践理性等——既是对人性不同侧面的刻画，都应当归属于"人性理论"范畴。

本章批判霍布斯人性理论的两组当代解释。一组涉及对于导致自然战争的人性激情的理解。根据霍布斯的表述，普遍战争的人性根据包括"虚荣和猜忌"（"猜忌"）、"比较"（"荣誉"）、"物欲"（"竞争"）。Gauthier 强调物欲（竞争）在战争状态观念中的基础地位，施特劳斯诉诸虚荣和/或比较引申自然人之间的普遍战争关系。第一节揭露这两种看法的共同缺陷，即某种意义上，它们过度囿于字面，这进一步导致霍布斯的战争状态观念及国家观念的狭隘化。

另一组待批判的解释关涉霍布斯的生活基本目标学说。一方面，霍布斯声称自保存构成每个人的基本善，并且这个观念在他的道德和政治思想中扮演举足轻重的角色。另一方面，如第一章指出的，有解释者尝试结合霍布斯对意愿行为的机械论描述阐发自我保存的观念。针对这种解释思路，第二节主要论证：1. 霍布斯对意愿行为的机械论描述根本不可理解，因此这种思路注定似是而非；2. 即便意愿行为的机械论描述中确实包含特定意义的自我保存，后者也和在霍布斯政治哲学中发挥作用的"自我保存"同名异义。

总之，本章将清理几种误读，为正确领会霍布斯的人性思想创造条件。下一章会立足霍布斯的人性定义——"人是物体-自动的-理性的"（OB，p.4），重构一个版本的人性理论。我们的重构具有更高程度的统一性。就是说，霍布斯政治学诸环节牵涉的、对人性不同侧面的描述（各个"特殊的人性论"）都将"吸纳"于那项重构之中。

第一节　战争状态人性根据的字面解释

在第二章第三节，我们通过分析"思想中拆分国家"的政治哲学方法论观念，揭示了自然状态观念形式方面的意义。即，自然状态是一个反事实的观念，它指涉国家（在此，国家被先行领会为限制或"阻碍"个体成员自由的东西）不存在的条件下，恢复"绝对自由"的人类行动者们共处的状况。而从内容上讲，霍布斯宣称：

很明显，在使得每个人都慑服的共同力量并不存在的那个时段，人们处于战争状态；并且，这个战争是一切人反对一切人的战争。因为战争并不仅仅在于战斗，或者说斗争的行为；如果在某个时段，通过战斗进行争夺的意志是为彼此充分知道，那么他们就处在战争当中。(Lev，pp.112—113)

进一步地，自然状态是战争状态属于"从激情中得出的推论"(Lev，p.114)。换言之，霍布斯将若干所谓"人性的激情"确立为自然状态作为战争状态的原因。第一部分重述霍布斯关于"人性当中……导致战争的原因"(Lev，p.112)的阐述。第二部分分别概括施特劳斯和 Gauthier 对于战争状态人性根据的重构。第三部分批判这两种重构。首先，具体指出施特劳斯和 Gauthier 分别（有意无意地）误读了霍布斯的哪些表述。其次，论证这两种重构必然导致霍布斯国家观念（因而，他的政治哲学）意义的狭隘化。具体而言，在引申人际的敌对关系时，诉诸不同的人性特征，意味着赋予战争状态观念以不同的意义。而基于霍布斯政治学的结构性，这进一步意味着（隐含地）赋予了国家的观念以不同意义。施特劳斯既将战争状态的本质理解为虚荣自负者的争胜，他很自然地强调利维坦的"骄傲之王"意象；Gauthier 将自然战争还原为自然人对物质资源的争夺，那么在他的眼界中，国家的本质是处理经济纠纷的机制。然而，霍布斯这里，国家的意义比这两者都要丰富和开阔。

在上述批判的基础上，第四部分建议一种对于战争状态观念的抽象读法。根据这个解读，自然状态作为战争状态观念的实质是：霍布斯主张，在没有国家的条件下，战争将成为了结或解决行动者之间欲望冲突(the conflict of desires)的常规方式；进而，如果 A 欲望事态 M 出现，并且 B 厌恶事态 M 出现，那么在 A 和 B 这里（就事态 M 是否出现）存在一个欲望冲突。欲望冲突观念是将霍布斯原始表述中诸激情的具体对象——物质资源、名声、安全等——抽象出去的产物。在我看来，一方面，至少从政治哲学或道德哲学的观点看，人际的欲望冲突

（不论何种具体欲望的冲突）构成人类生活的基本事实；因此，通过欲望冲突解释的战争状态观念更"通过经验而充分地知道"（OC，p.10）。另一方面，以这个更抽象的战争状态观念为基础，才能拯救霍布斯国家观念的丰富意义。

尽管本节的阐释基本触及了霍布斯"人性当中……导致战争的原因"（Lev，p.112）思想的核心，不过它不是本研究针对战争状态的人性根据专题的全部评论。在第五章第一节，基于其它方面的兴趣，还会分别分析虚荣和猜忌这两种引发敌意的激情。确实，霍布斯的战争状态观念之于我们，仿佛刑场上的那几具尸体之于勒翁提俄斯——我们终归不得不骂自己的眼睛说："瞧吧，坏家伙，把这美景瞧个够吧！"①

1. 霍布斯论战争状态的人性根据

霍布斯对自然状态之所以是战争状态的阐述，分别出现在《法律原理》第 14 章（"论自然状态和自然权利"）第 1—5 节、《论公民》第 1 章（"不存在政治社会条件下，人的状况"）第 3—6 节、《利维坦》第 13 章（"论人类的自然状态——着眼于他们的幸福和不幸"）。

三个阐述均以"人类的自然平等"观念为起点（EL，p.78；OC，p.26；Lev，p.110）。首先，"人类的自然平等"意谓实践相关的能力——包括"体力（the strength of body）"以及"经验、理性、激情"这三种"心灵能力（the faculties of mind）"（EL，p.77；OC，p.21）——在成人中间的分配大抵均匀的事实。因此，就其自身而言，这个观念不具道德意涵，尽管它随后构成霍布斯版本的"每个人类行动者具有平等的道德价值"（Macpherson，1962，pp.1—2）的基础。其次，霍布斯一贯强调，实践相关能力的均匀分配的证据或表现是"即便能力最弱的个体也能不困难地杀死更强的人"（OC，p.26）。与其说"平等"表示的量的同一关系，毋宁说是这种更具体的含义在引申自然人的敌意关系中

---

① "苏格拉底：但是，我曾经听过一个故事，并且相信它是真的。故事告诉我们：阿格莱翁之子勒翁提俄斯从比雷埃夫斯进城去，路过北城墙下，发现刑场上躺着几具尸体，他感觉到想要看看但又害怕而嫌恶它们，他暂时耐住了，把头蒙了起来，但终于屈服于欲望的力量，他张大眼睛冲到尸体跟前骂自己的眼睛说：'瞧吧，坏家伙，把这美景瞧个够吧！'"（柏拉图，1986年，第 168 页）。

发挥实质作用。因为，设想某人 A 决定对 B 采取某种态度或行为（敌意、防备、攻击等），倘若这个决定合情合理（reasonable），那么很难想象它的基础是 A 的诸如"A 和 B 的能力平等"这般的抽象、学究气的想法：它的基础理应是 A 通过实践取向的、情境化的比较建立的更具体、更切身的信念。

I.《法律原理》和《论公民》的阐述。《法律原理》和《论公民》中，以平等观念为基础，区分两类自然性格：**虚荣之人**（a vainly-glorious man）和适度之人（a moderate man）。首先，虚荣的人不相信自然平等，而是"设想自己卓越于他人"（OC，p.26）；其次，这种性格"希望超越和凌驾于同伴之上"（EL，p.78）、"认为自己应当被允许占有任何事物，并且要求超出他人的荣誉：这是侵犯型性格的标志"（OC，p.26）。相较之，适度之人原本"实践自然平等；并且对于任何东西，如果他允许自己占有，也允许他人占有"，然而由于知道或猜测有虚荣之人存在，自然状态下，"为保卫自己的财产和自由"，适度之人也会产生"伤害的意志"。（OC，p.26）上述分析后，《法律原理》总结，"这将导致人类的普遍**猜忌**（a general diffidence in mankind）以及人的相互恐惧"（EL，p.78）。

《法律原理》为自然战争开列的第二个人性根据称作"**比较**（comparison）"：

> 自然激情使得人类以多种方式来冒犯彼此。由于每个人都自我感觉良好，同时如果别人表现的同样好，人们就会心生怨恨；由此人们必然诉诸言语或者其它的标志来向他人表达自己的轻蔑和怨恨——这类冒犯是基于比较。而最终说来，人们必然得诉诸体力来决定谁更卓越。（EL，p.78）

虚荣和猜忌之后，《论公民》提出的也是比较，只是额外添加了一个意见纷争（intellectual dissension）的例子（学者大概对这个例子感同身受）：

同样，意见纷争的情形也极为严重，而这类争执将不可避免地引发更严重的冲突。因为，除了公开的争执之外，仅仅是表达不同意的行为，也构成冒犯。在某个主题上不同意某人的看法，就是在隐含地指责对方在这个主题上犯下错误；而对于某人的诸多看法都表示不同意，无异将这个人看成了一个蠢蛋——这种情形［指"意见纷争引起的更严重冲突"］在同一国家的不同地区、或者同一宗教的不同教派间展开的那种最苦涩的战争中显露无遗。（OC，p.26）

《法律原理》和《论公民》共同阐述的第三个原因称作"**物欲**（appetites）"。[①]并且"第三个原因在字面上的变动最小，霍布斯［在《论公民》中］几乎用拉丁语翻译了《法律原理》中的相关段落"（李猛，2015年，第124页），即：

不过，人类想要伤害彼此的最常见原因是：许多情况下，很多人在同一时间欲求同一个东西，不过这个东西可能既不能共享、

---

① 在亚里士多德的灵魂论中，"appetites"的基本含义是灵魂最低的部分——"负责营养和生长的那个部分"（Aristotle，2002，p.109）——的欲望。从这个基本含义出发，似乎引申出"appetites"的两种进一步的用法。第一，从欲望对象的角度讲，"appetites"表示人或动物对于"必要之物"的欲望，所谓"必要之物"，《形而上学》解释为"缺了它们，当事者就不能存活；比如，空气和食物对于一个动物来说是必要的东西"。这个意义上的"appetites"和以更高贵的事物——比如荣誉和知识——为对象的欲望区别开。第二，营养灵魂是"与理性无关"的灵魂部分（Aristotle，2002，p.109），据此"appetites"可用来表示人类行动者的缺乏反思性的欲望。这种意义的"appetites"和"choice"相区别（Aristotle，1978，p.38）。此外，在亚里士多德的伦理学讨论中（柏拉图的《理想国》亦是如此），"appetites"也表示平民阶层的价值观，或者说，普罗大众中流行的幸福生活意见，类似有钱、占有尽可能多的生活资料、身体快乐等。这个用法似乎和上述两种意义都有关联。一方面，普罗大众追求的东西不高贵（与第一种用法的区别是，普罗大众对这些不高贵的东西的追求通常并不限定在存活和维持生计的限度内）；另一方面，某种意义上，平民阶层的价值观缺乏反思性，或者说，是自然的（在习俗作为第二自然意义上）。

霍布斯对"appetites"的定义是"表示对食物的欲望，即饿和渴"（Lev，p.39），这个定义显然和亚里士多德的第一种用法相仿。不过，从实际的使用来看，霍布斯用这个词表示人类行动者对任何自然资源或既存之物的欲望；基于这种实际用法，我们将霍布斯的"appetites"译成"物欲"。

也无法分享。结果是，这个东西必然属于最强者。但是，谁是最强者？由战争决定。（OC，p.27）

II.《利维坦》的阐述。在《利维坦》中，平等观念之后，首先提出的是"**竞争**（competition）"，所谓"为了获得而侵犯"（Lev，p.112）：

> 能力的平等导致了在达成目的方面希望的平等。因此，如果两个人欲望同一个东西，然而这个东西既不能共享、也无法分享，那么他们就成为了敌人。（Lev，p.111）

其次是"**猜忌**（diffidence）"，所谓"为了安全而侵犯"（Lev，p.112）。第一，相较《法律原理》和《论公民》，《利维坦》没有明确出现"虚荣的人-适度的人"这对表述。不过，如 Tricaud 观察到的，"在《利维坦》第13章中，这种激情［指虚荣］没有命名，但这种性格被表述为'对其征服行为的咏味中获得快乐，而这些征服行为是超出他们的安全限度的'"（Tricaud，1988，p.119）。进一步地，不难发现，《利维坦》对猜忌的阐述也以虚荣之人/适度之人的区分为基础：

> 1. 人们致力于毁灭他人，或者使他人屈服，主要目的是自我保存，不过有时是为了快乐。由此，……当某人耕种、建筑、或者占据某一便宜的地位时，他会预想其他人……很有可能不但要剥夺他的劳动成果，而且要剥夺他的生命和自由。侵犯者也面临着相似的危险。（Lev，p.111）
>
> 2. 有些人从对其征服行为的咏味中获得快乐，而这些征服行为是超出他们的安全的限度的；这种条件下，其他人——那些本来满足于适度、不愿意通过侵犯来增加自己力量的人们——也不可能单纯依靠防卫而维持下去。结果是，对于任何人的保存来说，支配他人的行为的扩张都将成为必要的，并且也应当是允许的。（Lev，pp.111—112）

第二，《法律原理》和《论公民》只提出猜忌导致"伤害的意志"，《利维坦》则从合理性的角度出发，对这种"伤害的意志"做了评价。霍布斯提出，自然状态下，这种意志是合理的，这种意志驱动的"先下手为强（anticipation）"的行为属于理性的行为。（Lev，p.111）

最后提出"**荣誉**（glory）"，所谓"为了名声而侵犯"（Lev，p.112）：

> 在没有一个使得每个人都慑服的共同力量存在的条件下，与他人为伴，非但没有快乐可言，而且充满沮丧。这是因为，每个人都希望同伴给予他的评价和他的自我评价一致。基于此，当遭遇被藐视或被低估的迹象时，人们将尽己所能地去加害于人，这一方面是为了迫使轻视者做出更高评价；另一方面，也是为了使他人以儆效尤。（Lev，p.112）

III. 一个结论。关于"人性中……导致冲突的原因"（Lev，p.112），尽管《法律原理》《论公民》《利维坦》在表述方面存在若干差异，不过罗列的要素基本一致。1.《法律原理》和《论公民》的"物欲"对应《利维坦》的"竞争"。结合上下文，"物欲"是行动者对既存之物的欲望，或者对狭义的利益（interests）暨物质利益、财富（riches）的欲望。《论公民》和《利维坦》也用包含道德谴责意味的语词指称物欲，即"贪婪（greedy）"①。在我们的现实生活中，人际的利益冲突和由此导致的纷争司空见惯，那么，在缺失国家的自然状态下，没有理由设想这类冲突和纷争会更少。2.《法律原理》和《论公民》的"比较"对应《利维坦》的"荣誉"。一般而论，"荣誉"指称行动者对名声（reputation）的欲望（Lev，p.112）；不过，在当前的语境下，将"荣誉"理解为求名并不准确：它表示的是人类行动者"想要被尊重"（Lev，p.76）的心理倾向。即，通常来说，一个人

---

① "借此，我达成了两条关于人性的、绝对确定的公设。其中之一是人性贪婪公设：每个人性都致力于共同财产的拨归私有"（OC，p.6）。"对财富的欲望，称作'贪婪'。这个词永远用作贬义，因为当某人获得财富时，其他向往财富的人总感到不快。不过，说起来，财富的欲望究竟应当被谴责，还是允许，其实取决于获取财富的方式。"（Lev，p.44）

A 期待他人对 A 的评价与 A 的自我评价一致或更高，而如果他人对 A 的评价低于 A 的自我评价，那么 A 很可能感到不爽甚至对评价者心生怨恨（在 A 看来，他被藐视、低估或冒犯了）。进一步地，霍布斯指出，被藐视、低估或冒犯（或者，当事者将他人的行为视作藐视、低估或冒犯）是渗透在人类交往生活的细节中、具有各种表现形式之事。《利维坦》第 11 章（"论品行的差异"）评论，举凡"不服从""不馈厚礼而略施小惠""无视某人福利""擅越占取""对某人显露出憎恨与不惧怕的迹象""诟骂、嘲笑或怜悯""粗鲁地说话，以猥亵、孟浪或无礼的方式行事""不信任态度的表露""在对方说话时打瞌睡、擅自走开或乱扯""对他人自认为值得尊敬的作为不以为然""不同意某人的观点""模仿某人的仇人""尊重某人的仇人""拒绝某人的帮助"（Lev, pp.76—78）等，都构成（或可能被他人视作）冒犯之举。当然没有理由设想冒犯在自然人的交往中更少，并且，可以预期，在国家缺失的条件下，被冒犯的感受极可能滑向或强化为憎恨、敌意、战争。3.《法律原理》和《论公民》的"虚荣和猜忌"对应《利维坦》的"猜忌"。前文已经指出，三个版本对猜忌的阐释都以虚荣之人/适度之人的自然性格对立为基础。

2. 引申战争关系的两个方案

总之，霍布斯提出，导致自然人彼此恐惧、敌视和战争的原因有三：虚荣和猜忌（猜忌）、比较（荣誉）、物欲（竞争）。或者说，他提出了自然战争的三种样态：猜忌引发的恐惧和战争、（日常交往中）冒犯引起仇视和战争、物质利益的冲突和争夺。在当代解释者中，施特劳斯单纯诉诸虚荣和/或攀比引申自然人的战争关系，Gauthier 强调物质利益争夺在自然战争中的基础地位。让我们概览这两种解释方案。

（一）以虚荣和/或比较为中心的解释。《霍布斯的政治哲学：基础和起源》将霍布斯人性理论的要旨概括为"一个对立；这个对立，一方面是虚荣自负，即自然欲望的根源，另一方面是对暴力造成的死亡的恐惧，唤醒人的理性的那个激情"（施特劳斯，2001 年，第 21 页）。施特劳斯将"虚荣自负"描述为"追逐优越于他人及他人对此的认可"（同上书,第 13 页)的动机或品性。鉴于虚荣自负是人性的固有特征,直接地,自然状态是普遍战争状态——每个人强迫对方承认自己的卓越性的斗争(同上书,第 21—23 页)。进一步地,在这场力图"压倒他人"(同上书,第 22 页)的自然战争中,"人身伤害,或者更确切地说,肉体痛苦,唤起了对丧失生命的恐惧"(同上书,第 24 页),据此人性踏上"凭借契约"建立国家的理性之途(同上书,第 24—27 页)。

进一步地,一方面,根据施特劳斯的看法,霍布斯的战争状态观念(即,虚荣自负的人性之间的普遍战争)是一个具有象征意义的构想,其实质是霍布斯对传统道德理想或"贵族式德性"的批判。传统道德致力于人性的卓越(excellence)或完善(perfection),特别地,"优秀个人的优越感('自豪')及其要求他人承认的兴趣('荣誉'),越来越被重视"(施特劳斯,2001 年,第 62 页)。霍布斯将传统的道德动机(卓越作为生活目的)普遍化(他的自然状态观念),揭示出传统道德理想的"非理性"(同上书,第 12 页)暨自我挫败性(自然状态作为战争状态观念)。

另一方面,十分明确,在霍布斯的政治哲学中,国家的功能在于摆脱自然战争、达成人际和平(Lev, p.158)。施特劳斯既将自然战争的本质理解为虚荣自负的自然人强迫彼此承认卓越性的斗争,那么,不出所料,他强调霍布斯的国家作为"骄傲之王"的意义:

> 在这部著作[《利维坦》]的最重要部分的结尾,他[霍布斯]说道:"写到这里为止,我已经说明了人类的天性,他们由于骄傲和其它激情而被迫服从政府;此外又说明了人们的统治者的巨大权力,我把这种统治者比之于利维坦;这比喻是从《约伯记》第四十一章最后两节取来的,上帝在这儿说明了利维坦的巨大力量之后,把它称为**骄傲**之王。"
>
> 在利维坦和国家之间作比较所昭示的第三个因素,不是任何强大的力量本身,而是能支付睥睨一切的人的那个强大力量。把国家和利维坦相类比,是因为只有它,才是"那些唯我独尊的孩子

的国王"。从长远来看,只有国家,才有能力制服骄傲;而人的自然欲望是骄傲、野心和虚荣自负。除此之外,国家确实没有别的理由存在。正是因为持有这个想法,霍布斯才说他的著作《利维坦》是"持平之论,珠玉之论"。(施特劳斯,2001年,第15页)

除了施特劳斯,许多其他解释者也赋予虚荣和/或比较以格外重要的地位。首先,李猛对战争状态观念的解释和施特劳斯类似,"从《法律原理》和《论公民》的讨论,我们可以清晰地看到,霍布斯对自然状态导致战争状态的人性分析,集中在人性中面对死亡威胁的平等,与人性中追求幸福、超过别人的欲望之间的巨大悖论"(李猛,2005年,第126页)。

其次,Martinich同样宣称:1. 虚荣自负或者骄傲是导致自然战争的最主要原因;2. 对霍布斯来说,国家的主导性功能是压制人性的骄傲。当然,我们看到,施特劳斯结合霍布斯对于传统道德的批判来阐述类似的观点;相较之,Martinich追溯了它们的宗教背景或起源:

> 尽管霍布斯将利维坦作为无序原则、作为上帝敌人这一标准解释[指圣经中对利维坦的阐述]翻转为利维坦作为秩序的原则、作为有朽的上帝,不过他对利维坦的使用彻头彻尾地是圣经式的——这不仅体现在霍布斯从圣经中取用这个名字,更是由于霍布斯将人类麻烦的根源理解成骄傲。圣经及基督教神话中的关于罪的许多故事——从亚当和夏娃到天使的反叛——讲述的都是不服从源于骄傲(所谓骄傲,也就是拒绝处于从属地位的倾向)的主题。霍布斯对于人类原初境况的阐述和这个主题一致。(Martinich,1992,p.49)

最后,McNeilly评论:

> 荣誉观念在《利维坦》的心理学及政治学论证扮演重要地位

的看法是一种夸张。Richard Peters 写道："对霍布斯来说，社会生活是一场至死方休、追求卓越性的赛跑"；进一步地，Peters 诉诸《法律原理》中力量的**相对性**概念解释《利维坦》中的"永恒的、永无休止的对于力量的欲望"。……不过，对于霍布斯来说，生活是一场争胜的赛跑的看法是错误的——除非我们添加下述限定条件："对写作《法律原理》（而非写作《利维坦》）的霍布斯来说"……确实，在《法律原理》和《论公民》中，霍布斯的观点是：由于人性的主导激情在于对于卓越性的欲望，因此人生好比一场争胜的赛跑。（McNeilly，1968，pp.146—147）

因此，McNeilly 认为，根据《法律原理》和《论公民》的阐述，人类行动者超出他人的自然欲望、骄傲、虚荣之类是自然战争的最主要原因，不过霍布斯在《利维坦》中修改了这个观点。McNeilly 的解释的特点在于，频繁宣布霍布斯思想的各式变化，以至在他笔下，霍布斯仿佛不是在以刺猬般的坚韧构筑哲学，而是在随心所欲、收放自如地捏泥巴。

（二）以竞争为中心的解释。在《利维坦的逻辑》中，Gauthier 将竞争看作自然战争的基本样态、把物欲认作"冲突的最终原因"（Gauthier，1969，p.18）：

> 由于人们像欲求生存的必需品那样欲望舒适的生活，他们彼此成为敌人。如果自然状态是个物质丰足的状态，那么人们也就不再彼此敌视。不过，假定一个人——为了存活——可能欲求他的同伴也需要的同一个东西，那么竞争必然随之而来。（Ibid）

其次，或多或少地，行动者争夺自然资源或物质利益的战争是局部的。Gauthier 进一步提出，只有把物欲和猜忌结合起来，才能解释自然战争的普遍性：

> 竞争导致的敌意产生猜忌导致的敌意。如果你是我的潜在

竞争者,那么率先对你发动进攻是符合我的利益的。……就霍布斯对冲突的阐述来说,猜忌观念十分重要;因为它解释了有限敌意向无限敌意的过渡。(Gauthier,1969,p.15)

再次,在战争状态原因的阐述中,虚荣之人的构想是无足轻重的,最多起到加强论证的作用:

> 霍布斯设想,有些人享受征服行为中的力量运用,并且他们的征服是和自己的安全无关的。那么,其他人也就必然要提升自己的力量,以便预先方便这些可能的侵略者。不过,霍布斯并没有——也不需要——设想所有的人是自然侵略者……事实上,人们出于安全的考虑进行侵略的观念就能充分辩护彼此的敌意;某些人作为自然侵略者的设想不过是强化了竞争和敌意。(Gauthier,1969,pp.15—16)

最后,在复述战争状态的观念时,Gauthier 也提到"荣誉"(Gauthier,1969,p.16)。不过,他确实只是提提而已——《利维坦的逻辑》对于霍布斯道德和政治理论的重构完全不依赖这个思想要素。

3. 对两个方案的批判

(一)文意的扭曲。施特劳斯和 Gauthier 分别在不同方面(有意无意地)扭曲了霍布斯的原始表述。施特劳斯的问题是,他的解释自始至终将"虚荣的人"和"比较"("荣誉")混作一谈。比如,这突出地体现在他的一处评论:

> 人的自然欲望就是虚荣自负,在霍布斯看来,这个看法事实上堪为定论;那么,对于把这个看法明确地当作他的政治哲学的基础,他为什么又拿不定主意呢? 如果这个自然欲望观念是对的,如果人在本性上以胜过所有他人为乐,那么人性就是天性邪恶。可是,对于他的理论所蕴涵的这种后果或假设,他不敢确认

坚持。出于这个原因，在为每一个人针对每一个人的战争状态列举渊源的时候，他就在最终的压卷之作（《利维坦》中），将虚荣自负放在最后的位置了。（施特劳斯，2001年，第15页）

前文介绍，一方面，关于自然战争的人性根据，《利维坦》中"放在最后位置的"是"荣誉"。"荣誉"对应《法律原理》和《论公民》的"比较"，表示人类行动者想要被尊重或厌恶被蔑视的心理倾向。另一方面，《利维坦》确实涉及"虚荣自负"，不过是在"猜忌"——《利维坦》列出第二种导致自然战争的激情——的名下隐含地谈论到的。由此，《利维坦》将"有些虚荣的人"和"荣誉"作为自然战争的两个独立的原因而提出。然而，施特劳斯的评论表明，他将两者混为一谈。（特别值得提出，由于霍布斯确实把"荣誉"设想为人性的普遍倾向，混淆"荣誉"和"虚荣的人"导致施特劳斯自始至终声称：霍布斯将所有人设想为虚荣自负的。）

然而，无论基于对原始表述的分析，还是基于对日常经验的反思，我们认为，施特劳斯的这个混同都毫无道理。从文本的角度看，一方面，无论《法律原理》《论公民》还是《利维坦》，霍布斯的一贯表述是，虚荣的人——将胜过他人、支配他人当成人生目标或生活意义的人——是**一类**性格（EL，p.78；OC，pp.10—12，p.26；Lev，pp.111—112）。就是说，不像施特劳斯宣称的那样，霍布斯将**任何**人性设想为虚荣之人。

在霍布斯的文本中，有两处表述看似支持虚荣自负构成人性的普遍特征的观点。让我们简要地考察这两处表述。

首先，看似最支持虚荣普遍性的文本属《法律原理》中"人生如赛跑"的比喻：

将人生比作赛跑……我们必须设想，除了赶到前头，这场赛跑没有别的目的。在这场赛跑中：……

不断被别人赶超，意味着痛苦。

> 赶超了前面的人,意味着幸福。
>
> 最后,终止这场赛跑,意味着已经死亡。(EL,p.16)

不过,如 Gauthier 评论,"这个比喻相当危险,因为它似乎暗示人性的基本目的是超出同伴,就是说人性内在地和原初地是争斗性的。……然而,争斗只是从人性中引申而来的特点。鉴于一个人的力量与他人力量相对立总是可能,自我保存(这是内在的和原初的东西)的考虑驱使人们采取争斗的策略"(Gauthier,1969,p.17)。Gauthier 这个评论的公允性,由《利维坦》的一段著名表述得证——这段表述能够合理地视为对"人生如赛跑"比喻的一个澄清:

> 关于人类的普遍倾向,我首先提出来的是:永恒的、无止息的对于力量的持续欲望,这种欲望至死方休。这种欲望的原因既不在于人性总是得陇望蜀、追求比已然获得的快乐更大的快乐,也不在于人性不能满足适度的力量;而在于,如果人性不去致力于获得更大的力量,那么他就无法确定能够保住他既已具有的力量及好生活的手段。(Lev,pp.85—86)

确实,每个自然人都致力于谋求(相对其他行动者)力量上的比较优势,或者说,自然状态果真呈现为一场自然人普遍参与的"人生赛跑"。不过,针对人性持续追求力量的动机或理由,这段话做出了澄清和区分。对有些人来说,胜过他人、获得(相较其他行动者)力量上的优势是"幸福的所在":他们(虚荣之人)是"人生赛跑"的主动参加者。这种条件下,"出于保护自己免于潜在竞争者或征服者侵害的目的,即便一个'适度的'、有远见的行动者(即,只是想要维持中等程度幸福的人)也得被迫提升自己的力量"(Kavka,1986,p.95),即被裹挟进入了这场"赛跑"。总之,结合上述引文理解"人生如赛跑",不应当认为这个仿佛对人生洞若观火、惨兮兮的比喻传达或蕴涵了人性普遍虚荣这层意思。

其次,Macpherson 澄清了另一处看似支持虚荣普遍性的表述:

> 施特劳斯认为:霍布斯的设想是,人之为人的自然的、内在的欲望是对于力量的无限追求……他提及诸多的所谓文本证据;不过,在我看来,只有一处表述明确支持这个解释观点——霍布斯说道:"出生伊始,人们就自然地去抓取他们渴求的任何东西;并且,他们想要整个世界——如果他们能够做到的话——都恐惧和服从他们。"不过,这只是一个一笔带过的评论(a passing remark)。在《自然哲学的十个对话》(1677)这部晚期作品中,霍布斯用这句话来说明他的敌人——自然哲学家们——的虚张声势和欺诈品行;除此之外,霍布斯既没有对它做任何阐释,也没有尝试从它引申出任何东西。(Macpherson,1962,p.42)

Macpherson 通过"婴儿想要整个世界的恐惧和服从"在语境中的具体用法证明它是"一带而过的评论"。另外,可以补充的是,《忏悔录》就曾刻画"婴儿的妒忌"和独占欲——奥古斯丁把这看作原罪的表现之一(奥古斯丁,2015 年,第 8—10 页),鉴于此,"婴儿想要整个世界的恐惧和服从"这个明显为假的意象(婴儿当然不可能具有如此抽象的欲望),最好理解为基督教文化的一个文学套路。

另一方面,相当明确,《利维坦》中的"荣誉"是作为人类行动者的普遍心理倾向而提出的。就是说,霍布斯的想法是,无论虚荣之人、还是适度之人,都厌恶他人的轻视和冒犯。当然,由于虚荣之人的一个特征是"设想自己优越于他人"(OC,p.26)暨自视甚高,在日常交往中,相较适度之人,他们有更大机会地感到自己遭受了轻视或冒犯。

总之,体贴文本,不难发现,针对"虚荣"和"荣誉",霍布斯的两个主张是:

1. 虚荣之人是一类性格,这种性格和适度之人相区别。
2. "荣誉"——所谓"想要被尊重"——属于人性普遍具有的

欲望或心理倾向。

进一步地,我相信,一个有生活经验的人能够接纳这两个主张:它们属于(用霍布斯的话说)"任何人通过经验就能知道并承认"(OC,p.10)的命题。相较之,施特劳斯的解读——每个人性都虚荣自负、内在地追求胜过他人——是无法获得生活经验的确认的。总之,就这个议题而论,我认同罗尔斯的评论:

> 霍布斯理据的重要性部分取决于这一事实:该理据是建立在关于人类生活之常规条件的相当可信的假设之上的。例如,该理据确实没有假定,每一个人实际上是被骄傲和虚荣的驱使而且追求统治他人之统治权力的。那将是一个有问题的假定。……使他的理据变得有些吓人、并使该理据变得重要且具有说服力的是他认为,正常的,甚至相当善良的人都可能会被置于这样一种处境中,而该处境又会蜕变成战争状态。如果过分强调权力和统治的欲望,我们不能把握这种观点的意义。霍布斯命题的力量以及该命题之能够成为如此重要的理论成就的原因乃在于:该命题只建立在关于人类生活之常规的、且或多或少是永恒的特征的基础上。关键之处在于,我们并不是要成为恶魔才会深陷麻烦的深渊。(罗尔斯,2011 年,第 50—51 页)

针对上述以经验为根据的论证,施特劳斯可能这样回应:从当代人的自我理解和人生经验出发,人们确实不同意"每个人都虚荣自负"这样的描述。然而,当代人的自我理解和霍布斯时代的"对人类本性的洞察"(施特劳斯,2001 年,第 11 页)是不同的。况且,当代人的自我理解和生活经验正是霍布斯开启的"全新的道德态度"(同上书,第129 页)——"中等阶级的道德观"(同上书)——塑造而成的,那么,当代人对"每个人都虚荣自负"的不认同,恰恰证明了霍布斯在建立新道德(以及批判古代道德)上的成功。我们拒绝这种形式的回应。

Gauthier 的第一个问题是：关于物的争夺引起的自然战争，他添加了一个霍布斯未曾表述的条件，即自然资源的相对稀缺。表面看来，这个条件的添加颇为合理。因为，如休谟后来论证的，如果自然资源丰裕，以至针对任何人欲求的任何东西，总存在足够多的、易获取的替代品，那么对自然人来说，物的争夺是不必要的（休谟，2007 年，第 35—36 页）。事实上，不啻 Gauthier，在阐述竞争时，许多解释者都热心地补充资源相对稀缺条件。比如 Macpherson：

> 对于霍布斯的国家理论来说，竞争性的物质欲望在人性中的主导性这个假说极为重要。……论证是这样的：因为人们欲求不能共享之物，或者说由于所欲之物相对稀缺（也即不足以同时满足每个欲望者），所以人们彼此敌视。有人或许会反对说，这类相对稀缺毕竟一直存在；不过在霍布斯的这个假说中，重要的东西是：自然人普遍意识到这种稀缺，由此都去致力于避免自己的物质匮乏——自然人的行为正是被这个意识所统摄。（Macpherson, 1965，pp.173—174）

再如 McNeilly：

> 除了对相对稀有的好东西的竞争之外——竞争与其说是产生于人性的局限，不如说是产生于环境的局限，暴力也源于人性对于荣誉的追求。（McNeilly, 1968, p.138）

然而，在霍布斯这里，资源相对稀缺条件的添加果真合适吗？我认为，答案是否定的。第二章第二节曾指出，霍布斯期望他的作为政治哲学基础的人性论属于经验知识。据此，针对霍布斯的"物欲"或"竞争"，理应认为它们简单地意谓足够日常、稀松平常的事实，所谓"如果两个人欲望同一个东西，然而这个东西既不能共享、也无法分享，那么他们就成为了敌人"（Lev, p.111）。就此而论，与洛克和休谟的政治学不同，霍布斯本来就没有关注和反思物的争夺（作为一般现象）得以发生的条件——资源的相对稀缺、人性的相对利己之类，那么为他的竞争观念添加这类条件属于画蛇添足。

通常来说，只有自认为重要的事，人们才去反思——Gauthier之所以觉得有必要补充竞争得以出现的一般条件，是因为他把竞争领会为"冲突的最终原因"。Gauthier没有详说"最终原因"的意思，不过这个词当然意味着赋予竞争（相对于虚荣、猜忌、荣誉等）以某种意义的优先性。比如，在较弱意义上，可能意谓相较物质资源的争夺，其它类型的战争相对边缘（比方说，由于其它类型的战争较罕见、规模或激烈程度较低等）；在更强意义上，意谓其它类型的自然战争最终还原为物质利益的争端等。然而，优先性的想法属于无中生有——这是Gauthier的第二个问题。首先，从文本来看，无论《法律原理》《论公民》还是《利维坦》，作为自然战争的原因，物欲（竞争）、虚荣与猜忌（猜忌）、比较（名誉）都是平行开列的。在霍布斯这里，不存在哪种原因更基本的问题。其次，如果不被（比方说）资本主义的意识形态偏见占据，冷静中立地看待生活，那么我们理应承认人际间的恐惧、仇视和战争本就丰富多彩、多姿多样，不可能都（在任何意义上）还原为物质利益纠纷。

（二）国家观念的狭隘化。当尝试重构霍布斯的战争状态原因思想时，倘若我们满足于这样的标准：建立一组人性特征的描述，（a）这组描述多少是霍布斯式的（Hobbesian），并且（b）从这组描述出发，能够有效地引申出自然人之间的敌对性，那么无论施特劳斯的解释方案还是Gauthier的方案，都很难说是失败的。不过，我们认为，这样的解释标准太低，相应地，施特劳斯和Gauthier在这个意义上的成功，相对廉价。

在霍布斯的政治哲学体系中，战争状态及其原因属于极端重要的思想——误解这部分思想势必导致霍布斯政治和国家概念上的理解偏差。我们说，霍布斯的政治学具有一个清楚的要点：自然人创制国家是为了"摆脱悲惨的战争状态"（Lev，p.153）、达成社会和平，或者说，国家的功能在于"使人们和平共处"或者"实现和维护共同和平"

（EL，p.107；OC，p.72；Lev，p.159）。在保持解释的融贯性或严格性的前提下，这个结构性特征决定了，倘若赋予自然战争以特定意义，就会"输出"一个对应意义的和平概念、进而"输出"一个特殊的国家概念。我的意思是，比方说，施特劳斯既将战争状态的本质领会为虚荣自负人性的争胜，国家作为"骄傲之王"的意象随之自然地凸显出来；Gauthier认定物质利益的争夺构成自然战争的最终原因，那么，相应地，对他来说，国家的主导性功能在于和平地处置社会成员的经济纠纷以及（更一般地）发展社会经济等。

霍布斯的政治学确实强调国家应当充当"骄傲之王"。通过这个命题，他意在提醒："有朽者无法创制不朽之物"（Lev，p.308），因此国家亦有朽。党派（factions）林立永远构成"政治动乱或国家解体的原因"（OC，p.131）、属于国家的"痼疾（the internal disease）"（Lev，p.308）。利维坦与比希莫特或多头兽[1]之间，不是东风压倒西风，就是西风压倒东风。因此，主权者应当时时警惕国内的结党问题，其中重要的方面是防范潜在的党魁（leaders），即"有野心（ambitious）"（Lev，p.320）且有能力（富可敌国、声闻朝野或"擅长雄辩"（OC，p.139）等）的人。由于施特劳斯偏好"实践的理想"（施特劳斯，2018年，第64页）或道德胜过政治，或者，他太强硬地将政治哲学等同于谈论"完美的秩序""正当的乌托邦思想"（同上书），令人吃惊的是，关于"骄傲之王"意象源于霍布斯对结党问题的关切这一点，他似乎毫无察觉。顺便提到的是，在我看来，真正读懂"骄傲之王"意象的思想家是施米特——在《霍布斯国家学说中的利维坦》特别是《政治的概念》中，通过吸收霍布斯结党问题阐述中的见识，施米特得以重新提醒国家作为政治统一体的观念，并且对于自由主义的社团（间接权力）多元论提出有启发性的批评。[2]

---

[1] "苏格拉底：请设想一只很复杂的多头兽。它长有狂野之兽的头，也有温驯之兽的头。头还可以随意变换随意长出来。"（柏拉图，1986年，第384页）

[2] "政治统一体在本质上乃是决定性的统一体，这与它最终的精神动力来何处无关。……只要国家存在，就是至高无上的，即在决定性的时刻，它是具有权威的统一体。……多元化理论要么是通过社会组织的联邦制达到国家统一性的理论，要么是令国家解体或（转下页）

而在称作"国家的营养（the nutrition of a commonwealth）"（Lev，p.232）的专题下，霍布斯集中探讨国家在经济领域内担负的责任：资源和财富的正义分配、立法保护公民的财产权、经济纠纷的公正裁决等。在他看来，妥善管理社会经济，这既是国家的本分，也具有工具性的价值。首先，"主权者的全部义务包含在一句箴言中：人民的安全是至上的法律……所谓'安全'，不能仅理解为存活，而应当理解成尽可能活得幸福"（OC，p.143），而由于"在和公共安全相容的前提下，具有财产"构成任何人幸福的条件（OC，p.144），在公共安全有保障的前提下，国家应当致力于增加成员财富的事业。这就要求国家发展科学及各行业的技术、立法保护财产权、鼓励勤劳限制懒惰、限制奢侈等（OC，p.150）。其次，增加社会成员的财富、财富的正义分配、经济纠纷的公正裁决等之所以有用或必要，是因为贫穷以及遭受不公待遇的感觉，会使人心生抱怨和怨恨，从而构成社会动荡的肇因（OC，p.147）。

然而，《利维坦》和《论公民》第二部分的读者——这些部分细致探讨了"主权者的权利和义务"暨国家的能为和当为之事——都不会忽略一个事实：霍布斯国家观念的意义是如此丰富和广泛，利维坦绝不只满足于充当"骄傲之王"或经济基础的上层建筑。除战争法权这项

（接上页）争论不休的理论。事实上，如果它对政治统一体构成挑战而对'政治组织'与其他组织（如宗教团体或经济团体）一视同仁，那么，首先它必须回答'政治的具体内容为何'问题。尽管拉斯基在大量著作中不断谈到国家、政治、主权和'政治'，但是，找不到一个具体的政治定义。国家转化成为一个与其他组织竞争的社会，它成为存在于国家内部或外部的众多社团中的一个。这种国家理论的'多元主义'就是如此。……按照这种多元化国家理论，'国家统一体应当为何'问题依然模糊不清。它时而以老自由主义的面孔出现，为在本质上由经济决定的社会充当仆人；时而又以多元化的面孔出现，成为特殊的社团，即众多组织中的一个；时而则成为社会组织联盟的产物或统摄所有组织的组织。关键是，必须说明，为什么人类在宗教、文化、经济和其他各种组织之外还要建立'政府组织'，而且需要说明这种组织的独特的政治含义是什么。在此并无清晰的思路可循。最终出现的则是一种无所不包的一元论概念，绝非一个多元论的概念。……政治统一体是独一无二、与众不同的统一体，与其他组织相比，它具有决定性。如果这种统一体消失、哪怕只潜在地消失，政治本身将不复存在。只有在没有把握或根本不考虑政治的本质的情况下，才可能在多元论的意义上把政治组织与宗教、文化、经济或其它组织置于同等的地位，并允许政治组织与其他组织展开竞争。"（施米特，2015年，第52—53页）

政治体的基本条件和鲜明标志之外，针对物质利益的争夺，国家应当制定并且严格执行资源分配方面的法律；针对荣誉引发的纠纷，国家应当订立评判个人身价的公共尺度，并垄断荣衔授予（Lev，pp.164—167）；再者，针对全部"人性当中……导致战争的原因"（Lev，p.112），国家应当"统筹安排公共教育（无论是教导学说的形式，抑或例示的形式）"（Lev，p.322），以便启蒙和培养（civilizing）国民具备追求并且维护和平的知识和德性等。总之，正如霍布斯眼界中的人性和战争毫不单调，他的利维坦远非"单向度的国家"。

4."欲望冲突"：战争状态人性根据的抽象解释

针对霍布斯的国家观念，无论单纯理解成"骄傲之王"抑或处置经济问题的建制都是狭隘的。进一步地，这种狭隘性源于施特劳斯和Gauthier对自然战争人性根据的狭隘解释。这个诊断反过来意味着，基于霍布斯政治学的结构性，只有保留自然战争人性根据（进而，战争状态观念）的多元性和丰富性，国家观念丰富意义的保存才是可能的。那么，当下面临的任务是：提供一种针对霍布斯自然战争人性根据阐述的再描述（re-description），它能够容纳并彰显自然战争样态的多样性。

沿着霍布斯给出的线索和方向，进一步反思自然战争多样性观念。我们看到，关于自然战争的原因，霍布斯的原始表述提出多种要素：适度之人/虚荣之人的性格对立、物欲及贪婪、荣誉或自尊心、猜忌的品性等。进一步地，前文指出，霍布斯指出这些原因是"通过经验就能知道并且承认的"（OC，p.10）。换言之，它们"是由经验，由每个人的切身经验所提供的；更确切地说，它们是通过每个人的自我认识和自我观察而被发现的"（施特劳斯，2001年，第8页）。

一旦原始表述的经验特征被揭露，那么根据生活经验，我们注意到的是：这个表述是人际冲突样态的不完全归纳。就是说，关于导致人际冲突的因素，霍布斯枚举了争名逐利谋支配求安全。不过，这些因素诚然典型，却远没有穷尽全部——可以额外想到爱恨情仇、对他人能力和才华的嫉妒、意识形态或价值观冲突等等。①总之,从生活经验或事实出发,我们的看法是,关于人类冲突的样态,霍布斯并非说出的太多、反倒是不够多。那么,我们应当建立涵盖更多甚至全部人类相互恐惧、敌意、战争经验的模式(a model)。为此,将原始表述中出现的欲望的具体对象——物、名声、安全等——通盘抽象出去,在此基础上形成欲望冲突(the conflict of desires)的一般观念:

> 如果一个人类行动者 A 欲望(desire/want to)事态 F 的出现,而行动者 B 厌恶(averse)事态 F 的出现,那么 A 和 B 在 F 是否出现这件事情上存在欲望冲突。

进一步地,通过欲望冲突的观念描述自然状态作为普遍战争状态的思想。第二章第三节阐述,自然状态形式方面的意义是:设想国家——国家作为对个体成员自由的限制或"阻碍"——不存在,从而恢复"绝对自由"的行动者们共处的境况。自然状态作为战争状态观念的完整的意涵是:在每个行动者"随心所欲地"决定、行动和生活的条件下,1. 他们之间(各式各样)的欲望冲突不可避免;2. 遭遇欲望冲突意味着,倘若当事双方依旧决定实现各自的欲望,他们不得不首先"克服"对方;3. 通过各自能力(特别是体力)的运用,欲望冲突方的彼此"克服",构成相互的战争;4. 归根到底,霍布斯认为,自然状态即不存在国家的条件下,战争构成行动者解决欲望冲突进而(基于欲望冲突的广泛性)实现个人欲望的常规方式或者常态:

---

① 类比亚里士多德对于"什么是(属人的)最高善?"问题的讨论理解霍布斯关于战争状态原因阐述的例示特征。亚里士多德探究"什么是(属人的)最高善?"问题的方法是辩证法,辩证法的要旨是对于相关意见的检讨和反思,因此讨论的始点是相关意见的罗列。《尼各马可伦理学》卷一及全书主要罗列并检讨了三种意见:快乐的生活是好生活或幸福;政治的(荣誉的)生活是好生活或幸福;沉思的生活是好生活或幸福。不过,亚里士多德当然不认为这三者是人们关于"什么是幸福?"问题的**全部**意见;他的观点是,这三种生活意见具有**典型性**(或者是流行的暨多数人公认的,或者是权威的暨被认为出众的人所持有的等。Aristotle,2002,p.97)。类似地,特别考虑到霍布斯人性理论的经验性质,在他这里,竞争、猜忌、荣誉只是几种**典型**的导致人际战争的冲突,而非全部原因。

财富、荣誉、命令或者其它类型力量的不一致将导致争执、敌意和战争。这是因为［在这种情形下］，涉事一方只能通过杀死、征服、取代或驱逐对方的方式，才能实现他自己的欲望。（Lev，p.86）

接下来，比较这个解释与施特劳斯的和 Gauthier 的战争关系引申方案的差异。

首先，我们看到，霍布斯列出三、四种导致战争的人性根据。无论施特劳斯和 Gauthier 的解释方案（统称作"字面解释"），还是诉诸欲望冲突观念的解释（"抽象解释"），其共同之处在于尝试收敛这几种根据。对此，"字面解释"的策略是，突出或强调某一种"人性当中……导致战争的原因"（Lev，p.112）在战争状态观念中的中心地位（相应地，淡化或边缘化其它要素）。相较之，在"抽象解释"当中，欲望冲突观念将原始表述中的三四种根据相对化。就是说，在更抽象的视域下，物欲的冲突、荣誉感的冲突、基于安全考虑而发生的冲突转化成为人类欲望冲突的三种样态或表现形式；进一步地，通过赋予欲望冲突观念中"事态 F"以具体值，生成其它样态也是可能的。总之，"字面解释"画地为牢、将自己封闭在某种类型的战争中，"抽象解释"则具备容纳任何人际敌意和战争经验的潜力。

其次，前文指出，基于霍布斯政治学的结构性，如果赋予自然战争以特定意义，就会"输出"某种对应意义的国家概念。进一步地，参照霍布斯自己关于国家职权范围的论述，两种字面解释"输出"的国家观显得狭窄。相较之，在抽象解释这里，自然战争既被领会为"绝对自由的"行动者们应对欲望冲突的常规方式，那么国家的意义在于：当行动者们（国家的成员）遭遇**任何**欲望冲突时，保障它的终结或解决（至少在通常情况下）不再需要以双方的战争为代价。

本节最后，着眼于文本解释方法，对施特劳斯和 Gauthier 的解释方案进行评论。在我看来，那两种解释属于他们编织的"预期神话"①。

---

① "［在文本解释当中］还存在一种更严重的危险，即力图在经典文本中发现我们期待的某些学说。"（Skinner，2002，p.73）

施特劳斯把虚荣之人、荣誉、战争状态等霍布斯政治哲学的思想要素同霍布斯批评古代人性观和道德观的旨趣联系起来，某种意义上，这种读法可谓充满"原创性和天才"（Oakeshott，1975，p.142）。然而，尽管霍布斯确实批判古代的道德理论（就像他也批判古代的物理学、形而上学、圣经解释学）——比如批评"旧道德学家们"的心灵平静的幸福观（Lev，p.85）或者指责"道德哲学的作者们"对德性和恶的探讨缺乏科学性（Lev，p.146）等，不过这种批判构成霍布斯政治学的主旨或基调的看法是可疑的，而战争状态设想本身就表现着霍布斯对古代人性论的批判这种论调更是毫无根据。在我看来，归根到底，《霍布斯的政治哲学：基础和起源》表达的是一个充斥着"古今之争"意识的头脑想要在霍布斯的文著中看到的东西。

如果阅读霍布斯身后的几种著名的英国政治哲学，那不难发现，在人性的自我理解上，物欲的因素愈加突出，或者（借用 Macpherson 的说法），"资产阶级人性"的形象愈加鲜活。相应地，国家的本质、功能或意义愈加清楚地被规定为处置社会经济问题的建制。在洛克的自然状态以及战争状态的构想中，尽管偶尔讨论奴役（人对人的支配），不过明显地，人际的财产纠纷构成中心要素（Locke，1988，pp.269—318）。在休谟那里，探讨正义的效用时，人际的物质利益争端是自然状态下唯一需要考察的关系（并且，众所周知，休谟详细地界定了物质利益争端得以出现的可能性条件）；分配的正义——"我们……为了社会的和平和利益……所发明和遵循的关于财产如何划分的规则"（休谟，2007年，第44页）——是正义概念的唯一意义；政治社会的主导甚至单一功能在于保障正义的分配规则的实施（同上书，第35—62页）。

不过，把霍布斯领会为资本主义思想家却是不恰当的。这是因为，我们看到，在他的政治思想中，物质利益的纠纷只是自然战争的一种样态，妥善地处置经济事务只是国家的部分职权。我认为，当 Gauthier 宣称物欲构成"冲突的最终原因"时，还有 Macpherson 断言霍布斯的战争状态反映了"占有性市场社会"时，资产阶级的范式左右并限制了他们的视野与想象力。

第二节 基本生活目标的物理还原论解释

在《论公民》的"书信体献辞"中，霍布斯宣称，"两条绝对确定的人性公设"构成其政治哲学的基础，其中的"自然理性公设"表述为"每个人都将暴死当作自然中的至恶来逃避"（OC，p.6）。

《论人》提出：

> 对每个人来说，最大的善是他的保存……只要能力允许，一个人必然欲求生命、健康；进一步地，只要能够做到，他也必定欲求未来的安全。另一方面，尽管死亡（特别是伴随折磨的死亡）是所有恶中最大的，不过人生中遭遇的痛苦可能如此有力，以至除非遭受者预见到它们很快结束，他甚至可能将死亡看成好的。（OM，pp.48—49）

确实，"暴死构成至恶"或者"自我保存构成基本善"在霍布斯的道德和政治思想中扮演重要的角色。1. 解释自然状态对于人性的消极意义及充当创制国家的基本动机。一方面，自然状态是普遍战争：身临其境意味着置身"持续的恐惧和暴死的危险"（Lev，p.113）当中；另一方面，"任何人都致力获取对他来说好的东西，力图避免对他来说坏的东西；死亡是最大的自然之恶"（OC，p.27），由此，"病态的（the ill condition）"（Lev，p.115）、"悲惨的（the miserable condition of war）"（Lev，p.153）自然状态是每个自然人亟欲摆脱的。总之，"使人类倾向和平的激情是对死亡的恐惧"（Lev，pp.115—116）。2. 在道德理论中，充当自然权利（the right of nature）的根据。"自然权利是每个人都具有的自由，即出于保存自己本性暨生命之故，根据自己的意志来运用自己的能力的自由。就是说，在保全生命成为目的的状况下，为当事者的理性和判断所设想的任何最合适的手段，他都可以通过行为兑现之"（Lev，p.116），进而，自然权利的最终根据系于生命危险的情况下，除了自保，"我们不可能意愿别的东西（we cannot will to do otherwise）"（OC，p.27）。3. 在政治理论中，充当引申国家职权的原理。（a）"主权者的职权……存在于人们将主权权力托付于他的目的中"（Lev，p.322），而人性参与创制国家的动机或目的是自我保存，由此"一句箴言囊括了主权者的全部义务：人民的安全是至上的法律"（OC，143；Lev，p.322）。（b）自我保存的自然权利——或者说，不可转移的"自我防卫权利"（Lev，p.297），构成（霍布斯政治学中为数不多的）主权者权利的"限制条件"或者臣民政治不服从的正当理由。

有解释者尝试以霍布斯对于意愿行为的机械论描述——特别地，该描述涉及的"欲望/厌恶作为生机运动的促进/阻碍"的观念——为始点，演绎或引申"暴死构成至恶"或者"自我保存构成基本善"。本节主要对这种解释方案进行批判。第一部分证明霍布斯对于意愿行为的机械论描述是不可理解的，据此也就取消了这种方案。机械主义-还原论的解释方案反映了理解霍布斯人性论上的（用施特劳斯的话说）"自然主义"态度，即认定唯物主义机械论的自然观决定或者影响了霍布斯"怕死心理学"的形成。第二部分结合霍布斯的物理学作为假说的观念以及动物运动目的论解释的思想史来辩护相反观点：即便假定霍布斯的意愿行为的机械论描述中确实包含特定意义的自我保存观念，从观念发生的顺序看，在霍布斯这里，这个自我保存也应当先于意愿行为物理学的构造。

在第三部分，首先，我们将提出，即便假定霍布斯意愿行为的机械论描述中包含特定意义的自我保存，它也和在霍布斯道德-政治哲学中发挥作用的"自我保存"同名异义。意愿行为机械论描述中包含的"自我保存"（假定这个描述是可理解的），其意义在于统摄一个动物或人性致力获取以及同化生存必需品的自发的、本能性的行为；相较之，霍布斯哲学中的"自我保存"意谓一个人**在和他人共处的条件下**的"生命安全"（Lev，p.322）。其次，我们将顺便评论霍布斯政治哲学中的幸福观念。就架构而论，霍布斯和亚里士多德的人生目标理论是一致的，即个体的生活目标区分为两个层次："活着（living）"和"活得好/幸福（living well/happiness）"。关键区别在于，亚里士多德将实现幸福设定成好政治的标准，由此他的政治学以幸福概念的分析（即亚里士多德的伦理学）为基础和前提。相较之，霍布斯政治学的注意力始终聚焦于人际交往与冲突的事实，这导致人类冲突的意义和后果——当事者生命受威胁的处境、"对死亡的恐惧"以及自我保存的动机——在他的政治学中占据中心地位（幸福观念处于相对边缘的地位）。某种意义上，霍布斯的利维坦属于不怎么崇高的"治安国"，它不担当实现臣民幸福、成全人性之类的责任。

1. 意愿行为机械论描述的不可理解性

导论第一节 1、2 曾介绍，或者经由"没学过哲学第一部分（即几何学和物理学）的人可通过分析的方法获知政治哲学原理"（OB，p.74）的引导，或者考虑到心理现象的物理学还原面临的困境，在理解和阐述霍布斯的政治学时，许多解释者的策略是：不理会或处理霍布斯的唯物主义机械论思想。在第二章第二节，我们论证了《利维坦》中的那些"人性物理学"之于霍布斯政治思想体系的外在性。不过，在当代解释者中，Watkins 声称，"霍布斯的生理学理论蕴涵：相较于被杀死，一个理性的人总是更偏好承受痛苦。如果一个人自杀，那么他必定是非理性的"（Watkins，1965，p.81）。Gauthier 提出：

> 从这种对于生机运动与意愿运动的解释，可以推导出（it fol-lows）：每个人都寻求、并且仅仅寻求，自我保存和自身能力的增强。对于持续幸福的考虑是人类行为的必要且充分的条件。因此，人必然是自私的。（Gauthier，1969，pp.5—7）

为了彻底推翻这种从"人性物理学/生理学"推导"怕死心理学"甚至心理利己主义的尝试，这个部分将正视《利维坦》中对于意愿行为的机械因果性描述。我们阐述的观点是：这个描述根本不可理解（unin-telligible），因此从中引申（对道德-政治理论来说）有意义的人性思想的尝试注定都似是而非。

所谓"《利维坦》中对于意愿行为的机械因果性描述"如下：

> 就动物而言，有两种运动是专属于它们的：其中一种叫生机运动（vital motions），这种运动自动物生成就开始，而且终生不间断；如血液循环、脉搏、呼吸、消化、营养、排泄等便属此类；这种运动无需想象的帮助。另一种称为动物运动（animal motion），或者意愿运动（voluntary motion），比如按照我们心灵预先构想的方式行走、说话、移动肢体等等……因为行走、说话以及其它的意愿运动总是依赖关于"去哪""走哪条路"以及"什么"的在先的思想，那么，很明显想象（imagination）是所有意愿运动的最初的内部开端。如果运动的东西是不可见的，或者它所运动的空间（因为太小）而不可感，那么未受教化之人就不能设想那里发生着任何的运动；然而这却不妨碍这些运动实际存在。……这种人体内运动的小的开端，在它们表现为走路、说话、击打以及其它的可见运动之前，一般称为微动（endeavour）。
>
> 如果微动是朝向那些引起它的对象的，就称为感性欲望（appetites）或者欲望（desires）……如果微动是背离某些东西的，那么一般称之为厌恶（aversion）。……
>
> 我们之前说过，在感觉的情形中，真正存在于我们之中的东西只是由外部对象的作用所引起的运动（motion）……同一对象的作用从眼睛、耳朵或者其它感官进展到心脏，由此引起的后果只是心脏的运动，或者说微动；取决于这个运动是趋向还是背离相应的外部对象，它或者是欲望、或者是厌恶……
>
> 称为"欲望"的运动……看起来是对生机运动的辅助和帮助（a corroboration of vital motion, and a help thereunto）；……而相反的运动则是对生机运动的阻碍或搅扰（hindering, and troubling the motion vital）。（Lev, pp.38—42）

霍布斯曾说起，普通人很少滥用语词，搞哲学的人最擅长胡说（Lev，p.69）——这当然是精到的评论。进而，我的一个看法是，上述引文属于霍布斯的胡话：让我们勉力证明这一点。

这段晦涩的表述主要做了两件事情。1. 将"专属于动物的运动"分成两类：生机运动和动物运动。生机运动的特征包括"自动物生成就开始，而且终生不间断"以及它（在动物身体这里的）发生"无需想象的帮助"。在这个语境下，（作为被解释项的）"动物运动"显然意谓动物或人"对于当下外部刺激的反应模式"（McNeilly，1968，p.105），即动物或人在某个欲望/厌恶的直接驱使下发动的、针对特定眼前对象的"趋/避"行为。比如，那只叫理查德·帕克的孟加拉虎在饥饿感的驱使下扑向池塘边上呆萌的沼狸。①在意愿行为的更正式讨论中，追随Bramhall，霍布斯也将这类"直接跟随唯一欲望而发生的行为"称为"自发运动"（spontaneous actions）。自发运动是动物运动或者意愿行为的最简单情形，与包含权衡和意志（deliberation and will）环节——或者说"包含行动者的有意识的选择"（McNeilly，1968，p.104）——的复杂（也更典型的）意愿行为相区别（Hobbes and Bramhall，1999，pp.17—19，pp.36—37）。2. 将（自发运动当中）直接驱动当事者肢体运动的欲望/厌恶等同于当事者的心脏对于外部对象（对于该当事者身体的）物理作用的某种反作用（"微动"）。外部对象 O 的物理作用经由当事者 A 的感官和大脑传递至心脏后，取决于这个物理作用"帮助，还是阻碍了生机运动"，引起 A 心脏两种形式的"微动"：（a）如果该物理作用帮助了生机运动，那么 A 心脏的反作用引起 A 身体趋向 O 的运动，这个"微动"本身就是（A 对于 O 的）欲望；（b）如果该物理作用阻碍了生机运动，那么 A 心脏的反作用将导致 A 身体背离 O 的运动，这个"微动"本身构成（A 对 O 的）厌恶。

---

① "理查德·帕克从沼狸群中跑过，吞下一只又一只沼狸，鲜血从他嘴边滴了下来，他身后留下一道谋杀和暴力的痕迹，而这些沼狸们，和老虎脸贴脸，却在原地跳上跳下，仿佛在说：'该我了！该我了！该我了！'以后我还会一次又一次地看见这样的情景。"（扬·马特尔：《少年 Pi 的奇幻漂流》，姚媛译，译林出版社，2002 年，第 269—270 页）

接下来，陈述"意愿行为的机械因果性描述"不可理解的理由。

I. 欲望/厌恶与心脏的微动的同一性命题。我们看到，霍布斯声称欲望/厌恶是"心脏的运动，或者说微动"。不过，他自己若干表述的蕴涵同这个同一性论断矛盾。比如，他提出，一方面，欲望/厌恶是"另一种感觉"（OB，p.406），即为当事者直接感受或感知的东西；另一方面，微动属于"运动的空间（太小）而不可感"（Lev，p.39）——因此只能通过理性而知道其存在——的东西。那么，欲望/厌恶和心脏的微动不可能是同一个东西。

关于这个同一性命题的理解方式，Watkins 建议：

> 霍布斯是一个唯物主义者，他宣称：心理现象是（are）身体活动。我们很难设想他所宣称的这种同一性，在此最好将霍布斯理解成那种近乎唯物主义的二元论者，即他主张副现象论（epiphe-nomenalism）。照这种理论看来，心理现象是物体运动无足轻重的影子。（Watkins，1965，p.72）

Watkins 的建议——将同一性弱化为心理事件对于物理事件的伴随性——貌似更合理。不过，第一，"欲望/厌恶伴随心脏的微动"观念不构成一个合格的科学理论。关于科学理论，亨普尔做了如下说明：

> 广而言之，表述一个理论需要说明两类原理，让我们将它们简称为内在原理和桥接原理。前者表征理论诉诸的基本实体和基本过程以及假定和这些基本实体和基本过程相适应的定律。后者指出理论所设想的这些过程是怎样与我们所已经熟悉的而理论能解释、预见和回溯的经验现象相联系。（亨普尔，2006 年，第 111 页）

在"欲望/厌恶伴随着心脏的微动"观念中——更一般地，在对自发运动的整个唯物主义机械论描述中，"心脏的微动"（更一般地，物理学或生理学用语表述的任何东西)相当于"基本实体和基本过程"，"欲望/厌恶"[更一般地,欲望/厌恶(作为原因)和趋/避的身体动作(作为结果)共同构成的意愿行为]相当于"我们所熟悉的……经验现象"。然而,整个描述并没有提出恰当的桥接原理。进一步地,由于欠缺对于伴随条件的恰当说明,"欲望/厌恶伴随着心脏的微动"最多是一个(从科学理论的观点看)空洞的观念。

第二,针对这个论证,Watkins 可能回应:至少形式上,霍布斯提供了针对伴随条件的说明,**即在外部对象 O 的"不可见的运动"促进了当事者 A 的生机运动的条件下**,与 A 心脏的微动(作为 A 的心脏器官对于 O 物理作用的反作用)相伴随的是 A 对 O 的欲望等。不过,对我来说,"生机运动"是不可理解的语词,因此,我无法把握这个说明的意思,更别说去判定它的恰当性了。

II. 解释的错位。幸运的是,Watkins 和 Gauthier 声称,他们拥有对于生机运动概念的合理理解。我们看到,关于"生机运动",霍布斯举了许多例子,"血液循环、脉搏、呼吸、消化、营养、排泄等便属此类"。首先,整个描述要获得起码的可理解性,生机运动概念显然不能就着这些例子的字面意思来理解,即不能真的把"生机运动"认作一个动物体的血液循环、呼吸、脉搏等生理事实。这是因为,倘若如此,将无法建立"O '不可见的运动'促进 A 的生机运动"与"**A 趋向 O 的行为(至少行为倾向)**"之间的必然联系,然而这种联系是整个描述强调的。举例来说,如果就着这些例子字面地理解"生机运动",那么一个情窦初开、血气方刚的小伙子见到自己的女神,他的呼吸和脉搏的加快属于小伙子"生机运动被促进"的情况。然而,呼吸和脉搏的加快当然并不决定小伙子会做出靠近或趋向女神的行为——比如,接下来,他完全可能做出躲避女神的行为(由于羞怯)。其次,关于"生机运动",Gauthier 评论:

> 霍布斯不曾提供、他也认为没必要提供关于生机运动的完全清单;与此同时,他也没考虑所提及的这些生机运动实例是否事

实上具有生机运动的本质特征。无疑,霍布斯生命作为运动的观念确实以对生命活动的观察为基础;然而,恰当地说,生机运动的存在确实由于形而上学的必然性(a metaphysical necessity)、是霍布斯的机械论框架(the mechanical framework)——他在所有探究中应用这一框架——的要求。某些是运动是否是生机运动,这是可争议的;但生机运动必然存在。(Gauthier,1969,p.5)

那么,Gauthier 不把"生机运动"当成一个经验概念(指称一个动物体的血液循环、呼吸或这些生理现象的集合),而是视为形而上学概念。我理解,他的想法是:从概念起源上说,生机运动是霍布斯对日常理解的、各式生命的征候或迹象(symptoms or signs of a life)"形而上学化"的产物。(a)在日常理解中,血液循环、呼吸、脉搏等看作生命的迹象:如果一个物体具有这些特征,那么我们认为它是一个(活着的)动物。(b)"霍布斯诉诸运动概念来理解所有现象,因此活着的东西只能被它们共有的运动所定义"(Gauthier,1969,p.5)。就是说,作为唯物主义机械论者,霍布斯将(日常理解的)所有这些生命迹象用"生机运动"这个概念统一把握。并且,进一步地,将"生机运动"强化并设定为动物这类存在者的充要条件("本质特征"):当且仅当一个物体具有生机运动,它是动物。

按照这种解读,进一步刻画生机运动的概念。首先,生机运动既是生命体的充要条件,那么,"生机运动的完全终止,意味着动物的死亡"(Watkins,1965,p.81)。其次,关于自然生命的一个自明之理是:动物或人是(借用亚里士多德的说法)"不自足的(insufficiency)";即,除非持续地补给维持生命的必需品(食物、饮料等),否则一个动物或人将愈加虚弱、直至最终死亡。那么,与这个事实"相适应",霍布斯理应认为:就其自身而言,生命体的生机运动具有"自动消退"的内在特征。

如果这些刻画是正确的,那么,举例来说,在理查德·帕克扑向沼狸的情形中,关于帕克"生机运动被促进"的理解是,它指涉帕克吃到并消化沼狸、饥饿感解除、身体状况改善的环节。然而，这个环节不可能是帕克的针对沼狸的欲望伴随的物理-生理事件（霍布斯的原始表述或 Watkins 的"副现象论"修正声称如此），因为这个欲望是帕克"扑向沼狸"动作的原因，而沼狸（作为食物）营养帕克是"扑向沼狸"动作的结果。

这个例子的一般教益是，如果（追随 Watkins 和 Gauthier）勉力为"生机运动"这个晦暗的语词赋予尽可能合情理的意思，那么它似乎应当意谓一个动物的（或可以说）"整体的身体状况（the constitution of its body）"。相应地，"生机运动的促进"意谓一个动物身体状况得到改善。然而，这样理解，意味着全部机械论描述包含解释的错位：自发动作（the movement）的结果（即当事者"生机运动被促进"的事实）"对应于"或伴随着自发动作的原因（即当事者的欲望），不过这当然是不可能的。

III. 生机运动的促进/阻碍与快乐/痛苦。上述是《利维坦》对于意愿行为的机械因果性描述之不可理解的理由。值得一提的是，在 Watkins 的引申筹划中，他使用的文本并非《利维坦》第 6 章，而是《论物体》第 25 章第 12 节。两个文本具有一处区别。我们看到，《利维坦》中，A 的基于生机运动（被特定外部对象 O 的物理作用）促进/阻碍而发生的心脏微动等同于 A 对 O 的欲望/厌恶；相较之，《论物体》中，A 的生机运动被促进/阻碍被等同于 A 的快乐/痛苦感受（OB, pp.406—408）。

一方面，由于"A 的生机运动被促进/阻碍是 A 的快乐/痛苦的感受"与 A 的身体动作无关，这个观念不会引起解释错位的问题。另一方面，如前文所述，Watkins 通过"副现象论"修正，将这个观念转化为"A 的生机运动被促进/阻碍伴随 A 的快乐/痛苦"这个貌似更合理的观点。以后者为基础，Watkins 尝试演绎"暴死是最大的恶"观念：

> 霍布斯的一个早期的信念是，感觉经验产生自身体内部运动的**变化**（alterations）。……以及，快乐和痛苦的感受产生自身体的

生机运动的变化。……

这个关于快乐和痛苦的生理学理论在人们对于暴死的评价方面具有重要蕴涵……如果一个有机体的生机运动既不被促进也不被阻碍，那么这个有机体既经验不到快乐也经验不到痛苦。进一步地，随着在我们的快乐-痛苦比例尺上，我们从这个中点〔即"即经验不到快乐也经验不到痛苦"的心理状态〕出发，不断在否定性的方向上行进，生机运动则持续地被阻碍、痛苦不断加剧；直到最后，生机运动完全终止：死亡构成这个比例尺否定方向的极限。因此，一个人会将被杀死当成最痛苦的事情（the most painful thing）。（Watkins，1965，pp.80—81）

批判 Watkins 的这段论述。(a)从一个人的生机运动越被阻碍，他感受到的痛苦越强烈这个命题中，似乎能引申出来的是：在一个人的生机运动完全被阻碍之时（即他死亡之时（dying）），他的痛苦感受最强烈。然而，这是明显错误的命题。比如，一个在睡梦中平静死去的人，死亡当时甚至可能没有感受到任何痛苦。(b)上述这个貌似能引申出来的命题和 Watkins 宣布的结论（"一个人会将被杀死当成最痛苦的事情"）并不同义。显然，Watkins 的结论——作为"人们对于暴死的评价"——意图表达的正是霍布斯"死亡作为最大的恶"的观念。那么，这个结论中的"最痛苦的（most painful）"当然用作评价词，相当于"最大的恶（greatest evil/ worst）"。然而，能够引申出来的命题中（"在一个人死亡之时，他的痛苦感受最强烈"）的"痛苦"简单指称当事者的痛苦感受（the feeling of pain）。(c)现在，为了将这两个命题统一起来，Watkins 似乎可以尝试证明霍布斯是一个快乐主义者（a hedonist）。不过，这种策略必然失败。这是因为，由于能够引申出来的命题明显错误，即便证明霍布斯是快乐主义者，以命题"在死亡之时，一个人的痛苦感受最强烈"为始点、以快乐主义为中介，最终抵达"人性视死亡为最痛苦/最坏之事"的三段论也并非一个公正的推理（a sound reasoning）。

总之，由于霍布斯"对于意愿行为的机械因果性描述"的极端模糊性，以至根本没法理解，由它推导"怕死心理学"的筹划注定了包含着各种似是而非。前文谈到，霍布斯认为，哲学家惯于滥用语词、说无意义的话。他也相信，理性能够穿透哲学家的一本正经，看清他们（或许偶尔为之）的胡说八道（Lev，pp.69—70）。作为哲学文本的解释者，需要提防的一件事是，不要用自己的模棱两可掩饰原作者的模糊不清。

2. 意愿行为的机械论描述和自我保存观念

罗织"怕死心理学"物理学基础的尝试多少反映了 Watkins 和 Gauthier 在解读霍布斯上的（用施特劳斯的话说）"自然主义"倾向或态度（施特劳斯，2001 年，第 9 页）。这就是说，他们大概抱有一个先入为主的期待：作为近乎科学的自然观，霍布斯的唯物主义机械论最好决定或者至少影响他的人类学观点。这个部分希望以这种方式摧毁"自然主义"的解释倾向，就是去证明：即便假定从观念起源的角度讲，意愿行为的物理学和霍布斯人类学中自我保存观念确实有什么关联，合理的看法也是，自我保存观念塑造了霍布斯意愿行为物理学的构造。

I. 人性物理学的科学假说性质。霍布斯对于物理学的科学假说（the scientific hypothesis）理论性质有着清楚的认识。在《论物体》第 25 章，他这样评论：

> 在第一章中，我曾将哲学定义为：从事物的原因或生成的知识出发，经由正确推理，所获得的关于结果的知识；以及，从事物的结果或现象的知识出发，经由正确推理，所获得的关于它们的可能的原因的知识（knowledge of such causes or generations as may be）。因此，存在两条哲学的道路：以事物的原因为始点、以它们的结果为终点；以及，以事物的结果或现象为始点、终于它们的可能生成（some possible generation of the same）。……现在，我将进展到哲学的另一部分；这个部分的基本路径是：从自然的现象或结果（它们是我们通过感觉而知道的东西）出发，以特定的手段或

方法,去发现它们可能生成的方式——注意:我说的不是"它们事实上生成的方式"! 因此,这部分讨论的原则……在于自然的作者放置于事物自身之中,与此同时,我们观察到的东西;这些东西,人们以个别和特殊的命题——而非普遍命题——来表述。这些东西并不向我们施加定理一般的必然性,它们的作用……在于向我们显示某些产生或生成的可能性。鉴于这里教授的这门科学,其原则在于自然现象、其终点在于关于自然原因的某些知识,我将它称为"物理学(physics)"或"自然现象学(the Phenomena of Nature)"。显现出来的东西,或者说自然向我们显示的东西,称之为"现象(phenomena or appearances)"。(OB, pp.387—389)

Brandt、Oakeshott、Sacksteder 都曾提出,这个评论表明,霍布斯认为,物理学的任务在于解释自然现象;进一步地,物理学设定和使用的解释原则——"关于事物**可能的**原因的知识"——必然具有假说性质。由于"自然运作的内部机制也许永远无法知道"(Sacksteder,1992,p.766),特定自然现象或自然变化的物理学("如此这般的变化为什么发生?"或者"如此这般的现象为什么出现?"的答案)不是对于它们得以发生原因的合实在的描述,而是带有猜测性质的解释。物理学解释原则(基本实体、自然规律等)的标准不在于它们(符合论意义上)为真,而在于满足诸如"可想象性"、融贯性、简单性一类的形式性条件(Oakeshott,1975,pp.25—26)。

那么,相较意愿行为的心理现象,《利维坦》第 6 章或《论物体》第 25 章营造的"动物作为自我维持的机械"(Gauthier,1969,p.7)意象——作为意愿行为现象的物理学——属于"追加上去的东西"。这就是说,即便像 Gauthier 和 Watkins 认定的那样,从观念起源的角度讲,意愿行为的物理学中类似生机运动、生机运动的促进/阻碍等晦涩观念和自我保存观念有什么关联,合理的看法也是,(a)霍布斯已然事先将动物或人的意愿行为的意义统一在"为了它的自我保存"观念之中;或者说,他已经认为,A 的任何特殊的自发运动都能够一般地描述为(a wider description)"A 的求生/避死行为"。在此基础上,(b)霍布斯尝试构造针对自我保存行为/作为自发运动的意愿行为的"可能的原因的知识"或者物理学假说——正是在这个假说中提出生机运动、生机运动的促进/阻碍等晦涩的观念。

II. 思想史上的自我保存。考虑到在西方思想史上,将动物或人性的自发运动——非反思性、本能性的意愿行为——的意义收敛在"为了当事者的自我保存"的做法绝不罕见,更有理由相信,霍布斯的意愿行为物理学的"事后追加性"。我们以亚里士多德、奥古斯丁、笛卡尔为例,说明自我保存观念的普遍性。

(1)亚里士多德提供了一个针对营养灵魂(因而植物的生命活动/相应能力)和动物灵魂(因而动物的"自动运动[self-move movement]"/相应能力)的目的论解释,这个解释主要诉诸的观念就是生命体的自我保存。他大致①持有的学说是:植物之所以具有营养行为/相应能力,动物之所以具有感觉、想象、饥饿和饥渴等自然欲望以及它们驱动下的"自动运动",是为了各自的自我保存:

> 一个动物或植物是有机的整体、是各种能力(这些能力又彼此相关)共同构成的复杂体系;这些能力的绝大部分运用都(以这样或那样的方式)指向了促进和维持这个有机体系,以及/或者通过再造超出个别生命自身、保存整个族群。这个能力——通过自我营养维持机体的功能性状态,以及,通过再造来繁衍——构成区分活着的东西与无生命物的标志。……"活着的东西,作为活着的东西,是一个自我营养的物体,因此食物同活着的东西本质相关(而非偶然相关)"(DA,416b9—11)。自我营养,连同再造,"是灵魂首要的和最普遍的能力,是一个东西具有生命的根据"(DA,415a24f.)。我们即将看到,赋予一个被造物以自我营养的能力,意味着赋予它以行为方面一定的可塑性:在形形色色的环

① 除了自我保存,亚里士多德还为植物灵魂和动物灵魂设想了另一目的,即通过个体再造实现或保障该种或该族群的保存或存续。这个目的和当前的讨论无关。

境之中，它做出维持其自身状态合适的行为……

自我维持的能力作为"第一灵魂（first soul）"，其含义并不仅仅是指这种能力是最基本的、最低的；与此同时，它也总是中心性的：在覆盖或者吸纳所有其它能力的意义上"最普遍的"。如果对［动物的］感知或运动提出一个说明，那么我们会诉诸自我维持以及再造作为基本目的的观念。所有更加特殊的能力，都被（功能性地）解释为倾向于促进生命。……如果我们去问"为什么动物能够感知？"，那么答案将会描述：在特定的动物那里，感知如何对于它们的生存和再造来说是必要的（DA，434a30 ff.）。进一步地，如果去追问"动物为什么保存自我或者再造自己？"，那么得到的答案仅仅是：它们是活着的东西的"最自然的功能"（DA，515a25 ff.）、是一个活着的东西的本质。（Nussbaum，1978，pp.76—78）

（2）奥古斯丁甚至提出，"基于自然的力量，存在是甜蜜的"，任何被造物——无论理性生命、没有理性但有感觉和激情的生命、无理性也无感觉的生命，甚至无生命的存在者——都"根据其本性，尽可能地保护自己的存在"：

因为自然的力量，存在是那么甜蜜，即使悲惨的人，不需要别的原因，也不愿灭亡。在他们感到自己的悲惨以后，也不愿意自己从这些事物中消失，而是希望自己的悲惨消失。试举那些自己看来最悲惨，也确实最悲惨的人，不仅那些因愚蠢而被智者认为悲惨的人，甚至那些因为贫困和匮乏而被自认为幸福的人认为悲惨的人，假定有人给他们不朽，却不能消除他们的悲惨；而且给这么个条件，如果他们不愿意永远处在这种悲惨中，他们将不再存在，而会完全灭亡，那他们会欢呼雀跃，会选择永恒存在，而不是完全不存在。人们那众所周知的感觉，是对此的见证。因为人们怕死，宁愿在困顿中生活，而不愿在死亡中终结，这不是足以证明，自然不愿取消存在吗？因此，人们如果知道自己即将死亡，往往往会渴望得到怜悯，宁愿在那悲惨中活得长一点，死得稍微晚一点，好像这是多么大的好处。无疑，他们表明，如果他们会得到不朽，让他们的匮乏永无休止，他们会多么感恩戴德。不是吗？所有非理性的动物，没有认知能力，从巨大的龙到渺小的虫，不是都表明，它们愿意存在，都竭尽所能，逃避灭亡？不是吗？所有的树木花草，没有感觉，不能用移动来逃避伤害，不是也拼命把枝桠伸向天空，把树根深入大地吸取养分，用自己的方式来自我保存吗？还有那些不仅没有感觉，而且不能繁殖生命的物体，要么居于高处，要么停在低处，要么在中间寻找平衡，这样就能根据自己的本性，尽可能地保护自己的存在。（奥古斯丁，2008 年，第106—107 页）

（3）众所周知，与霍布斯类似，笛卡尔没能成功地说明心理事项和物理事项的关系。我们关注的是笛卡尔针对"人为什么具有感觉/感受？"的目的论说明，因为，或多或少地，这个说明求诸人性的自我保存观念：

> 在我的本性教导的事物中，没有哪个比这些更生动了：我具有一个身体；当我感受到疼痛时，意味着这个身体出了什么问题；当我饥饿或口渴时，这个身体需要食物或饮料，等等……
>
> 通过痛苦、饥饿、口渴等感觉，自然同样教导我：我和我的身体的关系并非如同水手和航船的关系，而是我和我的身体紧密结合着——或可以说，它们交织在一起——以致两者构成一个统一体。因为，倘若并非如此，那么当身体承受伤害时，我（我只是一个思想的东西）本不会感受到疼痛，而只会是我的理智把握到毁坏的事实……类似地，当身体需要食物或饮料时，我将会对这个事实有一个准确的理解，而不是具有饥饿或口渴这类含混的感觉。……
>
> ……我现在只是考虑：上帝将我造作成一个心灵和身体的结

合体意味着什么。就此而言,我的本性(在作为身心结合体的意义上)确实教导我去回避那些引起疼痛感受的事物以及去追求那些引起快乐感受的事物,等等……

最后我看到:大脑部分发生的任何运动直接地影响心灵产生一个相应的感觉;因此,在能够设想的最好系统中,这个运动导致的感觉,应该是最能够导致这个健康的人的自我保存的那个感觉。并且,经验显示:自然赋予我们的感觉都属此类;因此我们所具有的感觉正是上帝的能力与善的见证。(Descartes,1984,pp.56—60)

笛卡尔的哲学认为,(a)严格来说,感觉/感受并非认识能力,即并非主体通达客观实在或事实的能力。(b)上帝赋予人对自己及周遭的感觉/感受力,同时在人这里创设特定感觉观念和意志的趋/避的"紧密关系"(所谓的"自然的教诲"),是为了使作为身心结合体的人可以对构成伤害的事物做出当下的、直接的反应和行动,从而确保在复杂的周遭环境中,及时地、有效地自我保存。

鉴于在思想史上,将一个人全部自发行为的意义收敛到"为了他的自我保存"是如此的稀松平常,没有必要再认为机械主义的自然观决定或影响霍布斯采纳这个做法。更合理的看法是,霍布斯先行地接受了这个西方思想传统中的"自明之理",进而构造"生机运动"的物理学来支持它。

3. 霍布斯政治学中的自我保存和幸福

事实上,借助上述思想史考察,可以揭露 Watkins-Gauthier 解释方案的深层谬误。我们说,即便"生机运动"物理学中包含特定意义的自我保存观念,它也并非在霍布斯学说中发挥作用的那个自我保存。

无论亚里士多德对于营养灵魂和动物灵魂的目的论解释,还是笛卡尔对于人的感觉/感受的目的论解释,其中的"自我保存"都是用来统摄、涵盖或一般描述(a wider description)主体致力获取以及同化生存必需品的任何自发活动的目的。笛卡尔这里,是在"痛苦、饥饿、口渴等感觉"的直接驱动下，人类行动者发起的每个行为；亚里士多德这里，是植物的营养活动以及动物、人性对食物和饮料的本能性追求等。我们说，如果霍布斯的"自动消退的生机运动"物理学确实包含一个自我保存观念，那么其意义看来应当和亚里士多德、笛卡尔的用法是一致的，即统摄动物和人致力获取及同化生存必需品的自发性或本能性的活动。

然而，这个（或可以说）生物学或自然色彩的自我保存不是在霍布斯政治哲学各环节发挥作用的那个自我保存。关于"死亡作为最大的恶"，施特劳斯做过解释：

> 霍布斯认为唯一值得提出来的，也不是痛苦折磨中的死亡本身，而只是威胁着一个人的、被他人手中的暴力所造成的横死。当他谈到作为最大邪恶的痛苦死亡时，他心目中没有别的，只有被他人手中的暴力所造成的死亡。（施特劳斯，2001年，第20页）

相应地，准确来说，霍布斯政治学中"自我保存"意谓在和他人共处的条件下，一个人的"生命安全"（Lev, p.322）。

这不是说，我们能够或应当从"死亡作为最大的恶"观念中分析出一个不同死法的价值排序；诸如，霍布斯会认为，相较于"他人手中的暴力造成的死亡"，生存必需品缺乏导致的饿死更好些或坏些。要点在于，霍布斯的政治学始终聚焦于人类行动者的交往关系。在这个背景下，作为人性基本目标而提出的"自我保存"或"对死亡的恐惧"是（或可以说）具有社会色彩的概念。

在西方哲学传统中，通常说来，"活着"和"活的好"是结伴而行的观念。那么，既已讨论了自我保存观念，本章最后，通过与亚里士多德实践哲学相关方面相比较，我们简单地评论霍布斯政治哲学中的个人幸福（happiness/felicity）观念。

在亚里士多德的实践哲学中，幸福是绝对核心的概念。（a）正如在灵魂论的讨论中，植物、动物的任何生命活动（的目的或者意义）收敛到"为了它的自我保存"（以及"为了种或族群的保存"）；在伦理学讨论开端，典型的人类生活方式或生活目标——享乐的生活、追求财富的生活、追求荣誉的生活（政治生活）、追求知识的生活（沉思的生活）等——都预先统一到"为了生活者的幸福"观念中（Aristotle，2002，1095a14—1097a14，pp.97—100）：

> 由于每一门科学和每一门技艺都追求某种善，我们来说一说政治学追求的目的，以及在所有可达成的善中，那种最高的。无论是平常人，还是那些高明的人——总之，绝大多数人，称呼它时都会用同样的名字，也就是"幸福"；而且大家也会同意幸福和活的好及做的好是一回事。然而，至于真正说来幸福是什么，大家就会争执起来：在这方面平常人跟有智慧的人给出的答案不一样。平常人把它等同于任何人都可认识的、明显的事物中一种，类似快乐、或者财富、或者荣誉之类……另一些人则认为，除了这些好东西外，还存在另一种善，它就其自身而存在，并且是这些好东西之所以善的原因。对所有幸福意见加以考察是没必要的：只去考察被广泛接受的以及看上去有道理的那些意见就足够了。（Aristotle，2002，1095a15—30，p.97）

（b）伦理学的基本问题正是"［属人的］主要善（the chief good）是什么？"（Ibid，1094a18—1094b12，pp.95—96），即"什么是［属人的］真正幸福？"或者"一个人性——每个人都追求幸福——应当欲求什么？"进而，亚里士多德精致的伦理学体系，在形而上学（如 Ibid，1097a15—1098b9，pp.100—103）和灵魂理论（如 Ibid，1102a5—1103a10，pp.109—110）的关照下，通过对各种典型的生活意见的检讨（辩证法），最终构造而成"统合性的幸福理论"。在"统合性的幸福理论"中，各式典型的生活目标获得了价值的排序并且分别赋予意义。（c）在亚里士多德的实践哲学中，伦理学构成政治学的基础。政治体的目的（因此，良好政治体的标准）在于成就成员的幸福，或者说，通过教育、培养、训练使得成员成为好人："城邦由于人的活着的目的而生成,为了人活得好而持存"(Aristotle,1984,1252b29—30；pp.36—37),由此伦理学对幸福概念的分析和澄清构成政治学得以展开的条件。

I. 霍布斯没有亚里士多德意义上的"幸福理论"或伦理学。《利维坦》第一部分主要有两处对"幸福"的表述,分别出现在第 6 章和第 11 章：

> 1. 就一个人所欲望的事物而言,如果他在获得它们上持续地成功,也就是持续地繁荣(continual prospering),那么这个人就被称为"幸福的"；我是指现世的幸福。(Lev, p.51)
> 2. 幸福是欲望从一个对象到另一个对象的持续进展；前一个对象的获得为后一个对象[的获得]铺路。……首先,我提出的一种全人类的普遍倾向是：对于力量的永恒和无止息的欲望,至死方休。(Lev, pp.85—86)

根据这两个说法,一个人的幸福取决于他的欲望持续地被满足；特别地,和这个人"欲望什么"无关。换言之,两个说法没有规定追求幸福的人性应当欲望的对象。因此,这种幸福观似乎和多种生活方式相容：求财的生活("财富和慷慨的结合,是力量"(Lev, p.74))、求名的生活("拥有力量方面的名誉,是力量"、"拥有爱国的名誉,是力量"、"拥有使人爱戴或恐惧的名誉,是力量"(Lev, pp.74—75))、求知识或者沉思探究的生活("知识是力量"(OB, p.7；Lev, p.75))等。

从亚里士多德构造成型的"幸福理论"来看,一方面,某种意义上,欲望持续地兑现当然是幸福生活的必要条件——"(就其自身而言就值得欲求的那种)快乐是我们正常品质的不受阻碍的实现活动"(Aristotle,2002,1153a14—15,p.205)；另一方面,决定一个人幸福的要素始终是他欲望的对象或者他追求的东西。由此,霍布斯的幸福观表明了：他相当于停留在亚里士多德对于幸福的辩证法探究的始点上,即罗列"什么是幸福？"的问题的典型意见。鉴于"什么是[属人的]真正幸福?"构成亚里士多德伦理学的基本问题,甚至可以说,霍布斯这里不存在一个(亚里士多德式的)伦理学。

II. 幸福概念在霍布斯政治学中的相对边缘性。霍布斯之所以没有系统地探讨"幸福的知识",最直接的解释是,他的政治学似乎不依赖这种知识。根据霍布斯的国家观,国家的功能在于"使人们和平共处"或者"实现和维护共同和平"(EL,p.107;OC,p.72;Lev,p.159),而非(像亚里士多德设想的那样)"城邦……为了人活得好而持存"(Aristotle,1984,1252b29—30,pp.36—37)。既然霍布斯将国家设想为以"安宁、安全与秩序"为己任的"治安国"(施米特,2015年,第9页),在他的政治学中,对于人的幸福或"活得好"的探究变得不再必要。

存在一个针对这种解释的反对意见或顾虑,即有时霍布斯确实提出国家的职分在于公民的幸福。比如:

> 主权者的全部义务包含在一句箴言中:人民的安全是至上的法律。……这里的"人民"不能理解为政治人格,即统治的国家本身,而应当理解为被统治着的一群公民。……这里的"安全"不能仅仅理解为存活,而应当理解为尽可能幸福地生活。(OC,p.143)

在目前与亚里士多德实践哲学对比的背景下,重要的是,我们注意到,当阐述(作为国家职分的)个人幸福观念时,霍布斯惯用的方式是:(a)首先强调(从个人的观点看)生命安全/自我保存或(从社会的观点看)社会和平是个人幸福首要的构成要素。(b)继而针对个人幸福的其它条件,逢场作戏地发表经验之谈:时而"在与公共安全相容的条件下,财富的获取"(OC,p.144)构成任何人的基本善,时而"在所有事物中,人们最珍视的是自己的生命和肢体;对大多数人来说,其次珍视的是夫妻关系"(Lev,pp.329—330)等。这种做法似乎表明,针对个人幸福中"超出"自我保存的"部分",霍布斯的哲学是保持开放的。

关于霍布斯的哲学为什么没有系统地探讨"幸福的知识",有学者做出深层的诊断。基本的观点是，这是因为亚里士多德"统合性的幸福理论"赖以成立的信念基础——传统"心理学哲学"或灵魂论（Anscombe，1958，p.158）、古代"目的论的宇宙论"（施特劳斯，2003 年，第 8 页，第 183—184 页）等——在近代早期已经颠覆，据此对霍布斯来说，如果"幸福的知识"的观念不是全无意义，至少对它的探究不再有可行性。

对于深层的诊断，聊作一说。我们说，无论如何，霍布斯为国家设定了较低的目标①——事实上，这个目标如此之低，以至只要我们还相信国家对人类生活有起码的意义或必要性，就不得不认同这个目标。然而，这个观察自然地引人联想：霍布斯何以从看上去如此之低的国家目标中引申出（准）绝对国家或政治权力（近乎）无限的观念？这是严肃的问题。

III. 这不是说，在霍布斯的政治学中，个人幸福是全无地位的概念。在这方面，我们特别提出的是，如果要赋予一个自然人的、引起其他自然人敌意和战争的行为以统一的意义，那么应使用的概念不是"为了他的自我保存"，而是"为了他的幸福"。这是卢梭对霍布斯政治学的解读引出的一个话题。在《论人类不平等的起源》中，卢梭评论：

> 尽管霍布斯清楚地看到了"自然权利"概念全部现代定义的缺陷，然而从他由这一概念推出的结论看，霍布斯同样把它理解错了。根据他设定的原则，这位作者本该得到结论：自然状态——作为每个人都只关心自己保存的状态——是最有利于和平的状态，也是最适于人类生存的状态。然而，他实际的结论正好相反。究其原因，在野蛮人对于自我保存的关切中，霍布斯不恰当地添加了多种激情的满足；可是，那些激情其实是社会的产物，正是它们让法律成为必需之物。（Rousseau，1997，p.151）

---

① 我们这样定义"较低的目的"：给定目的 A 和目的 B，当且仅当(a)实现 A 是实现 B 的必要条件，并且(b)相较于 B，A 的实现更容易或更不费力，那么相较 B，A 是较低的目的。在这个意义上，我们似乎能够说：对个人来说，相较他的幸福，他的自我保存是较低的目的。

结合卢梭政治学中自然人的"准动物"设想，解释这个评论的意思。（a）动物的自然目的是自我保存；并且，由于动物"只关切自己的保存"，同族群的动物之间通常是和平的：所谓"狮子之间和龙蛇之间不会像人性之间那样出现战争"（奥古斯丁，2008年，第145页）。然而，（b）霍布斯宣称：第一，人的自然目的是"保存自己的本性，也就是，保存自己的生命"（Lev, p.116）；第二，自然人的共同境况是普遍战争。那么，（c）霍布斯诉诸个体的自我保存对于战争状态的说明不成立。

卢梭的误解之处在于，霍布斯的自然人不只关切自我保存，就是说，他们并非只是为获取以及同化生存必需品而奋斗的行动者。我们看到，根据霍布斯的描述，自然人争名逐利谋支配求安全等，鉴于此，如果选择统摄自然人具体行为的抽象概念的话，恰当的描述是他在致力"获得幸福"："任何人的意愿行为以及倾向是，不但要取得而且要保障他的满意生活［即他的幸福］，不同之处只在于方式……有人力图通过征服博得名声，有人在乎安逸和肉体之乐，还有人想要通过技艺或其它心灵能力的出类拔萃来赢得敬仰和奉承"（Lev, pp.85—86）。

我们说，霍布斯当然认为，每个人都关心自我保存；不过，他并不认为，"每个人都只关心自己的保存"。结合本章第一节的论述，也许这样描述霍布斯的自然人观念更准确：当置身并且理解了普遍战争的处境时（这是自然人们追求各自幸福的结果），每个人开始关切起自己的保存或生命安全来[①]。

卢梭之所以误解霍布斯，深层的原因或许在于自然概念的差异。卢梭那里，自然和文化/文明相对，因此他设想的人性要求剥离掉全部文化特征，如此一来自然人当然异于（依本能行动、以自我保存为目的的）动物者几希。相较之，霍布斯这里，自然只是和（作为人造物的）国

---

① 很明显，"什么是宝贵的？"这个问题，处境不同，人们的看法也不同："在生病的时候，它是健康；在贫困的时候，它是财富；在觉察自己无知时，人们开始崇拜那些发表他无法理解的宏论的人"（Aristotle, 2002, 1095a21—25, p.97）。

家相对的概念，因此他设想的自然人是只抽象掉了政治身份的人、他的自然状态保留着人类交往中除政治之外的全部文化特征。[1]理解霍布斯的自然人、自然状态、自然权利等观念时，卢梭应该是（有意无意地）将他自己的自然概念强加到这些观念上头。

---

[1]　见第一章第三节。另参见 Lloyd，2009，pp.73—78；李猛，2015 年，第 111—115 页。

第四章　人　性　理　论

在《利维坦》"导言"最后一段，霍布斯谈到他的"认识人类"事业：

> 通过他人的行动来认识他人是不完善的——这种方法只适用于熟悉的人，而一个人所熟悉的人毕竟很少。一个统治整个国家的人必须去认识他自己；不过，他必须这样做，当然不是为了认识这个或那个特殊的人（not this or that particular man），而是为了认识人类（mankind）。事实上，认识人类是一项极为艰巨的工作，其难读超过了习得任何一门语言或掌握任何一门科学。现在，我将自己对人类的理解以有序的、清晰的形式展现在这里；那么，接下来的辛劳也就留给了读者：你们要去考虑这个理解是否符合你自己——除此之外，人性的学说没有别的习得（demonstration）方式。（Lev，p. xii）

I. 这段引文宣称，《利维坦》传授了人性的普遍（universal）知识，即关于所有（all）人或适于任何人的知识。据此，重构成型的霍布斯的人性论，理应是一个普遍理论，不应是一般（general）理论。

所谓"人性的一般理论"，我是指关于某些（some）人或某类（a certain kind）人的理论。比如，关于资产阶级（a bourgeois man）/无产阶级（a proletariat man）的理论；关于现代人（a modern man）/古代人（an ancient man）的理论；关于文明人（a civilized man）/野蛮人（a barbarize man)的理论；民族性（nationality）——特定民族成员的共同特征（some common properties）——的理论，甚至关于男人（a man）/女人（a woman）的理论等。

进而，针对将霍布斯的人性论重构为一般理论的做法，我们举两个例子。1. 在著名论文《霍布斯的资产阶级人性》中，正式分析霍布斯的人性论之前，Macpherson 提出：

> 即便那些根本不同意霍布斯［对于人性］的分析的人们，也会对它致以敬意。实际上，我们恐惧霍布斯——因为，关于我们，他知道的太多。（Macpherson，1945，p.171）

孤立地看，这个说法是在赞扬霍布斯人性洞察的准确和深刻；不过，结合文章的实质观点，关于这个修辞化的说法，存在进一步评论的空间。

Macpherson 的中心论调是，"霍布斯的人性论并非对于人之为人（man as such）的分析，而是对于伴随资本主义社会兴起而出现的那种人性的分析"（Ibid，p.173）：

> 本质上，霍布斯的道德是资本主义的道德。进一步地，如果从霍布斯的道德理论回溯到他的人性分析——他的全部政治理论都是从这个人性论中引申出来的，那么就会发现，霍布斯实际分析的是资产阶级的人性；换言之，霍布斯的心理学结论或明确、或隐含地依赖的那些前设，都只对资本主义社会才有效。（Ibid，p.170）

因此，在 Macpherson 看来，霍布斯的人性论（作为对于资产阶级人性的刻画）是一个关于某类（a certain kind）人的理论。就是说，确实，我们或恐惧、或尊重霍布斯，"是因为，关于我们，他知道的太多"——不过，准确地说，恐惧或尊重霍布斯的理由并非他"关于我们"——作为人性(man as such)——"知道的太多",而是"关于我们"——作为资产阶级人性(as a bourgeois man)——他"知道的太多"。

2. 施特劳斯声称,霍布斯的政治思想**之于近代以降**具有奠基和开创意义:

> 为了说明[霍布斯的政治学体系]在政治上的重要性,我们可以强调,近代形式的文明理性,无论是中产阶级资本主义发展的理想,还是社会主义运动的理想,都是由霍布斯所创立和阐述的,其深刻、清晰和直率,无论在这之前还是以后,都无人匹敌。(施特劳斯,2001年,第1页)

自然,霍布斯实践思想整体的开创和奠基意义源于它的基础——人性理论——的开创性和奠基性。具体来说,"霍布斯政治哲学的基础……来自根本上非正义的虚荣自负与根本上正义的暴力死亡恐惧之间的人本主义道德的对立"(同上书,第33页)。进一步地,归根到底,这个人性论是对近代兴起的"中等阶级"的描述;由此,霍布斯人性论(连同他的实践思想整体)的开创和奠基之功的准确含义是:它们"是在中等阶级德性的名义下进行的那场反对贵族[以及,传统的贵族式的道德]的斗争的最重要见证"(同上书,第150页)。

我们看到,一方面,Macpherson和施特劳斯将霍布斯的人性论降格为某种一般理论、对某类"具体的、历史的"人性的描摹;另一方面,他们又对霍布斯人性洞察的深刻性赞叹不已。我一向觉得,解释策略和评价的这种组合方式着实诡异、让人费解。

II. 本章将重构霍布斯的人性论,并且尝试将它重构为普遍理论。用两种方式概括下文要旨。1. 要开掘霍布斯的人性理论(a theory of human nature),首先的提问自当是:对霍布斯来说,人的本质或本性是什么呢?作为理性主义哲学或伦理学①传统的一员,霍布斯把人定义

———————————

① "以人的情感、性情、品性为研究对象的哲学,称为'伦理学'"(OB, p.11)。

为"人是物体-自动的-理性的（a man is a body-animated-rational）"。（EL，p.21；Lev，p.ix；OB，p.4，p.83）这个定义指示了重构的方向和方法，并且，初看起来，方法是简单的。人性既然是有理性的、自动的物体，重构的程序无非是：分别揭露三个人性特征——物体（身体、体力）（body/strength）、自动性（animated）、理性（reason）——的具体含义；在此基础上，界说它们的关系。

2. 大抵而言，这两段表述包含着我们即将论述的最基本的东西：

（a）正是人的自然构成的等级秩序，为古典派所理解的自然权利提供了基础。每个人都以这样那样的方式区分肉体和灵魂；而且每个人都得承认，他不可能在不自相矛盾的情况下否认灵魂高于肉体。那使人的灵魂区别于禽兽的灵魂的，那使得人区别于禽兽的，乃是语言，或者理性，或者理解力。因此，人分内的工作就在于有思想的生活，在于理解，在于深思熟虑的行动。善的生活就是与人的存在的自然秩序相一致的生活，是由秩序良好的或健康的灵魂所流淌出来的生活。……善的生活就是人性的完美化。它是与自然相一致的生活。（施特劳斯，2016 年，第 128 页）

（b）这一理论［指《理想国》中的灵魂三分理论］，尽管从它设计之初就考虑到政治目的，呈现为一种心理学模型。该模型意在解释和阐明一定类别的心理冲突，对它来说关键的是，只有某种类别的心理冲突才要求它所提供的解释性区分。之所以引入灵魂的划分，根本来说是为了刻画和解释两种动机之间的冲突：以善好为目的的理性关怀和单纯愿望。……只有根据伦理学考虑，以及特定的在伦理上有意义的性格和动机的区分，柏拉图的图式才是可理解的。（威廉斯，2014 年，第 45 页）

这两段文字描述和评论的大抵是同一个思想，类似，灵魂分成理性部分、激情部分、欲望部分并且理性部分根据自然（by nature）支配其它部分等；也就是，《理想国》第四卷或者《尼各马可伦理学》第一卷

第 13 章、第六卷第 1 章阐述的那个心理学哲学。一定意义上，接下来对霍布斯人性论的重构，只是给柏拉图、亚里士多德发现的灵魂结构做一个注脚。

我们之所以引述两段文字，是因为，十分有趣，施特劳斯和威廉斯对于灵魂三分学说的态度截然不同。根据施特劳斯的故事，出于反思政治的"现实主义"或实用主义气质，马基雅维利和霍布斯淡化了（灵魂三分结构中）处于支配地位的理性灵魂，随后的思想家以至将灵魂的这个超拔部分完全遗忘①（施特劳斯，2016 年，第 169—206 页）。这是由古代巨人到现代侏儒的思想历程，是穴居人又下挖一个洞穴并安栖其中的过程，总之是叛离真理的过程。威廉斯则认为，这个学说本身就有很多困难——"心灵的功能，特别是就其与行为相关而言，是通过那些从伦理学中获得其意义的范畴来加以界定的"（威廉斯，2014 年，第 44 页），这个学说以对 akrasia 这一心理现象的误解为基础（威廉斯，2014 年，第 47—49 页），"在灵魂内部，理性如何维持它对欲望的统治呢？"（威廉斯，2014 年，第 171 页）——并且它构成某些非人道的道德政治观念的根源（威廉斯，2014 年，第 169—176 页），那么，最终说来，现代世界失掉了它反倒更好些。

尽管施特劳斯与威廉斯的态度南辕北辙，不过，或多或少地，他们都认为这个灵魂自然结构学说属于"过去的东西"。我不这样看。针对施特劳斯，我会明确地说，灵魂三分的结构在霍布斯这里始终在场。针对威廉斯，我大概会说，他提出这个"心理学"最终是通过伦理概念界定的，这应该是对的；不过，我不觉得这构成问题，特别如果我们是在为道德政治寻找或构造人性根据的话。当然，对威廉斯的这个回应，已然处在我们的解释任务之外了。

III. 鉴于本章的篇幅很长，预先综览各节的内容是必要的。我们对霍布斯人性论的阐述分成五节。第一节（"人性理论的概念"）分析霍布斯的人性以及人性理论概念，目的在于更准确地把握人性

----

① "自然权利的问题与其说是关乎确切的知识，不如是说是关乎人们的回忆。"（施特劳斯，2016 年，第 7 页）

论的主题。第一节最终得到的结论是,霍布斯的人性论,作为道德-政治思想的奠基,本质上是关于成熟人类行动意愿行为心理机制的解释理论。

据此,重构霍布斯人性论的任务落实为一个观念的分析:成人行动者发起意愿行为的心理机制。不过,分析意愿行为观念之前,第二节("'激情'和'理性'")承担一项预备性的工作:辨析"激情"和"理性"在霍布斯哲学中的多重用法。第二节提出,霍布斯这里,"激情"有两种基本的含义:"作为情感"和"作为性情和/或品性";"理性"具有两个基本用法:"不使用语词进行计算或加减"与"对普遍名词构成的序列进行计算或加减"。当然,只有在随后对意愿行为观念的具体考察中,"理性"和"激情"各自的(两种)含义及关系才能获得更准确和更实质的刻画。

从第三节开始,展开意愿行为观念的分析。意愿行为分成两个基本类型:"直接跟随一个欲望发生的行为"和"跟随意志发生的行为"。进一步地,"跟随意志发生的行为"包含三个心理环节:欲望/厌恶("激情")、权衡、意志("选择/决定")。第三节("思想仿佛欲望的间谍")阐释"跟随意志发生的行为"。在勾勒意愿行为观念的基本轮廓基础上,分别探讨权衡与意志环节。我将权衡和"不使用语词进行计算或加减"意义上的理性等同起来,即权衡是当事者在实践领域中的"不使用语词进行的计算或加减"。值得强调的是,霍布斯认为,不仅成年人,举凡"孩子、白痴和动物"都具有权衡和意志选择的能力/活动。借此,本节的最后部分总结(一个初看起来有些怪异的观点),对霍布斯来说,动物甚至是(特定意义的)理性行动者。有解释者认为,霍布斯的人性论只是描绘了"被激情,而非理性统治"的行动者形象;针对这种看法,我们指出,霍布斯这里,这是"孩子、白痴和动物"的形象,而非成年人(自然,成人才是和道德政治直接相关的主体)。

第四节("情感频繁地阻碍着正确推理")转向对于成人行动者——人性理论的严格对象——的分析。1. 我们注意到,霍布斯描述了成人独具的一种心灵活动:当事者从他的主观的"长远利益"或者

"整体善"观点出发,对当下感受到的欲望(的合理与否)的反思和批判;在此基础上,或顺从或克制这个感受性欲望。进而,在这种经验的描述中,霍布斯颠倒了理性和激情的"主奴关系":"以考虑长远为职分的理性"是或应当构成激情的主人。2.分析这种稀松平常的心理经验。首先,这种活动,作为当事者对于感受性欲望与他的(主观的)"长远利益"或"整体善"符合与否的比较,属于灵魂中理性部分的活动。进一步地,由于牵涉"普遍的东西"(当事者的"整体善")和特殊的东西(他的感受性欲望)的比较,这种理性活动区别于权衡。其次,这种活动的展开依赖一个条件,即(相较于动物、孩子或婴儿等)成年人具有他自己的整体善观念。所谓"整体善"是一个当事者实际认同或依附的**整体**价值目标、他的**整体**生活为着的东西(for-the-sake-of-which),或者,赋予他的生活以意义的东西——无论钱财、荣誉、征服他人、正义、友爱还是别的什么。据此,"整体善"观念和霍布斯的性情/品性概念——"性情是一个成人趋向特定事物的**倾向**"(OM,p.63)——相关。再次,据有特定的"整体善"预设了当事者拥有将其生命或生活历程看作一个整体或统一体的观点或者能力(the view-point of taking his life as a whole or an unity)。进而,我们提出,(a)将个人生命看成整体或统一体的能力属于"对普遍名词构成的序列进行计算或加减"意义的理性的一个方面("一般化思维");(b)在自然物中,只有人类行动者具有这种能力:婴儿潜在地具有,成人现实地具有;(c)成人现实地拥有这种能力表现为,将他的生活托付给这样那样的"整体善",或者,具有这样那样的性情/品性;(d)一个成人事实上具有何种"整体善"——他具有怎样的性情/品性——是一个同后天环境或者"特殊的教育"(Lev,p.xi)高度相关的问题。

对霍布斯来说,道德哲学的任务是各式品性的理性批判,"关于德性和恶的科学,是道德哲学"(Lev,p.146)。道德哲学的视域甚至就表明,对霍布斯来说,一般化思维不是作为人性种差(difference)的理性暨"对普遍名词构成的序列进行计算或加减"的唯一方面。这是因为,既然将个人生活视为整体的能力在成人这里的具体化——形成这样那样、作为"形质结合物"的性情/品性——构成理性批判的对象,实践理性必然具有充当诸品性(道德意义上的好坏、理性与否)标准的维度,或者,一个超拔于个人生命整体性的维度。进一步地,霍布斯这里,实践理性最终的规定性是"爱人如己"的观点、"将自己平等地视为众多行动者中的一个"的观点(the view-point of taking oneself as one among equals)。作为"普遍化思维"的实践理性是第五节("置身对方的立场,以平息激情和自爱")的主题。

第一节　人性理论的概念

关于霍布斯人性论的理论性质与旨趣,Kavka 评论:

> 人性理论是对于人类行动者一般特性或特征的描述性理论……人性论旨在提取出为每个人(或者几乎每个人)稳定具有的一组特性,并且这组特征只为人类具有。(Kavka,1986,p.29)

这个评论即便是正确的,也过于抽象和空洞。首先,常识而论,人的特性(man's properties)——所谓"每个人(或者几乎每个人)稳定具有的一组特性,并且这组特征只为人类具有"——大概是无限的(比如"两腿无毛"),基于此,对于人的特性的完备罗列是不现实的。其次,着眼重构霍布斯人性理论的任务,这个评论的指导意义同样有限。理由在于,事实上,霍布斯提到了太多的"只为人类具有的特征"。第三章指出,霍布斯政治学叙事的各个环节都会描述人性的不同侧面。再者,作为被德尔菲神庙的咒语诅咒过的人,霍布斯极度痴迷于品评人性。以《利维坦》前十二章为例。1. 明确提及的"专属于人(peculiar to man)"(Lev,p.11)的特征包括但不限于:"对于他人思想和观念的理解"(Lev,p.11);"针对一个事物,寻找它的所有可能结果"类型的心灵序列(Lev,p.13);语言(Lev,p.18);理性("对普遍名词序列加减"的能力)和科学(Lev,p.30);好奇心("想要知道为什么的欲望"。Lev,p.

44）；宗教（"对不可见事物的能力感到恐惧"的激情。Lev，p.95）等。

2. 第八章的主题是"理智德性和相反的缺陷"（Lev，p.56），第十一章的主题是道德德性和道德恶（"从和平和统一的共同生活角度来看待的人类的性质"（Lev，p.85））。显然，无论理智德性的诸样态及相反者，还是道德德性的诸样态及相反者——作为性情和/或品性（dispositions/manners）——都是专属于人的东西。进一步地，一方面，倘若保持耐心，完备归纳霍布斯对人性的各式描述诚然可能；另一方面，至少，霍布斯人性论的探究不应当满足于这项工作。这是因为，首先，无论归纳如何完备，成果终究只是诸多人性特征的堆砌或凑合；就是说，它欠缺理论应有的结构性。其次，我们在第一章和第二章都曾指出，霍布斯提出人性论是为了给道德政治奠基，那么，人性论的重构也应当围绕它的奠基地位展开。总之，如果一个对于霍布斯人性论的重构是成功的，那么它应当满足的条件包括：（a）具备理论的特点，即具有形式性或结构性；（b）能够合理地解释霍布斯的道德、政治思想（至少相关方面）。

从特定角度，霍布斯人性论的当代重构可归纳为两种路径：一种是专题化路径，另一种是综合性路径。就专题化路径来说，解释者聚焦霍布斯道德政治思想的特定环节，那么，通常来说，他们阐发的"人性论"只是霍布斯人性思想的局部，即所关注的道德、政治思想专题的"人性根据"部分。举例来说，《霍布斯的政治哲学：基础和起源》和《霍布斯的资产阶级人性》主要关注作为战争状态的自然状态观念，由此，施特劳斯和 Macpherson 提供的人性论分析，只是"人性中……导致冲突主要原因"（Lev，p.112）的一种解释观点。Taylor 或 Lloyd 关心自然法学说，由此，他们对于霍布斯人性论的阐释，是在解释根据道德行事的人性条件：Taylor 提出基本的道德动机是人性的宗教激情（Taylor，1938，pp.32—37）；Lloyd 诉诸某种实践理性观念解释道德行为的可能性：一个理性的行动者只做（某种意义上）那些可获得公共辩护之事（Lloyd，2009，p.4）等。

倘若解释者旨在对霍布斯的道德政治体系作通盘的理解和阐述，

那么,相应地,就需要全面地处理霍布斯的人性思想。在霍布斯人性论重构策略的选择上,综合路径的解释者呈现出极大的差异。比如,Kavka 的策略是罗列:他提供的人性论版本,从霍布斯的原始表述中提取并再描述六个人性特征:利己主义、厌恶死亡、对于荣誉的关切、长远的考虑、欲望的冲突、大致平等(Kavka,1986,pp.33—34)。佩蒂特的策略是还原:他将使用语言的能力确立为人性的基本特征,进而尝试从语言能力当中引申出支撑霍布斯道德政治思想的其它人性特征(佩蒂特,2010 年,第 182—196 页)。Gauthier 从两个维度出发把握霍布斯的人性论,即人性基本目的和理性。他将人性的基本目的界定为"自我保存和自我利益"(Gauthier,1969,p.7),将理性的本质描述为理性行动者的决策和行为遵守"那些最能实现预期目的的行为,是最理性的"这个规则(Gauthier,1969,p.25)——因此,Gauthier 是在(意愿行动中)激情(欲望)和理性关系这一传统行动哲学的框架内重构霍布斯的人性论的。

由于我们准备通盘重构霍布斯的道德政治思想,而非阐释某个专题,那么就需要对他的人性论做全盘考察。不过,与上述综合路径的解释者不同,我们对人性理论的探究,始点是对于霍布斯的人性理论概念——或者,他的人性理论作为道德政治思想基础的观念——的反思,而非从一开始就关注霍布斯的那些人性具体特征描绘。这样做是为了准确地辨识霍布斯人性论的题材和理论性质。我们说,人性论的对象当然是人,可是这个明显正确的命题对于理解霍布斯政治学中的人性论没什么帮助。首当其冲地,应当考察的是,出于为道德政治思想做全面奠基,霍布斯认为,应当具体刻画或阐述人性的什么方面?进一步地,作为道德政治思想基础的人性理论的内涵,理应通过人性理论的概念——或者,人性论作为道德政治思想基础的观念——表达出来。

本节即将确立的观点是:霍布斯的人性理论,作为道德政治思想的奠基,本质上是成熟人类行动者发起意愿行为(voluntary actions)的心理机制的解释理论。这个观点包括四个要点:霍布斯的人性论(a)

是关于理性成熟的人类行动者的,而非关于比如"孩子,疯子,傻子和野兽"(Hobbes and Bramhall,1999,p.18)等尚未具有理性、具有理性缺陷,或不可能具有理性的行动者的;(b)是关于成人的意愿行为的,而不是关于他们的比如"被迫的行为"的;(c)是关于成人发起意愿行为的"心理原因"的,或者是关于成人的行动决策模式的;(d)是一个解释理论,不只是描述理论。即人性论并非只描述成人发起意愿行为的心理经验,而是旨在解释(意愿行为的发起中)相关心灵活动的功能、意义、关系等。

1."人的本性是他的自然能力和力量的总和"

《法律原理》中,霍布斯提出,他的任务是"对于法律(包括自然法和国家法)的原理提供正确和精确的阐释";不过,这项任务的完成依赖于"人性是什么的知识、政治体是什么的知识,以及法律的定义"(EL,p.21)。进而,他这样定义人性:

> 人的本性(men's nature)是他的自然能力和力量的总和,比如营养的能力、自动运动的能力、生殖的能力、感觉能力和理性能力等。毕竟,我们都同意,所有这些都是人的自然能力,并且它们都包含在了人的定义中,即人是自动的和理性的东西(animal and rational)。(EL,p.21)

接下来,人的自然能力区分为两个范畴:身体能力和心灵能力。身体能力具有三个样态:营养的能力、动机性能力和生殖的能力;心灵能力具有两个样态:认知、想象或形成概念的能力,以及,动机性能力。他指出,就当前任务来说,身体能力的探究并无必要。(EL,p.22)

在进一步的行文中,首先,霍布斯分述三种认知、想象或形成概念能力:感觉、想象(记忆、经验)、理性(推理。EL,chap.II—VI)。其次,阐述动机性能力:"心灵的诸种激情"(EL,chap.VII—X)。再次,讨论意愿行为(voluntary actions)观念,即一个动物(包括人)的以"思想和欲望"为条件的行为(Aristotle,1978,p.38),或者心灵的认知性活动

和动机性活动联合参与的行为。最后,在自然状态章节的开头,总结道:

> 此前的章节对人性进行了完整的阐述,人性是分别属于人的身体和心灵的那些自然能力,包括:体力、经验、理性和激情。(El,p.77;OC,p.21)

从《法律原理》的人性概念及阐述人性的结构来看,(a)对霍布斯来说,人的本性,就其自身而言,是人的自然能力的总和。(b)一方面,霍布斯将身体能力归入人性的范畴;另一方面,他宣称"就当下意图来说,对于身体诸能力的详细讨论并无必要"(EL,p.22)——这个做法反映的是:霍布斯根据实践哲学规划自觉地限定了人性阐述,即只探讨人性中与其道德政治思想紧密相关的部分。首先,对论断(b)进行解释。

我们说,霍布斯只打算详细阐述人性中与道德-政治思想密切相关的部分。那么,如何进一步明确他的人性论范围? 第一,明显地,霍布斯将人性的讨论限定在对于诸种心灵能力(活动)的阐述上,就此而论,他的人性学说属于哲学心理学(philosophical psychology)。第二,从人性论的阐述结构来看,霍布斯将认知性能力(活动)以及动机性能力(活动)作为人类意愿行为的"内部原因"或"内部开端"(Lev,p.39)来阐述。换言之,他着眼于人作为行动者(an agent)的角色展开论述——他的哲学心理学的聚焦点是:相关的心灵能力(活动)之于行为的意义。就此而论,他的人性学说属于行动哲学(the philosophy of action)。那么,霍布斯人性论的主题是人类发动意愿行为的心理机制。为了让这个观念更清楚,有必要结合思想史进行澄清。

I. 意愿行为基本观念。意愿行为或动物运动是亚里士多德行动哲学的核心概念。这个概念的广义用法是,一个意愿行为是当事者运用"凭自己引起位移运动"(Aristotle,1993,432a15—17,p.66)能力的结果;进一步地,一个具有"凭自己引起位移运动"能力的自然物称作

"动物（an animal）"。①《论动物运动》中，亚里士多德将（广义的）意愿行为分成三种样态：（狭义的）意愿行为、非意愿行为和反意愿行为。大体来说，（a）（狭义的）意愿行为是严格地以欲望和思想活动为条件的行为；（b）非意愿运动指"睡觉、苏醒、呼吸，以及其它类似的运动"。一方面，这些运动或变化为动物独有；另一方面，"严格来说，这类运动的发生既不受想象的控制，也不受欲望的控制"。（c）反意愿运动指在恐惧环境下，动物不由自主地心跳加快；特定场景下，阴茎不由自主地勃起等。他指出，这类运动或变化和当事者的特定欲望相关，不过它们的发生"不涉及思想的命令"（Aristotle，1978，pp.52—53）。

广义的意愿行为和"本原或原因是外在的"运动（Aristotle，2002，p.123）相对；或者，在自然物范围内，动物和非动物（无生命物）②相对。最好从日常语法角度提示意愿行为和"本原或原因是外在的"运动这对概念。从这个角度出发，这个区分的要点在于标示描述/解释位移运动的两种模式。1. 如果针对一个无生命物的位移运动追问"为什么？"的问题，那么有意义的回答要求提及（某个/某些）它物（及其物理作用）。比如，—"这片叶子为什么飘舞？"—"因为风"；—"箭矢为什么飞行？—"因为弓弦的弹力、因为手臂的力量"等。当然，特殊情况下，动物（包括人）的某些位移运动——所谓的"被迫运动"（例如，"飓风把某个人给吹了起来"（Aristotle，2002，p.123））——也遵循这种描述/解释模式。2. 通常情况下，如果针对一个动物（包括人）的位移运动追问"为什么？"的问题，那么合语法的回答要求提及该运动得以发生或被做的当事者的"自然目的"（"为了自我保存""为了繁衍""为了他的幸福"）、特定情感或欲望（"出于恐惧""出于勇气"），抑或某种品性

---

① 综观亚里士多德对于自然物的探究，严格来说，对于自然物的存在论划分如下。自然物被分为无生命物（lifeless things）和生命物（即具有灵魂的自然物）；进而，生命体又分成植物、动物（an animal）和有理性的动物（人）（a rational animal）。大体来说，植物是只具有营养灵魂——即同化其它自然物以实现植物自己的自我保存的能力和活动——的自然物；动物除了具有营养灵魂，也具有感觉、想象以及欲望的能力及活动；最后，相较于动物，人无论在认知方面，还是在欲望方面都具有更高级（更复杂）的能力及活动。由于我们的阐述限定在亚里士多德灵魂理论的行动哲学方面，植物理论是无关的。

② "所有的无生命物（lifeless things）只能被外物推动着运动。"（Aristotle，1978，p.36）

（"因为他是一个勇敢的人""出于懦弱"）等——总之，就动物（包括人）的典型运动而论，其（从哲学心理学的角度讲）首要"原因"或（从日常语法的角度讲）基本解释原则是运动主体自己"具有的某些东西"［亚里士多德意义上，运动主体的某些性质（qualities）］。亚里士多德的行动哲学，或者意愿行为理论，旨在精细探究动物（包括人）的意愿行为的"心理原因"或者解释模式（它们涉及的是"运动主体具有的某些东西"）。①我的观点是，就主题而言，霍布斯的人性论基本对应亚里士多德的意愿行为理论。

II. 认知能力（活动）与意愿运动。我们说，霍布斯的人性论着眼于人性作为行动者（an agent）的角度来考察相关的心灵能力（及活动）；就此而论，他的人性论和比如笛卡尔的《第一哲学沉思》、洛克的《人类理解论》或休谟的《人类理智研究》提供的心理学相区别：后者主要着眼于人性作为认知主体（a knower）的角度考察相关的心灵能力（及活动）。这个比较引出一个问题是，既然霍布斯将人性作为行动者来探究，他为什么还要考察一系列认知性能力呢？

首先，正如对于运动的两种描述/解释模式的区分揭示的，具有认知性能力是一个存在者能够发动意愿行为的（逻辑或语法意义上的）必要条件。《论物体》中，霍布斯评论：

> 在物理学之后，我们应当考察道德哲学，也就是去考察诸如欲望、厌恶、爱、仁慈、希望、恐惧、生气、争胜、妒忌等心灵运动——什么引起了它们，以及它们引起了什么。将这些运动放在物理学之后去考虑的理由在于，这些运动的原因存在于感觉和想象中，而感觉和想象是物理学的研究对象。（OB，pp.72—73）

----

① 对于一个意愿运动的完备描述/解释当然也要涉及"外物或外部的事态"，典型地，比如行动主体发起该意愿行为所针对的对象（或者说，他的欲望对象）。不过，需要注意的是，在意愿行为的描述/解释中，所涉及的"外物"或"外部的事态"总是作为行为主体意向对象的"外物"或"外部事态"，而非"外物或外部事态本身"——如果所谓的"外物或外部事态本身"确实存在的话，或者如果确实存在对于"外物或外部事态本身"的"客观描述"的话。

我们将欲望、厌恶等心灵运动的原因"存在于感觉和想象中"理解为：除非一个东西能够感觉和想象，否则严格来说，谈论它的动机性能力的活动（欲望、厌恶、生气等）以及（作为结果的）意愿行为是无意义的[①]："在具有感觉和意志的事物之外，目的因（a final cause）没有位置"（OB, p.132）。或者，引用亚里士多德的讲法："任何物体，除非具有感知觉的灵魂，否则不可能是自动的"（Aristotle, 1986, p.73）。

其次（更重要的是），一个动物（包括人）具体意愿行为的发起，（在心理学意义上）并非只以当事者动机性能力的运用为条件，而是总包含着认知性活动的参与。第一，比方说，后文会详述，霍布斯重点分析的一类意愿行为是当事者在具有特定激情或欲望条件下，在权衡（deliberation）的基础上，采取的行动（EL, pp.70—71）。一方面，某种意义上，权衡是理性的活动，即（借用霍布斯惯用的表述）对于利害（interest/harm）或好坏（good/bad）的"加减（addition or subtraction）"（Lev, p.29；OB, p.3）、"计算（computation）"（Lev, p.30；OB, p.3）或者"算计（reckoning）"；另一方面，权衡得以展开的条件是当事者具有类似行为的（好坏）后果——更一般地，关于特定目的—手段关系——的经验。[②]进一步地，具有经验的条件是当事者的感觉和想象（记忆）能力（EL, p.32；Lev, p.6）。这样一来，这种意愿行为心理机制的阐述就涉及典型认知性能力的分析：感觉、想象（记忆）、理性。在这方面，如亚里士多德所言，"动物运动的推动者包括理性、想象、选择、期望和欲望。所有这些能够收敛为两种：**思想和欲望**"（Aristotle, 1978, p.38）。第二，霍布斯认为，即便就心灵的动机性活动而论（所谓"欲望""激情"

---

① "人们不仅以己度人，而且也用自己来量度其它所有事物。由于发现自己在运动之后会感到痛苦和疲惫，有人就认为，任何其它事物都会在运动中感到倦怠，并且以它的方式来解除这种倦怠。……因此，经院哲学家说，重物之所以下落，是出于休息以及在最适于它的位置来保存其本性的欲望；然而，将欲望和关于保存本性最好方式的知识赋予不具自动特性的物体（things inanimate），这是荒谬的。"（Lev, p.4）
② 根据霍布斯的关于一个变化的因果性分析模式，一个权衡的具体心理活动（作为结果），将被分析为两个构成要素，即作为主动者（the agent）或效力因（the efficient cause）的理性活动，以及，作为被动者（the patient）或质料因（the material cause）的经验知识。霍布斯的因果性分析模式，请参见 OB, pp.120—123。

"情感"等），它们本身就包含认知性因素。比如，《论人》评论：

> 根据自然的程序，感觉先于欲望。这是因为，除非经验或感
> 受到了某个事物，否则我们就不能知道它是否是令我们快乐的。
> （OM，p.46）

借用 Anscombe 的说法来描述这个思想，即"欲望（wanting）总是表现着两个特征：趋向某物的动作，以及关于该物在那里的**知识**（至少是**意见**）"（Anscombe，2000，p.68）；或者，如亚里士多德总结："就动物具有欲望的能力而言，它具有自动运动能力；不过，如果不具备想象力，不可能具有欲望能力。进一步地，任何想象或与推理相关、或与感觉相关。感觉是所有其它动物共有的［能力/活动］。"（Aristotle，1968，p.71）那么，由于动机性活动本身包含认知因素，甚至对于动机性能力的纯粹研究也涉及相关认知性能力及活动的研究。

总之，由于动物和人的意愿行为——无论对周遭环境的"本能反应"，还是包含预期、筹划、意志或选择参与的更复杂行为——都全面渗透着认知因素，意愿行动理论（霍布斯的人性论）不是简单地研究动机性心灵能力，而是必须同时涉及认知能力的研究。[①]

2."仔细观察他的心灵运动"

回到从《法律原理》中析取的论题（a）。我们看到，霍布斯提出，人的本性，就其自身而言，是人的自然能力的总和。既然人的本性是人

[①] 哲学中一种流行的意见或做法是：将对人性的探究分成知识理论和行动或实践哲学。倘若人性论的研究和教授者采取这种做法是为了对所教授的议题做出限定，这个做法无可厚非；不过，倘若这个意见被绝对地理解为，知识问题和行动和实践问题是两组彼此完全独立的议题，那么这是误解。历史上对人性进行全面而深刻洞察的哲学家们——无论是亚里士多德、霍布斯、休谟或者康德——的一致观念是：一方面，对于人的认识能力的独立说明是可能的；另一方面，由于人的实践和行动必然和认识相关，因此不可能在独立于知识理论的条件下，完备阐述人的实践和行为领域（当然，实践哲学中对于认识能力的阐述着眼于其实践或行动方面的意义）。这个观念反映于哲学家们的系统阐述人性论著作的结构安排，即他们都是——无论亚里士多德的《论灵魂》、霍布斯《论人》或者《利维坦》的"论人性"部分、休谟的《人性论》、康德的"三大批判"——先阐述认识论，再阐述实践或行动理论。这种先后次第的本质是从简单到复杂的阐释次序。

的自然能力的总和,自然地,人性理论在于描述和解释这些自然能力以及关系。那么,一个认识方面的问题是:获得自然能力及其关系知识(探究人性理论)的方法是什么?《论物体》和《利维坦》的表述提供了线索。

对霍布斯来说,意愿行为心理机制的探究部分地依赖内省(introspection)。《论物体》中,他主张,政治学的原则系于"关于激情和心灵扰动的知识";进一步地,通过内省或经验的方法,人们能够获得"关于激情和心灵扰动的知识":

> 心灵运动的原因不仅能够通过正确推理而知道,而且倘若人们去仔细观察他的心灵运动,那么他也可以通过经验而知道它们。因此,人们不仅可以通过从哲学的第一原则出发,通过综合的方法,最后抵达关于激情和心灵扰动的知识……政治学的原则存在于心灵运动的知识当中,而心灵运动的知识从感觉和想象的知识中得来……人们也可以通过分析的方法抵达政治学的原则。(OB,p.74)

《利维坦》关于掌握政治学基础之方法的阐述("认识你自己")也表明了内省在意愿行为心理机制探究中的地位:

> "认识你自己"[这种说法]……教导我们:由于一个人的激情和思想与其他人的激情和思想相似,基于此,如果一个人反观自己,也就是去考虑当他"思考""形成意见""推理""希望""恐惧"等时,他在做什么,以及这么做的基础是什么;他就能够读到并知道他人在相似情形下的思想和激情。我所说的是激情上的相似,意思是,"欲望""恐惧""希望"等对每个人来说都是一样的;我没有说激情对象的相似,也就是"所欲望""所恐惧""所希望"等的东西对每个人来说是一样的。因为人们的体质和所受教育是千差万别的……(Lev,p.xi)

事实上,对霍布斯来说,内省对于任何哲学心理学的探究都是必要的。比如,《论物体》第 25 章指出,物理学的首要研究对象是感觉现象,进而评论:

> 至于感觉的原因,除了从感觉现象自身着手,我们没有其它的始点。不过,你会问道:我们如何才能注意到感觉呢?我的回答是,通过感觉本身(by sense itself),也就是说,通过对于可感物所残留下来的记忆(尽管这些事物现在已经逝去)。如果一个人感知着他既往感知过的东西,那么他是在回忆。(OB,p.389)

霍布斯和近代早期其他哲学心理学家(笛卡尔、洛克和休谟等)共享的信念是:当事者这里正在发生的心灵活动或事件,对这个当事者具有(认识上的)直接性或自明性;"过去了的"心灵活动,对当事者来说是可回想的[①]。进一步地,心灵生活之于当事者的"透明性"或者至少可知性使得心灵活动的描述(descriptions)和分类(classifications)得以可能。

不过,需要指出的是,尽管内省之于人性的自我认识具有基本性,这不意味着它对于人性论的探究是充分的。这是因为,人性论的根本任务在于解释(explanations)不同类型心灵活动的意义和关系——在认识论中,解释感觉、想象(记忆)和理性在认识中的地位和关系;行动哲学中,解释思想和欲望在意愿行为发动中的功能和关系等,然而,通过内省把握到的心灵生活经验不自在地包含不同类型心灵活动的意义及关系的内容。

---

① "对于自然哲学,我只能从缺失(privation)开始教授;也就是说,从所有事物都不存在这一设想开始。有人或许会问,如果所有事物都不存在了,在一个人这里(只有这个人免于对事物的普遍取消),还剩下什么作为哲学思考的素材呢?或者,他进行推理的题材是什么呢?或者,为推理之故,他还能命名什么呢?对此,我的回答是,在这个人这里,存留着对于世界的观念(ideas of the world);以及,所有那些在取消之前,他曾经通过眼睛或其它感觉感知过的事物的观念。就是说,他还存留对体量、运动、声音、颜色以及它们的顺序及部分的记忆和想象。"(OB,pp.91—92)

内省之于哲学心理学的基础性和不充分性可类比于"对于外部事物的感觉"（Lev，p.2）之于物理学的基础性和不充分性。一方面，"通过感觉获得事实的知识"（OB，p.66），即人们通过感觉把握特殊的自然现象。进一步地，"知识的源泉是感觉和想象中的影像，它们是我们就本性来说就充分知道的"（OB，p.66；Lev，p.1），那么，物理科学的获得以具备自然现象的经验知识为条件。另一方面，我们都同意，一个人通过感觉把握了自然现象，不意味着他具有了物理科学知识。原因在于，（a）掌握自然现象的物理学或"原因的知识"（OB，p.66）意味着他能够正确地解释现象。进而，（b）具有正确解释该现象的能力蕴涵了，这个人不但把握到了作为被解释项的现象，而且把握住了作为解释项的物理学原理。（c）关于物理学原理的知识来源，近代早期哲学家争论不休；不过，无论是经验主义者、还是理性主义者，没人认为**单纯**凭借感觉就能获得这些原理——这很容易理解，比如，感觉只能把握特殊事项；然而，就其形式而言，物理学原理毕竟是普遍的（或者，物理学的基本解释模式是诉诸普遍原理来解释特殊现象）。

在物理学原理并非"外部事物感觉"（OB，p.3，p.66；Lev，p.71）直接对象的意义上，可以说，它们是探究者构造（construction）的产物。类似地，霍布斯的人性论——作为对于相关类型心灵活动在意愿行为发起中的意义和相互关系的解释——包含构造性因素，就（意愿行为的发动中）**相关心灵事实的功能、意义及关系**不是能够凭借内省把握的事项而言。总而言之，哲学或科学、"原因的知识"或"理性的知识"总是对于经验及可能经验——无论是"外部经验"或者"心灵生活的经验"——的**某种解释**，由此"外部事物的感觉"和内省分别对于自然现象的哲学（物理学）和心灵现象的哲学（哲学心理学）不充分：它们至多使得当事者对于外部经验和心理经验进行区分和描述。

在我看来，重构霍布斯人性论一个障碍是，他的人性论，就理论性质而言，是解释意愿行为的心理机制的理论；可是，乍看上去，他的表述像是在单纯描述心理现象。为了从描述假象中将解释维度拯救出来，需要关注和批判"描述的特殊方式"，以及这些"描述"的预设。这是本章不得不参照亚里士多德的原因。我相信，关于人性，霍布斯将亚里士多德的太多看法当成"自明的"东西接受下来；甚至于，我认为，在意愿行为的探究上，霍布斯通盘接受了亚里士多德的范式。进一步地，如果这个论断是对的（希望接下来的论述表明这一点），那么针对（霍布斯已然接受为）"无需解释的""自明的"东西，就需要通过亚里士多德的阐述揭开它们的意义。

最后，人性探究方法的上述澄清和《法律原理》的人性规定（人的本性是人的自然能力的总和）之间似乎有一个张力：内省的对象是当事者的心灵**活动**，不过，人性论的主题却是心灵**能力**。针对这个张力，只限于指出，通过活动规定相应能力是传统哲学心理学的常规操作。比如，亚里士多德评论：

> 如果要去规定它们，也即去规定思想的能力，或者感知的能力，或者营养的能力（the faculty of thought or of perception or of nutrition），那么我们首先得去规定什么是正在思想、正在感知（what thinking and perceiving are）。这是因为，就定义而论，活动或行动先于相应的潜能。（Aristotle，1968，p.17）

更一般的思想是，"活动在解释上、实体上、（某种意义上）时间上均先于潜能"（Aristotle，2016，p.151），特别地，"活动在解释上先于潜能这一点是明显的。这是因为，一种潜能之所以是潜能，在于它能够成为活动——比如，'建筑的能力（capable of building）'是能够进行建筑（[actively] building）的能力，而'视觉（capable of seeing）'是看见（[actively] seeing）的能力，可见的能力是能够被看见（being seen）的能力。其它的情形中也是如此。因此，对于能力的知识依赖于对于相应活动的知识"（Aristotle，2016，p.152）。就是说，我们总是通过活动来解释或者定义相应能力。

3. 人的定义
这个部分对人的"自然能力"中的"自然"稍作澄清。在霍布斯的用法中(正像在整个哲学史和哲学领域),"自然"是一个意思丰富的术语。比如,《利维坦》"导言"中,"自然"——作为"上帝制作和统治世界的技艺"——与"人的技艺"相对。(Lev,p.ix)与这重意思对应,人的"自然能力"理应指"人与生俱来,并且其运用不依赖于其它事物的能力"(Lev,p.16),或者(从否定性的角度讲)每个人具有的、并非"通过教育和训练而获得的"(Lev,p.16)的能力。霍布斯主要通过婴儿能力的分析阐释这个意义的人性(OC,p.11;Lev,p.36);进而,他将婴儿与动物等量齐观:①

> 他们就本性来说——在与生俱来、在出生即是动物的意义上——就具有下述特征:他们直接欲求那些令他们感到愉悦的事物,并且为了逃避那些威胁他们的事物,(伴随着生气或恐惧)将会在其能力范围内无所不用其极。(OC,p.11)

特别地,由于婴儿(动物)具有感觉、记忆(经验)的认知能力(Lev,p.16)以及诸如"嫉妒、恐惧、生气"(OC,p.11)和"对于食物的欲望,即饿和渴"(Lev,p.39)等简单、有限的感受或欲望,一定程度上或一定限度内,他们(它们)也能进行权衡和选择,或者发起动物运动或意愿行为。(Hobbes and Bramhall,1999,pp.17—19)不过,相较一个"正常来说,通过训练和经验,达到一个具备理性年纪"(OC,p.11)的成人来说,"孩子和野兽"——连同"疯子、傻子和白痴"(Lev,p.150;Hobbes and Bramhall,1999,p.18)——"不能运用理性(have no use of reason)"。(Lev,p.150;OC,p.11)进而,这个"理性"是和当事者作为

---

① 在行文中,霍布斯似乎也提到了若干人"生而俱有"然而动物却不具有的特征,典型地,比如好奇心:"想要知道为什么……,以及如何……的欲望称为'好奇心';这是一种在所有生物中,为人所独有的激情。因此,人不仅通过理性,也通过这种激情而于动物相区别。"(Lev,p.44)不过,在日常观念中,事实上,我们认为(至少某些)动物具有好奇心,或者倾向于将动物特定行为的动机描述为好奇——设想一只猫针对某个它所陌生的东西的试探性行为:它小心翼翼、蹑手蹑脚地靠上去;在一定距离,用爪子探一探那个东西,又迅速地收回爪子;发现安全之后,它可能靠上去,用牙咬咬那个东西,或者,设想黔驴技穷故事中那只老虎针对那头驴的试探性行为等。

道德评价及政治奖惩对象的资格相联系的概念——霍布斯指出，由于婴儿、孩子、野兽、动物、疯子、傻子和白痴等"不能运用理性"，他们"完全豁免于义务（totally exempt from duties）"。（OC，p.11）

　　诚然，霍布斯的行文确实涉及对人"生而俱有"心灵能力的阐述，不过这种阐述只是人性论的一个部分。我们说，从霍布斯的政治学叙事看，很明显，它的所有环节——无论自然状态下的自然人、道德的人性基础问题、缔结创制国家契约的主体等——牵涉的不是"类似孩子、傻子或疯子一类的不能运用理性的人"（Lev，p.150），而是你我这样的"经历了训练和伤害的经验"并且已经到达"一定年龄"的成熟行动者。就此而论，作为道德政治思想的奠基，霍布斯人性论的对象是成人暨理性成熟的行动者（更确切地说，成人的决策模式，或者，成人式的意愿行为的心理机制）。这意味着，他的人性论终归要涉及"通过教育和训练而习得的"相关特征——后文将看到，比如，特定意义的"理性"（OC，p.11；Lev，p.36，p.150）、"性情和品性（dispositions and manners）"（OB，p.11）等。

　　人性规定中的"自然能力"的"自然"应当理解成一个准-逻辑概念，即本质（essence）：

> 　　在一个物体那里，我们为其命名所凭借的属性，或者规定基体的属性，称作该物体的"本质"。比如，理性是一个人的本质；白（whiteness），是任何一个白色东西的本质；广延是任何物体的本质。本质，就其被生成而言，称作该物体的"形式"。一个物体，就相对于任何属性而言，称作"基体"；就相对于形式而言，称作"质料"。（OB，p.117）

　　因此，当霍布斯将自动性和理性称作人的"自然能力"（EL，p.21）时，他正在规定人的概念，或者，正在（在他的哲学系统内）提出"人"的用法。即，对于任何物体，如果它不具有自动性或理性的特征，那么它不是一个人（或不应当称作"人"）："人是物体—自动的—有理性的

(a man is a body-animated-rational)"（OB，p.4）。

需要对此做两个限定。首先，针对理性是人"生而俱有的"，抑或"随后生成的"问题（用霍布斯的术语，它们是否属于"人的形式"），人的定义是开放的。就是说，人性理论——作为对于人"自然能力"的阐述——和某些"通过教育和训练而获得的"能力相容。如霍布斯阐述：

> 严格来说，只有能够使用语言之后，孩子才获得理性能力；不过，我们也称孩子为"理性的生物"，这是因为着眼于可能性，他们显然能够在将来使用理性。（Lev，p.36）

一方面，孩子当下尚不能运用语言（他尚不具备使用语言的能力）；另一方面，孩子具有（通过学习和训练）掌握运用语言能力的可能性或能力。霍布斯提出，着眼后一个方面，孩子是人，或者，是理性生物。据此来看，人的定义（"人是物体—自动的—有理性的"）中的"有理性的"等同于"（他）具有理性能力是可能的"。

其次，霍布斯当然也将天生失明或"生来聋哑以至不能习得语言"者称作"人"（Lev，p.22）、将"白痴、傻子和疯子等不能运用理性的存在者"称作"人"（Lev，p.150）。这种用法揭示了人的概念在实际运用中的另一重"松散性"。即，并非在对象严格地具有定义提取的全部特征的条件下，才能够用"人"述谓它；而是如果对象具备某些（some）特征，它就可以用"人"谓述。这种现象，或可通过"语词或概念在类比意义上使用"来解释，或可（像亚里士多德那样）通过自然物可变性的本性（以及自然中偶然性的存在）决定了通过概念对自然物的分类必定有模糊性来解释等。不过，就重构霍布斯政治哲学的人性论来说，无需处理这些复杂的哲学问题。毕竟，明显地，霍布斯道德政治探讨中预设和谈论的人性，不牵涉先天聋哑者等生理缺陷的人或者"白痴、傻子和疯子"等。

第二节 "激情"和"理性"

前一节限定了人性理论的主题：(a)霍布斯的人性论，作为道德政治思想的奠基，描述和探究的对象是"能够运用理性"的成人，而不是尚不能运用理性的孩子，以及"不能运用理性的"的"白痴、傻子和疯子"等。进一步地，(b)它意图描述和解释的是成熟人类行动者发起意愿行为的心理机制，或者，行为决策模式。据此，接下来的全部任务是：刻画霍布斯的意愿行为观念。

前一节已经对意愿行为观念做了一定的刻画。从否定的方面讲，一个成熟人类行动者的意愿行为不是他的由外物的物理作用引起的身体动作；或者，引用霍布斯的表述，不是人类行动者"基于自然必然性而发生的行为，比如被推倒或者摔跤"（EL，p.71）。从肯定的方面讲，一个成熟人类行动者的意愿行为是以他的特定心灵活动为"原因"的行为，或者，是诉诸典型的心理学概念描述/解释的行为。这个刻画当然是初步的。

清楚刻画霍布斯意愿行为观念的关键是意愿行为概念的分析。不过，在此之前，本节要做一项准备性工作，即初步辨析"激情（passion）"和"理性（reason）"这两个语词的用法。让我们阐述这项工作的意义。

在《霍布斯论理性》一文中，Gert 断言：

> 相较于休谟开启的现代传统，霍布斯的理性概念和柏拉图－亚里士多德开启的古典哲学传统中的理性具有更多共性。对于霍布斯来说，自然理性为行为提供真正的引导，这种引导适用于所有理性行动者；理性并不仅仅是每个人格尝试融贯化以及最大化他的特殊激情的方式。对于霍布斯来说，理性不是——或者至少不应该是——激情的奴隶，而是激情应当受到理性的控制。（Gert，2001，p.253）

根据这个论断,(a)针对激情和理性的关系,Gert 区分了两个传统:"休谟开启的现代传统"和"柏拉图-亚里士多德开启的古典哲学传统"。前者的立场是"理性是、并且应当是激情的奴隶;除了服务和顺从于激情之外,理性没有其它职分"(Hume,2007,p.266),后者的立场是"激情应当受到理性的控制"。(b)Gert 提出,霍布斯关于激情和理性关系的看法和古典传统更接近。

事实上,许多解释者都将重构霍布斯人性论的任务(有意无意地)等同于辨析霍布斯思维中激情和理性的"主奴关系"。[①]进而,Watkins,Gauthier,罗尔斯,施特劳斯等(他们具有认同"理性是且应当是激情的奴隶"的倾向)会强调类似"思想仿佛欲望的哨兵或间谍:它四处搜寻,以便发现实现欲望的方式"(Lev,p.61);Gert,Lloyd,van Mill 等(他们具有认同"理性应当控制激情"的倾向)则着重分析、诠释和发挥诸如"在某人这里,如果任何激情导致怪异行为,人们称他为'疯狂(madness)'"(Lev,p.63),或者"欲望和厌恶的一种样态称为'情感'或者'心灵的扰动'。……之所以称作'扰动',是因为它们频繁充当正确理性的阻碍"(OM,p.55),再者"为了使人们的激情与自爱不占过分的权重,他们可以设想处在对方的位置上"(Lev,p.144)等。

前文看到,对霍布斯来说,意愿行为的"原因"无非是当事者的动机性能力("激情")和认知性能力(宽泛意义上的"理性"),因此宽泛地讲,将成人发起意愿行为的心理机制论题收敛为(在意愿行为的发起或行为决策中)激情和理性的"主奴关系"问题并非一个错误。不过,霍布斯人性论阐释的当代格局——霍布斯这里,或者"理性是且应当是激情的奴隶",或者"理性应当控制激情"——终归

---

① Hampton 从霍布斯道德理论研究现状角度表述这个要点:"追随 Howard Warrender,许多学者认为,霍布斯是一个自然法学家,也即霍布斯提出的道德义务是独立于我们的欲望的、他的理性观念是非工具性的理性观念。相较之,另一些学者认为,霍布斯是彻底的伦理主观主义者:他尝试从反思性的自我利益出发,引申道德义务;同时,关于理性,霍布斯完全持有工具理性的理解。在同样的文本中,霍布斯的研究者竟然提出两种完全不同的解释——这真是一件有意思的事情。"(Hampton,1992,p.334)

粗陋。

　　领会这个粗略性的关键在于认识到：尽管形式上看，"理性是且应当是激情的奴隶"和"理性应当控制激情"构成矛盾，不过如果结合决策和意愿行为的日常经验理解，那么不难发现，它们本不该这般看待。一方面，就"理性是且应当是激情的奴隶"观念而言，它显然关涉下述经验，类似，当事者想要实现某个事态（具有一个"激情"），进而考虑实现该事态的策略或方式（"理性"），最后在考虑基础上选择或决定。另一方面，日常生活中，"理性应当控制激情"并不陌生，因为它关涉的自制／不自制的经验稀松平常，如 Sidgwick 所述：

　　　　我认为，任何人都具有我所谓的非理性或不理性的欲望与理性相互冲突的经验。比方说，某些场合，大多数人都感受过身体欲望驱使我们放纵，然而我们却判断放纵并不审慎；或者，生气驱使我们采取行为，我们却认定这些行为不正义或不友善，因此并不支持它们。在这类冲突中，我们将强迫我们意愿的欲望称作非理性的，因为它们和我们的通过权衡而得到的判断不一致；有时我们屈服于这些冲动，有时则不会。（Sidgwick，1962，p.24）

　　就是说，如果更全面地观察实践经验，理应认为，"理性是且应当是激情的奴隶"和"理性应当控制激情"是对实践和决策经验不同侧面的描述，或者是针对决策和实践不同侧面提出的要求。换言之，结合日常经验，合理的猜想是：这两个表述中分别出现的"理性"和"激情"大概是同名异义的。

　　就此而论，将霍布斯的人性理论收敛为（在意愿行为的发起或行为决策中）激情和理性的"主奴关系"，进而给出或此或彼的答案，这种处理问题的套路很可能有局限性。默认这个框架，已经决定了对霍布斯人性论认识的片面性。鉴于此，重构霍布斯人性论，当务之急是解构激情和理性"主奴关系"的非此即彼框架，而只有通过认识到霍布斯激情和理性概念的复杂性①，才能克服这个偏见。

接下来分别区分激情和理性概念的两种含义。霍布斯这里，"激情"的两个含义分别是："作为情感或心灵的扰动（emotions or perturbations of the mind）"与"作为性情和/或品性（dispositions and/or manners）"。"理性"的两种用法分别是："不使用语词进行计算或加减（reckon，that is addition and subtraction，without the use of words）"的能力（活动）和"对普遍名词构成的序列进行计算或加减（reckon，that is addition and subtraction，of the consequences of general names）"的能力（活动）。

预先指出的是，本节满足于将"激情"和"理性"各自的两种用法初步区分开。只有在反思意愿行为的语境下，激情和理性概念才能获得更精确和充实的刻画。

1. 激情概念的两种含义："情感"与"性情和/或品性"

苏珊·詹姆斯用一段隽永的文字说明十七世纪的哲学家对于"激情的粗略定性具有大体一致的意见"：

> 激情一般被理解为灵魂的各种思想或状态，它们将事物表现为对于我们而言的善或恶，借此我们可将事物视为向往或反感的对象。当欧律狄刻看见一条蛇向她爬来时，她认出那是毒蛇，于是感到恐惧之情；当她在冥界重逢俄耳甫斯时，她感到爱之情（以及其它一些情感）。像其它动物一样，人类也受制于激情，一来因

① 关于"理性是且应当是激情的奴隶"与"理性应当控制激情"这两种霍布斯人性论的基本解释立场的几个补充。1. 我认为，对于霍布斯来说，"理性是且应当是激情的奴隶"——或者（用当代熟悉的术语来说）霍布斯的"实践理性"仅仅意味着合理性（rationality）或工具理性（instrumental reason）——这种解释观点是狭隘和错误的。2. 事实上，"理性应当控制激情"立场的主张者们通常维护的都是将霍布斯的实践理性观念单纯理解为工具理性的不充分性。就是说，他们一般并不否认霍布斯的实践理性观念具有工具理性的意义；不过除了作为工具理性的意义外，在霍布斯的人性论中，理性也具有"控制激情"的维度（比如 Gert，2001，p.243；von Mill，2001，p.118）。3. 我认同 Gert，von Mill，Lloyd 等人做出的工具理性的理解之于霍布斯实践理性观念的不充分性论题。不过，在我看来，他们都未能完成对于实践理性中"超出"工具理性"部分"的完备说明，也没能清楚地界说这个部分和"工具理性部分"的关系。

为我们天生要评价我们周围的环境和我们自己的状态,评价其利与弊,二来因为我们的评价不仅是和认识事物具有何种属性——例如很危险或很可爱,同时这些评价本身也是驱使和引导我们行动的各种情感。众所周知,激情有着天然固有的物理表现,它们将情感和行动连接起来,它们被"书写"在人的身体上,譬如面部表情、身体姿态、脸红、发抖等。欧律狄刻不仅知觉到威胁生命的蛇,而且她恐惧,面色发白,拼命躲避;她也不仅注意到俄耳甫斯的抵达,而且她渴望靠近他。激情是我们天性的一个基本侧面,也是我们解读周围世界的基本方法之一,因为我们的日常经历大多充满激情。(詹姆斯,2017年,第7页)

那么,她的主要观点是,17世纪的哲学家使用"激情"表示在人类行动者(以及动物)这里发生的、某类心理事件或心灵活动。这类心灵活动的特征包括:(a)它被当事者直接感受或经验到;(b)它包含认知的成分:一定意义上,这类心理事件是当事者对于所处实践环境或周遭的解释或看作;(c)它"伴随着"或能够"激发起"当事者的身体反应、肢体动作及行为。不过,事实上,这个观点只刻画了霍布斯(詹姆斯《激情与行动》的阐释对象之一)激情概念的一部分用法。

在《利维坦》第6章,霍布斯先将"激情"描述为"意愿运动的内部开端"(Lev,p.38),进而刻画了若干具体激情(Lev,pp.43—47)。我们将这些具体激情通过表格罗列出来:[①]

第一列	第二列	第三列
希望(hope)	自信(confidence of ourselves)暨持续的希望	勇气(courage)

---

① 这个表格只略去了霍布斯提到的三个东西:笑(laughter)、哭(weeping)和权衡(deliberation)。霍布斯将笑和哭理解为分别由"突生的荣誉感"和"突生的沮丧"这两种激情自然引起的动作。(Lev,p.46)至于权衡作为激情("激情的继替"(Lev,p.43))的思想,本章第三节第2部分会详细地阐释。

失望(despair)	自卑(Diffidence of ourselves)暨持续的失望	仁慈（charity/benevolence)
恐惧(fear)	贪婪(covetousness)	好奇心(curiosity)
生气(anger)暨突生的勇气	野心(ambition)	报复(revengefulness)
义愤(indignation)	怯懦(pusillanimity)	吃醋(jealousy)
情欲(natural lust)	豪迈(magnanimity)	意淫(luxury)
爱的激情(passion of love)	刚毅(fortitude)	羞耻(shame)
恐慌(panic terror)	友好(kindness)	怜悯(pity)
沮丧(dejection of mind)	厚颜(impudence)	好胜心(emulation)
突生的荣誉感（sudden glory)	残忍(cruelty)	嫉妒(envy)

我们说，日常语词当然有其标准的或者正常的用法，即便没有任何日常语词的用法是绝对的。凭借语言直觉，不难觉察，三列语词的标准用法或意义有区别。比如，我们觉得，似乎只有第一列语词和詹姆斯对"激情"用法的描述严格地一致，即表示人类行动者对周遭的特殊意向，这种意向被当事者在特定时间直接经验或感受到，并且和当事者的动作或行为相关（它们能够"驱动"行为）。关于第二列语词，典型用法似乎是表示或刻画一个人类行动者的"性格特征"（von Wright，1963，p.144)，或者，它们属于"能够展示出理智特征和性格特征的、关于人类行为的素质词"（赖尔，2009年，第153页)——"A 是一个自信的人""B 很残忍"等。第三列语词是"混合型"的：它们既可以表示特殊意向（第一列语词表示的东西)，也可以表示"性格特征"（第二列语词表示的东西)。比如，在句子"A 怜悯 B"中，"怜悯"表示 A 的一个意向，而在句子"A 善于(be good at)怜悯"中，"怜悯"表示 A 的"性格特征"。

事实上，亚里士多德对第一列语词表示的东西与第二列语词表示的东西做出区分。他将前者称作"情感"，后者称作"品性"：

心灵中发生的事情分成三类：情感(affections)、能力（capacities)、品性(dispositions),那么德性必居其一。所谓"情感",我是指诸如欲望、生气、恐惧、勇气、坏心思、愉悦、亲近感、恨、向往、妒忌、怜悯——总之,伴随着快乐或痛苦的感受。所谓"能力",我是指当说起"我们能够具有这些情感"时,人们意谓的东西;比如,由于具有如此这般的能力,我们被认为能够变的生气、悲伤或者怜悯。至于"品性",我是指就与情感的关系而言,我们的或好或坏的安排。比如说,就变的生气这件事情来说,如果我们总是怒气过盛或不足,那么我们就安排的坏;如果我们总是以合适的方式感受到怒气,那么我们也就安排的好——其它情感也都类似。(Aristotle,2002,p.115)

I. 能力与品性的区别和联系。亚里士多德随后解释,"我们被周遭以情感形式影响的能力是出于自然的;不过并非出于自然,我们具有德性或恶"(Aristotle,2002,p.116)。显然,表述中的"能力"是指作为"生而俱有"能力的人的感受力(类似于人的视力或学会说话的能力)。

作为"生而俱有"能力的感受力是具有某种品性的(逻辑意义上)的必要条件。具有一种品性意味着获得了一种体验、感受和解读周遭的特殊方式(a specific manner)——比如,在战场上,一个勇敢的人体验到了信心和勇气,一个懦弱的人体验到的是恐惧(Aristotle,2002,p.134),那么,就其本性不能感受的事物当然不可能具有品性。

某种意义上,具有一种品性意味着人固有的感受力接受了某种规定或限定(be qualified),或者,品性是"被塑了形"的自然感受能力:"我们自然地能够接受德性,这种能力要通过习惯获得完善"(Aristotle,2002,p.111)。自然感受能力的"被塑形"是后天的(a posteriori)事情(就此而论,品性的生成类似于一件技艺产品的生成)。一个人的品性总是"通过习惯养成"(Aristotle,2002,p.111):"只有通过从事有德性的行为,人们才能获得德性"(Aristotle,2002,p.111),"[正义或节制的]情况本身是不断重复正义或者节制行为的结果"(Aristotle,2002, p.114)。

不过，值得注意，感受力不是具有品性的充分条件。动物同样生而俱有"被周遭以情感形式影响的能力"，然而它们既不可能具有德性，也不可能具有恶。

II. 情感与品性的区别和联系。一个情感在行动者这里的生成毁灭及他对于这个情感的经验或感受是短时间过程；或者，如果将情感看作当事者的一个心灵活动（即他对于周遭对象的解读），那么这种活动是个别或特殊的。相较之，一种品性在一个行动者这里的存在则相对稳定，即一旦具有某种品性，就不容易丧失："看起来，德性（正义、节制等）是不容易改变的"（Aristotle，1963，p.24），"一个不正义的人，不能仅凭他的愿望就不再不公正，或者说成为一个正义的人"（Aristotle，2002，p.131）。

在（一个实体的）"质（qualities）"的范畴之下，《范畴篇》区分了"状态"和"情况"：

> 状态（a state）和情况（a condition）的区别是：状态是容易变化的，情况更持久并且很难改变。（Aristotle，1963，pp.24—25）

可以说，就情感和品性在变化性上的区别而言，情感属于行动者的状态，品性属于行动者的情况。①

要解释情感和品性的关系，需要对品性的内涵略作说明。在《尼各马可伦理学》中，亚里士多德评论：

---

① 在《范畴篇》中，亚里士多德在界说"情况"时，明确提到了德性："情况和状态的区别在于，前者更稳定并且持存时间更长。知识和德性就属此类。"（Aristotle，1963，p.24）据此，可以推断，亚里士多德认为品性（德性以及作为德性相反者的恶）属于情况。不过，在界说"状态"时，亚里士多德并没有明确提到情感——在《范畴篇》中，他实际上将恐惧、希望一类的东西划分为质的一个独立样态，即"遭受的质或情感（affective qualities and affections）"（Aristotle，1963，pp.25—26）。我们将情感划分到状态中的理由是：首先，由于《范畴篇》提出的质的两个样态——"状态"和"遭受的质或情感"——明显不是互斥的关系，将情感归于状态是可能的。其次，经验表明，我们的情感确具有"易变"特征。一个事实是，伴随着周遭和我们关注对象的不断改变，甚至每个人在每一天都有无数个情感体验。

　　我们可能处于这样的情况:在具体场合,对于恐惧、勇气、欲望、生气、怜悯——总之,与快乐和痛苦相关的情感——感受的太少或太多:这两种情况都不好。不过,如果我们的情况是,针对特定时间、特定场合、对于特定的人、出于特定理由,以适度和最好的方式遭受情感,那么这种情况就是德性。(Aristotle,2002,p.117)

　　就是说,具有一种恶(即"坏的品性""应该谴责的品性")意味着当事者在相关的具体实践处境中"以错误的方式感受快乐和痛苦"①(Aristotle,2002,p.114),具有一种德性("好的品性""应该夸奖的品性")意味着当事者在相关的具体实践处境中"以正确的方式感受快乐和痛苦"(Aristotle,2002,p.114)。将这个思想的价值论维度抽象出去,它的意思是:具有一种品性——无论德性还是恶——意味着当事者在相关的具体实践处境下以某种方式感受着快乐和痛苦(以及其它"与快乐和痛苦相关的情感")。简言之,一种品性是一种感受周遭的方式。相应地(或可以说),感受到的情感是这种品性(作为一种感受周遭的方式)在这个实践处境下的**具体表现或实例化**。例如,倘若在战场上,某人充满了勇气,我们说"这表现了他的勇敢";如果他感到恐惧,我们评论,这表现了他的怯懦等。

　　换言之,当一个具有某种品性的行动者置身相关的实践处境时,他具有的情感是他既已形成的那种感受周遭方式的个别化。就此而论,品性和情感的关系类似一个人学会了希腊语与他此刻正在说着希腊语的关系——此刻正说着希腊语是他说希腊语的能力的一个具体运用或表达。

　　回到霍布斯。事实上,《论人》相对清楚地区分了情感和品性,并且霍布斯的区分和亚里士多德类似。《论人》第 11 章的主题是"论欲

---

① 我理解,这个表述中的"快乐和痛苦"并非表示严格意义上的快乐和痛苦的感受,而是用来表示一切"伴随着快乐或痛苦的感受":"诸如欲望、生气、恐惧、勇气、坏心思、愉悦、亲近感、恨、向往、妒忌、怜悯"均属此类(Aristotle,2002,p.115)。

望和厌恶、快乐和痛苦及它们的原因"。在霍布斯的用语中,"欲望和厌恶"一向是"激情"的同义语①,这一章是激情概论或总论。《论人》第 12、13 章分述激情的两种样态:第 12 章阐述"情感或心灵的扰动(the emotions, or perturbations of the mind)",第 13 章阐述"性情和品性(dispositions and manners)"。

关于"情感或心灵的扰动",霍布斯解释道:

> 欲望和厌恶的一个样态被称为"情感"或者"心灵的扰动"。置身的环境不同,我们体验到的情感就不同。之所以被称之为"扰动",是因为它们频繁地充当正确推理的阻碍。情感阻碍正确推理的方式是:它们青睐表面的以及最直接的好处(如果对所有相关事项进行考虑,就会发现这些东西往往是坏的),并且反对真正的好处……只有进行长远的考虑,才能发现真正的好处;而长远考虑是理性的职分。(OM, p.55)

在第 12 章中,他阐述了一系列具体情感。包括:欣喜和恨(joy and hate);希望和恐惧(hope and fear);生气(anger);对不可见事物的恐惧(fear of the invisible);骄傲和羞耻(pride and shame);对外部对象的爱(love of external things);同情(compassion);好胜心和嫉妒(emulation and envy);崇敬(admiration)。

比较这些具体情感与《利维坦》第 6 章的激情表格,不难发现:它们大抵属于第一列语词(表示某种特殊意向的语词),或者属于第三列语词("混合性"语词)。换言之,这里阐述的都是亚里士多德意义上的"容易变化"的情感。

霍布斯对"情感或心灵的扰动"的一般说明也佐证了这一点。很明显,情感作为正确推理阻碍的观念关涉的是人们有时被某个情感或冲动"直接驱使",以致没有对行为的恰当性做充分考虑的情形。进一

---

① 比如,《利维坦》第六章的标题是"论意愿运动的内部开端——通常称作'激情'",而在未作任何说明的条件下,正文开始将意愿运动的开端称为"欲望和厌恶"。(Lev, p.39)

步地,在这类"自发行为(the spontaneous actions)"(Hobbes and Bram-hall,1999,pp.36—37)或者"不自制行动"(Aristotle,2002,p.189)中,驱动行为的"情感"当然总是个别的心理事件。

关于"性情和品性",霍布斯解释道:

> 1. 性情(dispositions)是人们趋向特定事物的倾向。性情有六个来源:体质、经验、习惯、好运气、一个人对于自己的意见、权威。如果上述要素发生变化,那么性情就可能随之改变。(OM,p.63)
> 2. 如果性情通过习惯而得到强化,以至它们能够容易地、并且不受理性反抗地产生相应的行为,那么性情就成为了品性(manners)。进一步地,那些好的品性是德性(virtues),坏的品性是恶(vices)。(OM,p.68)

《论人》第 13 章主要在阐述导致性情和/或品性变化的六个原因,不过也提及若干具体性情和/或品性。归纳如下:勇敢(daring/courage)和胆怯(timid);善于想象(fancy)和善于判断(judgment);愚笨(stupidity)和木讷(dullness);贪婪("excessively attentive to riches by disposition");谨慎(cautiousness);骄傲(proud)和友好(the disposition affable/kind);好奇心("the disposition of new nobility");固执("a disposition unsuited for correcting their own faults");野心(ambition);正义(justice);审慎(prudence);节制(temperance);仁慈(charity)。

这些都是表示或能够表示"性格特征"的语词,也即它们对应(但不限于)《利维坦》第 6 章激情表格中的第二列(表示"性格特征"的语词)和第三列("混合性"语词);特别地,没有涉及第一列语词(表示某种特殊意向的语词)。换言之,这里阐述的是亚里士多德意义上的品性。

霍布斯对于性情和/或品性的一般说明也印证这一点。比如,一个线索是,我们看到,亚里士多德提出品性的两个特征是:(a)一种品性在行动者这里的存在相对稳定,"更持久且很难改变";(b)一个人的品性总是在后天环境中(通过习惯)塑造而成的。霍布斯性情作为趋向某类对象的**倾向**、品性作为通过习惯而**强化**的性情的观念指向这两个特征。

总之,《论人》表明,霍布斯对于亚里士多德式的、情感和品性的区分有清楚的认识,也接受这个区分。不过,我们看到,《利维坦》中,霍布斯将"情感"和"性情和/或品性"共同归于激情(passions)——这个思想又如何理解呢?

2. 初探情感和性情/品性的关系

《利维坦》中,关于激情概念,霍布斯的规定是:激情是动物运动或意愿运动的原因。(Lev,p.38)从语法角度理解这个规定,即如果一个语词是表示激情的语词,那么它能够用来描述/解释一个意愿行为。显然,无论表示情感的语词,还是表示性情和/或品性的语词都满足这个标准。倘若追问某人特定意愿行为的原因或理由("A 为什么做如此这般的事?"),那么无论提到情感("因为他感到恐惧")还是提及品性("因为他是一个怯懦的人")都将构成(至少形式上)可理解(intelligible)的回答。

我们将能够描述/解释意愿行为看作判定表示激情语词的必要条件;进一步地,无论表示情感的语词,还是表示品性的语词都满足这个条件。那么,关于一个语词作为表示激情的语词,是否存在其它条件?在这方面,思想史家强调,正如"passion/passiones"的词形暗示的,激情具有强烈的被动含义——这个词的希腊语词源是'pathe',后者的本意是"遭受……的结果"或者"被……作用而导致的性质"等(詹姆斯,2017 年,第 16—17 页)。激情既是"遭受……的结果"或者"被……作用而导致的性质",意味着针对一个人类行动者具有的某种激情,总是能够去追问"它是遭受了什么而产生的结果?"或者"它是被什么作用导致的性质?"等——换言之,假如使用激情词述谓一个行动者,那么针对这个陈述,去追问原因总是有意义的。

首先,从日常语言的角度讲,无论表示情感的语词,还是表示品性的语词都满足这个条件。—"A 现在感到恐惧。"—"为什么?"——这个问题总有意义;—"A是一个勇敢的人?"—"什么使得 A 成为一个勇敢的人?"——我们总能够理解这个问题。其次,特别地,我们看到,《论人》第 13 章的主题是阐述性情和/或品性变化的原因(体质、经验、习惯、好运气、一个人对于自己的意见、权威)——这个做法预设对霍布斯来说,追问品性的原因是有意义的。

因此,根据霍布斯本人为激情建立的标准("激情是意愿运动的原因"),品性属于激情;即便添加思想史家提出的"被动性"标准,品性同样属于激情。当然,如果再添加"容易变化"的标准,品性确实从激情中排除出去了——这种情况下,激情和情感成为了同一个概念。然而,尽管《激情与行动》的作者认为,"容易变化"作为激情的特征是十七世纪哲学家的共识,不过,我们的论证表明,霍布斯是个例外。进一步地,鉴于《论灵魂的激情》涉及典型的品性的分析:宽宏与傲慢、谦逊与无耻、勇敢和怯懦、忘恩负义等,我怀疑笛卡尔也没接受这个特征。

进一步的问题是,霍布斯如何理解激情的两种样态——"情感或心灵的扰动"与"性情和/或品性"——的关系?经过此前论述,可以这样表述:既然表达情感的语词与表达品性的语词都能够充当一个意愿行为的原因或理由,这两种理由的关系是什么?

针对这个问题,目前限于指出,针对一个成熟人类行动者在某个具体实践情境下发起的意愿行为,倘若使用霍布斯的惯常(诡异的)表达,激发这个行为的情感是该行为的"直接原因",品性是"间接原因":

> 如果主动者和被动者彼此相邻,那么它们的作用-被作用关系称作"直接的";如果并非如此,那么他们的关系是"间接的"。当物体 C 处于主动者 A 和被动者 B 之间,并且同时和 A 以及 B 相邻,那么 C 既是主动者,也是被动者——相对于 B 而言,C 是作用的东西;而相对于 A 而言,C 是承受的东西。(OB, pp.120—121)

这说的其实是,品性是"理由的理由",即在充当这个行为理由的同时，它也可以充当激发该行为的特殊情感的理由。再者，在一个具体意愿行为的解释中，特殊情感的理由和品性——"人们趋向特定事物的倾向"（OM，p.63）或者当事者"很难改变的性质"（Aristotle，1963，pp.24—25）——的理由之间存在特殊和一般的关系。①举例来说，—"A 为什么进攻 B?"—"因为 A 想要征服 B。"—"A 为什么想要征服 B?"—"因为 A 很虚荣"；或者，—"A 为什么攻击 B?"—"因为 A 恐惧 B。"—"A 为什么恐惧 B。"—"因为 A 是猜忌的人"等。

最后，关于情感与品性的关系，要注意到"肉身和灵性相争，灵性和肉身相争……这两个彼此相敌，使你们不能做所愿意做的"（奥古斯丁，2009 年，第 132—133 页）的可能经验。就是这样的经验：品性（理性）指引我们朝一个方向，感受性欲望的驱使却"背道而驰"。（a）着眼于这种经验中的感受性欲望（对当事者）的消极意义，它们被霍布斯（追随西塞罗的心理学传统）称为"心灵的搅扰"；（b）一个成人相对频繁地体验到感受性欲望和"品性""彼此为敌"的经验，表明他尚未具有品性（a manner），而只具有（相应的）"性情（a disposition）"。在第四节，我们将用大量篇幅分析霍布斯对这种心理经验的阐述。

3."理性"的两种含义："不使用语词的加减"与"对普遍名词序列的加减"

《利维坦》前三章的主题分别是：感觉，想象（记忆、经验）和"想象序列（心灵序列）"。第三章临近结束，霍布斯评论：

> 除了感觉、思想和思想序列，人类的心灵不再存在其它运动；不过，通过语言和方法的帮助，这些能力将升华到新的高度，以致将人和其它生物区别开。（Lev，p.16）

结合此前对"自然能力"的阐述，这个表述的含义是，霍布斯认为，（a）人类"生而俱有"——或者与动物共有的——的认知性心灵能力

---

① 关于心灵的扰动和品性之间特殊和一般的关系，前文曾经从存在论的角度描述，即一个情感是相应品性在具体实践情境下的个别表现。

（活动）是感觉、想象和"心灵序列"；（b）通过后天习得语言，人类获得（相较于动物）认识上的卓越性。

《利维坦》第 4、5 章的主题分别是："论语言"和"论理性和科学"。以理性的定义为中介，能够明确这三个主题——语言、理性、科学——的关系：

> 当一个人在推理时，他不过是将诸部分**加**起来，设想构成的整体；或者，在一个整体中**减去**部分，设想剩下的东西。倘若通过语词进行推理（if it be done by words），则是从所有部分的名字的序列开始，抵达整体的名字；或者，从整体的名字以及一个部分的名字开始，抵达其它部分的名字。（Lev，p.29）

首先，霍布斯在阐述理性观念的基础上，阐述科学的主题，是因为"通过语词进行推理"——假如这种理性活动是完备的话（从定义出发，推理有效等）——的产物或成果是科学（sciences）：

> 和感觉或记忆不同，理性不是我们生而俱有的东西；同时，和审慎（prudence）不同，理性也并非仅仅是经验的产物。理性是一种只有通过勤奋才能获得的能力：首先，对事物进行合适的命名；其次，通过好的以及有序的方法，将诸元素（也就是名字）连接起来，构成命题；再次，从诸命题出发，抵达三段论——后者是命题与命题的连接。如此往复，直到我们获得所探究事物所有的名字序列的知识。这种知识，就称为"科学"。（Lev，p.35）

其次，"通过语词进行推理"观念预设了语言，因此，引入"对普遍名词构成的序列进行加减"（Lev，p.30）之前，《利维坦》第 4 章先探讨了语言。进一步地，关于语言，霍布斯提出，在所有自然物中，只有人具有**习得**语言的能力（Lev，pp.35—36；OM，p.37），甚至语言是人类的"最高贵和最有用的发明物（the most noble and profitable invention）"

（Lev，p.18）。由此，对他来说，那种依赖语言的理性活动（"通过语词进行推理"）及产物（科学知识以及作为相反者的"错误理论"）是专属人的东西。

再次，值得注意，霍布斯明确地提出，心灵的"加减（addition and sub-stration）""推理（ratiocination/reasoning/reason）""计算（computation）""算计（reckon）"——这些用语，在霍布斯这里，都是同义的①——活动，也可以"不通过语词（without the use of words）"进行："十分明显，心灵的内部推理可以不凭借语词"（OB，pp.3—5）。现在，事情变得很清楚，霍布斯这里，理性概念具有两种含义：（a）"对普遍名词构成的序列进行加减"的能力或活动；（b）不使用语词进行加减的能力或活动。

那么，理性能力（活动）的两种样态——"对普遍名词构成的序列进行加减"的能力（活动）与不使用语词进行加减的能力（活动）——的实质性区别是什么？《利维坦》的表述提供了线索：

> 当一个人在不使用语词的情况下进行计算时，他所针对的对象是**特殊的事物**（particular things），比如当某个东西呈现在眼前时，我们去猜测什么可能在它之前发生，或者什么可能在它之后发生。……不过，在我们运用具有**普遍含义**（general signification）的语词进行推理，并由之得出**普遍性推论**（a general inference）的情形下，倘若推论是假的，那么一般［将这个假推论］称作"一个错误（error）"，不过实际上，它是一个谬误（an absurdity），或者无意义命题（senseless speech）。（Lev，p.32）

---

① 比如，"所谓'推理'，就是计算（computation）。计算，或者是将许多事物集合在一起，或者是去知道将一个事物从其它事物中排除出去，剩下什么。因此，'推理'同于'加（addition）'和'减（substraction）'……因此，所有推理都包含在下述两种心灵活动中：加和减"（OB，p.3）。"关于计算，也就是推理，我们不要认为只有数字才能加减——倘若如此，无异于认为，使得人类区分于其它生物的特征只在于数数（the faculty of numbering）。事实上，举凡大小、物体、运动、时间、性质的程度、作用、观念、比例、语言和名字（哲学都是由语言和名字的加减构成的）都可以相加或相减。当我们加减时，就说我们'在考虑（to consider）'，相应的希腊词表示在计算（to compute）、在推理（reason）或在算计（reckon）"（OB，p.5）。

佩蒂特指出,通过不使用语词进行加减的能力或活动/"对普遍名词构成的序列进行加减"的能力或活动这个对子,霍布斯意图说明的是:自然心灵——即"人类与动物(至少一些动物)所共有的心灵"(佩蒂特,2010 年,第 17 页);或者,按本章说法,(a)动物,(b)白痴、傻子、疯子等"不能运用理性的"人类行动者以及(c)婴儿等"尚不能运用理性的"行动者的心灵——中的过程,"无论是认知性的还是欲望性的,都是完全特殊主义的"(佩蒂特,2010 年,第 32 页);相较之,"语词的心灵"——按本章的一贯说法,成熟人类行动者的心灵——则具有"以更一般性与类型化的方式进行思考"(佩蒂特,2010 年,第 41 页)的能力:

> 尽管霍布斯所描绘的自然心灵是完全特殊主义的……,但他无疑认为这并非我们心灵的情形。我们成年人,尤其是掌握了语言和概念并能够用语言来表达的人,面对的并不仅仅是特殊的事物,而是事物的类属和种类,并且,我们运用它们编排归类、反复核对并追求它们之间的关联。……我们展现出了一种心灵——一种完全不同于霍布斯在动物王国发现的自然心灵的心灵。(佩蒂特,2010 年,第 33 页)

在我的视野内,霍布斯人性论的当代解释者中,只有佩蒂特注意到了理性两种样态的划分。进一步地,我认为,佩蒂特也颇具见识地把握到了"不使用语词进行加减的"能力(活动)/"对普遍名词构成的序列进行加减的"能力(活动)这个对子的哲学意义,即实际上,霍布斯用前者表示"特殊主义的"思想方式、后者表示"更为一般性与类型化的"思想方式。可是,遗憾的是,综观《语词的创造:霍布斯论语言、心灵与政治》,佩蒂特错失了理性两种样态——"特殊主义的"思想方式与"更为一般性与类型化的"思想方式——在霍布斯人性思想中的意义。我们随后对此展开论述。

第三节 "思想仿佛欲望的间谍"

根据第一节人性理论概念的分析,意愿行为观念构成理解霍布斯人性论(进而他的道德政治思想)的关键。从本节开始,正视和分析这个观念。

在本节中,首先,根据霍布斯的表述,勾勒意愿行为概念的基本轮廓。(a)意愿行为是"以欲望/厌恶为开端的行为"(Lev,p.39)。(b)取决于作为意愿行为直接原因的欲望/厌恶是否是当事者权衡(deliberation)的结果,意愿行为分成两种样态:"我们突然做某事"(EL,p.70)的"冲动行为(impulsive actions)"和在权衡和意志选择基础上做出的"有筹划的行为(proposal actions)"(EL,p.71;Hobbes and Bramhall,p.37;Lev,pp.48—49;OB,p.409)。(c)不但成人,举凡"孩子、疯子、傻子和动物"都具有发起意愿行为的能力(Hobbes and Bramhall,1999,pp.17—19);或者说,意愿行为是"专属于**动物**"(Lev,p.38)的一类运动。

其次,讨论经由权衡和意志选择做出的行为,特别地,这类意愿行为的权衡和意志环节。关于权衡,我们提出,对霍布斯来说,权衡是在具有特定欲望 E 的条件下,具体情境 C 中的当事者针对各种可能手段(在满足 E 的合适性上的)"加减"或"计算"。(a)作为"加减"或"计算",权衡属于"不使用语词进行加减"的理性能力在实践领域中的活动。(b)作为对于(满足特定欲望的)最合适手段的考虑,理性对于合适性的判断主要依赖两个标准:可能手段(或手段路径)(对于当事者来说的)的"整体利弊",以及,可能手段(或手段路径)与当事者行为能力的关系。(c)权衡的结论或成果是理性的判断,其模式形如"在当下的情景 C 中,为了实现 E,我去做 M 是最合适的"[即相对于其它可能实现 E 的手段或手段路径,当事者判断:做 M 将为他带来更大的好处(或具有更少的坏的伴随性后果),或者/以及,做 M 在"他的能力范围以内"并且更省力或更轻松)],或者,"在当下的情境 C 中,为了实现

E,对我来说,没有可行的手段(手段路径)"。

关于意志,主要解释意志既是权衡终点又是行为始点的观念。在我看来,这个观念的意涵,可以借亚里士多德的表述来揭示:"实践推理的结论是行为"(Aristotle,1978,p.40)。就是说,和亚里士多德相似,霍布斯认为,在具有特定欲望的条件下,当事者结合具体实践情境及自身行为能力对(满足该欲望的)最合适手段进行考虑(权衡);经由权衡做出的最终判断直接意味着当事者采取和判断符合的行为(或不作为)。或者,从否定的方面讲,关于"有筹划的行为"中(权衡最终确立的)判断和行为间的关系,霍布斯的立场不同于奥古斯丁或者Bramhall。Bramhall认为,"我理解并且拥护更好的,不过在行动上追随着更坏的(I see and approve the better,but I follow the worse)"(Hobbes and Bramhall,1998,p.12)这类任性情况是可能的;进一步地,为了解释这种可能性,他(从哲学心理学角度)设定所谓"自由意志(free will)"这种"和理解或理性泾渭分明的"心灵能力(Hobbes and Bramhall,1998,p.13)。

本节主题是:一个当事者在具有一个特殊欲望或情感的条件下,针对实现这个欲望所做的考虑及在此基础上的决策。这种情况,既适于"孩子,疯子,傻子和动物",也涵盖成熟的人类行动者。下一节将转向专属于成人的、更复杂的意愿行为心理机制。

1. 意愿行为概念的轮廓

霍布斯在四个场合阐述过意愿行为,分别是:《法律原理》第 12 章("人类行为如何以权衡为中介,从激情中产生出来");《利维坦》第 6 章("论意愿运动的内部开端,通常称作'激情';以及谈论激情的语词");《论物体》第 25 章("论感觉和动物运动"),以及与 Bramhall 就自由意志问题的争论。由于四个版本的意愿行为基本观念没有变化,我们通过文本互释来勾勒这个概念的轮廓。

《法律原理》第 12 章表述:

此前,我们已经解释了外部对象如何引起观念,以及观念如何引起欲望和恐惧——欲望和恐惧是我们行为的首要开端。或者,一个行为直接跟随着这个欲望发生(the action immediately follows the first appetite)——就像我们突然做任何事情的情形;或者,跟随着这个欲望的是做这个行为将会使我们承受某些恶的观念(也就是恐惧)……恐惧之后也许跟随着一个新欲望,新欲望又跟随着另一个恐惧,如此这般,直到或者这个行为被做出,或者我们判断某些属性使得这个行为不可能——这种情况下,欲望和恐惧的交替就告终结。关于行为是在我们能力范围以内,抑或在能力范围以外的、欲望和恐惧交替的序列称为"权衡(deliberation)"。……在权衡中,最后的欲望,或者最后的恐惧,称作"意志(will)";也即,倘若权衡的终点是欲望,意味着去做;倘若权衡的终点是恐惧,意味着不去做,或者不采取行动。……

意愿行为/不作为是以意志为开端的行为;其它行为或者是非意愿行为,或者是混合性的行为。意愿行为也就是一个人出于欲望或厌恶做出的行为;非意愿行为是出于自然必然性而发生的行为,比如一个人被推动,或者跌倒;混合的行为则分有这两者的特征。(EL,pp.70—71)

在这个表述中,清楚的要点是:(a)意愿行为定义为"出于欲望或厌恶做出的行为"。(b)意愿行为划分为两种类型:"直接跟随一个欲望发生的行为"和"跟随意志发生的行为";"跟随意志发生的行为"这个表述中,"意志"属于欲望,即作为权衡终点的欲望。

I. 意愿行为的定义。《利维坦》《论物体》和《论自由与必然性》都诉诸欲望/厌恶(激情)定义意愿行为:意愿行为是"以欲望或厌恶为开端的行为"(Lev,p.39;OB,p.408),"以激情为内部开端的行为"(Lev,p.38),"跟随欲望发生的行为"(Hobbes and Bramhall,1999,p.37)等。

关于意愿行为的定义,需要解释《利维坦》的一处表述。《利维坦》中,霍布斯曾提到,"想象(imagination)是所有意愿运动的首要的最初开端"(Lev,p.39)。我们认为,这个表述和意愿行为"是以激情(欲望/厌恶)为内部开端的行为"表达相同的意思。换言之,该表述中的"想象"和作为意愿行为内部开端的"激情"属于(用霍布斯的话说)"针对同样事物,出于不同考虑而施加的不同名字"(Lev,p.6)的情况。霍布斯认为,欲望/厌恶中总是包含着想象的因素,甚至欲望/厌恶就是想象的一种样态:

> 某种意义上,欲望就是快乐,厌恶就是痛苦。只不过,欲望和厌恶不是当下的快乐和痛苦,而是所预见的或预期中的快乐和痛苦(foreseen or expected pleasure/displease)。(OM,p.45)

这个说法包含两重思想:(a)从内省的角度讲,通常来说,当事者具有对特定对象的欲望,这个欲望的部分内容是他对于欲望对象的想象。比如,一只老虎具有食欲,这通常意味着,一只兔子或一只沼狸的影像在老虎心灵中的当下呈现。(b)更重要的是,"A 欲望 B"必然意味着 A 已然将 B **看作**(seeing-as)承载着特定实践意义的东西:诸如,令 A 快乐的东西、令 A 痛苦的东西、能够解除 A 痛苦的东西、对 A 有用或无用的东西、对 A 来说的好东西或坏东西等。比如,一只老虎感到饥饿,在饥饿感的驱使下致力捕捉兔子,这个事态预设了老虎将兔子看作可以解除饥饿感的东西(即它的食物)。就一个欲望总是当事者对于对象(某种形式的)看作而言,欲望是想象,即对象以特定方式向当事者的呈现或显现(be represented or appeared in certain way)。

II. 意愿行为的两种类型。霍布斯将意愿行为划分成两种类型,即"直接跟随一个欲望发生的行为"和"跟随意志发生的行为";在"跟随着意志发生的行为"中,"意志"也是欲望,即作为权衡终点的欲望。结合日常经验,这个区分的要点不难把握:"直接跟随一个欲望发生的行为"指向(或可以说)"冲动行为(impulsive actions)","跟随着意志发生的行为"指向在预先筹划、考虑或权衡基础上决定采取的行为(proposal actions)。

关于意愿行为两种类型的划分，《论自由和必然性》这样表述：

> 我设想，当一个人的心灵中呈现出去做或不去做某些行为的思想，进而如果他没有时间权衡，那么他做或不做的行为就必然地跟随着他当下具有的、关于做或不做（对他而言）的利害后果的思想中产生出来。比方说，在突然愤怒的情形中，行为紧跟着报复的思想而发生；在突然恐惧的情形中，行为紧跟着逃跑的思想而发生。……这类行为，对我来说，也是意愿行为（主教将它们称作"自发行为"）。我将它们归为意愿行为的原因是：1. 紧随着最后的欲望而发生的行为是意愿行为；2. 在这种情形下，唯一的欲望同时也是最后的欲望。（Hobbes and Bramhall，1999，pp.36—37）

就是说，意愿行为的定义是"以欲望或厌恶为开端的行为"，这个定义中的"欲望或厌恶"具有双重含义：（a）"如果欲望或厌恶并非跟随权衡发生的，那么它们就简单地称作'欲望和厌恶'"。（b）"假如此前的活动是权衡，那么权衡的终点若是欲望，则称为'意志（will）'；若是厌恶，则称为'unwillingness'"（OB，pp.408—409）。由此，从定义引申出意愿行为的两种类型："直接跟随一个欲望发生的行为"和"跟随意志发生的行为"。

III. 意愿行为主体。关于意愿行为的主体，霍布斯明确且一贯的观点是，在自然物中，不仅成人，"孩子，疯子，傻子和动物"都具有发起意愿行为（包括两种样态）的能力。

首先，在《利维坦》中，霍布斯将意愿行为称作"专属于动物的运动"（Lev，p.38）；他评论，不仅成人，动物也具有权衡和意志的能力：

> 欲望、厌恶、希望、恐惧的交替序列［注：即霍布斯所谓的"权衡"］并非只有成人才具有，而是一切生物都具有。就是说，野兽也能够权衡。……由于野兽具有权衡，它们也必然具有意志。（Lev，p.48）

其次，《论物体》指出婴儿和孩子同样能够发动意愿行为：

> 刚出生的时候，婴儿只对很少的事物有欲望，他们也只会躲避很少的东西，因为这时他们还缺乏经验和记忆；因而，较之长大一些，他们还做不出那么多样的动物运动。如果没有从感觉中延伸出的关于什么令人快乐、什么有害的知识——也就是说，没有经验和记忆——对于相关事物的欲望或厌恶以及相应的动物运动就不可能的；这时，行动者只能根据对象的外观来猜测。因此，一开始的时候，婴儿确实不知道什么可能对他们来说是好的、而什么又会对他们造成伤害——他们只会在怀疑的驱使下，此时趋近一个事物、彼时却又背离它；不过后来，随着逐渐和周遭事物变熟悉，他们也就有了关于哪个事物该趋近、哪个事物该背离的知识。（OB，pp.407—408）

再次，《论自由和必然性》最完备地阐述了"孩子、白痴和动物"也具有权衡、意志以及发起意愿行为能力的观点：

> ［Bramhall］提出，孩子、白痴、疯子和动物的行为是被决定的：它们既不是出于选择的，也不是自由的，而只是自发的行动者（spontaneous agents）做出的。比如，蜜蜂只是自发地酿蜜；蜘蛛结网并非出于选择，而只是自发行为。……
>
> ……我将表明，Bramhall归于白痴、孩子、疯子和野兽的所谓"自发行为"事实上同样出于权衡和选择；日常见到的那些不经考虑的、冲动的、自发行为事实上远比一般认为的包含更多的思想。……
>
> 经验显示：比如马、狗或其它动物在遇到岔路时会犹豫不决；马遇到陌生人会躲避，然而为了逃避马刺又会回转过来。我们说，当权衡时，一个人所做的事情不过是此时基于得到更大好处的希望，他朝向某个行为；一会儿基于对更大坏处的恐惧，又要回

避它等。倘若一个孩子太小，他诚然不能完备地基于权衡做事；不过，他只要稍大一些，具有了经验，情况就不再如此。……十分明显，傻子和疯子的权衡并不比一个聪明人少，他们只是不能做出很好的选择罢了。之于蜜蜂和蜘蛛……不仅具有选择，而且和人类一样具有技艺、审慎和策略。（Hobbes and Bramhall, 1999, pp.17—19）

IV. 霍布斯的意愿行为定义、类型学与亚里士多德。事实上，霍布斯的意愿行为定义及类型划分基本来自亚里士多德。首先，我们看到，霍布斯将意愿行为定义为"出于欲望或厌恶做出的行为"。类似地，亚里士多德主张，意愿行为的最终本原是欲望：

> 看来，动物运动具有两个本原，欲望和实践思想。因为欲望对象导致运动；进一步地，正是由于欲望对象导致运动，思想才能导致运动，毕竟欲望对象是整个运动的始点。想象不可能在没有欲望的条件下导致运动。因此，最终说来，只有一个事物导致运动，也即欲望的能力。（Aristotle, 1968, p.69）

其次，我们看到，霍布斯区分了意愿行为的两种类型，即"直接跟随一个欲望发生的行为"和"跟随意志发生的行为"。类似地，《尼各马可伦理学》中，亚里士多德将当事者在具有一个期望（a wish）的条件下，权衡实现该期望的手段，并在此基础上选择发起的行为——他称作"出于选择的行为"——归为意愿行为的一个样态："选择属于意愿，但是它又和意愿不同，这是因为意愿具有更大范围"（Aristotle, 2002, p.126）。

再次，特别地，霍布斯关于"跟随意志发生的"行为的心理机制的理论之于亚里士多德的"出于选择的行为"思想具有明显的继承性。亚里士多德将"出于选择的行为"的心理机制区分为三个环节：期望（wish）、权衡（deliberation）和选择（choice）。首先，"期望"是欲望的一个类型。(Aristotle，1978，p.38)(a)欲望的功能在于为当事者确立行为的目的，或者确立"所为了的事物(the thing for-the-sake-of-which)"(Aristotle，1978，p.38)，由此(正如此前阐述的)，欲望是任何意愿行为得以发生的必要的和最基本的原因或条件。(b)根据 Nussbaum 的解释，期望是"对于理性可设想的目标的欲望，并且在引申意义上，也指对于该目标的构成部分及手段的欲望……期望的对象总是被当事者视作或评价为他的整体生活计划的一个部分"；同时，期望(作为欲望)与感性欲望(appetites)相区别，感性欲望是"在此时此地的快乐或好东西的激发下，当事者产生的欲望"(Aristotle，1978，pp. 335—336)。在亚里士多德的理论中，只有成熟的人类行动者才可能具有期望。其次，"权衡"指涉在具有一个欲望的条件下，当事者就实现该欲望的手段或方式进行筹划或考虑的环节。关于权衡的主题，亚里士多德提供了一系列规定，包括："我们能够考虑和选择的，只是在我们能力以内的事情"；"权衡和多半如此、会发生什么又不确定，其中相关的东西尚未弄清楚的事情联系在一起"；"我们权衡的不是目的，而是朝向目的的东西"等(Aristotle，2002，pp.127—129)。

最后，"选择"定义为"通过在前的权衡而抵达的意愿(decision is the voluntary reached by prior deliberation)"，或者，"对于那些我们力所能及之事的权衡性欲望(decision will be deliberational desire for things that depend on us)"：

1. 决定如果不是上述这些东西，那么它究竟是什么呢？——决定当然属于意愿，然而并非所有意愿都是决定。那么，是否能够说，决定是通过在前的权衡(deliberation)而抵达的意愿？支持这个思想的理据是，决定总是伴随着推理和思想。(Aristotle，2002，p.127)

2. 既然决定的对象也就是所权衡和欲望的那些我们力所能及的事物，决定也就是对于那些我们力所能及之事的权衡性欲望。因为通过在权衡的基础上进行选择，我们就是根据权衡来欲

望。(Aristotle, 2002, p.127)

在《论动物运动》中,亚里士多德评论:"选择既分有推理,也分有欲望"(Aristotle, 1978, p.38)。这个评论的基本含义看来是:一方面,选择可以看作实践推理或权衡的一个部分(即权衡的终点,或实践推理的结论)(Aristotle, 1978, p.40);另一方面,选择也可以归到欲望范畴,就选择构成当事者出于选择行为的始点(the start point)或"最近的原因(the proximate cause)"而言。

而基于此前论述,可以用图示直观表示霍布斯"跟随意志发生的"行为的心理机制:

欲望/厌恶("激情")→〈权衡→『意志/unwillingness("选择/决定")〉→行为/不作为』

因此,和亚里士多德类似,霍布斯将"跟随意志发生的"行为的心理机制区分成两个或三个基本环节:欲望/厌恶("激情"),权衡,意志/unwillingness("选择/决定")。[1]

2. 权衡

在描绘意愿行为观念轮廓的基础上,从这个部分开始,阐述"跟随意志发生的"意愿行为类型。我们说,这种意愿行为牵涉的日常情况相对清楚,即一个当事者在具有特定欲望(他想要实现特定事态)的条件下,针对实现该欲望的方式或手段做出考虑或筹划,进而在考虑或筹划基础上做出行动/不行动决策的情况。对于一个成人来说,这种有筹划行为的经验稀松平常;进而,霍布斯提出,不仅成人,"孩子、白痴和动物"等同样能够在权衡和意志选择基础上采取行动。

---

[1] 这并不是说,霍布斯的"跟随意志发生的行为"观念完全应当和亚里士多德的"出于选择的行为"观念等量齐观。在本节第 4 部分中,我们会揭示并且解释这两个观念的一处差异:霍布斯认为,不仅成人,动物和孩子也具有发起"跟随意志发生的行为"的能力;相较之,亚里士多德提出,"孩子和动物……不能基于决定而行动"。

不过,霍布斯对于"跟随意志发生的"行为心理机制的表述颇为晦涩、难以理解。这个部分阐述权衡概念,下一个部分阐述意志("选择/决定")的概念。

第一,斯金纳指出,"权衡(deliberation)"的原始意义是"用天平称量"(斯金纳,2011年,第84页)。延伸到实践领域,霍布斯对权衡活动的一种描述是"对于我们关切行为的好处(advantages)和坏处(disadvantages)进行比较(就像用天平称量那样)"的心灵活动。(OC,p.152)

第二,结合"跟随意志发生的"行为的语境,并非任何的对于行为利弊的考虑都构成权衡。"权衡"指涉在具有特定欲望条件下,当事者就类似"在如此这般的实践情境下,为了满足这个欲望,我采取怎样的行为是最合适的?"的问题的探究。或者,如果将当事者欲望的事态称作他的"目的(his end)"①,将当事者为了实现既有目的所采取的行为称作(这个目的的)"手段(means)",那么,可以说,权衡是具体情境下的当事者就实现既定目的的最合适手段所做的"搜寻(seeking)"或"发现(invention)"②。霍布斯通过"从目的到手段的心灵序列"观念表达(用亚里士多德的话说)"我们权衡的对象不是目的,而是朝向目的的事物"(Aristotle,2002,p.128)这个要点:

> 1. 当特定的结果被想象,我们去寻求产生它的原因或手段;这种序列是人和动物所共用的。(Lev. p.13)
> 2. 第二种心灵序列更有序,也就是被特定欲望以及目的所规制的序列……欲望引起关于特定手段的思想,也就是,此前我们实现相似目的(which we aim at)的手段的思想;进而引起关于手段的手段(the thought of means to that mean)的思想;如此连续下去,直到抵达这样一个始点(some beginning):即在我们的能力范

---

① "欲望,也就是……关于目的的观念。"(EL,p.31)
② "总之,被特定目的管控的心灵序列,不过是'搜寻(seeking)'或者发现能力(the faculty of invention)的活动……就是说,针对特定结果(它们是当下或者过去的事件),去捕捉它的原因;或者,针对特定原因(它们是当下或者过去的事件),去捕捉它的结果。"(Lev, p.14)

围以内(within our own power)。(Lev. p.13)

关于"从目的到手段的心灵序列"观念。首先,明显地,这个观念是霍布斯对亚里士多德权衡描述的继承(这是我们将它纳入霍布斯权衡概念阐述中的原因):

> 我们权衡的对象不是目的,而是朝向目的的事物。医生并不权衡是否要使病人健康,演说家不权衡是否要说服听众,政治家也不就是否要建立好政府进行权衡——其他人权衡的也不是目的,而是他们是先认同了一个目的,然而去检视怎样以及通过什么手段来实现它。如果看来有几种手段,他们就权衡哪种手段能最容易和最好地实现目的。如果发现只有一种手段,他们就权衡怎样利用这一手段达成目的,以及,这一手段又需要通过什么手段达成。如此这般,直到抵达始点,权衡的过程才告终结。……如果碰到了不可能之事,例如需要钱却得不到,那么人们就放弃权衡。所谓的"可能之事",是指我们或许能够凭借自己的能力达成之事。某种意义上,我们的朋友们力所能及之事,也是对我们而言的可能之事,这是因为,它们的始点也在我们这里。(Aristotle,2002,p.128)

其次,值得一提的是,孤立地看,"从目的到手段的心灵序列"看似在谈论被动联想的心理现象("欲望**引起**关于特定手段的思想……进而**引起**关于手段的手段的思想")。有解释者提出,对霍布斯来说,"人类与动物——至少一些动物——所共有的""自然心灵"是"消极被动的":"概念的前后相继都无法在行动者的欲望的促进与指导下进行,这种欲望表现为一种主动且有意识的形态……没有人会展现出积极主动的反思"(佩蒂特,2010年,第33页)。我不认同这个理解,在这里对它的不恰当性稍作提示。1.《利维坦》第3章将"心灵序列"分成两种基本样态:"不被激情或目的引导的、无序的心灵序列"(Lev, p.12)和"被特定欲望或目的规制的、有序的心灵序列"(Lev, p.13)。综观全章论述,很明显,霍布斯意图用"不被激情或目的引导的、无序的心灵序列"指涉被动联想的心理现象;相对地,用"被特定欲望或目的规制的、有序的心灵序列"指涉包含着下判断(make a judgment)以及(某种形式的)推理或计算于其中的、心灵的主动活动。2. 霍布斯频繁指出,在"被特定欲望或目的规制的、有序的心灵序列"情形中,当事者可能"犯下认知错误(the error of cognition)"。①我们说,"犯错误"是当事者"错误判断(相信)某些东西"的情况。即,针对思想或命题 P,如果 P 事实上为真,不过当事者判断 P 为假,或者,如果 P 事实上为假,不过当事者判断 P 为真,那么这个当事者(关于 P)"犯下错误"。因此,这个思想表明,"被特定欲望或目的规制的、有序的心灵序列"指涉包含判断于其中的心灵活动。

重申"权衡的对象不是目的,而是朝向目的的事物"这个思想。权衡诚然是某种实践考虑,不过并非任何与实践相关的思虑都是权衡。权衡是**在感受到特定欲望条件下**,一个当事者针对(类似)"在如此这般的实践情境下,为了满足这个欲望,我采取怎样的行为是最合适的?"的问题的考虑。典型地,比如,一只饥饿的老虎对捕食策略的筹划;或者,一个想要得到兔子的农夫,经过一番思量,决定守株待兔——这个使得农夫做出判断(或者得出结论)"(在这种情境下)守株

---

① 1. "在想象到想象的过渡中,当事者可能会发生感觉或认识的错误(the errors of sense and cogitation)。如果去构想未来或过去,然而所构想的事件在过去不曾出现,或者在将来并不会出现,那么这种构想就是当事者的一个错误。比方说,……看到一把剑,我们构想曾经或将来有一场争斗,因为在大多数情况下,剑是争斗的工具。……具有感觉的东西都可能犯下这种错误;不过,之所以被欺骗,既不是由于我们的感觉,也不是由于我们感知的事物;而是由于我们将仅仅是影像的东西设想为现实存在的东西。无论事物,还是对于事物的想象,都不能称作'错误',因为它们都确实存在……云彩并没有错误,犯错误的是我们——我们有见于云,就预测将会下雨。"(OB, pp.56—57)2. "这种思想称作'预见(foresight)''审慎(prudence)'或'远见'(providence),有时也称作'智慧'(wisdom);尽管由于把握到实践环境的所有方面是极为困难之事,实际说来,这种猜测(conjecture)总是可错的。不过,确定的是,如果相较于另一个人,关于过去的事情,这个人具有更多的经验,那么后者就比前者更审慎,也就是他的预测更不容易出错。……一个人具有越多的经验,他的预见就越确定;不过,终归不可能是完全确定的。当预见和事实相符时,预见称作'审慎';然而就其本性来说,预见终归只是猜测(presumption)。"(Lev, p.15)

待兔是最合适手段"的思量。相对地，比如，(a)尽管探究主题是行为的利弊，不过倘若探究是纯粹理论性的，这种纯粹出于理论兴趣的探究——霍布斯称作"怀疑"（Lev，p.52）——不是权衡（比如，农夫思考"要捉到兔子，应当怎样做？"，尽管他此时并没有得到兔子的欲望）。(b)权衡，就其概念而言，不是当事者针对既已具有的欲望所做的反思（比如，农夫当下具有对于兔子的欲望；进一步地，他可能思考类似这样的问题："我现在应当实现这个欲望吗？"）。(c)权衡不是对于一般价值目标甚至生命意义的思考（比如，在特定契机或场合下，农夫思考："对我来说，应当对做农民感到知足吗？"或者"我，作为一个人，应当过怎样的生活？"等）。换个角度讲，前文介绍，霍布斯认为权衡是"孩子，疯子，傻子和动物"共有的能力或活动。不过，首先，从常识的观点看，"孩子，疯子，傻子和动物"能够反思欲望、反思一般价值目标甚至生活意义等是荒谬的；其次，就行为利弊的理论性探究而言，霍布斯明确提出，至少动物不能进行这种活动。因为纯粹的理论兴趣，或者，将求真或具有知识设定为有内在价值之事，只有人类才是可能的："所有生物中，只有人具有好奇心"（Lev，p.44）。

第三，一方面，前文陈述，霍布斯认为，心灵的认知能力包含三种，即感觉、想象（记忆）和理性。另一方面，权衡——作为具体实践情境下的当事者对于"朝向目的的事物"的考虑——当然是认知活动。那么，一个问题是：对霍布斯来说，权衡是感觉的活动、想象的活动还是理性的活动？

首先，将权衡归属于感觉或想象（记忆）的活动都不恰当。1. 权衡不是感觉的活动。感觉是把握当下在场事物的能力（EL，pp.22—23）。不过，显然，权衡中发现的（作为合适手段的）行为不是当下在场的事物，而是未来可能在场的事物。即如果权衡**之后**，当事者做出了相应行为，那么行为才在场；然而，在权衡**当时**，行为并不现实地存在，而只是以观念或影像的形式存在于他的心灵中。2. 权衡不是想象和/或记忆的活动。霍布斯对于想象和记忆的阐述比较模糊。一方面，他声称，本质上，想象和记忆是同一种能力：

对于正在衰退的感觉,如果表达的是事物自身,即影像自身,则称为"想象";如果我们表达正在衰退,即表示这个感觉是淡去的、旧的和过去的,则称作"记忆"。(Lev, pp.5—6)

这个意义上,记忆(想象)是心灵把握当下并不在场、已然过去的事物的能力。不过,正如刚刚指出,尽管权衡中发现的(作为合适手段)的行为确实当下并不在场,然而它们也不是过去在场的事物,而是未来可能在场的事物。另一方面,霍布斯的复合想象(compounded imagination)观念似乎更符合想象力的常识理解。即,想象是心灵自由组合既往感觉印象的能力,想象力运用的产物是类似人面马身的怪物的影像在心灵中的呈现(Lev, p.6)。然而,尽管权衡当中发现的(作为合适手段的)行为以影像的形式呈现于心灵是可能的,不过权衡并非或者不只是复合想象活动。这是因为,针对复合想象能力的运用,去谈论当事者的"认知性错误"(相应地,"正确的认识")明显无意义[我的意思是:设想 A 想象了一头人面马身的怪物,通常来说,谈论这个活动(以及活动主体 A)的"错误/正确"并无意义。当然,倘若 A 进一步判断比如想象中的怪物在现实中存在/不存在,那么,人们针对这个判断(以及 A)做出"错误/正确"的评论是可理解的。然而,判断不是想象,而是(某种意义上)心灵对于想象的成果(人身马面怪物的观念或思想)赋予真值(真/假)的"额外"活动(see Descartes, 1984, p.30)];然而,如前所述,霍布斯提出,针对权衡活动及其结论或成果,谈论当事者的"认识性错误"(相应地,"正确")总是有意义的。

其次,关于这个问题,我相信,常识意见是:权衡是理性的活动,或者是理性能力在实践领域的一种表现形式(实践理性的一种表现形式)。不过,基于此前论述,在霍布斯的权衡观念中,这种意见貌似面临一个困难:(a)霍布斯提出,理性是人的特性;即在所有自然物中,只有人可能拥有的理性能力。然而,(b)关于权衡,霍布斯声称,除了成人,举凡"孩子,疯子,傻子和动物"都具有权衡能力和活动。由此,(c)对他来说,权衡不是理性的活动。

第二节曾粗略区分霍布斯理性概念的两种含义："不借助语词的加减"与"对普遍名词序列的加减"。这个区分为解决上述困难提供了线索。就是说，霍布斯的思想或许是：权衡确实是理性的活动，不过，权衡不是"对普遍名词序列的加减"，而是"不借助语词的加减"。接下来，让我们验证这个猜想。

I. 权衡是"欲望、厌恶、希望和恐惧的总和"。一方面，《利维坦》这样刻画权衡：

> 在一个人的心灵中，对于同一个事物的欲望、厌恶、希望和恐惧交替着出现；或者，做或不做某事的各种或好或坏的结果持续地出现在我们的思想中，以致有时想要去做、有时厌恶去做、有时抱着有能力做它的希望、有时失望或者对尝试做它感到恐惧。直到这件事情被做出，或者被认为不可能之前，这些欲望、厌恶、希望和恐惧的总和(the whole sum)称作"权衡"。(Lev，pp.47—48)

我们说，霍布斯采取多种方式刻画权衡(比如，此前提到的，"对于所关切行为的好处和坏处进行比较"或者"对于实现既定目的的最合适手段的搜寻或发现"等)，不过他最惯常、也是最具特色的描述是，权衡是"欲望、厌恶、希望和恐惧交替"及"总和"。(see EL，p.71；Hobbes and Bramhall，1999，p.37；Lev，p.52；OB，p.408；OM，p.46)

另一方面，此前提出，对霍布斯来说，理性就是计算(加减)的能力、理性活动的范例是"一家之主正在算账，即他将各项账单上的花销和收入合并为一个数目"(Lev，p.31)。

显然，权衡是"欲望、厌恶、希望和恐惧的总和"观念的准确含义是权衡的最终成果或结论是"欲望、厌恶、希望和恐惧的总和"(相当于一家之主合并而成的数目)。由此，权衡活动本身是心灵对于"欲望、厌恶、希望和恐惧"的相加或计算。由此，权衡是灵魂中理性部分的活动(相当于一家之主正在算账)。

尽管这个论证表明了权衡是理性的活动，不过它过于抽象。我的意思是,权衡活动是心灵(理性)对于"欲望、厌恶、希望和恐惧"进行"相加或计算"毕竟是一个颇不直观的讲法。那么,通过这个表述,霍布斯意图表达的思想究竟是什么呢?

II. "欲望、厌恶、希望和恐惧"与价值判断。《利维坦》对"欲望""厌恶""希望"和"恐惧"做了如下规定或定义:

1. 一个当事者欲望的任何对象,就被他称作"好的";一个当事者恨或厌恶的对象,就被他称作"坏的"。(Lev, p.41)

2. 欲望,伴随着能够满足的意见,称作"希望"。(Lev, p.43)

3. 欲望,不伴随能够满足的意见,称作"失望"。(Lev, p.43)

追随 Gauthier,将表述 1 理解为,"对霍布斯来说,'好的'的形式意义可用一个等式来表达:'这是好的' = '这个欲望的对象'"(相应地,"这是坏的" = "这是厌恶的对象")(Gauthier, 1969, pp.7—8)。也即,如果一个当事者 A 欲望对象 E,那么该事项的一个蕴涵是,A 针对 E 做出价值判断,即 A 判断"E(对 A 来说)是好的";相应地,A 厌恶一个对象 F,意味着 A 判断"F(对 A 来说)是坏的"。

结合"希望"的部分日常用法,将表述 2 理解为,A 对做 M 或实现事态 M 具有希望,意味或蕴涵着 A 判断"M(对 A 来说)是好的,并且,实现或做出 M 是'A 能力范围以内的'"。关于表述 3,首先,表述 3 明显将否定词放错了位置。即,霍布斯理应提供的表述是:"欲望,伴随不能够满足的意见,称作'失望'"。其次,结合"失望"的部分日常用法,将(修正后的)表述 3 理解为,在做 M 或实现事态 M 上,A 对自己感到失望,意味或蕴涵着:A 判断"M(对 A 来说)是好的,然而,实现或做出 M 是 A 力所不逮的"。

这些思想使得我们能够将权衡作为"欲望、厌恶、希望、恐惧交替"的说法转化为权衡作为一系列判断的"交替"。换言之,将权衡的心理状态摹写转换为权衡中当事者(部分)心灵活动的摹写。

比如,假设 A 欲望实现事态 E,进而他联想到做 M 能够实现事态

E。根据霍布斯的原始表述，A 对于做 M 的权衡的心理表现是：针对做 M，A 的"欲望、厌恶、希望、恐惧的交替"。以上述思想为中介，进行"翻译"，也就是：针对做 M，A 的心灵此时判断"做 M 对 A 来说是好的"、彼此判断"做 M 对 A 来说是坏的"、此时判断"做 M 对 A 来说是好的，并且，A 有能力做出 M"、彼时判断"A 没有能力做 M"等。最后，心灵（理性）将所有这些判断（相当于一家之主算账时的各项账单）"加"或"综合"起来，形成最终判断或结论。

不过，这个摹写依旧怪异。关键在于，无法理解在对做 M 的权衡中，心灵"不断更改"针对做 M 的价值判断这个说法的要点。更一般地，无法理解原始表述中的"交替"。

III. 行为的伴随性后果观念。我们说，权衡的题材是在如此这般的实践情境下，满足一个既有欲望的最恰当手段。就此而论，权衡活动的一个方面是，当事者从有用性的观点出发考察行为：

> 我们欲望的对象，被我们称作"好的"。进一步地，如果对象是因其自身而欲望的（desired for its own sake），那么它［作为对我们来说的好东西］也称作"令人快乐的"（pleasing）；如果欲望它是为了别的事物，那么它［作为对我们来说的好东西］也称作"有用的（useful）"。因为，因其自身欲求的好东西，我们并不使用（use）它们；"有用性（usefulness）"施加的合适对象是手段和工具（means and instruments）。（OM，p.48）

在此基础上，需要反思到的是，针对权衡中所考虑的行为，它对于当事者（特定欲望的实现）的有用性，或者，它作为手段的意义，未必是（对当事者而言的）它在实践方面的全部意义。让我们解释这一点。

设想 A 现在想要实现事态 E，进而联想到做 M 能够实现事态 E。然而，除了实现事态 E 外，做 M 也极有可能导致或伴随着"额外"事态。追随 Sidgwick 和 von Wright，将一个行为导致或伴随着的"额外"事态称作这个行为的伴随性后果（M' concomitants and consequences）。

(Sidgwick，1962，pp.109—110；von Wright，1963，p.116)进一步地，在权衡当中，A 以既往经验为根据,形成(比如)做 M 能够实现 E 的判断;类似地,根据既往经验,他也能够对做 M 的伴随性后果有所预见或推测。

通过两个例子来说明行为的伴随性后果的观念。（a）设想某人 A 处在室内,他现在感到闷热,想要凉快下来。他想到打开窗子能够降低室内的温度,从而让自己凉快;不过,他可能也预见到,打开窗子将导致室内充满噪音。在这种情况下,对 A 来说,一方面,开窗行为能够实现凉快下来的目的;另一方面,室内充满噪音是 A 预见到的开窗的伴随性后果。（b）引申霍布斯的一个例子:假如一个人 B 欲求名誉,B 接着可能想到智慧——也就是获得名声的一种手段;进而,可能想到学习,也就是使他具有智慧的手段等。（EL，p.31）现在,关于学习,B 也可能考虑到,学习意味着许多生活乐趣的牺牲、疲惫不堪、很难避免的挫败感等。在这种情况下,对 B 来说,一方面,学习能够让他具有智慧,并最终可能为他博得名声;另一方面,诸如生活乐趣的牺牲、疲惫不堪、挫败感等是学习的伴随性后果。

自然地,对于当事者来说,就像该行为之于既定目的的有用性一样,行为的伴随性后果同样承载着实践意义。即,对当事者来说,这些伴随性后果可能是"好的"(他"欲望的")、"坏的"(他"厌恶的")或者"无足轻重的"(他"轻视的")。（Lev，pp.40—42）

继续刚才的例子。（a）假设 A 是一个讨厌噪音的人,那么,一方面,当 A 想到开窗的伴随性后果(室内充满噪音)时,A 判断"开窗(对我来说)是坏的";另一方面,A 想要凉快下来,而他预见到开窗可以使他凉快,在这个意义上,他判断"开窗(对我来说)是好的(即有用的)"。（b）假设 B 是一个具有懒惰品性的人,那么,一方面,当 B 想到学习的伴随性后果(学习的辛劳和使人疲惫等)时,他认为"学习(对我来说)是坏的"(对于一个懒人来说,学习,作为一件辛苦的事情,是内在地可恶或坏的);另一方面,由于 B 想要出名,而他预见到学习能够让他有智慧,并最终为他博得名声,在此意义上,B 认为"学习(对他来说)是好的(即有用的)"。

首先,霍布斯对于行为的伴随性后果观念具有清楚认识——他通过"显得好的/坏的事物(apparent good/evil)"这个术语来表达这个观念:

> 好东西(类似地,坏东西)可以区分为真正好的东西(real goods)和显得好的东西(apparent goods)。这并不是说,在不考虑显得好的东西导致的结果的条件下,显得好的东西不能是就其自身而言真正好的东西。不过,许多东西都是部分地是好的,部分地是坏的;与此同时,我们又不可能将好的部分和坏的部分[从这个东西中]分离开。因此,尽管序列[注:指"这个东西"和它的结果构成的事实序列]的每个部分都具有如此之多的好处或坏处,不过这个序列,就其整体而言,却是好坏参半的。如果序列的主要部分是好的,那么它就被看作好的,并且是被欲求的;相反,如果它的主要部分是坏的,并且人们知道这一点,那么它(作为整体)就将被拒斥。(OM,p.48)

其次,显然,正是这类针对同一行为,基于不同侧面考虑,当事者可能对它(它的不同侧面)抱有不同实践态度(欲望、厌恶、轻视)或价值判断("好的"、"坏的"、"无足轻重的")的情况,被霍布斯历时性地(也是误导性地)表达为:"对于同一个事物的欲望、厌恶的交替出现"(Lev,p.47)、"所权衡行为的希望和恐惧的继替性想象"(Hobbes and Bramhall,1999,p.37)、"一个生物此刻欲望做这件事情,接下来又厌恶它"(OB,p.407)、"伴随利与弊以这种或那种方式的呈现,欲望和嫌恶继替"(OM,p.46)等。

再次,相应地,权衡作为"欲望和厌恶总和"的合理意蕴也显现出来,即在对于实现既定欲望 E 的可能手段(行为)M 进行价值判断基础上,理性对这些"利弊的账目"进行"相加",从而形成 M"整体上"(OM,p.48)好坏/利弊的判断——也就是,得出关于做 M 是"利大于弊,抑或,弊大于利?"的问题的答案。继续此前的例子。假设相对于凉快下来,A偏好不被噪音打扰;这意味着,对A来说,开窗行为的坏处大于好处。从哲学心理学的角度,霍布斯这样构想这个事项:(a)A判断"开窗(对A来说)是好的"(就其能够让A凉快下来而言)——这个判断设想为心灵赋予开窗行为以一个利弊方面的正加权(比如＋4);(b)A判断"开窗(对A来说)是坏的"(就其将使室内充满噪音,而A特别厌恶被噪音打扰而言)——这个判断设想为心灵赋予开窗行为以一个利弊方面的负加权(比如－50);(c)心灵将这两项"账目""提交"理性,理性则"对于我们关切行为的好处和坏处进行比较(就仿佛用天平称量那样)"(OC,p.152)和"相加"(Lev,p.29),从而"结算"整体利弊(开窗行为的"整体上的"利弊是－46)。

IV."在我们的能力范围以内"。如果说"欲望和厌恶的继替"及"总和"涉及的权衡中考虑行为(对于当事者来说的)整体利弊的维度,那么"希望和失望的继替"及"总和"反映则是权衡中考虑行为(对于当事者来说的)可行性(practicality)维度。

此前提出,权衡是具体实践情境下的当事者对于实现既定目的的最合适手段的"搜寻"或"发现"。就此而论,权衡预设了,或者,权衡活动的"背景"是:当事者打算通过亲力亲为地实现目的。由此,"最合适的手段"的一个必要条件是,作为手段的行为应当是当事者能够成功地做出或完成的行为;换言之,权衡活动要求涉及的一个方面是:所考虑的(作为可能手段的)行为与当事者本人行动能力的关系。在我看来,这是下述评论的含义(顺便提一句,这个评论是霍布斯从亚里士多德那里取来的):

> 对于过去的事物,不存在权衡;这是因为,明显地,过去是不可能改变的。对于那些人们知道或认为不可能的事物,也不存在权衡;这是因为,人们知道或认为对此进行权衡是徒劳的。不过,对于事实上不可能、不过我们却自以为可能的事物,我们可能权衡之——虽然我们并不知道,这种权衡不过是徒劳。(Lev,p.48)

在权衡的"继替性"描述中,权衡中涉及的(作为手段的)行为与当事者行动能力的关系维度通过"希望和失望的继替"的说法反映出来。此前指出,对行为 M 抱有希望意味或蕴涵 A 判断:"做 M(对 A 来说)是好的(有用的),并且,做出 M 是'A 能力范围以内的'"。在做 M 上,A 对自己失望意味或蕴涵 A 判断"做 M(对 A 来说)是好的(有用的),可是,做出 M 是 A 力所不逮的"。

不过,和"欲望和厌恶的交替"不同,权衡中的"希望和失望的交替"明显不是针对同一(作为手段的)行为来说的。这是因为,和具体实践情境中的一个行为可能(对于当事者来说)承载多重实践意义的情况不同,关于一个行为,结合对具体情境和个人能力的评估,一个当事者或者判断它是可为的或"能力范围以内的",或者判断它是不可为的或"能力范围以外的"。"希望和失望的交替"对应权衡的下述可能情况:

> 如果发现只有一种手段,他们就权衡怎样利用这一手段达成目的,以及,这一手段又需要通过什么手段达成。如此这般,直到抵达始点,权衡的过程才告终结。……如果碰到了不可能之事,例如需要钱却得不到,那么人们就放弃权衡。所谓的"可能之事",是指我们或许能够凭借自己的能力达成之事。某种意义上,我们的朋友们力所能及之事,也是对我们而言的可能之事,这是因为,它们的始点也在我们这里。(Aristotle,2002,p.128)

权衡的这种可能情况是:A 欲望实现事态 E,他判断做 M 对于实现 E 是必要的;然而,针对做 M,判断"做 M 本身是 A 能力范围以外的"。不过,A 可能进一步(从可行性的观点出发)"搜寻"做 M"又需要通过什么手段达成"(比如做 M_1),直到达成他(认为)当下可为的、作为"手段的手段"的 M_n 为止(或者达成"A 无法实现事态 E"的最终判断为止)。在此,从作为手段的 M 到 M_{n-1},A 的"态度"都是"失望";只有对于 M_n,A 的"态度"是"希望"。

看来,理性对于诸手段(对于当事者来说)可行性方面"账目"的"计算"或"相加"("希望和失望的总和")的原则是:1. 不管此前有多少个"失望",如果最后的判断是:"存在'手段的手段' M_n,并且,M_n 是'能力范围以内的'"("希望"),那么理性做出最终判断:"对当事者来说,整体而言,事态 E 的实现是可能的"("最终的希望")。2. 如果最后的个别判断是:不存在"能力范围以内的"任何"手段的手段"("失望"),那么理性做出最终判断:"对当事者来说,整体而言,事态 E 是不可能的"("最终的失望")。

举例来说,设想自然人 A 想要占有自然人 B 的"妻子、儿女和牲畜"(Lev, p.112),A 对手段的权衡可能是这样的。(a)A 判断"除非将 B 杀死,否则 A 不可能成功占有 B 的妻子、儿女和牲畜";(b)A 在对自己的行为能力(以及 B 的能力)评估基础上,判断"A 没有直接将 B 置之死地的能力"("失望");(c)在此基础上,A 进一步考虑并判断"如果 A 和 C 联合,那么能够实现杀死 B 的事态";(d)A 考虑并判断"A 能够(在杀死 B 这件事情上)和 C 成为朋友"("希望");(e)最后,理性综合这些判断,得出结论:"对 A 来说,整体而言,占有 B 的妻子、儿女和牲畜是可能的"——通过与 C 结盟,合力杀死 B 的方式。

V. 更复杂的情况。《利维坦》中,通过审慎概念,霍布斯描述了更复杂的权衡。即,多种可能的手段"序列"或"路径"向权衡者敞开的情况;这种情况下,权衡表现为理性对这些"路径"合适性的比较:

> 当一个人具有特定目的时,他的思想可能检视许多事物,以便观察它们在何种意义上有助于目的的实现;或者说,它们能够实现什么目的。如果他的这种观察并不容易或并不平常,那么这种德性称作"审慎"。具有审慎,取决于当事者具有许多经验,以及对于相似事物及其后果的记忆。(Lev, p.60)

如果 A 在实现目的 E(或相似目的)的方式或手段方面具有"许多经验",那么当 A 欲求 E 时,他就可能想到多种可能手段"路径"或"序列"(比如，$M \leftarrow M_1 \leftarrow M_2$；$N \leftarrow N_1$；$O \leftarrow O_1 \leftarrow O_2 \leftarrow O_3$）。这种情况下，权衡表现为：从整体利弊以及可行性（包括施行的难易程度）的视域出发，理性对于这些可能手段"路径"的比较："如果看来有几种手段，就权衡哪种手段能最容易和最好地实现目的"（Aristotle，2002，p.128）。进一步地，理性（权衡）的最终判断或结论的模式是：在如此这般的实践情境下，就满足欲望 E 而言，这个手段路径（比如 $M \leftarrow M_1 \leftarrow M_2$）是最合适的——即（大体来说），相较其它路径，执行这个路径能获得最大收益并且执行起来更容易或不费力。

顺便介绍审慎（prudence）的观念。综观霍布斯的表述，"审慎"具有三种含义：(a)作为动物和人性共有的一种心灵活动，审慎是对于特定行为的可能后果，或者，实现特定目的的可能方式的"预见（foresight）""远见（providence）"或"猜测（presumption）"（Lev，p.15），这个意义的"审慎"就是权衡；(b)审慎是在"追求（对它/他来说的）好东西"方面，一个"动物或人"通常都判断的好及做的好的品质（Lev，p.16）——特别是，在"并不容易或不平常"（Lev，p.60）的情况下；(c)"审慎"等同于"明智（wise）"，后者定义为"一个人性知道如何通过个人能力实现自己的目的，并且这种实现不依赖流氓行为或其它可鄙手段"（Hobbes，1990，p.38，p.86）。就是说，这个意义的审慎是人性才可能具有的德性，即**在道德的限度内**，关于目的及实现目的的手段判断的好和做的好；与之相对的恶（vice）——"动用不义或者不诚实的手段"——称作"狡诈（craft）"（Lev，p.60）。

正如刚刚展示的，霍布斯提出，（第二种意义的）审慎的具备"取决于当事者具有许多经验，以及对于相似事物及其后果的记忆"（Lev，p.16；p.60）。这个思想不难理解。一个当事者具有"许多经验"，意味着就满足特定欲望的手段进行权衡时，他拥有更多的可供比较的路径选项。因此，相较一个经验贫乏者，经验丰富者将更大机会地判断的好和做的好。（我们说，这是当想要实现特定目的时，人们愿意追随"老司机"——经验丰富的人——的部分原因）。

不过，尤其对成人来说，经验丰富只是审慎的必要条件。审慎的

另一个条件是：具有称作"良好的判断"或"睿智"的理智德性（the intel-
lectual virtue）：

> 那种使得人们察觉到事物与事物的差异或不相似性的能力，
> 称作"区分的能力（distinguishing）"、"辨识的能力（discerning）"或
> 者对于事物和事物进行判断（judging）的能力。如果辨识并不容
> 易［但是当事者辨识的正确］，那么就说他具有"良好的判断力
> （a good judgment）"。特别地，如果在交谈和做事的情形中，一个
> 人对于时机、场合和所针对的人辨识的好，那么这种德性称作"睿
> 智（discretion）"。（Lev，p.57）

设想某人具有一个欲望，他权衡（在如此这般的行为情境下）满足
这个欲望的最合适手段；同时，丰富的经验保证这人能够构想多种可
能手段"路径"或"序列"。不过，倘若他（他的理性）不足够睿智——比
如，他对具体行为情境不够敏感，或者，对于自身能力及自我和周遭的
关系缺乏精确和正确的认识等，那么在最合适手段的判断上，他也极
可能"犯下认知错误"或不审慎。一个丰富实践经验的人，由于不具备
良好判断或不够睿智，从而导致决策和行动不审慎的情形稀松平常，
最具代表性的也许是：一个具有丰富战争经验的将军，由于对战争局
势的错误判断，导致本军满盘皆输的情形。

VI. 动物理性。在 I—V 中，阐述了权衡是理性的活动，就权衡涉
及当事者从整体利弊和可行性角度出发，对（作为手段的）行为进行比
较、计算和"加减"而言。进一步地，一方面，所谓"对于普遍名词序列
加减"以当事者掌握语言（普遍名词）为可能性条件，而霍布斯认为，除
了人类，其它自然物均不具备习得和掌握语言（普遍名词）的能力。另
一方面，他明确提出，"孩子、白痴和动物"具有权衡、意志及发起意愿
行为能力。由此，对霍布斯来说，权衡，作为理性的活动，只能属于"不
使用语词的加减"或者"对于特殊事物的计算"（Lev, p.32）。

看起来，下述三个观念都是多少得到常识确认的：

1. 权衡是理性的活动。

2. 动物（以及婴儿、孩子）具有权衡的能力。

3. 动物（以及婴儿、孩子）不具有理性。

不过，这三个观念（1、2和3）存在显见矛盾。针对这三者的张力，霍布斯采取辩证的处理方式。首先，通过理性概念的分析（将理性活动分成"不借助语词的加减"和"对于普遍名词序列的加减"两种类型），他限定或精确化了命题3的含义，即动物（以及婴儿、孩子）确实不具有"对于普遍名词序列进行加减"的能力，不过他们具有"不借助语词进行加减"的能力。其次，将权衡和"不借助语词加减"的理性联系起来，从而同时保留命题1和2。即权衡是"不借助语词的加减"并且动物（以及婴儿、孩子）能够权衡。

解释者普遍地将霍布斯的动物理论和笛卡尔的动物-机器学说混作一谈，在我看来，这是一个错误。笛卡尔声称，尽管动物与机器在物理构造上存在复杂程度的区别，不过，动物本质上就是机器：

1. 那些对自动物（automatons）或者自动机器（moving machines）具有知识的人并不会对下述一点感到吃惊：与由无数骨骼、肌肉、神经、动脉、静脉以及其它部分构成的动物的肌体相比，人的技艺只用数量少得多的部分所制造的机械简直太小儿科了。这是因为，他们应该把动物的肌体看作是出于上帝之手的机器——那么，毫无疑问，作为上帝所造的机器，无论在各部分的安排方面、还是在它所能做出的运动方面，动物的身体都将无与伦比地好于人类所造的机器。（Descartes，1985，p.139）

2. ［在《论世界》中，］我下了很大力气来说明：如果存在一台机器，这台机器具有一只猴子或者什么别的没有理性的动物的感官和外形，那么我们将无法知道，这台机器与那些动物的本性是不同的。（Descartes，1985，p.139）

根据动物-机器学说,针对刚才提出的三个常识意见,笛卡尔的看法是:命题1(权衡是理性的活动)和命题3[动物(以及婴儿、孩子)不具有理性]为真,由此得出,命题2的否命题为真[即,笛卡尔认为,动物(以及婴儿、孩子)不具权衡能力]:

> [一只猴子,或者"如果存在一部机器,这部机器和猴子或其它非理性动物在器官和外形性完全一致",那么]尽管这部机器也许在特定事务上和我们做的一样好,甚至更好,然而它必定不能完成某一些[人类可以轻易完成]的事情。它的动作并非有意识的行动,而是基于器官的特定安排;相较之,理性是一件在任何实践场合下都运行着的普遍工具。……它的动作不同于我们的理性在我们这里引起的行动。(Descartes,1985,p.140)

霍布斯不完全同意笛卡尔的评论。他会认为,尽管不同于一个成人,动物和婴儿确实没有能力结合身处的任何(any)场景,就行为的恰当性做出考虑,不过动物和婴儿的行为毕竟表现出一定程度的"灵活性"或对于某些(some)具体实践情境的"适应性"。因此,如果行为的"灵活性"或对于具体实践场景的"适应性"预设理性,那么不得不承认动物和婴儿具有(某种程度或某种意义的)理性。

3. 意志

接下来,阐述意志概念。我们看到,霍布斯的一贯立场是,在"跟随意志发生的"意愿行为中,意志承担双重角色:在充当权衡终点的同时,意志也是行为的始点,比如:

> 关于行为是在我们能力范围以内,抑或在能力范围以外的、欲望和恐惧交替的序列称为"权衡(deliberation)"。……在权衡中,最后的欲望,或者最后的恐惧,称作"意志(will)";也即,倘若权衡的终点是欲望,意味着去做;倘若权衡的终点是恐惧,意味着不去做,或者不采取行动。(EL,pp.70—71)

根据权衡概念的分析,"权衡终点"的所指已经清楚。即,它指涉(在权衡中)理性做出或得出最终判断,这类判断的模式大抵是:"在这个实践情境 C 中,为了实现目的 E,我采取行为 M 是最合适的",或者,"在这个实践情境 C 中,为了实现目的 E,我没有任何合适行为可采取"。进一步地,关于"合适的",可大抵规定为:在行为(或手段路径)M 和 N 同样能够实现目的 E 条件下,如果相较做 N,做 M 能够为当事者带来(整体上)更大的好处,以及/或者,做 M 对当事者来说更轻松,那么做 M 比做 N 更合适。

所谓意志同时是行为始点,其含义是:在具体实践情境 C 中的一个当事者欲望实现 E 的条件下,1. 如果通过权衡,他最终判断"在这个实践情境 C 中,为了实现目的 E,我采取行为 M 是最合适的",那么这**直接**意味他去做 M;2. 如果通过权衡,最终判断"在这个实践情境 C 中,为了实现目的 E,我没有任何合适行为可采取",那么这**直接**意味(针对欲望 E 的实现)当事者不采取任何行动。接下来,借助霍布斯与 Bramhall 关于"自由与必然性"论题的论争来印证和进一步阐述上述思想。

霍布斯与 Bramhall 论争的一个焦点是,在(霍布斯所谓的)"跟随着意志发生"的意愿行为,或者,(Bramhall 所谓)"出于自由意志的选择而做出的行为"中,理性活动(权衡)、意志、行为三者的关系。

关于这个问题,从哲学心理学的角度出发,Bramhall 声称"尽管理解和自由意志并非不同主体,不过它们是同一灵魂的两种泾渭分明的能力"(Hobbes and Bramhall,1998,p.13);进而,这个声称的重要意涵是:

> 意志诚然能够追随理解的引导,不过意志并非必然地追随着理解。比如,存在这样的说法:"我看见和支持更好的,不过我却追随了更坏的(I see and approve the better, but I follow the worse)"。(Hobbes and Bramhall,1998,p.12)

就是说，Bramhall 认为，理性"看见"或判断（比如）"（对于实现 E 来说）做 M 是最合适的"，并不意味着当事者必然做 M——他也可能采取违背理性判断的行为（在行为上"追随更坏的"）。为了解释理性判断和行为之间的这个张力，Bramhall（从哲学心理学角度）设定自由意志（free will）这种和理解或理性"泾渭分明的"心灵能力。对他来说，意志能力的角色是，一方面，它的活动（选择）直接决定行为，或者说，（在出于自由意志的选择而做出的行为中）意志是行为始点；另一方面，针对理性的判断，意志可能接受、也可能不接受。由此，经由自由意志的"过滤"，当事者"输出"的行为可能和理性的判断相符，也可能不符。

相较之，霍布斯关于"跟随着意志发生的"意愿行为情形中，当事者的理性活动（权衡）、意志和行为的关系的立场是：

> 在任何权衡中，就是说，在相反欲望的持续继替中，最后的欲望就是意志；并且行为（或者不作为）与意志直接相随。（Hobbes and Bramhall，1998，p.37）

因此，与 Bramhall 的一致之处在于，霍布斯同样规定意志是行为的始点。两者的对立在于，霍布斯不同意"理解和意志……是同一灵魂两种泾渭分明的能力"，而是认为意志就是作为理性活动的权衡的终点。

进一步地，"权衡的终点"是指（权衡中）理性得出的"关于行为利弊判断的最终指令"（Hobbes and Bramhall，1998，p.20）。在权衡概念的分析中，已经重构了这类最终判断的基本模式："在这个实践情境 C 中，为了实现目的 E，我采取行为 M 是最合适的"，或者，"在这个实践情境 C 中，为了实现目的 E，我没有任何合适行为可采取"。由此，霍布斯的整体观点是：在"跟随着意志发生的"意愿行为情形中，理性活动（权衡）和行为之间，不存在一个（Bramhall 声称其存在的）自由意志"黑箱子"；而是，当事者经由权衡判断怎样的行为（对于他的既已具有的欲望的满足来说）最合适，他必然做出相应行为。这个解释直接被下述评论证实：

> ［Bramhall引述的］第一段经文出自民数记 xxx.13，不过他将这段经文解释偏了。原文是："如果妻子许了诺，那么丈夫能够选择这个诺言成立与否。"——这只是证明了丈夫是一个自由的行动者，而非他的选择不是必然的，或者说他的选择不是被在先的必然原因所规定的。因为，如果丈夫判断：相比废止诺言，使它成立能够带来更大的好处（greater good），那么他接下来必然使它成立；而如果丈夫判断：使它成立带来的坏处（the evil）超过好处，那么他必然做相反之事。我们说，选择的本质不过存在于希望和恐惧的交替中而已。（Hobbes and Bramhall，1998，p.17）

针对霍布斯意志既是权衡终点又是行为始点观念做出两个进一步评论。

I."任何行为都是必然的和被决定的。"霍布斯表述意志既是权衡的终点又是行为始点观念的另一种方式是"任何行为都是必然和被决定的"（Hobbes and Bramhall，1998，p.20），或者，"必然性和选择相伴而行"（Hobbes and Bramhall，1998，p.17）。

关于"任何行为都是必然和被决定的"或者"必然性和选择相伴而行"，当代解释者通常理解为（自由意志论题上的）相容论的表达。这意味着，他们依据霍布斯的决定论形而上学——"霍布斯是一个决定论者。他认为，任何事情的发生，包括人类行为，都是此前原因的必然结果"（Chappell，1998，p.xi）——来理解表述中的"必然性"或"被决定的"。就是说，这里的"必然性"或"被决定的"被看作和当事者的主观认知和判断无关的、"绝对客观"的必然性。

虽然霍布斯确实是一个神学决定论者（参见 Hobbes and Bramhall，1998，p.20，p.28；Hobbes，1990，pp.60—64），不过依据他的决定论图景解释"任何行为都是必然和被决定的"或"必然性和选择相伴而行"是错误做法。关于"任何行为都是必然的"，霍布斯阐述：

当我提出行为是必然的时，我的意思不是这个行为是违背行动者意志的——恰恰相反，它是符合行动者的意志的。不过正因为它符合行动者的意志，它是必然的。这是因为，人们的意志，以及人们的每个意志行为，都具有充分因而必然的原因；因此，每个意愿行为都是必然的。（Hobbes and Bramhall，1998，p.29）

正确理解这个阐述的关键是，要顾及到霍布斯谈论"意志行为"的基本语境及其真实含义。如已经澄清的，1.对霍布斯来说，意志预设心灵的权衡活动："意志是权衡中……最后的欲望或厌恶；与此同时，当事者的行为或不作为紧随着意志发生"（Hobbes and Bramhall，1998，p.37）。2.本质上，意志是权衡中"关于行为利弊的判断的最后指令。尽管这个判断不是全部原因（the whole cause），而是全部原因的最终部分，不过我们依然能够说它必然导致结果——因为，最终判断仿佛压垮骆驼的最后一根稻草"（Hobbes and Bramhall，1998，pp.20—21）。

进一步地，如前所述，霍布斯将权衡设想为推理或计算的活动，或者说，设想为"不借助语词的理性"对于一系列（与实现特定欲望的可能或合适手段相关的）个别判断进行"相加"或综合的活动。由此，他的观点是，**对这个当事者来说**，意志行为——作为权衡的成果或结论——具有心理或认识上的"强迫性"。就是说，基于对（权衡中的一系列）个别命题的接受；特别地，基于（"相加"中涉及的）推理形式或逻辑规则的（客观）有效性，他将"不得不"（在心理或认识上）接受作为"关于行为利弊的判断的最后指令"的意志："否认自由意志并不意味着使得[理性的]建议成为徒然的——恰恰相反，正是[理性的]建议引起并且必然使得一个人选择做这件事情、而非那件事情"（Hobbes and Bramhall，1998，p.25）。因此，"任何行为都是必然和被决定的"或者"必然性和选择相伴而行"中的"必然性""被决定"应当理解为（或可以说）"主观必然性"或者"被当事者的理性算计决定的"。这些表述意图表达的整体思想是，具体情境 C 下的一个当事者，在具有特定欲望

E 的条件下，如果经过理性的推理或算计（权衡），当事者"不得不"相信（比如）"在 C 中，我做 M 是实现 E 的最合适手段"，或者，"不得不"相信"在 C 中，对于实现 E 而言，我没有任何可行手段"（意志），那么当事者必然做 M，或者，针对实现 E 无所作为。就是说，这些表述表达的正是意志既是权衡终点又是行为始点的观念。

II. 意志及"跟随意志发生的"行为的可错性。前文零散提及类似"被特定欲望或目的规制的、有序的心灵序列"情形中，当事者可能"犯下认知错误"的观念，或者，"审慎……总是可错的"观念。[①]已经将这些观念理解为：当事者通过权衡确立的最终结论——"在 C 中，我做 M 是实现 E 的最合适手段"，或者，"在 C 中，对于实现 E 而言，我没有任何可行手段"——可能是错误的[即，分别在**事实上**做 M 并非实现 E 的最合适手段；以及，**事实上**（对当事者来说）存在实现 E 的可行手段的条件下，当事者的"在 C 中，我做 M 是实现 E 的最合适手段"，以及，"在 C 中，对于实现 E 而言，我没有任何可行手段"的判断是错误的]。进一步地，由于霍布斯认为，权衡终点即行为始点，因此当事者的"跟随着意志发生的"行为（不作为）同样可错：

> 最广义上的"罪（a sin）"指涉任何违背理性的所做、所说及意志（everything done, said, and willed against reason）。因为，每个人都运用理性寻找实现自己的目的——这个目的是他为自己设定的——的手段。进而，如果他推理的正确（即以最分明的原则为始点，正确地推导出必然的结果），他也将做的正确；不过，如果推理发生了偏差，那么他就会做、将说，或者意图寻求[事实上]偏离了他的目的之事。就后一种情况而言，我们说他"在推理上犯

---

① 第三节。借用 Hampton 的表述："霍布斯坚持认为，实现对世界的科学理解的关键在于恰当地运用理性。他宣称，在心灵的活动被'特定欲望或目的'规制的条件下，如果以'正确的方式'思想，那么我们将有效规定实现我们既定目的的可能手段。不过，对霍布斯来说，正确推理（right reasoning）和审慎的计算（prudential calculation）具有一个区别……即前者是'逻辑必然的'……而后者（作为关于特定行为和所欲目标之间因果关系的论断）是可错的。"（Hampton，1992，pp.34—36）

了错(have erred in reasoning)"，以及，"在行为和意志方面犯了罪(have sinned in acting and willing)"——这是因为：既然意志总在理解之后(will follows understanding)，相应地，罪是错误的结果(sin follows error)。当然，我们也说，这是"罪"的最泛泛的用法；在这种用法下，甚至所有的不审慎的行为(all imprudent action)都构成一桩罪——无论这个不审慎行为违背了法律(比如，毁了邻人的房子)，还是没有违背法律(比如，将自己的房子建在沙地上)。(OC，p.162)

我们看到，霍布斯正是根据"跟随着意志发生的"行为的可错性拒斥将意志定义为合理的欲望的做法(自然，这个拒斥包含着霍布斯对经院哲学意志定义的曲解)：

> 经院哲学家通常将"意志"定义为"合理的欲望(a rational appetite)"，不过这个定义不好。因为，倘若意志果真是合理的欲望，那么也就不存在违背理性的意愿行为了。(Lev，p.48)

权衡的最终结论(相应地，"跟随着意志发生的"行为)的可错性隶属霍布斯的一个更一般观点，即任何主观的推理都可能出错，或者，"在推理中出现各种缺陷(defects in reasoning)"(Lev，p.283)：

> 在数学的计算中，未经训练的人必定会出错，即便专家也会经常出错。类似地，在对于任何主题的推理中，那些最能干的、最集中注意力的，以及最熟练的人们也可能发生欺骗自己的情况，也就是推导出错误的结论。尽管理性自身总是正确的理性(就仿佛数学本身是确定的和不可错的技艺)，不过没有哪个人的具体推理，或者许多人的推理能够保证是确定的，就好比针对数目的加总，并不因为许多人支持这个和，它就是必然正确的一样。(Lev，pp.30—31)

进一步地,具体推理活动中结论的错误可能来自两方面的原因:

1."推理的错误存在于假的前提中",或者,"质料因的错误"(OB,p.57)。即倘若对之"相加"的那些前提或个别判断存在错误,那么"最后的结论不具确定性"(Lev,p.31)。霍布斯使用一个生动的例子表现这种情况:

> 好比一家之主在算账,如果他只是结算所有账单上的数目,却不管每张账单的算账人是怎么得出那个数目的,也不管付钱买来的东西是什么——就是说,他一揽子地把账目整个接受下来,完全相信每一个算账人的技术和诚实,那么这样的计算是徒劳的。(Lev,pp.31—32)

2."推理的错误存在于错误的推论活动中",或者,"形式因的错误"(OB,p.57)。即倘若在推理过程中运用了无效的推理规则,那么结论可能错误。

因此,针对权衡最终确立的结论(以及相应的"跟随着意志发生的"行为)的错误的情形,或者由于当事者错误地评估了具体实践处境、他(它)自己的行为能力等,导致关于可能手段的"整体利弊"及"整体的可行性"方面的个别判断错误,进而导致理性对这些个别判断"相加"而得出的最终结论错误,并最终导致(作为满足特定欲望手段的)行动的不合理;或者,虽然所有个别判断都正确,不过理性在对它们进行综合时,简单地"算错了",那么也将导致最终结论和/或行为的错误或不合理;再者,"质料因的错误"和"形式因的错误"兼具。

借助权衡结论以及"跟随着意志发生的"行为可能错误的观念,可进一步阐述霍布斯和笛卡尔动物理论的差异。我们说,笛卡尔的动物-机器形而上学将动物的任何肢体运动都还原为身体各部分(骨骼、肌肉、神经等)的机械作用;进而,身体各部分的机械作用又以外部对象的物理作用为原因。就是说,这个理论将动物的行为和无生命物(包括机器)式"本原或原因是外在的"运动等量齐观。

作为消解动物运动或意愿行为常识观念的激进规划,笛卡尔的动物理论严重挑战着日常直觉。其中,特别重要的一个方面在于,根据动物—机器的形而上学,原则上,评价动物或孩子行为的对错是无意义的;然而,在日常生活中,人们确实频繁谈论动物或孩子行为的对错。进一步解释这一点。

首先,在日常生活中,针对动物、婴儿、孩子等的行为,尽管我们并不会从某些角度来评价它们(典型地,比如道德或政治责任的维度、"长远利益"或生活整体目标的维度等),不过人们确实频繁地诉诸"对/错""合理的/不合理的""愚笨的/睿智的"等语词来臧否动物或婴儿及其个别行为。例如,针对一个婴儿尝试撕咬或吞食手边玩具以解除饥饿的行为,我们评价它是个错误;或者,针对一只总是捉不到耗子的猫(假设它确实"尽力了"),人们称它是一只"蠢猫"等。

相较之,针对无生命物(机器)的任何运动,非但谈论它的道德或政治意义,或者它对于该无生命物的"长远利益"意义,而且关于它的"对/错""合理的/不合理的"——在使用这些语词评价动物和婴儿及其个别行为意义上——的评价也被看作无意义的。

进一步地,动物、婴儿、孩子行为在对/错上的可评价性,以及,无生命物(机器)运动的不可评价性的反差预设"本原在自身之中"的运动和"本原或原因是外在的"运动的区分。我们会说:无生命物(机器)的运动之所以没有对错之分,是因为,从否定方面讲,无生命物(机器)对于它的运动完全无能为力;从肯定的方面讲,无生命物(机器)根本没有任何认识能力,因而没有判断力,这意味着它们根本不能犯错(就像它也无所谓正确一样)。相较之,动物、婴儿、孩子的行为存在对错之别的可能性条件在于,他们能够(从主观的观点出发)对相关要素(置身其中的实践处境、自身的行为能力等)有所辨识和判断,并且在判断基础上行事。

其次,笛卡尔将动物的任何行为和无生命物(机器)的"本原或原因是外在的"运动等量齐观,那么,原则上,他取消了动物(婴儿和孩子)行为对/错的维度。就是说,从动物—机器的立场出发,关于动物

（婴儿和孩子）的行为，人们在认识上所做及能做的事情只在于描述和理解；这里所谓的"理解"，只在于追溯行为得以发生的"外部本原"。①

然而，在霍布斯这里，如此前看到的，他认同并持续关注动物、婴儿、孩子的行为存在对/错、合理/不合理之别。在我看来，霍布斯的权衡观念完全可以理解为对于动物、婴儿、孩子的行为存在对/错、合理/不合理之别这一常识观念的哲学阐释。从这个角度出发，霍布斯的基本思路可大致重构如下。1. 认同动物或婴儿的行为/不作为存在对错、好坏、合理与否的分别这种常识观点；在此基础上，初步分析或限定（在人们评论动物、婴儿或孩子的行为对错、好坏、合理与否的语境下）"对/错""好/坏""合理的/不合理的"的意义或范围。即这些评价词既不是在道德意义上使用的，也不是在符合/不符合行动者的"长远利益"或生活整体目标意义上使用的，它们应用范围是：在具体情境下，一个当事者为了满足具体欲望而做出的行为。2."做错某事"/"错误地不作为"的可能性预设当事者针对所做行为的判断（即他判断"在实践情境 C 中，为了实现目的 E，采取如此行为 M 是最合适的"，或者，"在 C 中，为了实现 E，我没有任何手段可采取"等），而判断活动预设当事者具有判断能力。进一步地，霍布斯将判断力和（某种意义的）理性等同。由此，动物和婴儿必然具有（某种意义的）理性。3. 霍布斯的权衡观念旨在精确刻画或展现，具有特定欲望的当事者针对类似"在如此这般的实践情境下，为了实现这个目的，我采取怎样的行为才是最合适的？"这一问题，理性得出判断的"过程"。进而，通过这个"过程"，当事者何以会最终判断错误（因而行为/不作为错误）的可能原因也获得揭示（即"质料因的错误"和"形式因的错误"）。

4. 补充和总结

I. 自然欲望。一方面，此前看到，在"跟随意志发生的"意愿行为观念中，"启动"行动者的权衡以及意志选择的心理事件称作"欲望"或

---

① 笛卡尔当然可以采取某些策略来调和动物-机器的形而上学立场与评价动物或婴儿行为对错的日常现象。比如，他可以声称，在评价动物行为时，人们实际上是在类比地或拟人化地使用"对/错""好/坏"，"合理的/不合理的""愚笨的/聪明的"等语词。

"激情"。另一方面,第二节,1、2中,我们论证,霍布斯的"激情"概念具有双重含义:作为当事者直接感受或经验到的个别心理事件,以及,作为当事者"更持久并且很难改变"的品性和/或性情。很明显,在本节的"跟随意志发生的"行为讨论中,作为权衡(意志、以及行为/不作为)根本原因的"欲望"或"激情"仅仅指涉为当事者直接感受的心理事件——老虎此刻感受到的交配的欲望、婴儿此刻想要进食(感到饥饿)、农夫此刻想要得到兔子之类,而非品性和/或性情。

这一点极端重要。我们通过阐释霍布斯"跟随意志发生的行为"观念和亚里士多德"出于决定的行为"观念的一处差异来重申和强调这个要点。

此前提到,霍布斯的"跟随意志发生的行为"观念之于亚里士多德的"出于选择的行为"观念具有明显继承性。这体现在,完全追随亚里士多德,霍布斯将"跟随意志发生的行为"的心理机制区分为两个或三个环节,即欲望(激情)、权衡、意志(选择/决定)。不过,两个思想也存在一处显见差异。亚里士多德提出:

> 孩子和动物都能够出于意愿地行动,不过却不能出于决定而行动。……尽管感性欲望(appetites)和脾气(temper)是无理性的生物也具有的东西,不过决定却并非如此。(Aristotle, 2002, p.126)

相较之,我们看到,霍布斯认为,不仅成人,动物和孩子都具有发起"跟随意志发生的行为"能力:

> 欲望、厌恶、希望、恐惧的交替序列[即霍布斯所谓的"权衡"]并非只有成人才具有,而是一切生物都具有。就是说,野兽也能够权衡。……由于野兽具有权衡,它们也必然具有意志。(Lev, p.48)

这是用语导致的差异,而非亚里士多德和霍布斯的实质性分歧。首先,在《论动物运动》和《论灵魂》中,亚里士多德都相对明确地提出动物具有权衡和选择:

> 1. 十分明确,有两种东西导致动物运动,即欲望和理智。不过,我们也得把想象当成思想[即,理智]的一种类型;这是因为,毕竟一方面,许多人[在行动中]会顺从想象,而反对知识;另一方面,许多动物尽管不具有思想和推理能力,不过却能够想象。因此,欲望和理智能够导致动物运动。不过,这里所谓的"理智"是实践性的,它的主题是所为了的事物;它和理论性的理智的目的不同。每一个欲望也是为着某些事物的;因为欲望的对象是实践理智的始点,而实践理智的终点则构成行为的始点。(Aristotle,1968,p.69)
>
> 2. 当根据感知觉或影像而发生特定性质变化时,动物将基于欲望或者选择而发动位移运动。(Aristotle,1978,p.40)

其次,《尼各马可伦理学》之所以提出"孩子和动物……不能基于决定而行动",是因为《尼各马可伦理学》讨论的"出于决定的行为"具有特殊性。《尼各马可伦理学》中的"基于决定的行为"预设当事者的期望(wishes)。回忆引述过的一个评论:

> 我们权衡的对象不是目的,而是朝向目的的事物。医生并不权衡是否要使病人健康,演说家不权衡是否要说服听众,政治家也不就是否要建立好政府进行权衡——其他人权衡的也不是目的,而是他们是先认同了一个目的,然后去检视怎样以及通过什么手段来实现它。(Aristotle,2002,p.128)

成为一个医生的必要条件是,或多或少地,将治病救人设定为他的生活意义;作为一个政治家的必要条件是,或多或少地,将实现好政治当成他为之奋斗的整体生活目标。因此,这个评论中,"认同一个目的"并非一般指涉为一个当事者(动物、婴儿、成人等)在某一时刻经验到的特定欲望[欲望为他确立起"所为了的事物"(Aristotle,1978,p.38)],而是指当事者认同了特定的(或可以说)生活的整体目标——用亚里士多德的术语说,当事者具有期望,而(根据 Nussbaum),"期望的对象总是被当事者视作或评价为他的整体生活计划的一个部分"(Aristotle,1978,pp.335—336)。

这不是说,《尼各马可伦理学》中的"权衡"仅指涉一个成人对于实现他期望的手段的一般考虑(some general consideration),例如,医生一般而论地考虑怎样治病救人,或者政治家一般而论地考虑怎样建立好政府等。"权衡"依然可以指涉当事者就实现他的特殊欲望所做的具体考虑(some specific consideration),例如,一个医生面对一个病人,寻思怎样将他治好;或者,一个政治家考虑建立好政府方面的具体问题(比如,怎样杜绝腐败)等。要点在于,在《尼各马可伦理学》中,在权衡作为当事者具体考虑的意义上(这意味着,"开启"权衡的欲望是当事者在特定时刻经验到个别心理事件),"开启"权衡的欲望总是预设他的某种期望,或者,预设他的**生活整体**"所为了的事物"。进一步地,亚里士多德之所以提出,"孩子和动物……不能出于决定而行动"(Aristotle,2002,p.126),是因为孩子和动物——分别作为尚未具有理性的动物以及就其本性"无理性的生物"(Aristotle,2002,p.126)——不能形成期望,或者说,**不能为其生活整体设定"所为了的事物"**:"动物没有普遍把握事物的能力,它们只能接受特殊事物的影像,并记忆之"(Aristotle,2002,p.194)。

再次,霍布斯的"跟随意志发生的行为"的观念——他认为,动物和孩子同样能够发起"跟随意志发生的行为"——不预设当事者的将他的生活看作整体的能力,或者,不预设他的任何期望。就此而论,"跟随意志发生的行为"观念与《论动物运动》和《论灵魂》中的动物运动观念保持一致,同《尼各马可伦理学》的"出于决定的行为"观念相区别。

确立了在"跟随意志发生的"意愿行为中,作为"启动"权衡及选择的"欲望"或"激情"是为当事者在特定时刻直接感受到的心理事件这个观点基础上,关于作为当事者直接感受的个别心理事件的"欲望"或"激情",有必要介绍一个区分:"生而俱有"的欲望和"(后天)获得"的欲望。

第一,"生而俱有"欲望的有限性。霍布斯提出,行动者——无论动物,还是人性——的"生而俱有"的欲望或情感(在类型上)相对有限。即,只限于"饿、渴、性欲和生气等""感性的激情"(Lev, p.14),或者,"诸如食欲、排泄的欲望……以及少数几种其它欲望"(Lev, p.40)。进一步地,他提出,人和动物的一个差别是:尽管"刚出生的时候,婴儿只对很少的事物有欲望,也只会躲避很少的东西",不过基于"经验和记忆"或者"随着逐渐和周遭事物变熟悉",人类行动者的激情、欲望或情感(在后天环境中)将获得极大丰富(OB, pp.407—408);相较之,"除了享受每日的饮食、安逸和肉欲快乐之外,兽类没有其它的幸福可言"(Lev, p.94)。

我们将这两个论断——动物和人类"生而俱有"欲望的有限性,以及,伴随人性的成长,他的激情、欲望或情感将逐步丰富(相较之,动物则局限在"生而俱有"的有限欲望限度内)——作为符合经验的观察接受下来。①

第二,"生而俱有"欲望的无善无恶性。在《论公民》"给读者的序言"中,在驳斥对于其道德-政治哲学基础的人性论的"性恶论"理解语境下,霍布斯传递了谈论"生而俱有"欲望的(道德意义上的)合理与否、"好/坏""正确/错误"无意义的观念:

---

① 在此基础上,哲学的任务在于界定人性能够突破欲望、激情或情感的自然限度的可能性条件。关于这个问题,《论物体》中提出的观点看来是:人性的"经验和记忆"(OB, pp.407—408)。这个回答肯定是错误的。这是因为,根据霍布斯的观点,动物同样具有"经验和记忆";然而,动物却不具有突破欲望、激情或情感的自然限度的能力。形式上说,在霍布斯这里,使得人性得以突破欲望自然限度的能力只能在于"理性"——作为人性("人是物体—自动的—理性的")的种差(difference)的那个"理性"。

1. 就其自身而言,动物本性中的激情无所谓好坏。

2. 除非给予婴儿以任何他想要的东西,否而他就会哭闹、生气,甚至打父母——是自然驱使他这样做的。不过,婴儿却并不被谴责或者称为"恶的",这是因为:第一、婴儿尚不具有造成伤害的体力;第二、由于婴儿尚不能运用理性,他完全豁免于一切义务。

3. 具有嫉妒、恐惧、生气,以及其它源于自然的动物激情,并不意味着他就其本性是恶的。(OC,p.11)

我理解,这些表述包含两层意思。首先,它们是对于一个常识观念的确认,即动物和婴儿不是道德主体。针对一个动物或婴儿、他们的任何欲望及行为等,谈论(道德意义上的)"合理与否""好/坏""正确/错误"没有意义。其次,它们多少包含着对这个常识观念的解释。从否定方面讲,动物内在地不能具有"理性"、婴儿"尚不能运用理性",而(这个意义的)"理性"意味着道德主体的资格(不具有这个意义的"理性"意味着"完全豁免于义务"),因此它们不是道德主体。从肯定方面讲,特别地,动物和婴儿的激情、欲望或情感(行动者"生而俱有"的欲望)纯粹是"自然驱使的"或"源于自然的"(OC,p.11)——纯然被"上帝创造和统治世界的技艺"(Lev,p.ix)支配的,或者(从动物和婴儿的观点来说),动物和婴儿对之完全无能为力的,因此动物和婴儿无法成为道德主体。[①]

需要强调的是,上述评论表达的是:针对动物和婴儿、它们的任何欲望和行为,谈论其**道德意义**,或者在道德意义上谈论其"理性与否""好/坏""正确/错误"是无意义的;而非,关于它们的**任何意义**的"理性与否""好/坏""正确/错误"的谈论都是无意义的。第三节第 3 部分已

---

① 这是一个诉诸"应该蕴含能够"的论证。基本结构如下:1."应该蕴涵能够",即对于一个行动者对之无能为力的事项,不得提出要求(包括道德要求)。2. 对于动物和婴儿来说,具有"生而俱有"的欲望是他们无能为力的。3. 因此,不得要求(包括道德要求)动物和婴儿不具有"生而俱有"的欲望。

经指出，在具有特定欲望的条件下，针对动物或婴儿为满足该欲望采取的行为，谈论后者的"合理与否""好/坏""正确/错误"是有意义的——在这些行为是否是满足该欲望的最合适手段的意义上。

II. 权衡与工具理性。此前提出，许多解释者对于霍布斯的实践理性观念的理解是，对于霍布斯来说，实践理性就是工具主义的理性。比如，Gauthier 评论：

> 霍布斯关于理性的一般观念是，将理性等同于"对于普遍名词序列的计算（即，加和减），普遍名词的功能在于充当思想的记号和标识"。……因此，权衡……是在欲望和价值基础上，对于特殊事物的推理。在霍布斯对于正义的合理性的讨论中，凸显了实践推理的工具性地位……行为合理性的标准是它在多大程度性有助于当事者目的[的实现]。这种观念，除了是合理性的最大化观念之外，还能是什么呢？（Gauthier，1979，pp.548—549）

通过上述两个部分的阐述，不难看到，权衡正是 Gauthier 所谓的"工具性地位"的"实践理性"的具体表现。或者，用霍布斯的比喻说，在权衡中，"思想仿佛欲望的哨兵或间谍：它四处搜寻，以便发现实现欲望的方式"（Lev，p.61）。

解释者们以提出"合理性标准"或"理性的内在规范"的方式概括霍布斯的实践理性观念的工具主义维度，类似，"那些最能实现预期目的的行为，是最理性的"（Gauthier，1969，p.25）、"我们应当采取最有效的手段以实现我们的目的"（罗尔斯，2011 年，第 58 页）、"关于行为合理与否的判断，其根据在于它在何种程度上帮助当事者达成既定的目标"（van Mill，2001，p.76）等。根据目前的讨论，从霍布斯的视域看，一方面，这些概括是正确的。首先，意志既是权衡终点、又是行为始点的观念表明，霍布斯认为，在具有特定欲望条件下，当事者——动物、婴儿、成人等——必然根据权衡（理性）确立的最终判断采取行动/不作为；其次，权衡活动正是当事者的"不使用语词的理性"针对满足既定欲望的"最有效手段"或"最能实现预期目的的行为"的考虑。另一方面,这些概括相对抽象。因为,事实上,霍布斯分析了"最有效的""最合适的""最能实现预期目的的""最合理的"等语词,即作为手段的行为的合理性(有效性、合适性等)取决于两个方面:手段或手段路径(对当事者来说的)"整体利弊",以及,手段或手段路径(对当事者来说的)"整体的可行性"。

综合本节论述及这个部分的澄清 I、II,目前为止,勾勒了这样一幅行动者的形象,借用 van Mill 的表述:

> 解释者们普遍认为,对霍布斯来说,一个行动者是追求直接满足(immediate gratification)的狭隘的利己主义者,他被激情、而非理性所统治。(van Mill,2001,p.79)

或者,从霍布斯的神学决定论刻画这类行动者的基本特征。上帝创造了一类具备"'生而俱有'的欲望-权衡-意志选择"机制(mechanism)或本质(essence)的自然行动者。就是说,1. 它们具有"生而俱有"的欲望。在此,一方面,"欲望"("激情")指涉为行动者在生命历程的某些时刻直接感受到的心理事件;另一方面,"生而具有"的欲望(在类型上)相对有限,即限于吃喝拉撒睡等欲望,以及恐惧、生气等简单情感["感性欲望(appetites/sensual desires)"(Lev,p.14)]。2. 它们具有权衡和选择能力。权衡和选择是行动者结合具体实践处境的认识,针对感受到的欲望,去考虑并决定采取(在如此这般的处境下)满足该欲望的最合适手段的能力。在此,一方面,自然地,"如此这般的处境下,怎样的行为是满足这个那个欲望的最合适手段?"是具有客观答案的问题。另一方面,行动者的权衡——作为致力于寻求答案的主观活动——却可能犯下错误(权衡中的错误,可以类比一个人在数学推理活动中犯下错误的可能情况来理解)。进一步地,由于"权衡的终点是行为的始点",权衡结论的错误(一个认知性错误)亦是行动的错误。就是说,权衡的错误同时是选择的错误:行动者(在具体处境下,致力于满足特定欲望的)具体行动的错误(它做了"错误的/不合理的/不好的"行为)。

根据常识,这个纯粹"被激情、而非理性所统治"的行动者形象,或者,以"'生而俱有'的欲望—权衡—意志选择"为本质的行动者形象,恰切(proper)反映的对象是动物、婴儿和孩子,而非成人。这不是说,相较于动物或婴儿,成人在意愿行为的发动或行为决策方面,遵循一套全然不同的机制。要点在于,"'生而俱有'欲望—权衡—意志选择"模式无法涵盖成人意愿行为的经验;或者,在描述和解释成人的决策经验方面,这个模式过于狭隘。比如,我们会评论,明显地,这幅形象遗漏了太多在成熟人性这里稀松平常的东西:欲望的丰富性;"长远利益";"偏好"与"偏好体系";个人生活统一性或整体性的观点;自制/不自制的品性(性情);感受性欲望作为"心灵的扰动"或者"冲动"的意义;良心或道德感等。

总之,理性成熟的人性不是或不仅是一个"被激情、而非理性统治"的行动者。接下来,阐述成熟人性的特征——我们说,只有理性成熟的人类行动者才是霍布斯道德和政治哲学的严格对象。

第四节 "考虑长远是理性的职分"

在第一节第3部分中,我们提出,作为理性主义哲学或伦理学伟大传统的继承者,霍布斯将人性定义为"人是物体-自动的-理性的"(EL,p.21;OB,p.4,p.83)。那么,对他来说,一方面,人是动物,即具有自动运动能力的实体。基于目前的分析,"自动运动的能力"揭示为"'生而俱有'欲望—权衡—意志选择"的(发动意愿行为的)心理机制。另一方面,"理性"是人的"种差"(OB,p.83)或特性,即通过"理性",人性和动物(以及任何其他自然物)区分开来。

第二节第3部分区分了霍布斯理性概念的两种含义。1. "不通过语词的计算"。这个意义的理性能力为人性和动物共有,并且,其活动"是针对特殊事物的"(Lev,p.32)。进而,第三节第2部分阐述权衡正是实践领域中"不使用语词的计算"。2."对普遍名词序列的加减"。这个意义的理性是唯独人性可能具有（婴儿潜在地具有、成人现实地具有），并且，（追随佩蒂特）其实质是"以更为一般性与类型化的方式进行思考"。因此，人性的特性是"普遍化思维"意义上的"理性"。据此，刻画成熟人类行动者基本特征的任务也就具体化为两个基本步骤：首先，阐发"普遍化思维"的行动哲学涵义；其次，在此基础上，重构"普遍化思维"与（已经阐述的）"'生而俱有'的欲望—权衡（工具理性）—意志选择"这个动物灵魂机制的关系。

不过，作为对霍布斯人性论的阐释，最好采取相反的程序——采取通过（用亚里士多德和霍布斯的话说）"从就我们而言知道的东西出发，（通过分析）抵达就其自身而言可知的东西"（Aristotle，2002，p.97；Aristotle，1992，p.1；OB，pp.65—68）的分析程序。就是说，首先，罗列霍布斯谈论超越于"动物理性"的实践理性观念的表述；其次，分析这些表述，从而揭示"普遍化思维"或超越"动物理性"的实践理性的意涵。

霍布斯这里，作为人性特性的实践理性或者"普遍化思维"具有两种形式。根据普遍性的程度，"普遍化思维"区分为两个层次："一般化思维"和（严格意义的）"普遍化思维"。"一般化思维"概括为（a）当事者将他的个人生活看作一个整体或统一体的观点（the view-point of taking one's life as a whole or an unity），以及，从生活整体性的观点出发，（b）在具体的行为情境下，做出决策和采取行动的能力。（严格意义的）"普遍化思维"可粗略描述为（a）当事者的"将自己**平等地**视作众多行动者中的一个"的观点（the view-point of taking oneself as one among equals），以及，从这个"爱人如己"观点出发，（b）反思、批判和调整他在特定时刻感受到的激情或欲望，特别地，反思、批判和调整他的既已确立的整体善或生活目标的能力。

本节阐述第一层次的"普遍化思维"。第 1 部分罗列霍布斯关于"理性致力于控制激情"经验的一系列表述——这种心理现象是成人特有的并且在成人这里稀松平常。第 2 部分中，首先，尝试以这种经验为素材,通过分析,将"一般化思维"揭示出来;其次,在此基础上,将"一般化思维"和霍布斯的若干思想(涉及本章已阐述的几个思想)——性情和/或品性、理性之于婴儿的潜在性和之于成人的现实性等——以合理的方式综合,从而复现"一般化思维"的完备理论(自然,这个理论是人性论的重要部分)。

1. "情感频繁地阻碍着正确推理"

我们说,关于目前刻画完成的纯粹"被激情而非理性统治"的形象,自然的看法是,它恰切(proper)指涉的对象是动物、婴儿或孩子,而非"能够应用理性"(OC,p.11)的成人。然而,"理性是且应当是激情的奴隶"立场的解释者几乎正是将这幅形象当成霍布斯对于成人行动者的完备描摹接受下来;特别地,将权衡活动认作实践理性的唯一表现形式。这是片面和错误的解释性观点。在成人的讨论中,霍布斯引入了"以长远考虑为职分的理性"(OM,p.55)观念;进一步地,在当事者(主观的)"长远利益""整体善"或"期望"的"理性的观点"视域下,感受性欲望或激情的意义显现为待检视和批判的对象、"频繁充当正确推理阻碍"的"心灵的扰动"(OM,p.55)或"冲动"(Hobbes and Bramhall,1998,pp.36—37);以及,在它们与当事者的"长远利益""整体善"或"期望"不一致的条件下,行动者应当致力控制、克服、统治和征服的东西。总之,如果说权衡——以考虑实现特定欲望的合适手段为职分的、其活动具有高度"时机性"的实践理性能力——是感受性激情或欲望的"哨兵或间谍"(Lev,p.51),那么,成人具有的"以长远考虑为职分的理性"则是或应当是感受性欲望的"主人"。接下来,进入霍布斯关于成人从他的"长远利益""整体善"或"期望"观点出发,对感受性欲望进行主观批判和反思以及能够/不能够实现(行动上的)自制(self-control)或"理性控制激情(reason controls passions)"经验的描述。

I. "从原因到结果的连贯心灵序列。"第三节第二部分提到,《利维坦》将心灵序列区分为两类:"不被欲望或目的引导或规制的、不连贯的心灵序列"和"被某些欲望或目的规制的、连贯的心灵序列"。进而,"被某些欲望或目的规制的、连贯的心灵序列"又分为两种类型,分别是"从目的到手段（从结果到原因）的心灵序列"以及"从手段到目的（从原因到结果）的心灵序列"。（Lev，pp.12—14）

在第三节第 2 部分中，"人和动物共用的""当特定的结果被想象，去寻求产生它的原因或手段"（Lev，p.13）被理解为权衡活动的一种描述方式。而关于"从手段到目的（从原因到结果）的心灵序列"，霍布斯表述：

> 当想象任何东西时，我们去寻求它能够产生的所有可能的结果；就是说，去想象如果我们拥有了它，我们能够用它来做什么。……这种思想序列只有成人才具有。（Lev. p.13）

要正确理解这个表述，需要注意提出它的语境，即正在谈论的是"被某些欲望或目的规制的"心灵序列。进一步地，分别在第一节第 1 部分和第三节第 1 部分中，我们提到，特定语境下，霍布斯将一个当事者"欲望 E"表述为他"想象拥有 E"。因此，它的基本要点是：成人有能力对他当下感受到的任何欲望进行某种反思或批判；相较之，"仅仅具有感性欲望，也就是诸如饿、渴、性欲和生气"（Lev，p.14）的婴儿和动物不具（尚不具有，以及，内在不具有）反思和批判当下欲望的能力/活动。

具体来说，尽管就其自身而言，欲望的功能在于为当事者确立行动目标，或者规定"所为了的事物"（Aristotle，1978，p.38），不过成人能够赋予为他感受的任何欲望（或者，作为"所为了的事物"的欲望对象）以手段性或工具性意义；对成人行动者来说，"前一个欲望的满足是为了后一个欲望铺路"（Lev，p.85）。每个成人具有一个（主观的）"整体善""长远利益"或"期望"的观点；并且，他能够从这种观点出发，来看待感受到的特殊欲望或激情（欲望对象）。即，将这个欲望判断为相对于他的"整体善""长远利益""期望"来说有用、无用抑或有害的东西（因而，他的行动应当"顺从"或"克制"的东西）。简言之，成人有能力从他的"长远利益"或生活整体目标的观点出发，批判和反思他当下感受到的任何欲望(欲望对象)的(相对于他的"长远利益"或"整体善"的)有用性或合理性:"原因的知识使得一个成人能够以对他来说最有利的方式安排当下。"(Lev,p.78)

一方面,如 Sidgwick 所言,对成人来说,从他的"整体善"的观点出发,对当下的欲望或情感进行主观评价是熟悉之事(Sidgwick,1962,p.24)。举两个例子。(a)设想某人 A 将健康认同为他的生活的整体价值(的一部分),与此同时,他当下具有一个饕餮的欲望。那么,针对这个饕餮的欲望,A 可能判断:它自身(以及致力于满足它的行为)(对A 的健康的一般生活目标而言)是不合理的(不好的、错误的、有害的),是应当克服或抑制的等。(b)设想某人 B 是"对于统治地位和胜利"(Lev,p.79)具有野心的那类人。现在,在判断当下是弄死统治者的好时机的同时,他却对统治者心生同情。那么,针对这个同情,B 可能认为,它(以及它驱使下的行为)(对于 B 的统治他人的整体生活目标而言)是不合理的(不好的、错误的)、是应当克制或抑制的等。

另一方面,值得注意的是,尽管"从原因到结果的连贯心灵序列"是某种思想活动或"智识性过程"(Sidgwick,1962,p.24),不过它和权衡具有显见差异。比如,(a)权衡是在给定感受性欲望条件下,当事者的心灵关于实现它的合适手段的考虑;相对地,"从原因到结果的连贯心灵序列"是以感受性欲望为对象的反思。(b)"从原因到结果的连贯心灵序列"——作为关于特定欲望的满足是否符合当事者长远利益或生活整体目标的判定——的展开,以当事者认同某种"整体善""长远利益""人生意义"等(并且他知道他认同如此这般的"整体善""长远利益""人生意义"等)为条件;相对地,对权衡而言,对于长远利益或生活整体目标的认同及自觉意识——动物内在地不具认同某种长远利益的能力,婴儿尚不具有这种能力——是不必要的。(c)下述情况是可设想的。一个成人在权衡基础上,致力于去满足他的特定欲望;不过,他却不曾反思该欲望之于他的长远利益的合理性/不合理性。或者相反,针对感受到的特定欲望,尽管一个成人反思了它之于他的长远利益的合理性/不合理性,不过他却未经权衡或未能"三思后行"地做出了致力满足该欲望的行为。

总之,相较权衡,"从原因到结果的连贯心灵序列"是反思性(reflective)或者二阶(the second-order)的思维活动,这种活动的开展以当事者对于某些一般价值(some general values)、长远利益或生活整体目标的认同为条件。就此而论,"激情-权衡-选择"模式不能涵盖成人的这种心理经验。

II. "长远考虑是理性的职分。"第二节第 1 部分提到过《论人》的一段表述:

> 欲望和厌恶的一个样态被称为"情感"或者"心灵的扰动"。置身的环境不同,我们体验到的情感就不同。之所以被称之为"扰动",是因为它们频繁地充当正确推理的阻碍。情感阻碍正确推理的方式是:它们青睐表面的以及最直接的好处(如果对所有相关事项进行考虑,就会发现这些东西往往是坏的),并且反对真正的好处……只有进行长远的考虑,才能发现真正的好处;而长远考虑是理性的职分。(OM,p.55)

关于这个表述,首先,以"长远考虑为职分"的"理性"指涉的不是权衡能力。因为权衡是当事者对于满足感受性欲望——他的"最直接的好处(most immediate good)"——的合适手段的考虑;相较之,以"长远考虑为职分"的"理性"的功能在于"寻求或发现"当事者的"长远好处(good in the long term)"。其次,"正确推理"明显指涉以"长远考虑为职分"的"理性"的活动。进一步地,看起来,它的具体意涵就是"从原因到结果的连贯心灵序列"。即一个成人从他的"整体善""长远利益""期望"的观点出发,反思和批判他当下感受到的特殊激情的合理/不合理的活动。再次,我们联系下述表述来理解感受性激情"频繁地充当正确推理阻碍"的思想:

Bramhall 指出,和感觉更近的对象往往比理性具有更强大的推动力。就是说,通常来说,相较于坏结果的预期,对于当下好处的感觉之于行为的做出具有更直接的关系。(Hobbes and Bramhall,1999,p.35)

因此,感受性欲望"频繁地充当正确推理阻碍"的思想指向(用亚里士多德的说法)"人出于情感而做了他明知是坏事"(Aristotle,2002,p.190)、(用 Sidgwick 的话说)"理性(自我)屈从于冲动"(Sidgwick,1962,p.24)或者(用霍布斯的话说)"情感未被理性统治"(OM,p.58)的情况——总之,指向一个成人(行为上)不能自制(lack of self-control)的情况。具体而言,也就是,针对一个当下感受到欲望 E 的成人行动者 A,一方面,A 的以"长远考虑为职分的理性",通过"正确推理",达成判断(类似):"从 A 的长远利益或整体善的观点看,满足欲望 E 是不合理的/错误的/不好的"——A 的"以长远考虑为职分"的"理性"判断:不应当做致力于满足欲望 E 的行为。不过,另一方面,欲望 E——鉴于它"和感觉更近"——却驱使着 A 做出满足欲望 E 的行为,也就是做出违背以"长远考虑为职分"的"理性"的行为。

霍布斯将这类"尽管能够做出一些努力来克制欲望,然而最终还是屈服于它"的成人行动者称作"疯子(madmen)"(Lev,p.69)暨"没有理性的人(an insane man)"(Descartes,1984,p.13)。进一步地,显然,这类行动者欠缺的是"控制""统治"或"克服"感受性欲望或激情的能力。即一方面,他们确实能够从(主观的)"整体善""长远利益""期望"的观点出发,对感受性的欲望进行反思、批判和判断;另一方面,他们的意志选择和行为却倾向于不遵从这个理性判断(换言之,倾向于遵循感受性欲望或激情)。

III. 酗酒与不节制。《利维坦》提出,酗酒和不节制是自然法禁止的行为倾向和品性:

有许多事物倾向于导致个人的损害,比如酗酒(drunkenness)

和一切放纵(all other parts of intemperance);因此,它们亦应算作自然法禁止之事之列。不过,因为和目前的讨论关联不大,我们无需全面提及这类事物。(Lev,p.144)

霍布斯的自然法学说主要关注"和人类交往或人类社会"(Lev,p.146)相关的道德德性或规则,对(用 Sidgwick 的话说)"人对于自己的义务"(Sidgwick,1962,p.163)的讨论相当边缘。我们看到,诉诸个人的"整体善"或"长远利益"观念,霍布斯只枚举了两项自然法:"不得酗酒"和"不得放纵"。

首先,亚里士多德关于节制/放纵的规定包括:(a)"节制是同肉体快乐有关";进一步地,(b)"放纵者沉溺于最普遍的感觉……即不是我们作为人独有的感觉,而是我们作为动物而具有的感觉;"(c)"放纵者喜欢的那种触觉的快乐不是属于整个身体的,而只是身体的某个部分的"。(Aristotle,2002,pp.138—139)

关于放纵为什么构成恶或构成应受谴责的品性,亚里士多德的回答是:放纵者既然沉溺于"我们作为动物而具有的感觉",他们是低贱的(Aristotle,2002,p.139)。我们说,这明显不是霍布斯将放纵"算作自然法禁止之事之列"的理由。霍布斯的理由是,"缺乏自制导致疾病和死亡"(OC,p.56),而(用 Sidgwick 的话说)"健康或许是为数不多的人们都同意的具有价值之事"(Sidgwick,1962,p.154)。换言之,在霍布斯这里,"不得放纵"的自然法条款的完备形式是一条(用康德的术语)断言式假言命令(assertoric hypothetical imperative。Kant,1998,p.26),类似"为了你的健康(幸福),你应当节制"。

和目前的论述相关的是,禁止成人沉溺于动物性肉体快乐的思想预设了:对于成人来说,自我控制(self-control)他的动物性欲望(即节制)是可能的。进一步地,很自然,节制动物性欲望的可能性以成人从他的生活整体目标的观点出发(在节制情形下,从对身体健康的价值认同出发),反思和批判他感受到的动物式激情的合理性/不合理性的活动为条件:"节制的人在快乐的享用上遵循理性的指引。"(Aristotle,

2002，p.140）

其次，尽管经验确认酗酒和"个人的损害"的关系，不过综观霍布斯的相关表述及思想史的讨论，自然法禁止酗酒的理由并不是（类似）"酗酒有害身体健康"，而是（用柏拉图的话说）"人一闹酒就糊涂了"（柏拉图，1986年，第111页）：

> 推理能力被那些颠覆心灵自然状态的活动所摧毁或破坏——比如，明显地，人们酗酒的情形就是如此。因此，第二十条自然法是：酗酒是违背自然法的行为。（OC，p.53）

霍布斯这样评论"酗酒的效果"：

> 疯狂不过是将激情展露无遗——在过量饮酒者那里（就像在器官失调者那里一样）我们清楚地看到这一点。因为饮酒过量者表现的各色行为和疯子几无差异：有人狂怒、有人充满情欲、其他人则狂笑——总之，他们依循当时支配他们的激情（domineering passions），夸张地行事。酒的效果在于去除一切对激情的掩饰，以及使得当事者无法看到他们的激情的不合时宜……在大多数情况下，不被引导的激情（passions unguided）就是疯狂。（Lev，p.64）

之所以禁止酗酒，是基于酒的效果。即酒使得当事者"无法看到他们的激情的不合时宜"、使得他们的激情"不被引导"。用亚里士多德的话说，醉酒导致行动者"处于无知状态"（Aristotle，2002，p.124）；或者，导致行动者的实践理性的"瘫痪"。进一步地，实践理性"瘫痪"的一个方面是，当事者的从他的生活的"整体善"观点出发，反思和批判他感受到的动物式激情的合理性/不合理性的能力无法得到运用或实施——这反过来意味着，醉酒者这里，某些可能与他的"整体善"或"长远利益"相悖的激情也将"展露无遗"，也即他将做出"损害自己"的行为[这类行为，是当事者在酒醒之后（恢复理性后），从他的"整体善"

观点出发,有理由后悔或遗憾的行为:"捶胸叩心责备自己。"(柏拉图,1986年,第168页)]

IV. "直接跟随一个欲望发生的行为。"第三节第1部分区分了意愿行为的两种样态:"直接跟随欲望发生的行为"和"跟随意志发生的行为"。进而,我们曾提出,结合日常经验,"直接跟随一个欲望发生的行为"的要旨不难把握,即指向"冲动的行为",或者(亚里士多德所谓的)"不经算计,因此我们很快做出的行为"(Aristotle, 1978, p.40)。进一步地,由于不涉及权衡和意志选择,相较"跟随意志发生的行为","直接跟随欲望发生的行为"是更简单的概念。

下面是霍布斯关于"直接跟随一个欲望发生的行为"观念的集中表述:

> 我设想,在没时间权衡的条件下,如果在一个成人的心灵中呈现出做或不做特定行为的思想,那么他的做或不做的行为必然紧随着他关于[做或不做的行为]对他来说好或坏的结果的思想而发生的。比如,在突然的愤怒中,行为紧随着报复的思想发生;在突然的恐惧中,行为紧随着逃跑的思想发生。如果一个成人[在行为当时]有时间权衡,不过由于没有相反事项使得他对行为结果的思想有所怀疑,他并没有权衡,那么他的行为紧随着他关于这个行为有益或有害的意见发生。对我来说,这类行为是意愿行为……这是因为,直接跟随最后的欲望而发生的行为是意愿行为;在这类行为中,只有一个欲望,这唯一的欲望也就是最后的欲望。此外,我认为,对这类突然的行为加以惩罚是合情理的(在成人对成人的作为中,除非这个作为是意愿行为,否则惩罚作为者都是不公正的)。这是因为,对于一个成人的任何行为,都不应被看作是没有权衡的、或者如此突然的——我们必须设想,在既往的生活中,他有充分的时间去考虑他是否应当做出这个行为。因此,比方说,出于愤怒的突然激情而杀人的人,我们将他处死是公正的;毕竟,在生命的其他时间,他完全有能力去考虑杀人行为是

有益的还是有害的。(Hobbes and Bramhall，1998，pp.36—37)

这个表述涉及的一个思想是，(a)对成人的"突然的行为"施加惩罚是合情理或公正的；(b)根据在于，在"突然的行为"中，尽管行动当时，当事者确实"没有权衡"，不过，作为成熟的行动者，他本来可以(would)对该行为"做出考虑"。

首先，这个思想中的"权衡"或"做出考虑"和(第三节第2部分集中阐述的)在给定特殊欲望条件下，一个当事者(包括动物、婴儿、孩子、成人等)就类似"在如此这般的实践情境下，为了满足这个欲望，我采取怎样的行为是最合适的?"这一问题的探究意义上的"权衡"同名异义。一个理由是，(a)在动物、婴儿那里，同样存在"直接跟随欲望发生的行为"的现象；比如，设想一头饥饿难耐的老虎，"想都没想"地扑向面前的一个人。(b)动物、婴儿同样具有就(类似)"在如此这般的情境下，为了满足这个欲望，我采取怎样的行为是最合适的?"这一问题进行探究的能力(即权衡能力)。然而，(c)通过动物、婴儿的权衡能力来辩护对它们的"直接跟随欲望发生的行为"进行惩罚的正当性是荒谬的。毕竟，从常识的观点看，动物、婴儿的"直接跟随欲望发生的行为"应当受到惩罚观念无意义。由此，这个思想中的"权衡"或"做出考虑"理应指涉成人独有的某种心灵能力/活动。

其次，亚里士多德讨论过一个成人是否应当为其冲动行为负责的话题。他提出，(a)"一个喝醉的人或盛怒中的人的行为"属于"处于无知状态的行为"(Aristotle，2002，p.124)。(b)"处于无知状态的行为"区别于"出于无知做出的行为"。前者是"对普遍的东西无知，这种无知受到人们的谴责"，后者是"对特殊事物无知，即对行为的环境或对象的无知。原谅和怜悯是对于对这些特殊事物的无知的"(Aristotle，2002，p.125)。

进一步地，在《尼各马可伦理学》第7卷第3章中，亚里士多德评论：

一个人在某种意义上可以说像一个睡着的人、一个疯子或醉汉那样地既有知识又没有知识。那些受情感宰制的人也是如此。怒气、性欲和某些其他情感可以使身体变形,甚至使人疯狂。(Aristotle,2002,p.193)

结合这个评论,严格来说,"处于无知状态"的行动者并非"对普遍的东西无知",而是"既知道又不知道"它们;或者,"处于无知状态"的本质是当事者暂时丧失了在实践推理中运用"普遍的东西"的能力。(Aristotle,2002,p.194)我理解,亚里士多德的意思是:一方面,一般而论,醉汉或被某种情感宰制的人(作为成人)是或被看作认同了特定"长远利益""整体善"或人生的一般价值(即亚里士多德所谓的"普遍的东西")的行动者。另一方面,在醉酒当时、或者被某种情感宰制当时,当事者的"长远利益""整体善"或一般价值目标的观点无法在行为决策中发挥作用。就是说,在当时,他(暂时性地)丧失了从这种从一般观点出发,批判和反思当下感受到的欲望"合理与否""正确/错误""好/坏"的能力。

对亚里士多德来说,"处于无知状态"的行为——醉汉的行为或者在某种情感宰制下的行为——之所以应当受谴责和惩罚,是因为当事者本来能够(would)不处于"无知状态",即他本可以不喝醉,或者他本可以避免被怒气或性欲宰制等。总之,"本可以不处于无知状态"的能力构成承担责任和遭受惩罚的正当性基础。(Aristotle,2002,p.124)

再次,类似地,关于引文中的"权衡"或"做出考虑",我的理解是:成人具有从他的"长远利益"或"整体善"观点出发,批判和反思"处于无知状态"本身(类似醉酒的状态、被某种激情宰制的状态)"合理与否""正确/错误""好/坏"的能力。整个思想说的是:基于这种能力,一个成人本可以(would)避免被强烈激情宰制的状态(以及这种状态下的冲动行事)。进一步地,这种"本可以不处于无知状态"的能力构成冲动者承担责任或者遭受惩罚的根据。①关于"避免处于无知状态(被

① 在第四节第1部分Ⅱ中,我们联系不自制的观念界说"情感频繁阻碍正确推理"的思想。即,这个思想的一重意义上:一个成人行动者的、在特定感受性欲望的驱使下,做出(转下页)

激情宰制的状态)"的能力，Lloyd 做过很好的阐述：

> ［关于霍布斯的人性论］我们的第一个结论是：承认人性具有某些强烈的——这些冲动一旦出现，将是"压倒性的"——自然冲动，并不意味着承认除了冲动驱使的行为以外，人性不能以别的方式行事。尤利西斯在被塞壬的歌声控制之前，把自己绑在了桅杆上面——类似地，我们经常采取预先防范，以便阻挠某些冲动的发生。（Lloyd，2009，p.67）

上述这些引文无异议地表明：霍布斯认为，成人的心灵能够对感受性欲望或激情本身有所作为；或者，在成人这里，存在一个"理性尝试控制激情"的维度。首先，成人能够立足于他的"整体善"或"长远利益"，批判和反思特定时刻感受到的欲望或激情。也就是，去判断这个欲望是否与他的"整体善""长远利益"或生活整体的目标一致（在此意义上，判断这个欲望及其满足是否理性）；在此基础上，或尝试克制或克服、或顺从和顺应这个欲望（I，II，III）。其次，成人能够从他的"整体善"或"长远利益"出发，去维护立足"整体善"或"长远利益"观点，批

（接上页）违背他的长远利益或整体善的行为现象或品性。而第四节第 1 部分 III、IV 涉及的在某种情感宰制下的"冲动的行为"（以及醉酒状态下的行为）则指向了"情感频繁阻碍正确推理"的思想的另一重意义，即，情感或冲动的宰制意味着当事者从他的（主观的）"长远利益"、"整体善"、"生活意义"或"期望"的观点出发，反思和批判感受性欲望的"理性机制"整体的"瘫痪"。von Wright 将这种现象称作某种"情感，或者感受，或者激情"（von Wright，1963，p.147）之于一个成人的正确选择或决策的"掩盖"效应（von Wright，1963，p.150）："每一种具体德性对应一种需要通过习得而对之加以控制的情感。比如，勇敢加以控制的情感是面对危险时的恐惧；节制加以控制的情感是对快乐的嗜欲。……如果追问：'一个勇敢的人习得了什么？'，那么……答案是他习得了或征服或控制或统治或驯服他的恐惧（he has learnt to conquer or control or master or subdue his fear, when facing danger）。……那么，一个勇敢的人征服了他的恐惧——这又意味着什么？对此，需要注意到这个事实，即当面对危险时，一个人的行为常常被恐惧所影响。恐惧能够使得一个人'瘫痪'，以至他不能做出任何事情以应对危险；或者，使得他出于恐慌地乱窜。由于这些对行为的影响，恐惧是一件坏事。习得了征服恐惧，就是习得感受它的一种方式，即它不再对他造成伤害——他不再因恐惧而'瘫痪'、因恐惧而恐慌，而是当面对危险时能够冷静地行动。简言之，他习得了使得恐惧不再掩盖他关于（对他而言）正确行为的判断；进一步地，他习得了这一点，就习得了勇敢。"（von Wright，1963，pp.147—148）

判和反思感受性欲望这个"理性机制本身"。就是说,将"处于无知状态"或处于"以考虑长远为职分"的"理性"的暂时性丧失状态(一般而论地)认定为对自己有害的决策状态;在此基础上,采取预防措施,以避免陷入这种状态(III,IV)。

明显地,成人的"理性尝试控制激情"的经验是"被激情、而非理性统治"的行动者形象无法涵盖的;或者,它是成人超越于动物、婴儿和孩子等行动者的特征。接下来,尝试在霍布斯的术语框架内,进一步分析这种经验,以重构霍布斯(这个环节的)人性论。

2. 品性、性情与理性

前一个部分分离出了霍布斯人性论中"理性致力控制激情"的一个维度。在此,"理性尝试控制激情"主要指涉成人行动者的下述经验:当事者的心灵从他的(主观的)"整体善""长远利益"或"期望"出发,对当下感受到的激情进行批判、反思并下判断的活动,也就是,检视和判断这个欲望或激情和当事者的"整体善""长远利益"或"期望"符合与否(在这个意义上,检视和判断这个激情本身的理性与否、"对/错"、"好/坏");进一步地,在批判和反思及(作为批判和反思结果的)判断的关照下(in the light of)①,做出意志选择或行为决策。

这个部分进一步分析"理性尝试控制激情"的这个维度,并尝试将这种在人性理论的历史中具有奠基和本原意义的经验②和霍布斯的其

---

① 正如我们在第四节第1部分II中看到的("激情频繁地充当正确推理的阻碍"观念),即便针对当下感受到的欲望或激情,当事者从他的"整体善""生活意义"或"长远利益"的观点出发,对其(合理性、"对/错""好/坏")做出了反思和批判,不过他的选择或行为决策却未必和反思性判断相符,就是说,当事者的行动可能"屈服于"或"屈从于"他判断和他的"长远利益"并不符合的欲望(在这个意义上,"不理性的欲望")。那么,考虑到行动者的发起不自制行为的可能性,我们就不能说,在对感受性的欲望(从当事者的"整体善"的观点出发)进行了主观批判的条件,当事者的选择或行为决策是以这个批判(以及通过批判而形成的判断)为(类似)基础或根据的(based on/according to);而只能说,选择和决策是在这个批判的关照下(in the light of)做出的——"关照"严格地指涉:当事者在决定之时,对于关于感受到的激情本身的合理与否的判断有所意识。

② 众所周知,柏拉图从这种经验出发,提出了人类行动者实践灵魂二分["灵魂的理性部分"和"灵魂的无理性或欲望部分"(柏拉图,1986年,第165页)]或三分[理性的部分、激情的部分、欲望的部分]的学说(柏拉图,1986年,第156—176页)。同时,他将感受性欲望与"整体善"对立的条件下,当事者成功克制或克服了感受性欲望的情况同"成为自己的(转下页)

他概念联系起来。1. 从"整体善"观点出发，对感受性欲望进行批判的活动属于理性的活动。2. 进一步反思成人行动者的（主观的）"整体善""长远利益"或"期望"的含义；在此基础上，将它和霍布斯的性情/品性概念联系起来。一方面，一个成人行动者的"整体善"是他的生活——**作为一个整体或统一体**——致力于追求的东西或致力实现的事态（自我保存、健康、钱财、名声、正义、感恩、统治他人等）。另一方面，性情/品性是"人们趋向特定事物的**倾向**"（OM，p.63）。借此，我们提出，当且仅当一个当事者具有"整体善"的特殊观念，他具有某种品性/性情。比如，贪婪（作为一种特殊的性情/品性）是趋向钱财的**倾向**，那么一个贪婪的人也就是以钱财为其"整体善"内容的行动者。3. 具有某种品性或具有"整体善"特殊观念以当事者的将个人生活看作整体或统一体的观点或能力为可能性条件。这种纯粹形式性的观点或能力被等同于（作为人性特性的）理性（的一个维度）。

I. 从"整体善"观点出发，对于感受性欲望的批判属于理性的活动。就心理层面而言，所描述的这种"理性尝试控制激情"的经验可分析为四个要素：（a）批判的对象：当下感受到的激情或欲望。（b）批判立足的观点或批判的标准：当事者的"整体善"或"长远利益"。（c）批判活动本身：心灵从"整体善"或"长远利益"观点出发，对于感受性激情或欲望的检视；或者，心灵对于这个感受性激情或欲望和当事者的"整体善"或"长远利益"的比较。（d）批判的结果：关于这个感受性激情合理与否的判断——在它是否符合当事者的"整体善"或"长远利

（接上页）主人"这句俗语联系起来（柏拉图，1986 年，第 150 页）。进一步地，实践灵魂划分学说是西方人性论讨论的基本范式，"成为自己的主人"的意象是西方主导性的人性理想。比如，在亚里士多德的《尼各马可伦理学》中，实践灵魂二分/三分的学说作为伦理学讨论的基本预设而提出（Aristotle，2002，pp.109—110）；休谟"理性是并且应当是激情的奴隶"（Hume，2007，p.266）的著名论断以实践灵魂的理性部分/激情部分的二分为背景；伯林在《两种自由概念》的著名论文中，将集权体政制的根源回溯并归咎于"高级自我与非理性的冲动、无法控制的欲望、我的'低级'本性"的二分（伯林，2011 年，第 179—183 页）；"成为自己的主人"的意象鲜明地反映在康德的自律（autonomy）观念以及比如 Charles Taylor 关于积极自由（positive freedom）概念的讨论中等。提到这些，也是提请读者注意，我们目前所处理的问题的（在实践哲学领域的）根本性和复杂性。

益"的意义上。

一方面,第一节第 1 部分提到,霍布斯将心灵的认知能力分成三种:感觉、想象(记忆)和理性。另一方面,成人行动者的这种从他的"整体善""人生意义"或"长远利益"的观点出发,批判和反思感受性欲望的活动显然是认知能力的活动。由此引出的问题是:对霍布斯来说,这种活动是感觉的活动、想象的活动还是理性的活动?

从各个角度来说,答案都是无争议的,即这种活动属于理性的活动。首先,在一个极重要的日常意义上,它属于理性的活动。这种活动的结果——关于特定感受性激情合理与否的判断——总是被设想为有根据、有理由或存在辩护的。也即,当事者必然诉诸他的"整体善"或"长远利益"来辩护关于特定感受性激情合理与否的判断;例如:—A:"对我说,品尝这种食物是不理性的。"—B:"为什么?"—A:"因为有害健康。"或者,"我不应当对这个君主心慈手软——因为,只有弄死他,才能实现我的统治万民的功业"。相较之,如果一方面,某人声称他的某个感受性欲望不合理,另一方面,他不能为这个判断提供理由,那么他的声称被看作是任意的,或者,这个做法被认定为不可理解。进一步地,对于感受性欲望合理性的判断总是存在辩护理由的语法事实意味着:批判活动能够构想为心灵进行实践推理(practical reasoning)的过程,这类推理遵循以"普遍前提"暨当事者的"整体善"为始点、以关于"特殊的东西"(感受性欲望)的判断为结论的模式。(Aristotle,2002,p.191)其次,在行动哲学和伦理学中,对于"实践理性活动"的最自然和最无争议的用法大概就是指涉当事者的"从他的'整体善''人生意义''长远利益'或'期望'的观点看"的心灵活动。比如,一方面,一个哲学家未必愿意将动物或婴儿对于实现特定欲望合适手段的那种高度"时机性的"考虑(权衡)界定为理性的活动(如亚里士多德),甚至完全可能否认这种考虑的存在(如笛卡尔);另一方面,有的哲学家未必承认"超越于"当事者(主观的)"长远利益""整体善"或"人生意义"考虑的实践理性维度(比如,"理性是且应当是激情的奴隶"立场的霍布斯解释者以及合理利己主义道德理论的当代辩护者),

不过，所有哲学家会在"实践理性作为当事者的长远利益考虑"这个观念上达成共识。再次，我们看到，霍布斯明确提出，这种活动是以"长远考虑为职分的理性"能力的活动。也就是，心灵就两个事项——当事者的"整体善"观念，以及，当事者的特殊的感受性欲望——进行的"计算（reckon）"或"加减（addition and subtration）"；或者，心灵（理性）对这两个事项关系的比较（comparison）（OB，p.133）。

II. 整体善的观念。接下来，反思这类比较或实践推理活动预设的一类事项，即目前为止使用"长远利益"或"整体善"等语词指称的东西。

在日常生活中，当我们看待一个成人行动者（包括自我和他人）时，普遍预设他的生活具有特定形式（a form），也就是，具有某种意义的整体性或统一性。如果纯然历时性地看待，那么一个人的生活无非是他的所有（时空当中的）具体反应、行为及活动的集合。然而，这种历时性的观点不是人们自我理解及理解他人的自然观点。我们认为：或多或少地，一个成人的反应、行为和活动具有特定一贯的"线索"或"主题"；或者，更确切地说，我们总是参照特定"线索"或"主题"来理解自己和他人具体反应、行为和活动的意义——行为 A 是既定"主题"的某种背离、行为 B 是向"主题"的一次"靠拢"、行为 C 构成"主题"的展现等。所谓的一个成人的"整体善"就是他生活的"线索"或"主题"。更具体地说，它是一个成人的生活——**作为一个整体或统一体**——致力追求的东西或实现的事态：钱财、名声、权势、漂亮、知识、技艺（Lev，p.74）；征服他人、免于被他人统治意义上自由（Lev，p.112）；"在所有事物中，一个人最珍视的是他的生命和肢体；对于大多数人来说，其次珍视夫妻之情；再次则是钱财以及生计的手段"（Lev，pp.329—330）；身体健康；世界的和平、世界的混乱；道德或德性的完善，等等。

一方面，这是对"整体善"的基本描述；另一方面，我发现，对于这个我们极熟悉的东西，精确且全面地界定它的本质却是困难之事。接下来要做的是（这是一个权宜之计），引入并评论几个术语——对我来说，这些术语或多或少地与"整体善"同义或意思相近——以期描绘这个观念的某些侧面：

1. 生活的意义（the meaning of life）；生活方式（ways of life）；使得一个人的生活过得有价值的东西（the things make one's life valuable）。

维特根斯坦曾这样规定伦理学：

> 伦理学是对生活意义（the meanings of life）的探究，或者是对使生活过得有价值的东西（the things make one's life valuable）的探究，或者是对正确的生活方式（ways of life）的探究。我相信，如果你看到了这些的话，你就对伦理学所讨论的问题有一个大致的看法。（维特根斯坦，2011年，第2页）

一个行动者的整体善等于维特根斯坦所谓的"生活意义""使他的生活过得有价值的东西"或者"生活方式"。

2. 幸福（happiness）。

尽管基于若干理由，《关于伦理学的演讲》否认伦理学的意义或可能性："伦理学想要谈论生活的终级意义、绝对的善、绝对的价值，它不可能是科学"（维特根斯坦，2011年，第8页），维特根斯坦对伦理学的刻画倒是和亚里士多德的古老规定一致。不过，亚里士多德使用的术语不是"生活意义""生活方式"之类，而是"幸福"：

> 让我们回到前面提出的话头：既然任何知识和活动都在追求某种善，那么政治学指向的善是什么，人类实践所能成就的最高的善又是什么。就其名称来说，人们具有共识：无论普罗大众，还是卓越的人，都会说它是"幸福"，并且"幸福"理解为生活的好或做的好。不过，关于幸福实际上是什么，人们就会争论不休——在这方面，大众的意见和哲学家的意见并不相同。一类人把幸福等同于明显的、可见的东西——比如快乐、财富和荣誉——中的一种或几种……有些人则认为，除了这些事物，幸福还包括一个

就其自身而言存在的东西；而后者构成前者之所以是好东西的原因。（Aristotle，2002，p.97）

伦理学反思（至少部分地）起源于哲学家对于人类幸福观念——生活意义、生活方式、整体善等——多样性或多元性的察知。现实生活中，有人争名、有人逐利、有人求德性、有人求知识，不一而足；这个事实激发下述问题意识："那么，**客观的'属人的幸福'**是什么？"、"何种事物真正构成使得一个人的生活过得有价值的东西？"或者"哪种生活方式才是**正确的**生活方式？"等——这些问题也就是伦理学的基本问题。

一旦伦理学的视域敞开，那么诸如"生活意义""使他的生活过得有价值的东西""生活方式""幸福"等语词的双重用法或意义就显示出来："其中的一种叫做不重要的或相对的意义，另一种则是伦理学的或绝对的意义"（维特根斯坦，2011年，第2页）。需要指出的是，我们所谓的一个成人的整体善，是"不重要或相对的意义"的"生活意义"、"生活方式"或"幸福"。就是说，它指涉现实生活中的每个人各自主观的幸福、生活方式、生活意义，而非伦理学——假如这门科学可能的话——发现或建立的客观的"属人的幸福"、正确的生活方式、真正的使得人性的生活过得有价值之物等。

3. 一个行动者的"最终目的（ultimate end）"或"目的本身（end in itself）"。

日常生活中，一方面，我们无疑对许多旁人的整体善——他的生活意义、幸福观念、生活方式或者对他来说，使得生活有价值的东西——具有知识；另一方面，这里涉及的认识论问题相当复杂。不过，要发现他人的整体善，存在一个简单方法：向当事者 A 持续追问他采取特定行动或活动的理由。在持续追问之下，A 的回答将抵达"尽头"；进一步地，通常来说，"尽头处"的回答——追随 von Wright，称为 A 做这个行为的"最终目的"——能够多少可靠地判定为 A 的整体善、生活意义或幸福观念（的构成部分）：

一个行为的目的是指行动者做这个行为所为了的事物（无论它是什么）。如果我们欲望事物 X 不是因为欲求其他事物之故，那么 X 对我们来说是"目的本身"。

目的可以是间接的或最终的（ends can be intermediate or ultimate）。有些时候，一个人想要实现某个目的是为了进一步的目的之故，那么他的第一个目的就是间接的。相对地，一个不是为了进一步的目的而被欲望的目的，是他的最终目的……

如果我们针对当事者的一个行为进行"为什么？"这样的问题的追问，那么他最后提供的答案，就是这个行为的最终目的。（von Wright，1963，pp.88—89）

比如，一个学生此刻努力学习是为了期末考试取得好成绩，而取得好成绩是为了确保获得保研资格，拥有保研资格意味着就读一所更好高校的可能性，就读一所更好的高校是为了将来找到一份赚钱的工作，找一份赚钱的工作是为了让父母生活的更好。进一步地，下述情况是可能的：针对"为了让父母生活的更好"这个回答，倘若向这个学生提出"为什么"这一问题，他觉得奇怪、不知所措甚至感到被冒犯，或者，他回应（类似）："没有进一步的理由"。那么，一方面，这些感受、态度或"无理由"式的回应标志着，对这个学生来说，他此刻努力学习的活动的最终目的或理由是"为了让父母生活的更好"（我们据此评论：驱动他努力学习的根本动力是为了让他的父母生活的更好）。另一方面，以这些感受、态度或"无理由"式的回应为根据，我们判断：对这个学生来说，"让父母生活的更好"是他的整体善、生活意义或幸福的构成部分。

我们说，在连续追问一个当事者做特定行为或活动的理由的情况下，他的回答终归要抵达"尽头"——"我们不可能选择任何事物都是为了别的事物；因为倘若如此，整个序列是无限的，而这意味着得我们的那个欲望是空洞的"（Aristotle，2002，p.95），即抵达回答者做该行为或活动的最终目的、抵达对他来说具有"主观的自明性"的东西。需要强调的是,这个思想不必然意味着,针对当事者的这个整体善、生活意义或幸福构成部分的继续追问是无意义的。关键在于:诚然能够**挑战**他人的生活意义——针对某人的最终目的或幸福提出"为什么"这一问题构成挑战的一种形式,不过这种挑战将"具有完全不同的要点:它落入了伦理学的领地"(Anscombe,2000,p.78)。

4. 行动者的"偏好(preferences)"或"偏好体系(the system of preferences)"。

合理选择理论预设每个行动者具有各自的"偏好"或"偏好系统"。行动者的"偏好"或"偏好系统"充当判定他的任何特殊欲望及具体行为合理与否的根据或标准。在这个意义上,"偏好"或"偏好系统"和一个行动者的整体善是一致的。

"偏好体系"指涉一组最终目的或幸福的**各构成部分**在当事者这里的价值排序。比如,"生命诚可贵,爱情价更高,若为自由故,两种皆可抛"以及"生,亦我所欲也;义,亦我所欲也。两者不可得兼,舍生而取义也"是两种偏好体系。在我看来,一方面,"偏好体系"具有一定的优点——它提醒我们:一个行动者的整体善、生活意义或幸福不必只和一类事物相关(比如钱财或名声),而是并且通常都是由许多部分构成。另一方面,这个观念暗示的一个思想,即对于整体善的各部分,当事者总是对它们做出了明确和严格的价值排序,明显是理想化或形而上学的。

5. 行动者的"长远利益/好处(interests/good in the long term)"。

对霍布斯来说,诸如"生活意义""偏好"或"偏好体系"这些用语是陌生的。对应我们所谓的一个行动者的"整体善",霍布斯使用的一个术语是"幸福",另一个是行动者的"长远利益"或"长远好处"。

自然,"长远利益"或"长远好处"和行动者的"当下好处(the most immediate good)"相对,后者指涉当事者当下感受性欲望的对象。(OM,p.55)不过,在我看来,用"长远利益"或"长远好处"表示一个行动者的整体善有一定的误导性。这是因为,这两个术语强烈暗示时间性,就是说,它们很容易让我们将人性的生活联想为一个因果性的过程（a process）：A 做 M 是为了使得事件 E 出现、E 则指向 A 的进一步想要让其出现事件 N……A 的最终想要让其出现的事件 W，就是他的最长远利益等。不过，稍作反思，不难发现：一个人的整体善的构成部分未必是一个（他想要让其）在未来时间中出现的事件。举例来说，人们通常将身体健康确立为整体善的一部分。不过，除非对一个病人来说，否则身体健康不是当事者想要它在未来出现的事件。进一步地，在一个本就身体健康的人这里，他的以健康为目的的活动（比如，锻炼）与作为目的的健康的关系就不能通过因果概念把握——我们或许会说，在他这里，这个活动（锻炼）和这个目的（健康）是"构成性"关系。显然，每个人的生活中都充斥着大量这类（用亚里士多德的话说）"（对当事者自己来说）目的就是活动本身"（Aristotle，2002，p.95）的活动：一个勇敢品性的人的勇敢行为、正义者的正义行为、那个以父母生活的好为其"整体善"构成部分的学生向家里寄钱的行为等。

III. 整体善和品性。总之，目前关注的这种"理性尝试控制激情"的经验预设当事者具有"整体善"的特殊观念。进一步地，"整体善"的基本涵义是：它是一个成人行动者的生活——作为一个整体或统一体——致力追求的任何东西或事态。希望上述的术语评论，有助于更具体地把握这个观念。

接下来的任务是：明确整体善和性情/品性概念的相关性。回想性情/品性定义：

> 1. 性情（dispositions）是人们趋向特定事物的倾向。性情有六个来源：体质、经验、习惯、好运气、一个人对于自己的意见、权威。如果上述要素发生变化，那么性情就可能随之改变。（OM，p.63）
> 2. 如果性情通过习惯而得到强化，以至它们能够容易地、并且不受理性反抗地产生相应的行为，那么性情就成为了品性（manners）。进一步地，那些好的品性是德性（virtues），坏的品性是恶（vices）。（OM，p.68）

就是说，一种特殊品性是强化了的相应性情，而性情则是趋向特定事物的倾向（an inclination）。进一步地，明显地，"倾向"用来标识（具有特定品性/性情的人）在"趋向特定事物"方面的相对稳定性，或者（用第二节第1部分的说法），他"更持久并且很难改变"地"趋向特定事物"。那么，根据这个定义，一个人具有某种性情/品性就是他禀有了一个"整体善"的特殊观念，即确立起他的生活——**作为一个整体或统一体**——致力追求的特定东西或特定事态。举例来说，慈善（benevolence）、贪婪（covetousness）、野心（ambition）、好奇心（curiosity）是性情/品性的四个样态。一个慈善的人（或者，具有慈善性情/品性的人）是"他人的好处"（Lev，p.43）作为其整体善的内容的人；一个贪婪的人（或者，具体贪婪性情/品性的人）是"钱财"（Lev，p.44）作为其整体善的人；一个有野心的人（或者，具有野心性情/品性的人）是"权位"（Lev，p.44）作为其整体善的内容的人；一个好奇的人（或者，具有好奇性情/品性的人）是"关于为什么以及怎么样［的科学知识］"（Lev，p.44）作为其整体善的内容的人。总之，根据性情/品性的定义，一个人具有某种性情/品性也就是他的整体善"本身"——当事者的将自己的生活看作一个整体或统一体的纯然形式性的观点——被特定内容或质料充实，也即他禀有了某种整体善的特殊观念。进一步地，基于此前的术语反思，关于这个要点，可以用别的方式来说。比如，一个人具有某种性情/品性意味着：他的幸福或人生意义被托付给了某类事物或事态；某类事物（的获得）或事态（的实现）构成使得他的生活过的有价值的东西；这类事物或事态是他的长远利益"所在"；这类事物或事态至少经常性地左右着他的具体行为或活动，即它们充当他的作为的最终目的、"最终动力"等。关于这个思想，需要做出两个澄清和补充。

首先，性情/品性是成人具有的"更持久并且很难改变"性质，而"更持久并且很难改变"暗示了性情/品性**不是**（一旦具有或形成就）不可能改变的。这是平常的思想。一方面，我们能够设想、甚至见识过某人变更或调整了他的生活意义、"整体善"的特殊观念等的情形。比如,改邪归正、浪子回头、变化气质等成语预设了生活意义变更的可能性。另一方面,霍布斯当然承认性情/品性变更的可能性。1. 他明确表述了这一点:"性情有六个来源:体质、经验、习惯、好运气、一个人对于自己的意见、权威。如果上述要素发生变化,那么性情就可能随之改变"(OM, p.63);2. 前一章提到,霍布斯认为,主权者的职分是"人民的安全"(Lev, p.322);而为了实现和保持人民的安全,主权者具有两种主要手段:"制定和执行良法"和"公共教育"。进一步地,公共教育的旨趣是"教导人民认识到,不但不义的行为,而且不义的意图和动机——纵使由于偶然原因而没有实现——也是不义的"(Lev, p.330),或者,教导臣民具有"正义的德性"(Lev, p.329)。公民教育的观念预设了成人变化气质的可能性。

其次,如果进一步反思,就会发现:将(某人的)性情/品性和(这个人)整体善等同起来是粗糙的想法。第二节第1部分曾提出许多特殊性情/品性的实例。对照这些实例,我们发现,将性情/品性定义为"人们趋向特定事物的倾向"本身就狭隘或片面。比如,对霍布斯来说,自信、自卑、怯懦、豪迈、刚毅、残忍等属于性情/品性;然而,这些性质,作为一个人的特殊性情/品性,表现的是当事者的(或可以说)某种相对稳定的"行事风格",并且这些"行事风格"和他的生活整体"趋向的事物"不相干。据此,没办法将这样的性情/品性和当事者的整体善关联起来。再者,霍布斯提出的"与理智相关的"性情/品性——善于想象和善于判断、愚笨和木讷、谨慎、固执等——也和"人们趋向特定事物的倾向"没有显见的相关性。这两点似乎意味着:严格来说,霍布斯对于性情/品性的定义应当看成一个范畴错误。即他本应当将性情/品性定义为(类似)"人们的行为倾向","倾向"指涉"更持久并且很难改变"。进一步地,性情/品性的一个子类是"人们趋向特定事物的倾向";也就是,诸如慈善、贪婪、野心、好奇之类——它们根据"倾向的特定事物"的差别彼此区分开来。而我们说,**在性情/品性作为"人们趋向特定事物的倾向"的限度或范围之内**,当事者具有特定性情/品性意味着他禀有一个整体善特殊观念是成立的。

对于霍布斯道德理论的讨论将显示，将性情/品性的定义修正为"人们的行为倾向"的一个更大好处或更重要的意义。反思道德理论关注的一系列性情/品性：正义/不义（just/unjust）、知恩图报/忘恩负义（gratitude/ingratitude）、公平/不公（fair/unfair）等。（a）日常语言自然地将这些性情/品性与整体善的观念联系起来。比如，这是很自然的理解：一个正义的人就是正义充当其幸福"原因"的人，一个具有公平品性的人将公平地行事或生活确立为其整体善的内容的人等。同时，（b）诉诸"行为倾向"定义这些性情/品性似乎并非不恰当。比如，这样的理解同样自然："当'正义'谓述人时，它表示他的行为方式（manners）和理性的一致性（conformity）"（Lev，p.135）——一个正义的人是这样的人：至少通常地，他得以正义的方式行事。然而，（c）我们觉得：将类似正义、公平等界定为人类行动者"趋向**特定事物或事态**"的行为倾向这个做法很造作（artificial）；或者，将正义或公平——它们确实构成一个正义的人或公平的人的追求或行事的（用 von Wright 的话说）"最终目的"——看作"事物或事态"显得诡异或不自然。

事实上，在他的道德理论中，霍布斯使用诸自然法，也即，"理性发现的**指令或一般规则**（a percept or general rule）"（Lev，p.116）——来定义诸道德德性和道德恶；类似：通常都遵守或服从"执行你制定的信约"这一规则的人是"正义的人"，在行动中"忽视"这条规则的人是不义的人（Lev，p.135）；将"如果从别人那里得了恩惠，那么一个人应当致力于使得实惠者不会为他的善意感到后悔"这一规则确立为"最终目的"或行事根据的人是"感恩（gratitude）"的人，"违背这条法律，是'忘恩负义（ingratitude）'"（Lev，p.138）等。我们说，针对这些性情/品性，通过规则定义它们，明显是更自然的做法。

那么，考虑到某些性情/品性意味着当事者相对稳定地"忠诚于"特定规则，或者，表现为当事者根据特定规则行事的倾向（而非他"趋向特定事物的倾向"）；进一步地，这类和规则（而非"事物"）相联系的性情/品性是霍布斯的道德理论关心的，就更有理由将性情/品性的定义修正为"人们的行为倾向"。这是因为，这个定义能够同时将"趋向特定事物的倾向"(类似,贪婪、野心、好奇、慈善)和"'忠诚于'特定规则的倾向"(类似,正义、感恩、公平)——作为性情/品性的两个子类——容纳到性情/品性中。

不过,必须补充的是,对霍布斯来说,"趋向特定事物的倾向"与"'忠诚于'特定规则的倾向"这两类品性/性情不是截然对立的:

> 对于财富的欲望,称作"贪婪"——这个名字总是具有谴责的意味;这是因为,求财的人们,终归对于获得了财富的人心怀不满。不过,说起来,求财的欲望值得谴责,抑或被允许,终究取决于获取财富的方式(according to the means by which these riches are sought)。(Lev,p.44)

就是说,他认为,某人将"特定事物"——比如财富、名声或权势——纳入他的整体善观念,不必然意味着(从道德的观点看)他的整体善的观念是"不理性的""错误的"或"不恰当的"。对于财富、名声或权势的爱,其道德性取决于当事者"获取的方式"——即当事者根据怎样的规则获取它们,或者,以何种"道"来取得它们。在此意义上,"趋向特定事物的倾向"被进一步理解为"根据这般规则趋向那般事物的倾向"。不过,为了接下来的论述方便,我们暂不考虑这种复杂情况。

再次,目前为止,还没有关注性情和品性之间的差别;现在,对此做简单提示。我们看到,性情是"人们趋向特定事物的倾向",而品性是强化了的性情:

> 性情通过习惯而得到强化,以至它们能够容易地、并且不受理性反抗地产生相应的行为,那么性情就成为了品性(manners)。进一步地,那些好的品性是德性(virtues),坏的品性是恶(vices)。(OM,p.68)

显然,"强化(strengthen)"指示具有品性者(相较于具有相应性情者)在"趋向"——兑现他的"整体善"观念——方面的(用 Descartes 的话说)"更坚定和更有效(more firm and efficacious)"(Descartes,1984,p.40)。就是说,性情和(相应的)品性的区别在于"趋向"的"坚定程度":一个只具有贪婪性情的人在获取财物上"不太坚定";相较之,一个具有贪婪品性的人则总是"坚定地"求财。进一步地,当事者实现他的整体善观念"不太坚定"(即他只具有相应性情)的重要标志是:在具体决策中,他时常体验到"激情和理性相冲突"的经验。比如,理性告诉他求财,不过有相悖的激情"干扰着"理性的这个提议。这种经验意味着,当事者做出理性要求的行为"并不容易"(OM,p.68)。这是因为,在"激情和理性相冲突"时,要成功地做出理性提议的行为,当事者必须首先克服或征服相悖的激情——对此,他可能成功(实现了自制),也可能不成功(未能自制)。进而,倘若未能自制,在行为之后,具有那种性情的当事者会感到自责或后悔。相对地,如果性情强化为品性,那么在当事者致力于实现既定的整体善的观念的生活中,他将较少地体验"激情和理性相冲突"、也较少地体验到"冲动的惩罚"。上述这些思想具有巨大的反思空间,不过对我们的讨论来说,注意到性情和品性的区别是"程度之别"就够了。

IV. "整体善"和理性。我们用"整体善"意谓一个成人行动者的生活——作为一个整体或统一体——致力追求的事物及致力于恪守的规则。进一步地,日常生活中,一方面,人们普遍预设每个成人具有他的整体善观念,即他的生活(作为一个整体)追求的事物以及恪守的规则(罗尔斯,1988 年,第 507 页)。另一方面,日常语言中,这类预设通过使用表达品性的概念来谈论行动者的方式表现:"A 很贪婪""B 是一个正义的人""C 的野心极大"或"C 是一个虚荣的人""D 好奇心很重"等。

任何一个整体善观念,或者任何作为"趋向倾向"的品性——我们预设每个成人行动者都具有它们——都是"形质结合物":质料或内容是"趋向的对象":钱财、权势、知识、快乐等,形式是当事者将他自己的生活看作一个整体或统一体的观点。接下来,我们将这种纯然形式的、将个人生活看作整体或统一体的能力解说为"人是物体-自动的-理性的"中"理性"的(部分)含义。为了缓解讨论的抽象性,最好从霍布斯的政治思想切入来阐述这个思想。

我们说,目前阐述的整体善观念及整体善和品性关系的思想有助于澄清战争状态观念的特定方面。霍布斯对"战争状态"做过下述解释:

> 战争,不仅存在于实际的战斗(battle)中,或者具体的搏斗行为中;也存在于通过战斗解决争端的意志被充分知道的那个时段(a tract of time)。因此,在考虑战争的本质时,必须顾及时段的观念。这就好比,时段的观念同样包含在天气的本质中——下一两场暴雨并不构成"恶劣的天气",而是许多天的下雨的倾向共同构成"恶劣的天气"。类似地,实际的搏斗并不构成战争,而是在没有和平保证的所有时间里,人所共知的[敌意的]性情构成战争。(Lev, p.113)

通过这段笨拙言辞,霍布斯想要说明战争状态观念的描述层次(the level of description),即它意图描述的并非作为**特殊或具体**事件的某次战斗(比如,A 和 B 正在打架),而是某种**一般的**社会状况或风貌(即,和类似"这个社会很和谐""那个社会很稳定"等属同一层次的事态)。那么,相应地,"人性中导致冲突的原因"(Lev, p.112)——作为关于作为一般社会状况的战争的社会学解释——同属一般层次。具体而言,在霍布斯这里,导致战争状态的"人性的激情"——竞争、猜忌、适度的人、虚荣的人等——并非行动者的感受性欲望,或者,他们的具体的、特殊的欲望对象,而是"趋向特定事物倾向"意义上的品性。因此,自然状态作为战争状态观念应当理解为一个**一般层次或社会学层次**的描述连同解释,它谈论的内容包括:(a)关于人类行动者品性的一般刻画。**一般来说**,利益、安全、名声等构成每个或某些自然人整体善的内容，或者，竞争、猜忌、荣誉等是每个或（至少）某些行动者的品性；以及，除了大多数适度之人（modest men）以外，有些（some）人"从征服行为的能力运用中获得快乐"（Lev，pp.111—112）——即存在虚荣的人（few vain-glory men）：他们将征服他人作为其整体善的内容等。（b）一个假设性的共处条件（"自然状态"）。即假设不存在作为"共同力量"的国家——这意味着，每个人放任地或"绝对自由"地实现着各自的整体善的特殊观念。（c）由（a）、（b）引申出的结论（"战争状态"）。霍布斯声称：如果不存在国家，那么（借用李猛的术语）"自然社会"的**常态或一般状况**是行动者的彼此敌意和战争。①

关于陈述（a），曾反思过下述方面，即霍布斯声明，他对于自然人的描述是"通过经验而被充分知道的"（OC，p.10）。一方面，我们对于这个声明的理解是，霍布斯相信，他关于自然人的品性或生活方式的刻画是高度现实的、常识化的、符合经验的，或者"是建立在关于人类生活之常规的、且或多或少是永恒的特征的基础之上的"（罗尔斯，2011年，第50—51页）。另一方面，作为一般层次的描述，我们认为，霍布斯谈及的这些"诸种自然品性"基本兑现了上述承诺。就是说，倘若执中地看待现实生活，那么很难否认：确实，有些人甚至每个人都（不同程度地）逐利、在乎自己的生命及财产的安全、求名或者至少具有"想要被尊重"（Lev，p.76）的心理倾向；同时，也很难否认下述事实，即尽管大多数人具有适度品质，不过终归存在"少数的"虚荣之人（OC，p.11）等。

---

① 有解释者困扰于这样的问题：霍布斯频繁谈论自然状态下的某些社会联合及和平交往的方式，比如家庭（Lev，pp.185—196）、"最弱的人……与他人联合起来，将最强者杀死"（Lev，p.110）、贸易等；然而，如果自然状态是"一切人对一切人的战争"，这些社会联合和和平交往的方式是不可能存在的。我们说，首先，"一切人对一切人的战争"是一个夸张效果的修辞；其次，更重要的是，霍布斯的作为战争状态的自然状态观念旨在刻画不存在作为"共同力量"的国家的条件下，人类行动者共处的**一般社会状况**。而在这个观念作为社会学层面描述的意义上，具有容纳某些具体社会联合以及和平交往的方式的空间。举例来说，承认（作为一个社会学或历史学命题）"在纳粹统治下，犹太人的处境十分悲惨"为真，并不意味着对下述可能性甚至实情的排斥，即在纳粹统治之下，某个或某些犹太人生活的很幸福。

现在关注陈述（a）的下述方面：自然人——霍布斯所谓的"自然状态下，设想人们一下子成熟了，仿佛从地里冒出来的**蘑菇**"（OC，p.102）——摹写的是你我这样的**成人**（men），即"基于训练和伤害的经验，而成长到一个正常说来能够运用理性的年纪"（OC，p.11）的人类行动者。进一步地，明显地，霍布斯政治学的核心叙事——自然法的适用对象、订立建国契约的主体、国家中的主权者和臣民——关涉同一批人：成人。

关于成人观念，有两点是明确的。第一，作为霍布斯政治学严格对象的"成人"不单纯是生理学意义的成人（诸如"长大到具备了伤害他人的体力"（OC，p.11）或者性成熟的人等），而是"能够运用理性"（OC，p.11）或者（用洛克的话说）"理解力达到成熟境界"（Locke，1988，p.307）的人类行动者。第二，进一步地，"能够运用理性"不仅指成人能够运用动物理性，即在感受到某个欲望的条件下，他能够结合具体实践处境考虑实现该欲望的合适手段。毕竟，在第三节第2部分看到，霍布斯认为，举凡"婴儿、孩子和动物"或者"疯子、傻子和白痴"都具有权衡能力。这两点引出的问题是：如何理解作为成人之为成人充要条件的"理性"？

我们将理性成熟的人类行动者（成人）观念中的"理性"规定为：一个当事者根据他的整体善观念（无论其整体善的内容或质料是什么）筹划、组织和安排其个人生活的能力："一个成人能够以对他来说最有利的方式安排当下"（Lev，p.78）。对此做简要阐释。

首先，第四节第2部分Ⅰ论述，当事者从其整体善的观点出发，对于感受性欲望进行批判和尝试克制的活动属于理性的活动；同时，这种理性活动——作为对于感受性欲望的某种反思——区别于动物理性（权衡）。进一步地，从常识观点看，一方面，我们认为，批判和尝试克制感受性欲望的活动构成当事者是成人的标志。另一方面，尽管这种批判和尝试克制的活动属于理性活动，不过它似乎不能径直等同于作为成人充要条件的理性。因为，我们能够设想这样的行动者：他是一个理性成熟的行动者（成人），同时，他甚至从未有过"理性与激情相冲突"的经验。

批判和尝试克制感受性欲望的心灵活动之所以只是成人的充分（不必要）条件，是因为这种活动是（目前讨论的这个意义的）理性的一个特殊表现形式。那么，如何一般化地表达这个理性？自然的表达是：理性能力是当事者根据其整体善观念（无论整体善的观念的内容是什么）筹划、组织和安排其个人生活的能力。进一步地，特定情形下，这种能力表现为当事者对于某个感受性欲望与他的整体善相悖与否的批判和审查，以及（在感受性欲望有悖于他的整体善的观念的条件下）尝试克服这个感受性欲望或激情的心灵活动。

其次，我们注意到，在日常语言中，"趋向特定事物"意义上品性概念的使用与成人（理性成熟的行动者）的"理性"总是结伴而行。就是说，当宣称某人是（诸如）贪婪的、有野心的、虚荣的、好奇的时，我们已然预设了他具有（目前讨论的这种意义上的）理性；反之，如果某人被看作一个"能够运用理性的人"，那么他总被理解为具有了"多少成型的"幸福观，即他的人生意义托付给了某类事物或事态。根据这个语法，理性指涉当事者根据他自己的整体善（无论整体善的观念的内容是什么）筹划、组织和安排个人生活的能力。

一方面，由于理性成熟的行动者（成人）是极普通的观念，我相信，只要稍加反思，就不难同意：这个观念中的"理性"指涉或至少包含一个当事者根据其整体善的观念筹划、组织和安排个人生活的能力。上述阐述，不是要辩护这个理性概念，而是提示使得理性的这重含义得以显现的角度。另一方面，尽管将理性理解为当事者根据其整体善（无论整体善的观念的内容是什么）筹划、组织和安排个人生活能力并无争议，不过对于这个观念的更具体、更实质性的澄清是困难的——"虽然许多概念都具有某种程度的含糊性"，理性概念"却可能更为含糊"（罗尔斯，1988年，第511页）。这表现在，比方说，从概念上讲，完全不具备整体善的特殊观念的人，当然不具备（这个意义的）理性；某人的生活总是对其整体善既定观念的坚定贯彻和执行，他当然具有（这个意义的）理性。问题在于，现实生活频繁遭遇的是两个极端之间的、各式各样的"中间情况"，而针对各式"中间情况"的"理性与否"的判定像"不多于多少根头发的人是秃子?"这样的问题一样难以回答。我们不拟处理这些问题。

V. 婴儿和成人。在第三节的讨论中,婴儿和动物被等量齐观。对霍布斯来说,"'生而俱有的'欲望-权衡-意志选择"构成动物、婴儿和孩子发起意愿行为的共同和典型的心理机制(第三节第 1 部分 III,第 4 部分 II);特别地,与动物类似,婴儿和孩子不具备从整体善的观点出发,对于感受性欲望进行批判和尝试克制的活动(第三节第 2 部分,第 4 部分 I)。进一步地,我们提到,动物、婴儿和孩子之所以没有"理性控制激情"的经验,是因为他们不具有理性(第三节第 4 部分)。

现在,澄清了这个理性的含义,即当事者的根据其整体善(无论整体善的观念的内容是什么)筹划、组织和安排个人生活能力。进一步地,准确地说,动物、婴儿和孩子缺乏的是将自己的生活看作整体或统一体的观点——就是说,他们不能将他的"幸福"或"生活意义"托付给某类事物或事态;不能多少自觉地认识到某类事物构成使得他的生活过的有价值的东西等。或者,就动物、婴儿和孩子的心理状态而论,它们是(或应当被看作)纯然的"历时性"行动者。

不过,婴儿和动物当然有一个根本的区别。即前者毕竟将成长为成人;相较之,无论如何,后者都不能具备自己生活整体性或统一性的观点,因而不可能具有理性——根据其整体善(无论整体善的内容是什么)筹划、组织和安排生活的能力。总之,动物**内在地**不能具有理性,婴儿只是尚未具有理性。援引罗尔斯的说法就是,不同于动物,婴儿、孩子毕竟"有能力获得(也被看作获得)一种关于他们的(由一个合理生活计划表达的)善的观念"(罗尔斯,1988 年,第 507 页)。

换言之,婴儿和孩子是潜在地具有理性的行动者,或者,他们具有理性的潜能——我们看到,正是基于婴儿具备理性的可能性,霍布斯允许称他们为"有理性的动物":

> 我们也称孩子为"理性的生物",这是因为着眼于可能性,他们显然能够在将来使用理性。(Lev, p.36)

需要补充的是,婴儿具有理性的潜能,其含义不是:婴儿获得将生活整体性的观点,唯一的条件是他长大到一定年龄。"婴儿具有习得语言的能力"的含义不是:一旦达到一定年龄,婴儿就自动地能够开口说话——我们说,婴儿说话能力的获得依赖于后天环境。类似地,当霍布斯提出"孩子显然能够在将来使用理性"(Lev,p.36)时,这个提法的隐含预设是:孩子是在文化中生养和培植的:"子女的最初的教导依靠父母的照看"(Lev,p.329)、青年在"大学中接受教育"(Lev,p.331)等。

进一步地,孩子内在地具有习得语言的一般能力,不过他随后将掌握哪些语言(中文、英文抑或拉丁语等),取决于后天教育环境;类似地,霍布斯认为,由于所受教育(particular education)千差万别,人们的"激情的对象"——每个成人的整体善的观念——具有极大差别(Lev,p.xi);或者,品性是通过训练(discipline)和习惯(habit)才能养成(OM,p.68)等。自然,这个思想反过来解释了霍布斯对公民教育的重视——无论是政治理论中对于"关于理论以及实例的公共教育"(Lev,p.322)这项主权者职分的强调,还是对于《利维坦》成为大学中"政治和道德学说"教材的期望(Lev,p.713)等。

在此,公民教育观念激发起教育目的(the end of education and discipline)的追问:"那么,应当教育或训练人类行动者具有怎样的品性?"——根据道德哲学的定义,这个问题由道德哲学负责回答:

> 正义、感恩、适度、公道、怜悯,连同其他自然法,是好的;也就是说,它们是道德德性(moral virtue);与它们相反的各种恶(vices),则是坏的。关于德性和恶的科学,是道德哲学;因此,关于自然法的真正理论,是真正的道德哲学。(Lev,p.146)

第五节 "置身对方的立场,以平息激情和自爱"

Curley指出:关于霍布斯的道德哲学,二战后一段时期,解释者们的共识是霍布斯没有建立严格的道德理论(Curley,1989,p.188)。进一步地,他将这种"霍布斯道德哲学的传统解释"的要点概述如下:

真正说来,霍布斯是否具有一个道德哲学?霍布斯当然拥有一个元伦理学理论,即他关于包含语词"好的"和"坏的"("good" and "evil")于其中的那种判断的意义理论。这是一个高度主观主义的理论:根据这个理论,说话者称某物是"好的",就是在表明它使他快乐,或者,他欲望它。这个元伦理学似乎排除了建立关于好坏的、实质性的科学理论的可能性……如果我们强调霍布斯的这些倾向,那么就只能否认他建立了严格的道德哲学。

当然,关于"怎样过一个满意的生活?"的问题,霍布斯为我们提出了许多建议。他指出,他的诸自然法条款构成了"真正的并且唯一的道德哲学";进一步地,这些自然法条款似乎指示着人们通常认为的道德行为:寻求和平、满足于你所允许他人具有的那些自由、守诺、感恩等。不过,霍布斯阐述自然法的方式通常被用来支持他不具有道德哲学的观点……因为,对霍布斯来说,在自然法条款具有规约性的限度内,它们不过是假言命令;在自然法指示了实现特定目的——后者被设想为每个成人都实际具有——的手段的意义上,它们是断言式的假言命令(assertoric hypothetical imperatives),或者,审慎的建议。因此,它们不是道德命令:它们宣称的并非道德义务的真正原理(Watkins,1965,§§ 14—15)。进一步地,由于这些条款构成霍布斯谈论道德义务的唯一基础,因此严格来说,霍布斯没有一个道德义务理论;因此,他没有建立一个道德哲学。(Curley,1989,pp.187—188)

这里不拟反思 Watkins-Gauthier 主张的、将霍布斯的自然法诸条款看作一系列(有效地实现个体自我保存及自我利益的)的审慎建议的解释路径。当前关注的是,Curley 提到的、支持这种看法的一个"当然的证据",即霍布斯"高度主观主义的"价值论。

在《利维坦》第 6 章,霍布斯评论:

> 对于任何人所欲望的任何对象,他将称它为"好的(good)";对于他所憎恨或厌恶的对象,他称它为"坏的(evil)";对于他轻视的对象,他称它为"无所谓的"或者"无足轻重的(vile or inconsiderable)"。(Lev,p.41)

Sidgwick(Sidgwick,1962,pp.109—113)伊始,到 Watkins(Watkins,1989,pp.109—114)和 Gauthier(Gauthier,1968,pp.7—8)都将这个评论认作霍布斯对于语词"好的"和"坏的"的完备分析或定义,即霍布斯提出,"这是好的"="这是欲望的对象"。

我看不出做如此狭隘理解的必要。如 Lloyd(Lloyd,2009,pp.80—81)指出,霍布斯的意思完全可能是:当说话者 A 谈及"O 是好的"时,A 可能正在报告他欲望 O 的事实等。就是说,通过上述表述,霍布斯意在阐述语词"好的"/"坏的"**一种**用法,即说话者使用它们表达对特定对象的欲望或厌恶(Lloyd,2009,pp.80—81)——这当然是"好的"/"坏的"的一种平常用法。

因此,公允地看,这段文本不能证明霍布斯持有主观主义价值论。那么,Watkins 和 Gauthier 为什么将这段评论的意思理解的如此之强?这是他们对于霍布斯实践理性观念的理解决定的。关于霍布斯的实践理性观念,Watkins 和 Gauthier 坚持彻底的工具主义的理解;进一步地,如 Hampton 指出的,"倘若理性被工具性地理解为行动者对于他的欲望的有效的满足",那么针对行动者的"基本欲望"①或者(我们所谓的)整体善的**客观**评价是不可能的。(Hampton,1992,pp.38—41)由此,事实上,Watkins 和 Gauthier 不得不认定,霍布斯持有主观主义

---

① "让我们追随 Nagel,区分'基本欲望(a 'basic' desire)'和'被驱动的欲望(a 'motivated' desire)',这对区分的标准在于欲望的对象。基本欲望……的对象是就其自身而被欲望的东西,相较之,被驱动的欲望的对象(至少部分地)是作为满足某些其他欲望的手段。更准确地说:在特定的环境中,当获得对象 d2 要求获得对象 d1,那么对于 d1 的欲望被对于 d2 的欲望所驱动。"(Hampton,1992,p.336)

的价值论。

在 Watkins 和 Gauthier 之后,Hampton、van Mill、Lloyd 等逐渐注意到:霍布斯的文本充斥着诸多对于特定整体善——因此,特定品性——**本身**是"不理性的""错误的"或"坏的"的评价;并且,他们将这类表述看作霍布斯不止持有工具主义理性观念的证据。①特别地,沿着这个思路,Hampton 得出了两个大多数既往解释者们很难接受的结论:

> 首先,无论我们喜欢与否,霍布斯始终处于亚里士多德的阴影中。霍布斯发现:维持纯粹的价值主观主义是不可能的;基于此,他将[关于人性的]规范性理想掺入对价值的讨论中,以此来确保他的理论的合理性。其次,无论我们喜欢与否,霍布斯设定了一个理性观念——这个理性的规范性力量的神秘性,丝毫不亚于直言命令的规范性力量(这是一个康德主义者会喜欢的结论)。(Hampton,1992,p.350)

我认同"新思路"的全部——不仅 Hampton、van Mill 的解释方向,也包括 Hampton 的"骇人听闻"结论(除了她的遗憾语气)。接下来,让我们完成霍布斯人性论的阐述。

I. 动物理性和"一般化思维"的限度与局限。前文揭示了实践理性概念的两种含义。一种称作"动物理性"。动物理性的活动是权衡,权衡是在给定既定欲望的条件下,具体实践情境下的当事人——包括动物、婴儿、孩子、白痴、傻子和成人等——对于满足该欲望的最合适手段的考虑。某个手段之于(由特定欲望确立的)目的的合适性取决于两个方面:手段或手段路径(对于当事人而言的)"整体利弊",以及,手段或手段路径(对于当事人而言的)"整体的可行性"。另一种称作"一般性思维"。广义来讲,"一般化思维"是"一个成人(一个理性成熟

---

① Hampton,1992,van Mill,2001,pp.73—96.

的人类行动者）"这个普通观念中的"理性"，即当事者根据其整体善（无论整体善的内容是什么）筹划、组织和安排其个人生活的能力（这种能力运用的一种特殊表现形式是：当事者从他的生活整体性观点出发，反思和批判某些感受性欲望）；狭义来讲，"一般化思维"是将个人生活看作整体或统一体的观点——这种观点是当事者形成（具有内容的）整体善的条件。让我们总结和反思具备这两种能力意味着什么。

假设某个或一群行动者"装备"了上述两种实践理性，那么，确实，他们具备了对很大范围的事物做出评价的能力。（a）针对自己及其他行动者（包括动物和婴儿）为满足既定欲望采取的个别行为，他能够评价它们的合理与否、"正确/错误""好/坏"。能够做出这类评价的条件和关键是：判定行为和欲望之间是否兑现了动物理性要求的（手段-目的之间的）合适性关系。（b）关于自己及其他（具备特定整体善的）行动者的感受性欲望，他能够评价其合理与否、"正确/错误"、"好/坏"。能够做出这类评价的关键是：判定这个感受性欲望和当事者的整体善观念（无论内容为何）符合与否。（c）这个行动者能够从工具性的角度——即，对他来说有用/有害的角度——出发，诉诸"好的/坏的"等语词来表达他对其他行动者"整体"（或者，他人的整体善）的好恶态度。比如，按照霍布斯的设想或（毋宁说）表述，自然状态下，每个人构成他人满足各自欲望及实现各自整体善的"阻碍"。据此，每个自然人都会将对方"评价为""坏人"，也就是："对我的利益的实现构成障碍的人"或者"对我的利益造成损害的人"等。同时，这个行动者 A 也有能力谈论类似"对 B 来说，C 是坏人/好人"等——当然，归根到底，这类谈论是**描述**：描述其他行动者彼此的整体善观念、特殊欲望或行动出现冲突的事实。

不过，不难发现，仅仅给定这两种理性，一个当事者无法对他人和自己的整体善**本身**做理性与否的客观评价。①理由在于：无论动物理

---

① 形如"雷锋是好人""希特勒是疯子"这样的日常道德评价构成这里所谓的"关于整体善本身的客观评价"的实例——这类表述的典型语法特征是：没有类似"对某人来说……"这样的限定语。

性、还是"一般化思维",基于各自的限度,都无法构成判定整体善的尺度。动物理性考察和判定的对象限于"指向"某个感受性欲望得以满足的具体行为,而"一般化思维"——当事者根据整体善来筹划、组织和安排个人生活的能力——的运用预设了当事者的整体善。

II."适度的激情"和"过度的激情"。然而,霍布斯频繁表达"某些欲望就其自身而言是'错误的'"(Hampton,1992,p.343)的观念。我们查看两个段落。

第一,《论人》。在《论人》第12章("论诸种情感,或者诸种心灵的扰动")中,霍布斯评论:

> 或许,有多少种所爱的对象,就有多少种激情。比如,对钱财的爱、对权力的爱、对知识的爱,等等。对钱财的爱,如果超出适度(if it exceeds moderation),那么就称作"贪婪";对政治权力的爱,如果不适度(if immoderate),称作"野心"——因为它们搅扰和阻碍着心灵。……
>
> 再如,对于名声或名誉的爱,如果过度(if it be excessive),就得归于心灵的搅扰的范畴;不过,无论是对名誉抑或其他外部事物的欲望,倘若适度(moderation),它们就是有用的……
>
> 过度的自尊(Excessive self-esteem)阻碍着理性,因此构成心灵的扰动……不过,适度的自尊(proper self-esteem)并非扰动,而是心灵应当具有的状态。(OM,pp.60—61)

第二,《利维坦》。在《利维坦》第8章("论通常称作'理智德性'的那类东西,以及作为它们的相反者的缺陷")中,霍布斯阐述的一个主题是"不同的激情导致智识方面的差异(the difference of wit)":

> 最能够导致智识差异的各种激情主要在于对于力量、财富、知识和荣誉的不同程度的欲望。所有这些欲望也许都能够还原为第一种,即对于力量的欲望——毕竟,财富、知识和荣誉是力量

的几种样态。（Lev，p.61）

这个主张的进一步含义是：对于力量、财富、知识和荣誉等的激情，如果它们在当事者这里"很弱（weak）"，以及特别地，"相较正常人来说更强或更猛烈（to have stronger and more vehement passions for anything，than is ordinarily seen in others）"，那么这个人是疯狂的（madness），即无理性的（Lev，p.62）。总之，

> 各式各样的过度就是疯狂（the excesses be madness）。因此，毫无疑问，当各种激情具有恶的倾向时，它们自身就是各种程度的疯狂。（Lev，p.63）

第四节第 2 部分论述，霍布斯将品性——品性是激情的一个样态——定义为"人们趋向特定事物的倾向"。由此，能够根据所趋向对象的差别来区分品性，比如，趋向钱财的倾向、趋向名誉的倾向、趋向知识的倾向、趋向力量的倾向等。在这两处，针对趋向某类对象 O 的倾向，霍布斯（a）根据趋向 O 的"程度"，对它做进一步划分，即趋向 O 的适度倾向、过度地趋向 O 的倾向、不及地趋向 O 的倾向。（b）适度地趋向某类对象的倾向构成德性，相对地，过度和不及则是恶；或者，只有那些适度地追求某类对象（钱财、名誉、知识、力量等）的行动者是理性的人（a reasonable man）；相对地，如果一个成人不及地，特别地，过度地追求某类对象，那么他是疯子，即无理性的人（an unreasonable man）。据此，这些段落在评价整体善本身的理性与否；或者，通过这些表述，"霍布斯批评某些'基本欲望'本身是不理性的——就是说，其不理性不是基于它构成了满足更重要欲望的阻碍，而是就其自身而言，它们是'错误的'"（Hampton，1992，p.343）。

前文指出：无论动物理性还是"一般化思维"，基于各自的限度，都无法充当或构成整体善的尺度。那么，具有特定整体善的行动者是"不理性的"（或者，评价特定整体善本身是"不理性的"）的思想，也就

预设了动物理性和"一般化思维"以外的实践理性尺度。这第三个理性观念该如何理解呢？

当然，关于这个论证，可能提出这样的反驳：它涉及对于上述引文的解释。这个意见说的是：1. 一方面，本章第二节曾区分霍布斯"激情"的两种用法：作为情感（emotions）与作为性情/品性（dispositions/manners）；另一方面，在上述对两段引文的解读中，议中的"激情"被径直理解为品性/性情。那么，为什么不将它理解为情感呢？2. 倘若将引文中的"激情"理解为作为特殊心理事件的感受性欲望，那么整体意思似乎也说得过去。在此，"过度的激情"相当于（日常所谓的）"感受强烈的激情"。由此，引文的思想和霍布斯对于成人"直接跟随一个欲望发生的行为"及酗酒的评论相似，即倘若某个欲望——在这里，比如，对于钱财的欲望、对于名声的欲望等——（在某时刻）过于强烈，就致使当事者"处于无知状态"或实践理性（即，动物理性和"一般化思维"）"瘫痪"的状态——那么，在这个时刻，当事者当然是无理性的，或者，和疯子无异。3. 进一步地，采用这个解读，上述引文就无法引申出霍布斯的人性论中存在第三个理性的结论。毕竟，根据这种解读，引文的要点并不是对于整体善理性与否的评价。

这个解读的不合理之处在于，引文明确贯穿的思想是：过度具有某种激情的人是疯子（没理性的人）、具有适度激情的人是理性的人，以及：

> 倘若一个人对上述之种种［即"财富、知识、荣誉和力量等"］均缺乏激情；或者说，对它们都抱着（如人们所说）无所谓的态度，那么由于他不会冒犯他人，他就不失为一个好人（a good man）······（Lev，p.61）

这个思想线索表明：议中的"激情"表示品性，而非感受性欲望——如下说法包含辩护这个主张的理由：

用"正义"和"不义"谓述一个成人，所表示的东西是一回事；用它们谓述具体行为，所表示的东西是另一回事。用它们谓述人时，表示他的品性与理性的一致或不一致；谓述行为时，表示的并非品性或生活方式与理性的一致与否，而是表示特殊行为与理性的一致与否。因此，一个正义的人是尽其所能地使得他的所有行为都正义的人……一个正义的人，并不因为做过一次或一些不义行为——比如，出于突然的激情的行为，或者基于对于人或物的判断错误——而失去"正义的人"的称号；一个不义的人，也不因其偶尔（比如由于恐惧而）做了正义之事、或对做不义之事予以克制，而失去不义的性格：这是因为，他的行动的意志并非基于正义、而是基于他的表面利益而形成的。（Lev, pp.135—136）

就是说，假设议中的"激情"表示作为个别事件的感受性欲望（相应地，"适度""过度""不及"表示感受的强烈程度），那么霍布斯不应当将（比如）过度具有特定激情的某人——也即，当下强烈地、无法抑制地感受到某个欲望的行动者——径直认作"疯子"。倘若如此，他犯了一个范畴错误，类似于：基于某人某次的非正义情感体验，或者他偶然做出的不正义行为，就将他算作一个不正义的人。

再之，从相关细节看，引文中的"激情"也并非表示特殊的心理事件，而是当事者的"趋向特定事物的倾向"。比如，霍布斯表述：

才智的差异系于激情；激情的差别则部分地出自体质（the constitution of the body），部分地出自教育的不同。（Lev, p.61）

一方面，将这个表述中"激情"——当事者的"部分地取决于体质，部分地取决于所受教育"的性质——理解成作为特殊心理事件的欲望是怪异的。另一方面，在第二节第 1 部分中看到，霍布斯明确将体质和教育认作造就人类行动者性情/品性的因素。

III. 适度的标准和/或根据。换个角度提出第三个理性问题。霍布斯评价整体善的语言——在追求财富方面**适度的**人是理性的、**过度**追求名誉的人是不理性的人等——让人联想起亚里士多德的中道学说和诉诸适度定义德性的做法：

> 德性是做出选择的品性，它存在于相对我们而言的适度当中，而适度则是理性规定的——就仿佛明智的人会做的那样。德性处在两种坏的情况——即，过度与不及——的中间；进一步地，由于在情感与行动两个维度上，一类坏的情况（在获取上）不足，另一类坏的情况则（在获取上）过度，德性也就意味着在情感及行动两个方面都找到并选择了中间。所以，就本质或定义而言，德性是适度；从最高善的角度着眼，德性本身构成一端。（Aristotle，2002，p.117）

然而，首先需要注意，《法律原理》《论公民》和《利维坦》的道德哲学部分都明确拒斥德性的适度定义。（EL，p.98；OC，pp.55—56；Lev，pp.146—147）比如，《法律原理》谈到：

> 按照常识意见，德性存在于适度当中，恶则系于极端。一方面，我看不出这个意见的根据；另一方面，我不知道怎样才能找到所谓的"适度"……我知道，中道学说是亚里士多德提出的；不过，说起来，他的这个关于德性和恶的看法，不过是普通大众的流俗意见罢了——那么，也就无怪乎它是不精确的（it not very likely to be accurate）。（EL，pp.98—99）

这个表述包含两个反驳意见。第一，霍布斯提出，他不知道怎样发现"适度"，以及，诉诸适度界定诸德性是"不精确的"——这个提法的要点是：中道学说及德性的适度定义在指导生活、选择和行动方面的空洞性或无用性。因为，给定（a）每个人都应当追求德性、避免恶，以及，（b）德性是在情感和实践方面适度的品性、恶是过度和不及的品性［比如"慷慨是钱财处置方面的适度""挥霍和吝啬是钱财处置方面的过度和不及"（Aristotle，2002，p.141）等］，显然，除非对命题（b）所涉"适度"/"过度"等做（某种意义的）进一步规定，否则两者的结合（即每个人都应当追求适度，避免过度和不及）只是"伪规范"或"口号"——缺乏实在的指导意义的东西。

对于一个主张"知识的目的是力量"（OB，p.7），强调哲学的价值是"人类生活的便利"（OB，p.7）的哲学家来说，指导人们的选择和实践构成道德哲学的当然职分。基于此，很容易理解霍布斯何以敏感并不满于德性的适度定义①。

第二，霍布斯指出，德性的适度定义及应当追求适度的普遍要求的"无根据性"。联系《论公民》和《利维坦》的评论来理解这个说法的意思。在相关段落，霍布斯提出：（a）关于道德哲学的对象，他和"其他的道德哲学作家"并无分歧，即"道德哲学是关于德性和恶的科学"（Lev，p.146）。进一步地，（b）实际上，"其他的道德哲学作家"承认的各种德性也正是"真正的自然法学说"辩护的诸德性（Lev，p.146）。不过，（c）"其他的道德哲学作家"——特别地，"将德性视作诸种激情的中道"（Lev，p.147）的作家们——"并没有看到它们［指共同承认的各种德性，或好的品性］何以为善（wherein consisted their goodness），以及它们为何值得夸奖"（Lev，p.146）；相较之，只有"真正的自然法理论"揭示了德性的根据。

霍布斯将哲学或科学规定为"原因的知识"。因此，任何一门特殊科学——探究某类特殊对象（数学对象、自然物和自然变化、道德、政治等）——都要求揭示研究对象的"原因""基础""原则"，也就是为之提供恰当的辩护。据此看来，"无根据性"指向"其他的道德哲学作家"著作的非科学性或（更准确地讲）前科学性特点。即，"其他的道德哲

---

① 霍布斯特别关注并批判亚里士多德伦理学的"伪规范"特征。再如，亚里士多德要求人们应当像明智的人（the wise person）那样行事（Aristotle，2002，p.117）。对此，霍布斯会指出，这项要求的问题和空洞性在于：关于哪个国家或者哪个人是"最明智的"，人们并没有共识。（EL，p.81）

学作家"只限于描述哪些品性是好的、应当具有的或值得夸奖的："正义、感恩、适度、公道、怜悯,以及其他自然法,是好的;就是说,是道德德性"(Lev,p.146),却不曾揭示这些品性在何种意义上应当具有,或者,它们值得夸奖的根据或原因(相较之,霍布斯认为他揭示了这一点,正因此,只有他的"真正的自然法学说"是道德**科学或哲学**)。

总之,针对德性的适度定义及应当追求适度的普遍规范性要求,霍布斯指出了它们的双重局限性。第一、在指导选择和实践方面,它们是空洞或无用的。第二、在理论上,它们是不彻底或"半吊子的":针对"每个人都应当追求适度(具有德性)"的要求,人们毕竟能够提出或追问"为什么? 的问题(Why-Question)"。

在我看来,这两个批判大体公正。就是说,它们是对《尼各马可伦理学》前两卷思想的"内部批判",而非基于对亚里士多德的误解;进一步地,这个论题对于正确理解霍布斯人性论和道德哲学具有极端重要性,有必要进一步澄清。

《尼各马可伦理学》前两卷的一项伟大成就是:在概念上,统一了两种日常评价方式,即"A 是一个理性的人(好人。a reasonable man/a good man)"和"A 是一个适度的人(有德性的人)(a modest man/a virtuous man)"。首先,在《尼各马可伦理学》第一卷第七章("功能论证"的章节),亚里士多德(a)提出人的本质是理性;(b)这个理性主义人性观,结合一个"公理"——类似,任何东西,如果它的本质能力发挥的好,那么它是同类事物中的好东西,生成了"一个好人"的规定性:大体而言,一个好人是一个理性能力运用得好的人(Aristotle,2002,p.102)(大体而言,"一个好人"="一个理性的人")。其次,在《尼各马可伦理学》第二卷第六章(寻找德性定义的差的章节),亚里士多德提出了道德德性是在感受和行为(行为的选择)方面做到适度的品质(Aristotle,2002,p.117)[据此,"一个有德性的人"="一个(在感受和行动方面)适度的人"]。这里要注意的是,亚里士多德提出的德性的适度定义是"很好的概念观察"(von Wright,1963,p.145),或者如霍布斯所言,"不过是普通大众的流俗意见罢了"(EL,p.99)。就是说,

"适度""过度"本来就是日常的道德语汇、一种稀松平常的评价方式："'勿过度'是一个流行的智慧（by popular wisdom I mean such as 'Know thyself' or 'Nothing too much'）"（Aristotle, 2007, p.167）；因此，《尼各马可伦理学》主张的德性的适度定义首先是这个日常语法的反映。再次，通过"适度由理性规定"（Aristotle, 2002, p.117），将上述两方面统一起来。根据这个观念，"一个理性的人/一个好人"（随后所谓"明智的人"）必然是"一个适度的人/有德性的人"（即在感受和行为方面**客观地**符合"适度的标准"或"理性的标准"的人），不过"一个适度的人/有德性的人"未必是"一个理性的人"——让我们松散地讲："一个理性的人/一个好人"＝"一个适度的人/有德性的人"。①

　　一方面，霍布斯通盘接受亚里士多德建立的上述"封闭的概念圈子"。首先，作为一个将"有理性的动物"确立为人的定义的哲学家，霍布斯认同公式："理性的人"＝"好人"。比如，他评论，"恶简单地不过是在通过经验和训练而到达一个正常说来已具备理性的年纪时，却缺乏理性"（OC, p.11）。其次，霍布斯认同"适度由理性规定"的观念，由此同意公式："理性的人"＝"适度的人（有德性的人）"。比如，一方面，自然法是"正确理性的指令"（EL, p.82；OC, p.33；Lev, p.116）；另一方面，"正义、感恩、适度、公道、怜悯，以及其他自然法……就是道德德性"（Lev, p.146）。另一方面，不难发现：这个"封闭的概念圈子"本身——松散地讲，这个"圈子"意味着："好人""理性的人""适度的人""有德性的人"互相充当彼此的意义——在指导实践或选择方面确实空洞。此前论述，霍布斯指出，他不知道怎样发现"适度"；实际上，我们也不知道"理性"的"更具体的"涵义是什么、到底如何选择或行动才成为好人、德性的"更实用"或"更可用"的规定性为何等——当然，"在这个圈子之中"，所有这些困惑差不多是同一回事。

---

① 　"一个理性的人/一个好人"与"一个适度的人/一个有德性的人"两者的严格关系（即两者的不等价）指向亚里士多德的有德性的行为—有德性的人之间的区分（Aristotle, 2002, pp.114—115），或者，根据德性或道德而做出的行为—（仅仅）合于道德的行为之间的区分。由于目前的讨论与这组区分无关，我们松散地将"一个理性的人/一个好人"与"一个适度的人/一个有德性的人"看作等价关系。

回到亚里士多德的语境来重述这个问题。刚才指出，亚里士多德的中道学说（以及德性的适度定义）只是"很好的概念观察"。需要反思的是，日常语言中，关于诉诸"适度""过度"的评价，存在下述事实：人们总是能够向评价者追问比如："他为什么过分？在何种意义上过分？"等——显然，这类追问的要点是：要求评价者辩护他的评价；或者，要求评价者提出做出这个评价所依据的（或可以说）"适度"-标准（the criterion of modesty）。

刚才指出，亚里士多德将中道学说（以及德性的中道定义）和他的理性主义人性观相结合，也就是提出"适度由理性规定"。首先，这意味着，亚里士多德确实提出了一个"适度"-标准，即理性；不过，只到这一步，这个"适度"-标准当然是空洞的。就是说，仅仅通过"适度由理性规定"，不过是让追问后退了一步——以它为中介，对于"适度"-标准的追问转化成对于（或可以说）明确"理性"标准（the criterion of reason）的诉求（"好吧，适度既由理性规定——那么，'理性'又是什么？"）。

因此，德性的适度定义及应当追求适度的普遍规范性要求倘若要（a）摆脱在指导实践上的空洞性（或者，获得实在的指导意义），以及，（b）获得实质性的辩护，看来就得对于理性——"规定适度"的这个理性——自身的规定性予以揭示。在我看来，这是霍布斯的人性论或伦理学超越了亚里士多德伦理学的地方。

IV. "己所不欲勿施于人"和"爱人如己"。那么，接下来的问题是：对霍布斯来说，这个"规定适度"的理性的本质是什么？对此，他提出了两组公式。

第一，"己所不欲勿施于人"。

首先，在《论人》中，霍布斯论述：

> 爱上帝和服从他的命令是一回事，恐惧上帝和对违背上帝命令感到恐惧是一回事。不过，人们当然会进一步追问：如何知道上帝命令了我们什么呢？这个问题的答案是：上帝**在他将人类**

造就成有理性的东西的意义上（He hath made men rational），让人服从下述律法，并将后者铭刻在所有人的心上：己所不欲勿施于人（that no one should do unto another that which he would consider inequitable for the other to do unto him）。这个戒律既包含着普遍正义，也包含着政治服从。（OM，p.73）

在此，理性径直等同于"己所不欲勿施于人"的规范性要求：一个理性的人是以"己所不欲勿施于人"为行事根据或行为理由的人。

其次，在每个版本的道德哲学中，霍布斯都提出自然法——"正确理性的指令"（EL，p.82；OC，p.33；Lev，p.116）——的"总和（the sum）"（EL，p.96）、"唯一规则（the only rule）"（OC，p.53）、"简单总和（one easy sum）"（Lev，p.144）是"己所不欲勿施于人"：

1.《法律原理》：鉴于我们提出的自然法条款是如此之多，有人可能认为：在每个突然的场合下，都能够认识到适用的自然法并且根据它来行事，这件事情过于精微、很难做到……确实，倘若一个人已然被某种激情主导——比如生气、野心、贪婪、虚荣等，那么他往往会突破自然平等的限度；不过，在没有这些激情的情况下，关于我将做出的行为是否违背自然法，存在**一条简单的检验规则**。这条规则是：一个人将自己想象成处在待做出行为的承受方的位置，并且将对方对等地想象为处在自己的位置（That a man imagine himself in the place of the party with whom he hath to do, and reciprocally him in his）——这不过是简单地换位思考。[之所以这样做是]因为在一个人这里，他的激情总是显得很重，邻人的激情则显得很轻。最后，这条规则也通过一条古老格言表达了出来：己所不欲勿施于人。（EL，p.96）

2.《论公民》：有人可能会说，我们对于诸自然法条款的演绎是如此困难，以至于不能指望它们被普遍地知晓；由此，它们是没有约束力的。……我的回答是：确实，倘若在某人这里，希望、恐惧、生气、野心、嫉妒、虚荣，以及其他激情过于强势，它们将阻碍着他把握自然法的能力；不过倘若平静下来，即便对于一个无知或没有受过教育的人来说，掌握自然法都是一件再容易不过的事情。关于准备对他人采取的行为，要检查它是否符合自然法，他只需**一条简单的规则**，即他应当设想自己处在对方的位置。……这条规则不仅简单，而且已然被那句著名的箴言所表达：己所不欲勿施于人。（OC，p.53）

3.《利维坦》：一方面，我们对于自然法诸条款的演绎可能看起来太精微，以至很难指望所有人都能掌握；另一方面，在大多数时间，人们得为生计奔忙；闲暇时间，人们也未必愿意来研究道德哲学。不过，即便如此，无知也无法构成人们做不道德之事的借口，这是因为**全部的自然法条款都收敛到了一个简单的总和中**——后者是如此简单，以至即便智力低下的人，也能够理解它。这个规则是：己所不欲勿施于人。这个规则表明的是，学习自然法不过是去学习：在比较邻人和自己的行为时，倘若自己的行为显得过重，就把彼此调换位置——倘若做如此设想，个人的激情和自爱也就不再增加重量了；对做如此设想的人来说，所有的自然法条款都会显示出它们是理性的。（Lev，pp.144—145）

4.《利维坦》：如果存在这样的法：它无例外地对每个臣民构成约束，同时，它既没有写下来、也没有以其他引人注目的方式公示，那么这个法只能是自然法。这是因为，只有自然法的知识不需要通过他人的话语，而是只依赖每个人的理性——每个人的理性发现的东西，必然也是所有理性人同意的东西——获得。因此，自然法既无需出版，也无需公示；**它被囊括在全世界都支持的一句话中：己所不欲勿施于人。**（Lev，p.257—258）

5.《利维坦》：任何条件下，对于自然法的无知都不构成免罪理由。这是因为，针对任何到达能够运用理性年龄的人，我们普遍预设，他知道：己所不欲勿施于人。因此，无论一个人去了什么地方，倘若他违背了这项法[即，己所不欲勿施于人]，他都犯了罪。举例来说,假如某人去了印度,说服当地人接受某种新宗教、或者教唆任何其他诱导当地人不服从当地法律的东西……那么他犯了罪,因此对之施加惩罚也是正义的。之所以如此,倒不仅是因为他教唆的了错误的学说,而在于他对别人所行的这事,他不会赞成别人对他来做;就是说,他不会喜欢这样的情况:别人跑到他那个地方,并致力于改变那里的宗教。(Lev, pp.279—288)

既然自然法是"正确理性的指令",而霍布斯将金律"等同于自然法的'内核'或'总和',有时简单地等同于自然法本身"(Lloyd, 2009, p.14),那么,有理由认为:对霍布斯来说,**"正确理性"就是**"己所不欲勿施于人"的要求。

第二,"爱人如己"。

和亚里士多德不同,霍布斯不限于提出"适度的人"是理性的人,而是对"满足于适度界限的人(a man be glad to be at ease within modest bounds)"做进一步描述(即他没有局限于"适度由理性决定"观念):

1.《论公民》:允许平等者以平等权利(to allow equal rights to equals)也和相称原则同义。遵守这项自然法的品性称作"适度(Modesty)",违背这项自然法的品性称作"傲慢";在拉丁语中,这条法律的违背者被称作"不适度的人(immoderate and immodest)"。(OC, p.50)

2.《利维坦》:这条法律[即,"为了获得和平,那么对于任何权利,如果一个人不同意其他每个人应当予以保留,那么他自己也不得保留"]的遵守者称作"适度的人(a modest man)",违背者称作"傲慢的人";用来指称这类违背者的希腊词,其字面意思是"欲望超出他们应当份额之外事物(a desire of more than their share)的人"。(Lev, pp.141—142)

因此,一个适度的人是将"允许平等者以平等权利"确立为行事原则的人。"允许平等者以平等权利"是一项自然法，即"公平（fairness）"（OC，p. 62）、"公道（equity）"（EL，p. 100）或"平等（equality）"（Lev，pp. 140—141；OC，p. 50）自然法：

1.《论公民》：我们给出的第九项自然法条款是公平，它要求每个人允许他人具有和他希望自己具有的同样的权利（allow the same rights to others as he wishes to be allowed himself）；**这个款项将所有其他自然法都囊括其中。**这项自然法和"爱人如己"同义。……而"爱人如己"不过是：对于任何东西，如果我们同意自己对其主张权利，那么也应当同意他人对其主张权利（granting him everything which we claim for ourselves）。（OC，p. 62）

2.《论公民》：不成文法是不需要公示［就被法律的被施加者知道］的法。典型的不成文法是诸自然法（natural laws）——它们是自然，或者说，自然理性的声音。尽管在将指令施加于意志方面，自然法和国家法确实有区别，不过仅考虑行为，自然法相当于国家法。……由于未来发生的事件无限多，［作为立法者的主权者］提前将所有判断［注：这个"判断"相当于案件的裁决］依据的普遍规则都写下来，这是不可能的。对此，共识性的处理原则是：针对成文法未纳入的那些情况，人们应当遵守自然公道的法（the law of natural equity）——这法要求我们：对平等者施以平等对待（give equal to equals）；进一步地，倘若某个人不遵守自然公道，那么国家法将以他有意违背诸自然法（后者是众所周知的）这一正当理由对之施以惩罚。（OC，p. 161）

3.《法律原理》：每个人都满足于平等（men content themselves with equality）**构成自然法的基础**（the foundation of natural law）……这个条款相当于"爱人如己"。这个条款的……恰切理解是：对于他享有的任何权利或特权，一个人应当认为他的邻人同样值得享有它们；并且，对于任何东西，如果他认为自己值得拥有，他也应当认为他人值得拥有（he should esteem his neighbor worthy all rights and privileges that he himself enjoyeth; and attribute unto him, whatsoever he lookth should be attributed unto himself)——这个条款无他,只是要求人们谦逊、温顺和满足于平等(which is no more but that he should be humble, meek, and contented)。(EL,pp.100—101)

这些表述中,霍布斯提供了平等自然法的准确表述:每个人应当允许他人具有和他希望自己具有的同样的权利等;同时,将公平的要求等同于"爱人如己"。

值得注意的是,这两段表述有一个瞩目的要点。即,在所有自然法款项中,公平自然法("爱人如己")享有某种特殊地位——它"将所有其他自然法囊括其中"(OC,p.62)、"构成自然法的基础"(EL,p.100),以及:

> 爱人如己……就是源于理性本性自身的自然法。……所有的自然法和国家法条款都归结成下述说法:爱人如己。(OC,p.212;EL,p.180)

既然自然法是"正确理性的指令",而"爱人如己"或平等"将所有其他自然法囊括其中",那么有理由认为:对霍布斯来说,"正确理性"**就是**"爱人如己"的规范性要求。

由此,我们就初步分离出了霍布斯人性论中的第三个理性("正确理性")。他用两种方式来描述它:

1. 正确理性是己所不欲勿施于人的规范性要求。
2. 一个(正确)理性的人是一个爱人如己的人,或者,是一个(在权利分配方面)以平等规则为根据、或合于平等尺度的人。

V. 反思和澄清。接下来,对"己所不欲勿施于人"和"爱人如己"——对霍布斯来说，它们是正确理性的内在要求——做进一步反思。从金律开始。

首先，《法律原理》《论公民》和《利维坦》将金律的使用方法阐述为"简单的换位思考"(EL，p.96)。在当事者 A 具有特定欲望的条件下，为了判定这个欲望是否理性（道德），A 应当"设想处在对方的位置"(OC，p.53)——想象处在致力实现该欲望的行为的其他涉事方或承受方的位置，在此基础上，自我省查：A 是否愿意处在这个地位？进一步地，如果 A 不愿意成为该行为的遭受者，那么他的这个欲望是不理性的（不道德）。举两个例子：(a)假如 A 不愿意他人占有他的"妻子、儿女和牲畜"(Lev，p.112)，那么根据金律，A 的想要占有比如 B 的妻女和财产的欲望是不理性的（不道德的）。(b)如果 A 和 B 缔结一项契约，并且，A 不愿意 B 不执行契约，那么除非存在合适的豁免理由(excuses)——比如，A 对 B 将(will)会执行契约具有"合理的怀疑(reasonable suspicions)"(Lev，p.124)，否则根据金律，A 不得单方面违背契约。如霍布斯所言，"己所不欲勿施于人"确实是易懂和易用的东西。(EL，p.96；OC，p.53；Lev，pp.144—145)

其次，金律是日常的东西。比如，(a)通常来说，当事者对于自己行为给他人造成痛苦的认识构成自我道德谴责或者良心不安的条件。那么，对于造成他人痛苦的认识何以构成自我谴责的理由呢？一种理解是：以金律为中介。即道德悔恨能够重构为一种实践推理的结果，类似：

1. 我不想遭受痛苦。
2. 己所不欲勿施于人。
3. 因此，我不应当做造成他人痛苦之事。
4. 我的行为 X 造成了他人（比如 B）的痛苦。
5. 因此，我本不应该做 X。

倘若这个构造可接受，意味着，一定意义上，"己所不欲勿施于人"

是"共同-知识"(con-science)(Lev，p.53)暨良心。(b)更明确的是，提请某人换位思考——作为"唤醒"对方良心的措施——是道德论辩或说服的常用模式(如果不是唯一模式的话)。举例来说，假如某人为某高校教师性骚扰学生的行为开脱或辩护，为了拒斥他的意见，我们很自然地回应："设想那个老师骚扰的是你的女儿……"。

再次，毋须多言，金律，作为判定当事者欲望和行为理性与否(道德与否)的尺度，区别于、也不能还原为既已揭示的其他合理性尺度。不难设想下述情况：(a)某个行为，一方面，对于当事者特定欲望的满足来说是合适的；另一方面，这个行为(以及这个欲望)违背金律。(b)某个感受性欲望在符合当事者整体善的意义上是合理的，不过，在它违背金律的意义上是不理性的(不道德的)。

我们看到，关于正确理性的本质，霍布斯提出三个表达式："己所不欲勿施于人""爱人如己"、主张个人权利事项上的(用 Lloyd 的表述)"对等性限制(reciprocity constraint)"(Lloyd，2009，p.4)。不过，这三个公式似乎具有不同的规范性蕴涵；那么，能否将它们统一起来？

1. 金律与权利分配方面的"对等性限制"。金律或"简单的换位思考"是被霍布斯作为日常情境下的行动者判定其特殊欲望及具体行为道德性(理性)的实用规则或方法提出的。就是说，"己所不欲勿施于人"被刻画为衡量当事者**特殊欲望**及**具体行为**的尺度。不过，根据此前的阐释，霍布斯本应通过"规定适度"的理性的揭示，确立判定**生活目的或整体善**的尺度。为此，需要将金律提升到作为判定整体善尺度的高度——这是一件简单的事情：只需不将"己所不欲勿施于人"中的"欲"理解为感受性欲望或"情感"，而是读作"品性"或"整体善"：

> 不应当确立这样的整体善：你不愿意每个其他人都确立的整体善。

或者，

　　只允许具有这样的品性：你并非不愿意所有人都具有的品性。

　　首先，我会将它们和平等自然法（主张个人权利事项上的"对等性限制"）径直等同起来。我们记得，后者的表述是：

　　对于他享有的任何权利或特权，一个人应当认为他的邻人同样值得享有它们；并且，对于任何东西，如果他认为自己值得拥有，他也应当认为他人值得拥有。

　　其次，对应地，这项规范性原则的使用方法是（或可称作）"普遍化检验"。具体来说，A 想要判定他的整体善是否理性（道德）时，A 应当设想所有人都确立了如此这般的整体善；在此基础上，扪心自问：A 是否愿意生活在这个境况之中？进一步地，倘若 A 不愿意生活在这个世界，那么他的整体善就具有道德瑕疵。比如，假如某人以"征服行为中的力量运用"（Lev，p.112）为人生意义，同时，他"热爱自由"（Lev，p.153），那么根据"普遍化检验"，他的征服他人的人生目标是不理性的（不道德的）——如霍布斯所言，这类人（"虚荣的人"）是"一个身体成熟的孩子、或者具有幼稚心灵的成人：坏人不过是到了经历过教育和训练，正常说来，本应具备理性的年龄却缺乏理性的人"（OC，p.11）。理由是：基于对自由的热爱，这人自己并不愿生活在所有人致力征服和支配他人的世界中。

　　再如，设想霍布斯同时代的一个潜在无政府主义者：他现在希望摆脱来自政治的任何束缚或"外部阻碍"、过一种追求什么以及通过何种方式追求全凭自己决定的"随心所欲"生活。如果要判定这个"随心所欲"或者"具有对一切事物权利"的生活理想是否符合正确理性（是否道德），那么他就去设想和反思：自己是否能够容忍政治全然缺席的社会性处境——也就是（同一枚硬币的另一面）：那种每个人都随心所欲地生活的处境；或者，那种以每个成员都拥有"对一切事物的权利"

为社会机制的社会？进一步地，倘若（基于这样那样的考虑）他不能容忍这个境遇或这个社会，那么他的"无政府的"或者"随心所欲的"生活理想是不理性的。

2."爱人如己"。既然霍布斯自己将"爱人如己"和权利分配的"对等性限制"看作等价的，而我们已经统一了金律和"对等性限制"，那么可以宣布：这三者是统一的。

不过，"爱人如己"和"对等性限制"（以及金律）具有显见的区别。从语法角度看，权利分配的"对等性限制"与金律表现为禁令（"不得X"）或许可性规范（"允许X'以外'之事"）；相较之，"爱人如己"似乎是提出积极要求的规范（"做X"）。这意味着，相对前两者，"爱人如己"似乎具有辩护"更积极"的具体道德义务的潜力。举例来说，假如任何人都厌恶死亡（欲望生命的存续），那么通过"己所不欲勿施于人"，得出的规范是：任何人都不得杀害他人；相较之，在这个"心理学"前提下，"爱人如己"可以辩护更积极的义务，比如在他人面临生命危险时，施以援手的道德义务。

霍布斯将"爱人如己"和"对等性限制"（以及金律）看成等价的，表明他没有清楚地考虑到禁令、许可性的规范、积极的行为要求之间的关系。应该如何处理这个疏忽呢？

特别考虑到基本自然法——"追求并且维护和平"（Lev，p.117；OC，p.34）——的辩护问题，我相信，恰当的处理方式是采纳"奥古斯丁—加尔文原则"：

1. 要想让自己无辜，不仅不能向任何人做坏事，而且要阻止人犯罪或惩罚罪。（奥古斯丁，2009年，第152页）

2. 当人谈到和邪恶相反的美德时，人通常认为只要不作恶就好了。然而我们的解释是：美德不但在乎人不犯所禁止的罪，也包括去做与罪相反的事。比如，当神吩咐"不可杀人"时，一般人的理解是神只禁止我们害人或对人有恶意，然而不仅如此，这也包括神吩咐我们要尽力保护邻舍的生命。（加尔文，2010年，第354页）

这意味着，某种意义上，在霍布斯的人性论中，"爱人如己"是正确理性的终极规定性，或者说，是他的道德理论设定的根本的原则。相应地，我们或者认为：金律和"对等性限制"是从"爱人如己"引申出来的、以**避免**不道德（不理性）为宗旨的"防御性原则"；或者，我们默认：金律包含"更积极的"内容，类似"针对那些你愿意他人对你做之事，你也应当对他人做"①；以及，权利分配的"对等性限制"实际上是"对等性要求（a kind of reciprocity requirement）"（Lloyd，2009，p.14）等。

总之，霍布斯这里，正确理性或"普遍化思维"的根本规定性是：当事者在实践问题上采纳（用伦理学的术语）"不偏不倚的观点（the impartial view-point）"，或者（用 Kant 的表述），采纳"将自己及所有他人总是当成目的、而不仅仅看作手段"（Kant，1998，p.41）的观点。这种观点既是一个理性行动者在做出具体行为决策、（从道德的角度）批判其感受性欲望的始点，特别地，也是设定个人的整体善观念、批判我们既已确立的行为准则——那些基于（用 Descartes 的术语）"自然的冲动"（Descartes，1984，p.27）或习惯化而在我们（作为一个成人）这里生成的、在指导或指引个人的实践方面多少具有普遍意义的东西——的立足点。

由于霍布斯确认道德和正确理性的统一性："它们之所以称作'自然法'，是因为它们自然理性的诸指令；自然法也就是道德法"（EL，p.99），据此，也可以说，"将自己及所有他人总是当成目的、而不仅仅看作手段"的观点构成道德的基本视域。一方面，日常生活中，我们当然相信道德——我们根据某些主观确信的道德准则行事、以主观确信的道德准则为尺度来谴责他人及自我谴责等——的实在性（reality）；另一方面，如果理性尝试超越于日常道德的"主观自明性"或基于习惯化的稳定性，着手反思诸日常道德准则的根据，那么除非这个伦理学

---

① 事实上，霍布斯确实也用这个公式来概括诸自然法。比如："诸自然法——也就是，正义、公道、适度、怜悯，以及，其总和是：对邻人做我们愿意邻人对我们所行之事（doing to others，as we would be done to）——本身与我们的诸自然欲望冲突。因此，倘若没有某些驱使服从诸自然的胁迫性力量，那么在自然欲望的驱使下，我们将偏私、骄傲、愤恨等等。"（Lev，pp.153—154）

反思最终折返回理性本身（"不偏不倚的观点"），否则在这个擅长思考的人性的眼界里，道德将显得缺乏意义。这是一个千年的思想史不断重申的教诲：我们在习俗化的苏格拉底（色诺芬）、作为智者的苏格拉底（阿里斯托芬）和作为哲学家的苏格拉底（柏拉图）这一苏格拉底形象-辩证法中看到；在怀疑派对于道德的人性根据思而不得、不得不将"自然的指导、情感的驱使、法律和习俗的传统、技艺的教化"确立为"生活的准则"（恩披里柯，2004年，第8页）这一**权宜性态度**中看到；在笛卡尔的"**临时性**道德规范（a provisional moral code）"观念——那时的笛卡尔，尽管已经制定了正确运用理性的方法，不过尚未将它应用到伦理学领域，因此还不具备伦理学知识（Descartes，1985，pp.122—126）——当中看到等。

回到霍布斯。现在，既然找到了正确理性本身，或者，正确理性的指令本身（the Dictate of right reason）、德性本身（the Virtue）（稳定地服从理性指令"本身"的品性），那么，在他这里，作为"正确理性诸指令（the dictates of right reason）"的诸自然法（EL，p.99；OC，p.33；Lev，p.116）或者诸德性（the virtues）（EL，p.98；OC，p.55；Lev，p.85，p.146）的引申、"演绎"或"综合"几乎成了一项水到渠成的工作。基本原理是：任何为人性普遍"不欲之事"，结合"己所不欲勿施于人"（这是正确理性的根本要求），将生成一项**具体的**正确理性的禁令或"正确理性的诸指令"。就此而论，正确理性的诸指令，或者说，霍布斯的道德体系，是"形质结合体"——其本原有两个：形式性的方面（因此，对它们的统一性负责的方面）是正确理性本身（"对等性要求"）；质料或内容的方面是关于人性的基本善/基本恶的"心理学"。

进一步地，至于霍布斯的"善的弱理论"（罗尔斯，1998年，第396页），因其表现的极端鲜明，相信任何读者都不会错失。我们说，关于任何人性都确认的重要之事，除了每人自己现世生命以外，霍布斯几乎没有谈起别的东西。

不过，事情并没有这么简单。我们说，霍布斯从来都提出两组"理性的指令"，即"自然权利（natural right）"和"自然法（natural laws）"：

理性的指令，或一般规则是：如果具有获得和平的希望，那么每个人应当致力获取和平；如果和平是不可获得的，那么在战争中，他被允许谋求和利用任何帮助和有力条件。这个规则的前半部分，包含着首要和基本自然法（the first, and fundamental law of nature），即：追求并且维护和平；它的后半部分，是自然权利的总和（the sum of the right of nature），即：尽己所能地自我防御。（Lev, p.117）

进一步地，霍布斯这里，这两者在某种意义上互斥或者不相容的。"法和权利之别，正如义务和自由之分：就是说，同一个东西不可能既是前者亦是后者"（Lev, p.117）；"法和权利存在巨大的区别：一项法构成一项约束（a bond），相较之，一项权利是一种自由（a liberty）；因此，法和权利构成相反者（contraries）"（OC，p.156）。

如果说，霍布斯的自然法体系，就其作为一个整体而言，是个人的自我保存（作为质料）和"对等性要求"（作为形式）的结合体，那么自然权利观念则反映了自我保存和"对等性要求"的另一重关系：生命安全构成当事者贯彻诸自然法义务的条件或"前提"；或者，用 Warrender 的话说（关于这重关系，Warrender 看的最透彻）："个人的自我保存……构成使得他解除义务要求的豁免理由"（Warrender, 1962, p.139）。

接下来的两章，将逐渐进入霍布斯的道德理论，更一般地，他的有规范性色彩的思想。一方面，诚然，目前为止的讨论，为探究自然法学说和自然权利观念等准备下不少东西；另一方面，对后者的阐释也面临很多专门的困难。"但诗人已在自己的世界/行走了一半，他是鼹鼠，也是鹰。"（特朗斯特罗姆：《旅行程式》）

第五章　自然状态观念：若干方面

　　关于自然状态观念，我们已经谈论了不少东西。在第二章第三节，结合"政治体分析"的方法论，阐述了这个观念的起源。（a）自然状态的本质是，在设想作为"对每个人构成威慑的可见力量"（Lev，p.153）的国家不存在的条件下，行动者之间的关系或社会状况。（b）我们强调，自然人、自然状态中的"自然"指涉第二自然。霍布斯这里，自然人是"减去"政治属性（而非全部文化特征）的人类行动者，自然状态只是正常的人类社会抽象掉政治权力和权威（而非任何文化建制）的"差数"。

　　霍布斯宣称，自然状态是"一切人反对一切人的战争"（Lev，p.113）。第三章第一节在分别批判施特劳斯与 Gauthier 对于自然战争人性根据解释的基础上，构造了针对这个论题的抽象解释。根据抽象解释，自然战争的根本原因是人际欲望冲突，进而，在不存在国家（更一般地，特定形式的公共权威）的条件下，战争将构成行动者们处置和解决争名逐利以及其他欲望冲突（从而，实现个人欲望）的常规方式。

　　本章选取几种不同的角度，继续透视霍布斯的自然状态观念。第一节（"两种自然品性：虚荣与猜忌"）分别阐释霍布斯提到的另外两组自然战争的人性根据："虚荣之人—适度之人"的性格对立和猜忌，不过阐释的旨趣不同。1. 针对虚荣之人—适度之人，在概念重构的基础上，将结合霍布斯政治学的写作语境，辨识这对自然品性的"经验原型"：自然状态下的虚荣的人—适度的人是人民的引诱者—人民的哲学表达——《比希莫特》提出，引诱者对人民的引诱是英国政治解体的基本原因。第三章第一节第 2 部分曾提到，关于霍布斯的虚荣观念，已经有两种语境化的解读方案，即施特劳斯的"人文主义解释"和 Martinich 诉诸基督教背景的解释。语境化的解释的本质是建议领会和理解的特定角度，这类解释不要求唯一性。不过，希望我们提供的解释说明更详实、论证更严格，总之较少地是任意联想的产物。2. 在自然战争的诸多人性根据中，猜忌比较特殊：它"解释了有限敌意向无限敌意的转化"（Gauthier，1969，p.15）；另一方面，霍布斯没有精确地定义这个概念。在我们对猜忌的阐释中，（a）尝试定义猜忌这种品性；在此基础上，（b）结合日常经验表明：和物欲或荣誉不同，猜忌不构成人性的本质特征，甚至不应视为人们常规具有的特征。这引出自然状态观念的一个"内部问题"：必须解释在自然状态的实践处境中，人性为什么会**转变**成为猜忌的？我们描述了回应这个问题的思路。

霍布斯声称，"自然状态下，每个人具有对于一切事物的权利，包括他人的身体"（Lev，p.117；OC，p.28；EL，p.79）：自然人作为权利主体的观念标志着自然状态并非规范性全无意义的空间。有解释者认为，自然状态是"道德真空"（Watkins，1989，p.49）。第二节（"自然社会的规范性"）将提出，这种讲法并不严格，甚至鄙陋。自然社会中，自然法在两种意义上在场：首先，尽管诸自然法（natural laws）不约束自然社会成员的"外部领域"，不过"始终约束任何成人的内心领域"（Lev，p.145）。其次，就自然人彼此**知道并且承认**对方具有"对于一切事物的权利，包括他人身体"而言，他们自觉兑现了"对等性要求"；而第四章第五节已经论证，"对等性要求"是（区别于诸自然法或自然法诸样态的）自然法本身（the law of nature itself）或理性本身。

第三节（"战争状态观念的道德教育意义"）反思作为战争状态的自然状态观念在霍布斯政治著作整体中的地位或角色。首先，根据霍布斯的写作意图报告，区分其政治著作的双重文本性质：（a）作为政治及道德科学教材，以及，（b）作为政治评议（斯金纳，2005 年，第 46—48 页）。其次，论证战争状态观念在科学教授维度上的无地位或多余。

再次,从霍布斯的政治著作作为政治评议的角度出发,阐述战争状态观念的功能。也简单提示上述思想在理解经典契约论著作叙事结构方面的普遍意义。

第一节　两种自然品性:虚荣与猜忌

并不是在蒙田身上而是在我自己身上,我才发现了我在他那里面所看见的一切。(帕斯卡尔,1985 年,第 203 页)

1. 虚荣之人和适度之人

在《论公民》"给读者的序言"中,霍布斯提出,他的政治学以一个"通过经验就能够知道,并且每个人都承认的原理"为基础:

> 人的自然品性是这样的:倘若不被对共同力量的恐惧所限制,那么他们将相互恐惧和不信任;并且,每个人都允许——他们也必将如此——动用自己的一切资源来照看自己。(OC,p.10)

进而,他尝试解除对于这个原理的一种可能误解,即"有人认为,这个原理不仅意味着承认所有人是坏的,而且承认人就其本性是坏的"(OC,p.11):

> 从这个原则出发,并不能得出人就其本性就是坏的这个结论。由于无法将好人(the good)和坏人(the bad)区分开来,因此即便坏人比好人少得多,那些好的、正派的人也将陷入一种持续性地防备他人、不信任他人、对他人采取先下手为强的进攻以及力争比他人过得更好的状态,并且他们将会动用一切可能的手段来保护自己……(OC,p.11)

国家缺失的条件下,"少数坏人"足以导致"多数好人"的猜忌、恐惧、敌意,并进一步导致人际的普遍敌意与战争的思想出现在每个版本的战争状态的描述中。不过，在正式的描述中，"少数坏人-多数好人"被"少数虚荣的人（few vain-glory men）—适度的人（modest men）"取代，比如：

> 在自然状态下，任何人都有侵犯他人的欲望和意图，但是其原因不同、同时也并非同样可谴责的。一类人实践自然平等：对于任何东西，如果他们允许自己拥有，他们也允许他人拥有——这是适度的人的标志：这类人对自己的力量具有正确评估。另外存在一类人，他们臆想自己在力量上超出其他人，因而欲望拥有一切东西，并且渴求卓越于他人的尊崇——这些是攻击性的标志；在这类人这里，侵犯的意图来自虚荣，以及对自己力量的过高估计。由此，适度的人也将产生侵犯的意图。他们侵犯意图出自对保卫人身、自由和好东西免于虚荣之人暴力侵害必要性的考虑。（OC，p.26）

这个部分考察虚荣之人—适度之人的对立。首先，分析和重构这对概念；其次，结合霍布斯写作政治学的历史语境，辨识这对哲学概念的"经验原型"。

（一）概念重构。关于虚荣之人（对应地，适度之人）的意思，霍布斯提供了迥异的描述。综观文本，他从三个维度来规定虚荣之人（对应地，适度之人）的概念。

I. 信念维度。一个虚荣的人是对于自己的力量[①]持有错误信念的人：他"高估了自己的力量"（OC，p.26）。特别地，虚荣之人（错误地）相信：相较于某些甚至任何其他人类行动者个体，他在行动能力方面具有压倒性优势。相对地，适度的人"对于自己的能力具有正确的估计"（OC，p.26）。特别地，适度之人（正确地）相信自然平等，即相信任

---

① "一般而论，某人的力量，是他具有的、关于获得某些对他而言好东西的当下手段"（Lev，p.74）。

何其他人类行动者个体都具有置他于死地的能力。[①]

《法律原理》和《利维坦》都曾定义虚荣概念。在这两处,虚荣等同于自己能力卓越性的错误信念。(EL,pp.40—41;Lev,p.45)《法律原理》和《论公民》的战争状态观念讨论都指出:由于自然平等是事实,人们"应该承认彼此是平等的"(EL,p.78);适度之人相信这一点,虚荣之人却"臆想自己在力量上超出了其他人"(EL,p.78;OC,pp.25—26)。

II. 整体善的维度。一个虚荣的人"希望压倒和胜于他的同伴"(EL,p.78)、"从对征服行为的咏味中获得快乐"(Lev,pp.111—112),他们"欲望拥有一切东西,并且渴求卓越于人的尊崇"(OC,p.26)。与之相对,如果不是相信或知道虚荣之人的存在,那么一个适度的人本来"满足于适度",他们不会"出于提升自己力量的目的而侵犯"(Lev,p.112)。

这些表述勾勒的意象是清楚的。虚荣之人以支配他人为生活目的,据此,他的生活致力于征服他人;与之相对,适度之人没有支配或控制他人的内在倾向或动机。这个方面而论,我们说,虚荣之人—适度之人呼应马基雅维利的贵族—人民区分:"人民只是希望不受压迫而已,而贵族却希望进行压迫"(马基雅维利,2013年,第37—40页)。

自不必提,适度之人只是**不会出于支配他人的理由**而主动侵犯人,而非任何条件下都不选择做攻击他人之事的人。比如,他们可能出于自我防卫的考虑而"先下手为强":

> 存在这么一类人,他们从征服行为的能力运用中获取快乐;
> 就是说,他们致力获得的东西,极大超出了安全的限度。那么,其
> 他人——对这类人来说,如果不存在前一类人,他们本会满足于

[①] "自然状态作为战争状态这一学说依据的自然平等概念,并不是人的自然能力在一般意义上的平等,而是人面临死亡的'自然平等':即使人在体力或心灵能力上,真的存在强弱之分,但因为人面对暴力和诡诈手段十分脆弱('不需要多少力量就可以夺走一个人的生命'),所以,强者仅凭自身的自然能力或力量并不足以确保自己始终处于安全状态。"(李猛,2015年,第116页)关于霍布斯自然能力平等的预设的解释,另见第二章第一节第1部分。

适度——倘若不通过侵犯来提升力量，也将不能长时间地（仅仅诉诸防范）维持下去。（Lev，p.111）

III. 道德维度。一个虚荣的人是（道德意义的）坏人；与之相对，一个适度的人是（道德意义的）好人。《论公民》评论：

> 由于不能把好人（the good）和坏人（the bad）区分开，由此尽管邪恶之人的数量要比好人少的多，那些好人、有道德的人们也不将不得产生监视、窥测、预见他人的持续需要，以及，他们将不得不动用一切可能手段来保护自己。（OC，p.11）

这当然是虚荣之人的存在引起适度之人猜忌思想的另一种表达。那么，在霍布斯这里，"适度的人"＝"好人"，"虚荣的人"＝"坏人"。

霍布斯既从三个维度来规定虚荣之人概念（对应地，适度之人的概念），那么这些规定性应该如何统一？

首先，统一整体善的维度与道德维度。第一，霍布斯这里，充当道德尺度的东西称作"自然法"，自然法由"正确理性的指令"来定义（EL，p.82；OC，p.33；Lev，p.116）。进而，"己所不欲勿施于人"构成正确理性的内在规定性或要求：

> 爱上帝和服从他的命令是一回事，恐惧上帝和对违背上帝命令感到恐惧是一回事。不过，人们当然会进一步追问：如何知道上帝命令了我们什么呢？这个问题的答案是：上帝，在他将人类造就成有理性的东西的意义上，让人服从下述律法，并将后者铭刻在所有人的心上：己所不欲勿施于人。这个戒律既包含着普遍正义，也包含着政治服从。（OM，p.73）

第二，霍布斯的一个貌似合理的假说是："每个人都自然地热爱自由"（Lev，p.153）。这个假说等价于，任何人都不欲或厌恶被他人支配。

进而,将后者和"己所不欲勿施于人"的形式性原则结合,生成结论:任何人都不应当支配他人。这就是说,支配他人是不道德的生活目标。

第三,支配他人既然是不道德的(immoral),不支配他人是并非不道德的。不过,无论从日常道德的观点看,还是考虑到霍布斯提出的诸多积极道德义务("正义、感恩、公道、同情,以及其他自然法……"(Lev,p.146)),缺乏支配他人的动机或遵守"不支配他人"的准则似乎不构成作为"饱满的"好人的充分条件。那么,不谋求支配他人的人作为好人的思想应当松散地理解,即这种人并非坏人。

其次,统一信念维度与整体善的维度。就是去回答:一、能力平等的信念如何构成适度之人缺乏支配或控制他人的内在倾向或者动机的基础? 二、能力卓越性的信念如何构成虚荣之人设定征服他人这一人生目的的基础?

关于适度的人。

I. 霍布斯提出一条"暴死作为最大的恶的人性公理":

> 另一条[人性公理]是通过理性获得的。它教导我们将非自然的死亡作为最大的恶来避免。(OC,p.6;EL,pp.78—79)

将该表述读作:

> 任何一个人类行动者,都极端不愿意处于死亡威胁的境遇;特别地,如果他认为自己将可能处于这种境遇,他愿意牺牲任何其他对他来说有价值的东西,来摆脱这种可能性。

就是说,我们将暴死作为最大的恶的人性公理理解为:相较死亡威胁的境遇,一个人类行动者总是更偏爱任何其他境遇。

II. 引入这样一条貌似合理的"心理规律"("反感规律"):

> 如果一个行动者侵犯了任何一个他者的有价值的东西,那么

将会引起后者对于侵犯者的反感，继而可能引起后者对侵犯行为的反抗。

假设一个人类行动者 M 认同"反感规律"；同时，M 是一个信念方面的适度之人，即他相信：任何其他人类行动者个体都具有置他于死地的能力（"自然平等的信念"）。那么，"反感规律"结合自然平等的信念，使得 M 认识到：他的任何侵犯他人的行为，都可能使他处于死亡威胁的境遇。进一步地，根据"暴死作为最大的恶的人性公理"，M 极端不愿意处于死亡威胁的境遇。由此，M 将合理地决定：除非不做侵犯行为，他将面临死亡，否则不做任何侵犯他人的行为——M 确立起适度者的整体善或准则。

关于虚荣的人。

此前指出，一个信念方面的虚荣之人 V 相信：相较于某些甚至任何其他人类行动者个体，他在行动能力上具有压倒性优势。将"在行为能力方面，行动者 A 相对于行动者 B 具有压倒性优势"读作：B 针对 A 的任何行为都不致使 A 陷入死亡威胁的境遇。

由此，V 相信：某些甚至任何其他人类行动者个体的任何针对 V 的行为都不致使 V 陷入死亡威胁境地。这个信念蕴涵：V 的主动侵犯相应行动者个体的行为，不致使 V 陷入死亡威胁境地。这意味着，即便 V 将暴死作为最大的恶并且认同"反感规律"，**对他来说**，主动侵犯某些甚至任何其他人类行动者的行为也是合理的——在相应行为代价极小，至少不会有生命之虞的意义上。

当然，力量卓越性的信念并非设定征服他人这一生活目标的充分条件，不过前者之于后者是必要的。因为，倘若 V 不相信自己力量的卓越性，那么对他来说，侵犯和征服他人的目标就是"无望（without hope）"[①]或无力实现的，由此他不会决定将侵犯与征服确立为生活目标、终其一生致力侵犯和征服的行为。

---

① 　欲望，伴随能够实现意见，称为"希望"；欲望，伴随不能实现的意见，称为"失意"（Lev, p.43）。

（二）"经验原型"。如果接受欧克肖特关于政治哲学的看法——政治哲学总是始于对特殊政治经验的反思，归于对这种特殊政治经验的哲学解释（欧克肖特，2004 年，第 26—27 页），那么，霍布斯的政治哲学应被理解为对英国内战（1640—1660）这一特殊经验的哲学反思和解释，战争状态应被理解为霍布斯在对内战进行反思和抽象的基础上形成的哲学概念："内战其实是自然状态最基本的形态。"（李猛，2015 年，第 145 页）

如果战争状态的哲学概念以英国内战为"经验原型"，那么也有些理由猜测，战争状态下的两种性格（适度之人和虚荣之人）或许也具有"经验原型"。本部分尝试将适度之人—虚荣之人的对立和人民—人民诱惑者这对概念联系起来——后者是在霍布斯对英国内战的历史分析中诉诸的一对概念。

《比希莫特》开篇，对话者 A 向对话者 B 说出内战前夕查理一世尴尬政治处境的根本原因："一般来说，人民（the people）已经堕落了，并且那些不服从的人被尊为名副其实的爱国者。"（Hobbes，1990，p.2）于是，B 问道：

> 然而，人民为什么会堕落到这步田地？或者说，是哪些人能够引诱人民堕落至此？（Hobbes，1990，p.2）

B 接着向 A 列举导致英国民众已然堕落的七类"诱惑者（the seducers）"：(a)长老会成员；(b)教皇制信奉者；(c)独立派和其他信奉宗教自由教派的成员；(d)受希腊-罗马政治学说的熏陶，推崇民主体制的人们；(e)向往低地国家政体的"伦敦人"；(f)希望在战争中得势的投机主义者；(g)私人财产权的信奉者。（Hobbes，1990，pp.2—4）

首先，在霍布斯看来，现实生活中人民的一个特点是，通常并不具备政治知识、甚至没有相对明确的政治意识：

> 一般说来，人民对自己的义务是无知的，以至从一万个人里

大概都挑不出一个人：他知道命令者的权利是什么，抑或知道国王或国家的必要性。……在人民看来，国王不过是一个尊贵的头衔而已……；民众没有衡平的规则，他们行事的根据是先例和习俗。（Hobbes，1990，pp.2—4）

由于不具有政治知识、甚至没有明确的政治意识，民众就极易被"有野心之人（ambitious men）"①操纵和利用。在此意义上，民众构成政治体瓦解的潜在原因：

> 除非一个国家对多数臣民的幸福足够留意，否则人民总是一种危险的痼疾。这是因为，有野心之人的奉承和名声很容易使得人民（他们本应当按照主权者的权威来行事）背离对法律的服从，转而去追随这个有野心之人——尽管关于这人的德性和意图，他们是无知的。（Lev，p.320）

其次，七类诱惑者的共同特征是，1. 持有与英国既存的政治制度相悖的政治学说；就是说，他们的政治意见潜在威胁着查理一世的统治。不过，倘若这些意见只是少数人的私见，就不会有实际的政治后果；那么，更重要的是，2. 这些诱惑者致力于向民众兜售自己的学说，而且他们还占据着左右民众的有利地位。比如，长老会成员通常是教区教士，他们负责向民众布道（Hobbes，1990，p.2）；受希腊—罗马政治学说的熏陶、推崇民主体制的人"构成了下院多数"（Hobbes，1990，p.3）；"伦敦及其他重要贸易城镇"的流行意见很容易成为全国的风尚等（Hobbes，1990，pp.3—4）。这使得内战前夕，英国形成了贯彻不同政治纲领的多股政治势力或者党派（民众的诱惑者连同受了诱惑的民众），它们现实地挑战查理一世的统治。在霍布斯看来，内战前夕的查理一世已然是名义上的主权者、实际上的孤家寡人："叔兮伯兮，倡予

---

① 对于官位，或者卓越社会地位的欲望，称为"野心"（Hobbes，1839，p.44）。

和女!"(《郑风·搴兮》)

最后,根据上述分析,导致英国内战(英国的战争状态)和"国家解体"的必要条件在于人民诱惑者的存在。因果链条十分清楚:倘若没有"有野心之人"对民众的撺掇,英国不会形成多个派系,那么查理一世的统治权力就也不会被架空——英国继续保持政治统一性以及内部和平。

《比希莫特》(1668)成书于内战之后,不过,霍布斯关于英国内战的上述洞见在内战伊始就已形成。第二章第三节分析过,《论公民》(1642)的全部旨趣在于说服民众服从统治者、防范有野心之人的撺掇:

> 我写作这部作品不是为了获得夸奖,而是为了你,读者!我希望,当理解了呈现于此的学说后,你能够耐心容忍国家为你的私人事务可能带来的某些不便,而非去搅扰国家秩序。我希望,你在思考行为的正当性时,以国家的法律为正义的尺度,而非以某个个人的言论或建议为尺度。我希望,你不再被有野心之人利用——他们激发你的激情,只是出于增加他们个人力量的私欲。我希望,你产生这样的想法:相较于步入战争,当下国家中的生活对你来说更好,否则"宛其死矣,他人是愉"。对于那些拒绝服从主权者并想要免除公共义务,与此同时又生活于国家中并要求国家提供保护的人,希望你把他们当成敌人,切勿把他们公开或私下说的话当作上帝的话语接受下来。让我把话说得更明白些。任何一个人(无论是一名教士、一名告白者,还是一位诡辩家)倘若宣扬类似下述意见,就是在忤逆上帝,比如,正当杀害主权者是可能的;存在免于主权者命令的人;公民能够正当地叛乱等——你切不可信这人,而应向主权者告发他。(OC, p.14)

通过上述分析,容易注意到霍布斯对英国内战的历史分析与普遍战争状态的哲学观念间的同构性。1. 在当时的英国,人民引诱者相对于作为潜在被诱惑者的民众是少数人；类似地，在自然状态下，"坏人的数量要比好人少得多"（OC，p.11）。2. 历史分析的基本结论是：人民的引诱者是英国"政治解体"、陷入内战的肇始者；类似地，按照自然状态的观念，倘若不存在虚荣之人，适度之人之间的和平共处本是可能的。

倘若内战中的人民引诱者—人民是战争状态下虚荣之人—适度之人的"经验原型"，进一步的问题是：霍布斯对人民的引诱者（以及人民）概念进行怎样的"塑形"，达成了虚荣之人（以及适度之人）的哲学概念？

I. 大抵而言，虚荣之人（对应地，适度之人）是反思性的或"启蒙了的"人民引诱者（对应地，人民）。就是说，虚荣的人（对应地，适度的人）和人民引诱者（对应地，人民）具有相似的行为倾向；不过，相较于人民引诱者（对应地，人民），虚荣之人（对应地，适度之人）能够为其选择的行为倾向提供理由。

写作《比希莫特》的霍布斯是十足的历史学家，他将分析自觉限定在历史现象层面。在这部著作中，首先，他描述一个历史事实，即内战之前各色人民诱惑者如何诱导人民，形成各种政治势力或党派；其次，他对如此处境下查理一世的最终失败提供了马基雅维利式的历史分析：查理一世如何对时局判断失误、决策错误、怎样欠缺运气等。

从历史过渡到哲学，首先，霍布斯用"引诱人民"这个一般特征将（《比希莫特》中的）各色的人民引诱者统一起来，由此收敛为（马基雅维利意义上的）"两种不同的派性"：人民引诱者和人民；或者说，具有支配他人倾向的人（"有野心的人"）和潜在的被支配者。其次，反思"两种派性"的理据。也就是去设想实施支配行为的可能理由是什么？选择不主动侵犯他人这种行为倾向的可能理由是什么？具有支配倾向的有野心之人加之霍布斯设想的、采取支配行为理由（自身能力卓越性的信念），生成虚荣之人的概念。具有不主动侵犯他人倾向的人民，加之霍布斯设想的、选择不主动侵犯这种一般策略的理由（自然能力平等的信念），成为适度之人的概念。

特别地，从历史的观点看，普罗大众基于"习俗和先例"（Hobbes，1990，p.4）而满足于照看个人生活、不抱支配他人的动机——一般而论，民众大抵是（用康德的术语来说）"合于义务的"。一俟将作为人民的历史概念"理性化"为适度之人，后者构成"出于义务"的行动者。

II. 引诱者和虚荣之人实现支配的方式不同：前者借助说服，后者诉诸暴力。

在历史分析中，引诱者致力支配民众的典型手段是说服：长老会士的布道、各个信奉宗教自由教派的传教、下院议员（希腊-罗马主义者）的政治演说等。就此而论，人民引诱者属于"言辞上的尼禄"（OC，p.120），或者，和马基雅维利的"狐狸"相仿佛（马基雅维利，2013年，第68—71页）。相较之，虚荣之人是"体力上的尼禄"、向人暴露"狮子"的牙齿、力量和气质（马基雅维利，2013年，第68—71页）：他们通过实施暴力强迫他人服从。

霍布斯为什么将虚荣之人实现支配目的的典型手段设定为暴力侵犯？一个可能的原因是，为了增加战争状态观念的感染力和说服力。我们说，援引暴力的实施，使适度之人（以及读者）更易联想到受支配的状态和生命受威胁的境地，尽管作为实现支配的方式，语言的使用和暴力的实施并无本质的区别。

不过，这个处理确实让虚荣之人的概念稍显狭隘。我们说，虽然语言的使用与暴力的实施构成实现支配的两种方式，这两种方式毕竟有"缓和"和"强硬"之别。关于说服的手段，首先，假设某人 V 意图通过说服来支配 M，如果做得足够漂亮，那么下述后果是可能的：（a）V 事实上支配了 M，同时，（b）M 甚至不知道他已经被 V 支配。这个情况下，被支配者 M 并不反感事实上的支配者 V，更不会反抗 V。其次，即便 M 随后发现了 V 的支配，他也倾向采用不激烈的方式摆脱支配。而似乎正是说服的"缓和性"，解释了为什么内战前夕——甚至任何地域认识时代——都有那么多的引诱者。毕竟，考虑到这些特征，有心之人可能这样盘算：意图支配他人的行为收益极大代价极小，甚至可能是零代价的。

相较之,暴力通常面临潜在被支配者的激烈反抗。并且,即便通过暴力暂时实现了支配,由于被支配者通常知道自己被迫屈从的事实(进而,没人偏好被他人支配的状态),他很可能在未来伺机激烈地反抗支配者。总之,意图支配他人,做演说家要比当强盗划算的多,不过自然状态下的虚荣之人却更像强盗。

2. 猜忌

无论在霍布斯、洛克还是卢梭的设想中,"自然的"或"前政治的"人类共同生活总有这样那样的缺陷和不便;进而,这些缺陷和不便随着政府或政治权力——至少满足特定条件的政府形式或政治权力运用方式——的建立得到克服。另一方面,他们对于自然社会不便之处及其人性根据的刻画各不相同。洛克那里,物欲、勤劳及财产纷争的阐述令人印象深刻(Locke,1988,pp.285—302);卢梭回溯"不平等和罪恶"的本原至"一种偏好":"每个人开始关注他人并期待他人的注视,从此公开的尊敬成为通货"(Rousseau,1997,p.166)①等。

针对这种不同,"谁的揭露是正确的?"属于无意义的追问,因为倘若冷静地观察,我们不得不承认,这些特征——谋财、求名、好面子、奴役他人的嗜欲等——在人类生活中都有迹可循:"如果我们不认识自己充满着高傲、野心、脆弱、可悲与不义,那么我们就的确是瞎子。"(帕斯卡尔,1985 年,第 229 页)

人性一般而论地有种种毛病。在特殊的时代和情势下,有些毛病格外突出、亟待克服:"神恩的运动,内心的顽固,外界的环境"(帕斯卡尔,1985 年,第 253 页);从不同的旨趣看去,有些毛病格外显眼、惨不忍睹。霍布斯、洛克、卢梭及其他哲学家在各不相同的情势下、出于不

---

① "我们不肯使自己满足于我们自身之中和我们自己的生存之中所具有的那个生命:我们希望能有一种想象的生命活在别人的观念里;并且我们为了它而力图表现自己。我们不断地努力在装扮并保持我们这种想象之中的生存,而忽略了真正的生存。如果我们有了恬静或者慷慨或者忠实,我们就急于让人家知道,为的是好把这些美德加到我们的那另一个生命上;我们宁肯把它们从我们的身上剥下来,好加到那另一个生存上;我们甘愿做懦夫以求博得为人勇敢的名声。我们自身生存之空虚的一大标志,就是我们不满足于只有这一个而没有另一个,并往往要以这一个去换取另一个! 因为谁要是不肯为保全自己的荣誉而死,他就会是不名誉的。"(帕斯卡尔,1985 年,第 83 页)

同旨趣体察和品评人性与共同生活，这决定了他们的刻画各不相同。

那么，根据这种解释立场，有启发性的做法在于推敲琢磨每个哲学家人性刻画的特异之处，以期达成对人性与人类生活更全面的理解。

相较其他政治哲学家，霍布斯的刻画有三个特色。（a）"人性中……导致冲突原因"（Lev，p.112）的多样性。（b）虚荣或野心。这种恶（vice）之所以值得强调，与古代道德的批判或基督教人性观之类没有关系，是因为它被霍布斯视为引发内战、导致政治解体的关键，而秩序、和平和统一是霍布斯政治学的基本主题。（c）猜忌（diffidence）。一个人所共知的说法是，恐惧（fear）构成霍布斯政治学的关键词："恐惧和我是孪生兄弟。"（EL，p.254）我们认为，这个关键词可更准确地表达是，出于猜忌的恐惧（fear in virtue of diffidence）；进而，good or bad，它是类比囚徒困境来领会霍布斯的自然状态观念这种做法的灵感源泉。关于特色（a）和（b），第三章第一节和本节第 1 部分已作论述；这个部分，让我们追随霍布斯，亦反躬自省（look into ourselves. Lev，p. xi），玩味猜忌。

在自然战争人性根据的阐述中，猜忌的提出有两个特点。首先，它是"有原因的原因"。关于竞争、虚荣、荣誉等"人性中……导致冲突的原因"（Lev，p.112），霍布斯只简单地提出；猜忌则被描述为竞争、虚荣、荣誉等导致的敌意和战争在人性这里造成的效果。关于这个要点，McNeilly 归纳道："在针对竞争性暴力与荣誉性暴力的防卫缺乏保障的条件下，这些暴力引起人性的彼此猜忌"（McNeilly，1968，p.162）。其次，其他原因引发的敌意和战争是局部性的，猜忌则为"每个人构成每个人的敌人（every man is enemy to every man）"（Lev，p.113）的局面负责。换言之，猜忌解释了自然战争的普遍性或"解释了有限敌意向无限敌意的转化"（Gauthier，1969，p.15）。

（一）猜忌的定义。一方面，在作为普遍战争状态的自然状态观念中，猜忌明显地指涉一种品性。第四章曾提出，品性的定义应当是"人的行为倾向"，进而，第四章第四节第 2 部分粗略地辨识了品性的三个样态：

1. 作为"人们趋向特定事物倾向"的品性：典型地，物欲或贪婪、荣誉或虚荣、野心、好奇等属此类——它们以"所倾向的事物"而相互区分。

2. 作为"人们'忠诚于/无视'特定行为准则倾向"的品性：典型地，正义/不正义、知恩图报/忘恩负义、公平/不公平等属此类——它们以"所忠诚/无视的行为准则"而彼此区分。

3. 作为"行事风格"的品性：自信、自卑、怯懦、豪迈、刚毅、残忍等属此类——无论诉诸准则，还是诉诸事物，似乎都难以定义这些品性。

另一方面，《利维坦》描述猜忌为"对于安全（safety）的欲望"（Lev，p.112）。不过，这个描述和"diffidence"①在语境中的用法存在距离。比如，M 出于安全的考虑而反抗 V 当下实施的暴力，M 的这个行为无疑属于满足"对于安全的欲望"的行为，然而它难以归为 M 的"猜忌行为"。再者，倘若将"对于安全的欲望"当成"diffidence"的定义，猜忌就成了与物欲、荣誉等平行、彼此根据欲望对象（the objects of desire）相区别的一种品性或激情。如此一来，出于猜忌（为了安全）的战争只是自然战争的一个样态——猜忌将无法为自然战争的普遍性负责。

让我们假设猜忌意味着忠诚或遵守特定的准则。据此，定义猜忌的问题转化为：一个猜忌的人遵循的准则（称作"猜忌—准则"）是什么？我们从霍布斯的一处"人性品评"入手来解决这个问题——《利维坦》第 6 章评论：

---

① 关于"diffidence"，罗尔斯从词源学角度做过交代："在当代，该词的含义是羞怯、胆怯或缺乏自信。不过，它来源于拉丁文'diffidere'，原意是'对（他人、自己、自己的能力等）不信任'。这也是霍布斯使用该词的含义。"（罗尔斯，2011 年，第 49 页）

为我们所厌恶的对象,不仅包括我们知道(we know)会伤害我们的东西,也包括我们不知道它们是否将对我们构成伤害的东西。(Lev, p.40)

就这个评论的后半部分而论,一方面,如果将它看作人性的普遍规定性,那么它当然为假。比如,"无知者无畏"的情况稀松平常、"傻大胆"式性格并不罕见。再者,倘若人性对无知之物——特别地,针对该事物是否将对他构成伤害是无知的——的普遍意向是厌恶或恐惧,进而行为上某种形式的"规避"①,那么冒险的性格将不再可能,更不必提"明知山有虎,偏向虎山行"的情况。另一方面,必须承认,确实有这样的人,或者,某些情境下,我们有这样的心态:面对对象O,并且,关于O是否会对他/我们造成伤害,他/我们没有确定的知识;然而,他/我们会将O当成潜在的伤害之物看待(厌恶或恐惧之)及对待(行为上,以某种形式"规避"之)。②

那么,可以将这样的人描述为(自觉不自觉地)受下述准则("谨慎-准则")支配的品性或性格:

对于任何事物,如果我不知道它是否将对我构成伤害,那么将它当作将会构成伤害之物看待以及对待。

1."将某对象当作伤害之物看待":厌恶或者恐惧它;

2."将某对象当作伤害之物对待":行为上,对它采取某种形

---

① 需要注意,这里所谓的"规避"不能狭隘地理解为当事者(的身体)对于厌恶对象的背离,或者说,逃避(escape)——尽管霍布斯关于厌恶(aversion)的物理学(扭曲的)阐释,确实留下这个印象。"规避"是"克服、消除、避免(被伤害/伤害之物)"的意思。就此而论,规避伤害的方式是多样的:逃跑、构筑工事,进攻性防御、"先下手为强"等;特别地,如罗尔斯指出,霍布斯这里,主动攻击与规避伤害不构成矛盾;就是说,"的确,**存在某些时机**,先发制人的攻击构成一个人对其环境做出的最理性的回应"(罗尔斯,2011年,第49页)。进一步地,为了规避伤害,采取哪种行为方式是合理的(rational),或者说,一个理性行动者(a rational agent)出于规避伤害的目的应当采取何种行为,是一个和具体处境(比如,规避者与伤害者的力量对比,或者,规避者关于他自己与潜在伤害者之间力量对比的信念)相关的问题,因此并非一概而论的问题。

② 比如,曹操和他的"宁我负人,毋人负我"轶事,或者,风声鹤唳、草木皆兵典故中当事者的心境。

式的"规避"。"规避"的形式是多样的：构筑工事、先手攻击、逃跑等；当事者应当采取哪种方式（即采取哪种方式合理）是一个场景化（要求具体问题具体分析）的问题。

不过，从霍布斯对"猜忌"的具体使用看，猜忌的对象总是他人（other man）。那么，猜忌的人是（自觉不自觉地）受下述准则（"猜忌—准则"）支配的性格：

> 对于任何他人，如果我不知道他是否具有将要伤害我的意志，那么将他当作具有伤害意志的人来看待及对待。

进一步地，不难发现，"猜忌—准则"构成下述思想的合理预设：

> 由于不能把好人和坏人区分开，由此尽管邪恶之人的数量要比好人少得多，那些好人、有道德的人们也将不得不产生监视、窥测、预见他人的持续需要，以及，他们将不得不动用一切可能手段来保护自己。（OC，p.11）

在"不能将好人和坏人区分开"的条件下，对他人的持续"监视、窥测、预见"以至"动用一切可能手段保护自己"（逃跑、构筑防御工事、先手进攻等），源于当事者的权衡和决策遵循一项准则：在无法确定地区分好人和坏人的条件下，将他人当成坏人来看待及对待。

（二）自然人接受"猜忌—准则"（成为猜忌之人）的合理性（rationality）问题。无疑，自然状态作为"一切人反对一切人的战争（war of every man，against every man）"（Lev，p.115）的观念预设了：当事者普遍地猜忌他人，或者，即使不是全部、至少大多数自然人（natural men）是猜忌的。但这绝不是说，霍布斯从一开始就将猜忌设定为人性的内在特征或常规特征。我们认为，应当这样理解霍布斯的想法：

只是在类似自然状态——这种极端的（extreme）或非常规（abnormal）的实践处境——当中，猜忌将**成为**人类行动者（霍布斯的自然人）常规（normal）具有的品性。

让我们阐释这种解读霍布斯猜忌观念的方式。

I. 猜忌作为人性内在特征或特征设想的不合情理（unreasonable）。首先，猜忌不是面对陌生人时，人们必然采纳的态度。比如，"猜忌-准则"之外，至少可以设想两种准则：

1. "实事求是—准则"：对于任何他人，如果我不知道他是否具有将要伤害我的意志，那么将他作为（对我而言的）陌生人来"如实地"对待。"'如实地'对待"：我无视（contemn）①这个陌生人；或者，我（以某种方式）探究或尝试发现他针对我的意志——如果我关心这一点的话。

2. "天真—准则"：对于任何他人，如果我不知道他是否具有将要伤害我的意志，那么将他当作不具伤害意志的人——甚至对我抱有好心（good will）②的人——来看待及对待。

其次，这两种准则不但可设想，而且生活中当然有这两种品性的人（就像我们无疑也接触过猜忌之人那样）。这样表达也许更恰当：在看待陌生人方面，一个正常人（a normal man）采纳何种观点（猜忌观点、实事求是观点、天真观点等），是情境化或时机性的问题——在这般的实践处境下，我们倾向采纳这种观点；那般处境下，采纳另一种观点等。

总之，任何人总得（always）多少欲求财物（"物欲"）、多数人都具有一定程度的荣誉感或自尊（"荣誉"）。相较之，在我们的日常观念中，

---

① "对于一个对象，如果我们既不欲望[或爱]它，也不恨[或厌恶]它，那么它被我们'无视'。"（Lev, p.40）

② "欲望他人[获得]福祉，称作'仁慈（benevolence）'、'好心（good will）'或'仁爱（charity）'。如果一个人欲求全人类的福祉，那么他具有'善良的本性（good nature）'。"（Lev, p.43）

猜忌和人性的关系,作为一般而论的问题,是缺乏意义的。这意味着,如果霍布斯把猜忌当成人性的内在或常规特征,我们理应认其为哲学家幻觉——就像我们对待人性普遍虚荣的解释观点那样。

II. 猜忌是"有原因的原因"。这样一来,我们遭遇了一个两难。一方面,自然状态作为"一切人反对一切人的战争"要求当事者们的普遍猜忌;另一方面,猜忌构成人性的内在或常规特征的设想显得毫无道理。破解这个两难的钥匙系于这样一个想法:在类似自然状态的实践处境下,人类行动者将逐渐**变得**猜忌。

霍布斯秉持这种想法的证据是,他一向将猜忌作为"有原因的原因"提出。《法律原理》和《论公民》的讲法是:被虚荣之人伤害的经验导致适度之人变得猜忌,出于猜忌的防范-伤害行为又"感染"其他被伤害者变得猜忌,最终"导致人类的普遍猜忌和相互恐惧"(EL,p.78;OC,pp.25—26)。《利维坦》的讲法是:欲望冲突,特别是物欲冲突引发的战争导致双方变得猜忌并可能采取"先下手为强(anticipation)"的行动策略(Lev,p.111)。

针对霍布斯对猜忌的原因的阐述,我们认为,(a)自然人变得猜忌,关键在于他遭受了伤害,无关乎侵害者(做出伤害行为)的动机和意图(虚荣之人的支配欲、争抢东西的动机、对争抢行为的报复、冒犯、对冒犯的惩罚等)。常识而论,一次受伤害的经验未必使人变得猜忌,或者说,猜忌的形成和**频繁地**受伤害的经验正相关,因此,(b)自然人转变为猜忌之人的原因,应当结合自然状态观念形式方面的意义来理解。就是说,霍布斯这里,自然状态是"对每个人构成威慑的可见力量"(Lev,p.153)缺失的实践处境,而国家的缺席为自然人遭受他人伤害的相对频繁性负责。

针对目前的解读,可进一步反思的是:在看待及对待陌生人这件事上,自然人或频繁受伤害的行动者采纳"猜忌-准则"(而非"实事求是-准则"或"天真-准则")的理据是什么? 或者,在何种意义上,对一个自然人或其他频繁受伤害者来说,相较"实事求是—准则"和"天真—准则","猜忌—准则"更合理(rational)?

霍布斯对猜忌的原始描述——"对安全（safety）的欲望"（Lev，p.112）——构成解答这个问题的线索。或可猜想，霍布斯的回答是，一个相对频繁地遭受伤害的行动者采纳"猜忌-准则"的合理性在于，相较其他准则，"猜忌—准则"的采纳将更有效地维护、保障或促进他的安全。

进一步地，"M 的安全（safety）"是不完整（incomplete）或不精确的（inaccurate）表述。我的意思是，安全总是"M 的什么东西的"安全——他的"生命和肢体"（Lev，p.329）的安全、"妻子、儿女和牲畜"（Lev，p.112）的安全、"钱财及生计手段"（Lev，p.330）的安全等。借此，上述回答修正或精确化为：在看待和对待陌生人方面，相较其他准则，自然人采纳"猜忌-准则"将更有效地使他稳定、持续地保有他既已获得、具有或占有的任何东西——钱财和生计手段、妻子儿女和牲畜，特别地，他自己的肢体和生命。

第二节　自然社会的规范性

《利维坦》第 13 章倒数第二段提出战争状态的"两个后果（two conse-quents）"：

> 　　一切人反对一切人的战争的后果是：［在这个社会中］没有任何事是不义的（unjust）。［在自然状态中，］正当和不当、正义和不义的观念（the notions of right and wrong, justice and injustice）没有地位。除非存在共同力量，否则就没有法律；没有法律，就无所谓不正义。……这个状态的另一后果是：不存在财产［权］、支配［权］，没有"你的"和"我的"之分（there be no propriety, no domin-ion, no mine and thine distict）——存在的只是每个人的占取，以及以其力量为唯一凭靠的［对所占之物］的维持。（Lev，p.115）

这是从规范性角度出发，对自然状态的描述。进而，一眼看去，基本的印象是：自然状态是社会规则阙如的状态。比如，Gauthier 认为，这段描述表明，"人际的自然关系完全由力量决定、与权利无涉；其结果是无限的冲突"（Gauthier，1979，p.549）。Watkins 评论："自然状态是政治秩序缺席的状态（there is no civil order），……也是自然或道德秩序阙如的状态（there is no natural or moral order there, either）。自然状态下，除了当事者自己，没有邻人可供依赖；自然状态下的人性，除了他的需求和算计，再没别的东西参与他的作为。……自然状态是政治和道德的双重真空（a moral and political vacuum）。"（Watkins，1989，p.49）

我们先来考察"两个后果"，准备确立的结论是：这个描述并不构成"人际的自然关系完全由力量决定"或"自然状态是道德真空"的证据。

I. 自然状态下"'正当/不当''正义/不义'无地位"。社会生活中，对自我/他人的行为、欲望、品性等做正当/正义的判断是平常之事。进而，这类判断的可能性条件是，判断者占据正义的公共标准。在霍布斯的体系里，充当正义尺度的东西，称作"法"；"根据法的来源"（OC，p.156），法分为两个层次：神法（divine laws）和人法/国家法（human laws/civil laws）。[1]1. 国家法的本质或定义是：

> 国家法是针对每个臣民，国家以规则的形式向他们发布的命令；这些命令通过话语、文字或其他意志表示符号公示，它们的功能是区分正当和不当——即，区分什么和这些规则符合、什么与它们不符合。（Lev，p.251）

2. 神法或自然法[2]是正义的终极尺度。这意味着，自然法构成国

---

[1] "就法律的来源而论，法律首先地区分为神法和人法……人法就是国家法。"（OC，p.156）

[2] 根据作为立法者的上帝向人类传递神法的方式，神法分为自然法（道德法）和神圣实定法："自然法（道德法）（natural law（moral law））是上帝通过内在于人性的永恒话语——自然理性——向全人类揭示的（God has revealed to all men through his eternal word which is innate in them）"，"神圣实定法是上帝以先知的话语（prophetic word）为媒介向我们传递的；（转下页）

家法(及其他形式的主权者意志)的上位法,自然法上位性的表现或要求是:

> 国家法不得允许臣民做神法禁止之事,亦不得禁止臣民做神法命令之事。不过,国家法可以禁止神圣权利允许之事;即,针对根据神圣权利,人性允许去做的某些事,国家法可限制之——这是因为下位法可以限制上位法遗留下来的自由,尽管不得拓展自由。(OC,pp.155—156)

结合上述背景,回忆自然状态下"'正当/不当''正义/不义'无地位"的理由:"除非存在共同力量(common power),否则没有法律;没有法律,就无所谓不正义。"那么,现在变得很清楚,此中的"法律"——预设(作为立法者的)主权者或国家("共同力量"指称的东西)存在的法律——指涉国家法。而整个表述的意思是:自然状态是国家法阙如的状态——可以这样想象,自然状态的成员对国家法全然无知,由此,对自然人来说,在符合/不符合国家法的意义上判断自我/他人的行为、欲望、生活目标等正当/不当、正义/不义是不可能的;或者,自然人的语言里没有"正当/不当""正义/不义"等的语汇,在这些语汇表示事实与国家法或其他形式的主权者意志符合/不符合的意义上。[1]

进一步地,我们说,自然状态先天地是国家法阙如的状态。(a)第二章第三节阐述,霍布斯的自然状态是正常社会"减去"政治维度——特别地,"减去"作为"具有胁迫性力量者"的主权者(OB,p.74)——的"差数";(b)根据国家法的定义,国家法是主权者向治下臣民发布的命令;那么,(c)自然状态要求设想为国家法阙如的状态。

(接上页)比如,通过先知,上帝给予犹太人以关于政治制度和神圣崇拜制度的法律"。进一步地,自然法约束的主体或者是个人,或者是国家;前者称作"自然法(law of nature)",后者称作"国际法(law of nations)"(OC, p.156)。和当前讨论相关的那部分神法是自然法,即规定人类行动者相互关系的"自然理性的指令"。

[1] "律师通过将法律和事实相加,发现个人行为的正当和不当。"(Lev, p.30)

II. 自然状态下"没有'你的''我的'之分"。财产权、支配权①、"'你的'与'我的'之分"的阙如同样是自然状态作为政治维度（主权者和国家法）缺失的社会的逻辑后果。论证如下。1. 向臣民分配权利以及保障臣民享有和安全地运用配得的权利属于国家法的功能：

> 分配性的国家法（distributive civil law）是这样的法律：通过它，每个臣民被分配权利。就是说，通过这种法确立的规则，人们知道了哪些东西属于自己、哪些东西属于他人；这种知识使得下述情况成为可能：他人不再阻碍我们对属于我们的东西的使用和享用，以及，我们不再阻碍他人对于属于他们的东西的使用和享用。惩罚性的国家法（vindicative or penal civil law）则规定违背分配性国家法将被施加怎样的惩罚。分配性的国家法与惩罚性的国家法不是两种（two kinds）国家法，而是国家法的两个［不可分离的］部分（two parts of the same law）……任何一项国家法律规定都或隐或显地连带着某种制裁。（OC，pp.157—158）

《利维坦》的说法更简单："关于财产权或'你的''我的'之分，关于臣民行为的善与恶、合法或非法的规则，是国家法（civil laws）；即每个国家特有的法"（Lev，p.165）。2. "在国家中，只有国家——被赋予主权权力的那个人或那个集体——是立法者，并且，国家中的法就是国家法"（OC，p.156）：国家法的存在预设（作为立法者的）主权者的存在。3. "霍布斯的分析方法蕴涵了，想象的自然状态是政治秩序缺席

---

① "Dominion"是近代早期政治哲学中的重要概念。Filmer用它指涉君父对土地及土地上的人和物的正当支配，这种用法具有鲜明的封建色彩。由于洛克区别人和自然物的道德地位，在此基础上，区分获得支配人的权利与获得支配物的权利的不同方式，《政府论（上篇）》第七章批判了Filmer对于"Dominion"的"人物不分"—用法（Locke，1988，pp.195—199）；另一方面，洛克本人的用法众所周知："Dominion"表示人对人的、具有正当性的支配，特别是政治上的正当支配关系（主权者—臣民关系），"propriety"表示人对物的、正当的支配。霍布斯对"Dominion"和"propriety"的使用和洛克的用法基本一致，鉴于此，我们这里将"Dominion"译作"支配权"（或"统治权"）、把"propriety"译成"财产权"。霍布斯对dominion的讨论，参见Lev，chap.XX（pp.185—196）。

的状态"(Watkins，1989，p.49)：先天地或就其定义而言，自然状态是主权者阙如的社会。因此，4.自然状态下，"不存在财产权、支配权，没有'你的'和'我的'之分"(Lev，p.115)。

总之，"两个后果"简单地是"政治学分析"的蕴涵。既然自然状态是现实生活"减去"政治维度的"差数"，自然人这里，"正当/不当""正义/不义""财产权""支配权""'你的'和'我的'之分"等——在这些语词的用法或者意义预设政治维度（主权者、国家法等）的限度内——当然是无意义的。

进而，鉴于"自然法，也就是道德法"(EL，p.99；OC，p.58；Lev，p.146)与国家法的显著区别——比如，自然法不以主权者的存在为条件，"两个后果"不表明"人际的自然关系完全由力量决定，与权利无涉"或者"自然状态是道德真空"。

不过，即便上述对"两个后果"的理解更准确，似乎仍有理由同情Watkins 和 Gauthier 的观点。毕竟，既然自然人的关系是"一切人反对一切人的战争"(Lev，p.117)，自然状态当然不是"自然法，也就是道德法"(EL，p.99；OC，p.58；Lev，p.146)支配下的社会，据此，难道不是"自然状态是道德真空"吗？

这确实是微妙的问题，让我们提示两点。首先，"一切人反对一切人的战争"的局面至少蕴涵自然人不普遍地将"自然法，也就是道德法"(EL，p.99；OC，p.58；Lev，p.146)确立为个人行动的根据和尺度，不过这未必意味自然状态是"道德真空"。在此，尤其要考虑到霍布斯的这些论调：

1.自然法永远约束着一个成人的内心领域。(Lev，p.145；OC，p.54；EL，p.97)

2.对自然法的无知永远不构成豁免理由（excuse）；因为任何人，如果达到能够运用理性的年龄，那么就被设想为知道应当/不应当对他人/自己做什么事情。(Lev，p.279)

3.非实定法不需要公示，而是通过自然的声音——也就是，自然理性——而被我们所知。自然法是非实定法。……在不存在国家法的领域，一个人对于众所周知的诸自然法的有意违背，构成对他施加惩罚的理由。（OC，p.161）

4. 自然状态下，自然法确实产生义务。（OC，p.158）

其次，(a)战争不必然地意味着规范性的阙如——如果这在私人关系中不够鲜明，请设想国家间战争和国际法的情形：战争法的前设是正义战争/不义战争的区分。在此基础上，(b)针对自然状态，可作这样的追问：**一个自然人**如何看待（他置身其中的）"一切人反对一切人的战争"的伦理意义？①

我们认为，自然人普遍地将自然战争（他向别人发动的战争以及别人对他发动的战争）视为正义战争。具体来说，"一切人反对一切人的战争"是特定的法（nomos）背景下——法是"场域和秩序的结合或统一"（施米特，2017年，第37页）——的战争，其法的意义在于，自然人对等地承认彼此的"正当敌人"身份。霍布斯引入权利（right）观念再描述（re-describe）自然状态——"自然状态下，每个人具有对一切事物的权利，包括他人的身体"（Lev，p.117）——这种做法，构成这个法背景的证据。

接下来，阐释自然法在自然状态下的双重存在。

1. "诸自然法永远约束着一个成人的内心领域"

重回 Watkins"自然状态是道德真空"的论题。由于"自然法，就是道德法"（EL，p.99；OC，p.58；Lev，p.146），Watkins 显然主张，自然状态是自然法的真空。进一步地，我们注意到，这个主张可作不同的解释：

---

① 这里的问题不是一个自然社会的"冷静的旁观者"如何理解"一切人反对一切人的战争"的伦理意义——我们说，如果占据着（哈特所谓的）"外部的观点"，或者用温奇的术语，观察者拒绝进入自然人的"内在社会关系"，那么自然社会显现的当然只是没有任何伦理意义的、"一切人反对一切人的战争"的事实。

理解 1（自然法在自然状态的社会生活中不存在）：自然人既不以自然法要求自己，也不以自然法量度其他自然人。

理解 2（自然法在自然状态的社会生活中以及自然人的意识中不存在）：自然人不以自然法衡量自我和他人，并且他们对自然法全然无知。

I. 理解 1 必定符合霍布斯的想法。因为诸自然法作为"和平、社会性以及舒适生活的手段"（Lev，pp.146—147）而提出，这意味着如果自然人普遍地以诸自然法（"正义、感恩、适度、公道、怜悯等"（Lev，p.146））为行事根据，或者（至少），他们的行为普遍地合乎自然法，那么自然状态是和平的、社会性以及舒适的。

II. 需重点说明的是，理解 2 与霍布斯的思想不符。前文提到，霍布斯宣称，自然状态下，自然法确实产生义务（OC，p.158）。这个观点需要在探讨承担法律义务的条件的语境下来理解。霍布斯指出，如果一个臣民 A 确实应当承担做 X 的国家法义务，那么必须满足两个认识上的条件：（a）A 知道"做 X！"是主权者——他有义务服从的那个人或团体——下达的命令；（b）A 知道主权者向他下达的命令是"做 X！"（OC，p.159）。进一步地，倘若 A 没有履行做 X 的义务，那么对于作为立法者的主权者的无知不构成 A 免于指责或惩罚的正当理由，因为这方面的普遍预设是"对立法者的知识取决于臣民自己"（OC，p.159）。不过，A 不知道主权者命令 A 做的是 X，从而导致 A 没有履行 X 的情况是可能的；并且，A 对主权者所下达命令的内容的无知确实可以构成 A（没有履行 X）免于指责或惩罚的正当理由。据此，他提出："法律的知识取决于立法者"（OC，p.160）——这就是说，主权者立法时，应当向臣民足够明确地公示法律内容（by promulgation），确保后者对国家法义务的充分知情（OC，p.160）。

接下来，霍布斯评论，和国家法的情况不同，倘若一个成人 A 没有履行自然法规定的义务，那么 A 对于自然法内容的无知不构成 A（针对他的没有履行自然法义务的行为）免于指责的正当理由。根据是

"非实定法——比如诸自然法——无需公示：它们通过自然的声音暨自然理性而被知道"（OC，p.161）。

不止《论公民》，这些思想同样在《利维坦》中出现。（a）"如果立法比较奇怪，那么直到这项法律对臣民 A 明确宣布之前，A 对国家法的无知构成 A 的免责理由；因为，在没有明确宣布的条件下，国家法应认作不具约束性"（Lev，p.280）；特别地，（b）"对于自然法的无知永远不构成豁免理由"：

> 对自然法的无知永远不构成豁免理由（excuse）；因为任何人，如果到达能够运用理性的年龄，那么就被设想为知道应当/不应当对他人/自己做什么事情。因此，任何人，无论他到什么地方，只有作为违背自然法的任何事情，就构成他的一项罪行（a crime）。（Lev，p.279）

总之，霍布斯认为，成人（理性成熟的人）不仅意味着**能够**"收听到"诸自然法，而且或多或少地**已经**"收听到""内在于他们的内在话语，即自然理性"（OC，p.156）。

一方面，许多当代伦理学家共同营造遍布伦理难题的假象，倘若我们不被这个假象所蒙蔽①，那么，很容易看出，霍布斯的上述讲法只是对日常道德生活特定侧面的描述。在现实生活中，倘若一个成人以道德的无知为理由为他的不道德行为开脱，那么，通常来说，这种做法都不被接受。进一步地，人们之所以普遍地将"对道德的无知"视为纯粹的借口，根据在于"任何人，到达能够运用理性的年龄，就被设想为知道应当/不应当对他人/自己做怎样的事"（Lev，p.279）；或者，洛克这样表达：

> 一个人是否受自然法的约束？或者，什么使得一个人免受自

---

① "我们不相信他们，那些相信他们的人乃是最空虚又最愚蠢的人。"（帕斯卡尔，1985 年，第 235 页）

然法的约束？基于什么，一个人能够在自然法的限度内，根据自己的意志自由地处置财产？我的回答是，成熟的状态（State of Maturity），也就是那种他被设想为有能力知道自然法、从而有能力将自己的行为限制在自然法的范围内的年龄。（Locke，1988，p.307）

另一方面，结合霍布斯的道德理论来看，上述思想确实引出一个问题。霍布斯声称，"关于德性和恶的科学，是道德哲学；因此诸自然法的真学说是真正的道德科学"（Lev，p.146），进而评论，"我的对于诸自然法的演绎相当精微，以至不能指望所有人都理解它：毕竟大部分人为生计而奔忙[以至没时间研究道德哲学]，另一些人则疏于理解"（Lev，p.144）。根据这些说辞，霍布斯相信：(a)大部分人尚未掌握诸自然法的真学说，因此，(b)尚不具有道德知识；然而，这个信念似乎与每个理性成熟的人都具有道德知识的思想矛盾。

这个矛盾可以借助完备的道德知识/不完备的道德知识的区别来化解。类比理论知识的情况来解释这一点；在第五沉思中，沉思者观察到：

　　某些我清楚分明地感知到的东西，对于每个人来说都是明显的；相较之，对于另一些东西，只能通过更详细的审查以及更细心的探究，我才能发现它们；不过，一旦发现了它们，对于它们的判断和对于前者[指"对每个人来说都明显的、我清楚分明地感知到的东西"]的判断一样确定。举例来说，在直角三角形情形中，直角所对的边上的正方形面积等于夹直角两边上正方形面积之和这个事实不如最大的角对着最长的边这个事实那样明显（apparent），不过一旦一个人看到前一个事实，那么他会[像相信后一个事实那样]强烈地相信它。（Descartes，1984，p.47）

尽管三角形的某些知识"对每个人都是明显的"，不过并非全部知识都是如此。进一步地，想要全面地、完备地获得三角形的知识，要求对于三角形的科学研究；典型的，需要数学家以"对每个人都明显的"那类知识——三角形的本质或定义、公理、逻辑规律、获得证明的定理等——为始点，通过演绎，发现那些并非"对每个人都明显"的知识。

在霍布斯看来，道德领域的状况是类似的。一方面，某些道德知识对于任何成人都是明显的。比如，他频繁提出"己所不欲勿施于人"或"公道自然法，也就是对平等者施以平等对待"是"全世界都支持的"（Lev，p.258）、是"智力低下者也理解的"（Lev，p.144）、"即便对无知或没受过教育的人来说，掌握起来都再容易不过了"（OC，p.53）。再者，在对以往"道德哲学的作家们"的批判中，霍布斯评论，某些正确的道德意见——守信、感恩、怜悯之类——是每个人都禀有的（Lev，p.146；OC，p.56）。不过，另一方面，某些"自然法的结论或定理"（Lev，p.147）需要通过"更详细的审查及更细心的探究，才能发现"。更重要的是，日常道德具有松散或不成体系的缺陷，要求理性的探究克服之。那么，道德哲学的任务是，在理性批判的基础上，"综合"或者体系化日常道德；从道德哲学方法论的角度讲，霍布斯是一位（借用Sidgwick 的术语）哲学直觉主义者（a philosophical intuitionist）。在第六章第一节第 1 部分，我们会继续谈论这个话题。

经过上述澄清，回到霍布斯的自然状态。（a）"任何人，到达能够运用理性的年龄，就被设想为知道应当/不应当对他人/自己做怎样的事"（Lev，p.279）。（b）自然人当然是理性成熟的行动者。因此，（c）自然人具有一定程度的道德知识或意识："自然状态下，自然法确实产生自然义务"（OC，p.158）、"诸自然法永远约束着一个人的内在领域或良心"（Lev，p.145；OC，p.54；EL，p.97）。

III. 这个部分开头（I）就指出，诸自然法在自然状态的社会生活中确实不存在或不起作用，就自然人不把它们用作行为的根据或理由，以及，在他人行为的评价和应对上悬搁道德观点而言。事实上，霍布斯提出，在实践方面（行为决策、自我和他人行为的评价等），自然人普遍采纳某种意义上与诸自然法"构成对立"（OC，p.156）的观点，所谓自然权利（natural right）观点：

> 自然状态……是一切人反对着一切人的战争。这种处境下，每个人只受自己的理性的管制（in which case everyone is governed by his own reason）；这种处境下，只要一个人判断某事物对维护他的生命有用，他都可以利用之。由此得出：自然状态下，每个人都具有对一切事物的权利，包括他人的身体。（Lev，p.117）

粗略来讲，一个根据自然权利行事的行动者，是一个单纯运用合理性（rationality）的行动者；或者，一个自然权利的履行者，在行为决策方面，除了自我利益（self-interest）的理由，不接纳、承认和考虑任何其他类型的行为理由：

> 自然赋予每个人以对一切事物的权利。就是说，在纯粹的自然状态，或者，在人们通过彼此的信约来约束自己之前，针对他人，一个人被允许做任何事情；针对任何东西，只有一个人想要并且能够获得，他就被允许占有、使用和享受它。……自然状态下，任何人被允许拥有任何东西、做任何事情——这是古语"自然将所有事物给予所有人"（Nature has given all things to all men）的意义，也是结论"自然状态下，权利的尺度是利益"（in the state of nature the Measure of right [ius] is Interest [utilitas]）的根据。（OC，p.28）

那么，结合 II 和 III，得出的结论是，自然人这里，道德既非全无、也非全有，而是（借用 Descartes 的一个表达）"介乎虚无（nihil）和存在（existence）之间"。具体而言，虽然任何成人的心灵都或多或少地据有诸自然法、道德知识、道德意识，不过在自然状态的实践处境，道德知识或良心在人性的决策中不被运用——诸自然法并非"激活了的（to be operative）"（Warrender，1955，p.14）。"诸自然法永远约束一个成人的内心领域"，但在自然人这里，它们"不约束外部领域，也就是不将诸自然法付诸行动"（Lev，p.145）。

IV. 上述论证揭示出一个有趣的现象：自然社会成员的"人格分裂"。我们看到，在自然人这里，道德以观念或对象实在性的形式存在，不过他们拒绝（通过各自的行动）将道德的对象实在性转化或兑现为形式实在性。针对这个现象，我们必须追问：在个人决策时，自然状态下的人类行动者将道德"悬搁起来"的理由是什么？对此，霍布斯的回答，一言以蔽之：因为自然人预料到，在"一切人反对一切人战争"处境下，根据道德行事将导致"行动者的本性暨生命被暴力摧毁"（Lev，p.145）。

在第六章重构霍布斯的道德辩护时，我们将揭示和阐释这个回答至关重要的伦理意义：生命安全构成人性承担道德义务的"前提"。具体而言，在依道德行事使得当事者面临生命危险的条件下，当事者总是允许（always be allowed）不选择根据道德行事（而选择保命）——在面临生命危险的处境下，道德义务转化为"分外之事"。对我来说，这个频遭误解的伦理立场是霍布斯"世俗道德主义"（罗尔斯，2011年，第26页）气质的标志、是霍布斯的人道主义的体现、是霍布斯思想中真正有思想史意义的东西、是"霍布斯主义"。

不过，就当下的讨论来说，我们援引霍布斯的一段表述也就够了——这段引文恰好也包含了目前为止论证的大部分要点：

> 自明地，人的行为跟随着意志而发生，而意志来自人的希望和恐惧；因此，如果人性发现：违反法律［相较服从法律］似乎会导致［对他来说的］更大好处或更少坏处，那么他就倾向于形成违法的意志。另一方面，个人安全和自保的希望，系于较之邻人，他（或公开地或密谋地）更好地动用了自己的体力和技艺。据此，也就理解了：知道自然法，并不蕴涵人们将遵守自然法（the natural laws do not guarantee their own observance as soon as they are known）；结果是：只要个人安全尚未得到保障（as long as a person

has no guarantee of security from attack），那么一个人就保有他的原初权利：任何照看自己的方式，只要他意愿、并且在他的能力范围之内，那么他就允许采取。一个人的原初权利，就是他的对一切事物的权利，或者战争的权利（a right to all things, or a right of war）。最后，只有看到和平的希望之时，人们才有意愿兑现自然法的要求。（OC，p.69）

2. "自然状态下，每个人具有对一切事物的权利"

在反驳"缺德的人是勇敢的（the amoralist is courageous）"这个思想的段落中，Bernard Williams 说道：

> ［这个思想］包含一个错误的预设，即如果他们能够［无坏结果地］摆脱［道德规则］，或者如果他们不那么诚惶诚恐，或者如果他们面对社会的塑造不是那么被动——总之，如果他们不曾遭受规训，那么大部分道德的公民将成为不道德的。道德之人基于恐惧的想法产生了缺德之人是勇敢的这种想法。然而，这些预设是荒谬的。如果缺德之人的意思是：设若一个个体能够确定，他能够［无责任地、不产生坏结果地］摆脱一项道德规则，他就会打破它（《理想国》中有隐身功能的格古斯指环例示了这种模式），那么对于很多行动者，这简单地是不成立的。断定这种想法为假的理由在于，最基本的道德规则和观念如此强势地为人们所内化，以至不会因离开了警察及邻人的眼光就完全蒸发。这是它们作为道德规则——而非法律的要求或者社会的惯例性事宜——的部分要点。事实上，道德教育能够使得人们经常地**想要**以非自利的方式行动……（Williams，1972，pp.7—8）

Williams 相信，很多人的道德经受得住格古斯指环的考验。然而，看起来，Williams 为这个信心提供的理由没多少说服力。他的说法大抵是，道德教育塑造人的道德品性，道德品性意味着当事者（从心理学的角度描述）稳定地认同和服膺特定的道德规则或观念，以至在作相关的权衡和决策时他甚至不再体验得到（诸如）自私考虑的出现、自我利益理由的搅扰等。这些说法当然可以接受，可是它们和格古斯指环或"警察及邻人眼光"的缺失会对人们的道德品性发生怎样的影响——比如，是否会导致道德的人成为不道德的人——这个问题有什么关系呢？

没了"警察及邻人的眼光"，大多数道德的人将继续"道德下去"——针对这条标语，霍布斯定会评论，Williams 有勇气这样讲，不是他对多数人的道德有信心，而是他对所生活的国家中的"警察及邻人的眼光"有信心。毕竟，我们看到，自然状态观念蕴含霍布斯对类似问题的回答：倘若没了国家和警察，尽管还保留着道德意见或知识，不过就个人而言，人们愈加不会以道德要求自己、看待别人；就人类交往来说，道德制度愈加不起作用。更重要的是，霍布斯还认为，这种条件下，人性朝着不道德的方向变化是理性的。首先，对安全、特别是生命安全的关切为每个人提供合理性（rationality）方面的理由；其次，既然生命安全构成人性担负道德义务的前提，每个人甚至不乏"正当的理由"。总之，

> 人们常说起，战争起而法律止（laws are silent among arms）。针对国家法，这种说法严格地成立；其实，它对自然法同样成立——如果应用于人的行为，而非心灵状态；如果战争是一切人反对一切人的战争的话。（OC，p.69）

针对霍布斯的这些思想，值得考虑的是：人性和社会道德堕落的极限是什么？Watkins 回答似乎顺理成章，"道德真空"（Watkins，1989，p.49）暨没有道德的生活空间。可是，我们能否道出这个空间的更多内容——毕竟，比方说，圣经中的索多玛城是道德真空，施米特记录的 16 至 20 世纪欧洲国家间关系也是道德真空。

Williams 不可能彻底地反驳缺德的人是勇敢的。当历史上的习俗

主义者提出这个思想时，他预设了自然（nature）或人性（human nature）与习俗的二分（施特劳斯，2016年，第82—120页）。然而，如果不是否认，Williams至少怀疑人性谈论的意义。不谈人性，道德从何谈起？然而，Williams并不谈论道德：他谈论哲学家们关于道德的谈论（比如道德的人性基础）都是错的。

众所周知，哲学当中，分析容易而综合难。以卢梭为例。将理性从人性中抽象出去是轻松的：想象一头动物。可一旦抽象出去，就不再能还回来了：野蛮人是"具有自我完善能力（the faculty of perfecting oneself）"的动物（Rousseau，1997，p.141），理性——据称是自我完善的结果——却造成人的堕落。

如果像日常理解的那样，"道德的"这个谓词指涉某人的行为大抵符合"正义、感恩、适度、公道、怜悯，以及其他诸自然法"（Lev，p.146），那么霍布斯的自然人不是道德的。不过，自然人并非不理性的（unreasonable），因为他们每个人都对等地（reciprocally）允许他人是不道德的。我们需要通过反思自然权利（natural right）观念来澄清这个稍显诡异的论题。

I. 自然权利：诉诸"权利"对自然状态的再描述（re-description）。霍布斯对自然状态阐述包括两个环节：（a）事实性分析。声明自然状态是"一切人反对一切人的战争"并阐述"人性中包含的冲突原因"：竞争、猜忌、荣誉、虚荣之人—适度之人之类。这个环节的分析出现在：《法律原理》第14章第1—5节，《论公民》第1章第1—6节，《利维坦》第13章。（b）规范性描述。诉诸权利观念描述自然社会的成员及相互关系。提出每个自然人是自然权利的主体，自然权利的基本规定性是："对于一切事物的权利，就是说，做任何允许他人所做之事，根据个人意志与能力占有、使用及享受任何事物的权利"（EL，p.79）。这个环节的描述出现在：《法律原理》第14章第6—13节，《论公民》第1章第7—14节，《利维坦》第14章第1—4段。

进一步地，就与自然战争的因果关系而论，自然权利和猜忌相仿。一方面，自然人普遍享有自然权利说成是普遍战争的原因：

如果在那些彼此倾轧的自然倾向上（即人性的各种激情以及空洞的自尊等），加上 A 攻击 B 的权利及 B 抵抗 A 的权利……那么更无法否认：人类的自然状态（即人类建立政治社会之前）是战争；并且不是简单的战争，而是一切人反对一切人的战争。（OC，p.29；EL，p.80）

另一方面，某人享有自然权利表述为他置身于"一切人反对一切人的战争"的结果；就是说，个体生命随时遭受他人威胁的实践境遇构成他享得自然权利的理由或根据。比如：

> 只要个人安全尚未得到保障，那么一个人就保有他的原初权利：任何照看自己的方式，只要他意愿、并且在他的能力范围之内，那么他就允许采取。一个人的原初权利，就是他的对一切事物的权利，或者战争的权利。（OC，p.69；EL，pp.79—80）

我们关注的是，引入权利/自然权利观念描述自然人/自然状态的意义。

在 Gauthier 看来，"自然赋予每个人以对一切事物的自然权利"（OC，p.28）的全部要点是：霍布斯意在指出，自然人纯粹是合理的行动者（simply rational agents）；就是说，他们每个人的"行事逻辑"简单地在于采取（自认为的）最有效手段来实现各自（主观的）目的或整体善：

> 霍布斯声称，暴力和诡诈是自然状态下的主德；这个思想和自然状态作为"正当与不当没有地位"处境的观念并不矛盾：这简单地是因为，有的人可能确实把这两者看成最具有价值的品质。自然人的善是纯然主观的（their goodness is purely subjective）。或许[对于"人际的自然关系完全由力量决定，与权利无涉"这个论点]构成挑战的是这样一个思想：霍布斯描述每个自然人具有自

然权利……不过，自然权利，就其自身而言，不是一个道德概念……只需注意到：在自然状态下，每个人必然把他自己的理性当成正确理性，因此与每个人自己的理性一致的行为就是他有权利做的行为。因此，自然权利是作为一个合理性——而非道德的——概念引入的。（Gauthier，1979，pp.549—550）

自然人作为自然权利主体观念当然包含"每个人只受自己合理性管制"（Lev，p.117）这重意思，因为"A 具有自然权利"＝"A 具有只受自己合理性管制的权利"。问题在于：这里的"权利"的涵义和要旨是什么？换言之，看起来，事实性分析——竞争、猜忌、荣誉、虚荣之人的存在导致自然状态是普遍敌意和战争的状态——表达的恰恰是：倘若没有国家，并且每个人只受自己合理性的管制，那么人际的普遍关系是敌对和战争。如此一来，Gauthier 的看法意味着，自然权利观念的引入没有在事实性分析之上增添任何东西。

II. 自然权利的相互承认。我们从霍布斯政治学随后对自然权利的一个应用出发，分析这个观念的意义。1. 众所周知，政治学的综合部分提出，自然人通过相互缔结信约建立国家：

　　每个人分别对每个其他人说："我对这个人或这个集体授权（authorize）并放弃（give up）我统治自己的权利（my right of governing myself），条件是，你也以同样的方式对这个人或这个集体授权并放弃你的权利"。（Lev，p.158）

自然人转移或放弃的所谓"统治自己的权利"是他们"只受自己理性管制"（Lev，p.117）或者"去做任何他们的理性建议的（对他们自己来说）最大利益行为"（Lev，p.199）的权利。进一步地，这个权利就是"对于一切事物，包括他人的身体"的自然权利："如果人们想要获得和平，必然得放弃特定的自然权利；就是说，每人均不得再保有任意行事的自由"（Lev，p.141）。

2. 显然，除非 A 一度知道（has known）并且承认（has recognized）B 具有权利 R，否则 A 将认为，B 当下放弃或（向他人）转移权利 R 的行为是荒谬的。假如我不认为你对这所房子具有权利，那么，你当下放弃或转移这项权利的"承诺"（"我放弃对这所房子的权利"或者"我将对这所房子的权利转移给你"，云云）在我看来只是胡话或玩笑话等。

那么，3. 建国契约叙事预设了，处于自然状态**当时**，自然人一度承认对方的"对于一切事物的权利，包括他人身体"。自不必说，建国信约是自然人们的有意行为（intentional actions），处于自然状态当时，他们都知道自己具有自然权利。

霍布斯通常将自然人作为自然权利主体观念表述为："自然赋予每个人以对一切事物的权利"（OC，p.28），"自然状态下，每人具有对一切事物的权利，包括他人身体"（Lev，p.117），"根据自然，每个人具有对一切事物的权利"（EL，p.79）等。我们说，结合"X 具有权利（X has some right）"的日常用法，严格来说，这些表述可作两种理解：

> 1. 自然人普遍具有（have）对一切事物的自然权利，尽管他们不知道及不承认（know and recognize）每个自然人具有这项权利。
> 2. 自然人普遍知道并承认每个人具有对于一切事物的自然权利。

上述论证想要表达的是，应当在更强的意义上理解自然人作为自然权利主体的观念。即当言及诸如"自然状态下，每个人具有对一切事物的权利，包括他人身体"，霍布斯的意思是，每个自然人知道并承认每个自然人具有对一切事物的权利，包括他人身体。

III. 承认邻人自然权利的含义。换言之，自然人作为自然权利主体观念包含的一层意思是，自然人普遍地承认自然人（自我和邻人）是自然权利主体。因此，这个观念刻画了自然状态的两个方面：（a）一个自然人 A 只受 A 的合理性管制，并且 A 自己知道；（b）A 知道邻人 B 只受 B 的合理性管制，并且 A 认同这一点。

因此,这个观念要比 Gauthier 的看法更丰富;特别地,意思(b)标识了自然状态的一项社会事实:后者涉及自然社会成员怎样看待彼此。那么,如何具体描述自然人看待邻人的观点呢?

首先,《法律原理》提出:

> 任何不违背理性(not against reason)之事,称作"权利",或者,当事者在使用自己的自然力量和能力方面免于谴责的自由(blameless liberty)。(EL,p.79)

据此,A 具有一项权利相当或对应于他人对 A 负担的一项义务:"A 具有做 X 的权利"="针对 A 的做/不做 X,他人不得谴责(blame)A"。相应地,自然人 A 具有"对于一切事物的权利,包括他人身体"="针对自然人 A 的任何行为(包括侵犯、伤害他人身体),其他自然人不得谴责之"。

其次,谴责是和法(作为指责的理由或根据)和罪(作为指责行为所标识的东西)相关系的概念:

> 在法(law)的语境下,"罪(sin)"具有更狭窄的意义;在此,"罪"不再指涉违背理性的行为[这个"理性"是指合理性(rationality)。此前,霍布斯说的是:宽泛地讲,不合理的行为——即那些事实上不能实现或有效实现当事者既定目的的行为——也构成当事者的一项罪],而是承受谴责的行为(which is blamed)——正是因为这个原因,这些行为被称作"malum culpae[被谴责之恶]"。然而,并不是说一个东西若是被谴责了,它就是"罪"或"不义",关键在于:这种谴责必须有理据。因此,需要区分有理由的谴责与无理的谴责。(OC,p.162)

谴责(以及罪)预设法。这就是说,谴责一个行为的(部分)意义是,指出该行为违法(进而,违法的行为构成罪)。这是霍布斯所谓"谴责必须是有理据的"含义,即:(a)如果被谴责的行为事实上违法,那么谴责是公允的;(b)如果被谴责的行为事实上没有违法,那么谴责是不公或无理。

进一步地,前文已经介绍过,法有两个层次:国家法和自然法。相应地,谴责具有两种类型:(a)以行为违背国家法为要点的谴责;(b)道德谴责。

再次,自然状态下没有以行为违背国家法为要点的谴责。我们说,这是"政治学分析"决定的:由于自然人先天地对国家法"无知",他们不可能用国家法量度邻人和自己的所作所为。

不过,道德谴责与以行为违背国家法为要点的谴责面临的情况是不同的。这是因为,我们记得,自然人确实具有各自的道德意见;这意味着,自然状态下,道德谴责(无论公允与否)确实可能发生。

一俟揭示出道德谴责在自然状态下的可能性,自然人作为自然权利主体观念的要点就变得清楚。它意在强调(吊诡地),自然状态下,道德谴责是不道德的。(a)刚才提出,某人 A 具有"对于一切事物的权利,包括他人身体"="针对 A 的任何行为(包括侵犯、伤害他人身体),其他人不得谴责"。(b)"自然状态下,每个人具有对一切事物的权利,包括他人身体。"因此,(c)每个自然人承担一项义务:针对邻人的任何行为(包括侵犯、伤害他人身体),他不得对之进行道德谴责。

本节第 1 部分论证了:在个人行为决策方面,自然人将"悬搁"各自的道德考虑;并且,由于自然状态下,根据道德行事意味着生命之虞,在决策方面,自然人有正当理由"悬搁"道德,"只受自己合理性的管制"。自然人作为自然权利主体观念说的则是:在对邻人行为、欲望、整体善的评价和判断方面,自然人**应当**"悬搁"各自的道德观点。即,不得从个人的道德信念出发臧否或谴责他人的行为、欲望、生活目标等。总之,自然社会的成员不得占领道德高地!

自然人普遍承认彼此是自然权利主体的含义是,霍布斯将自然状态设想为良序社会①;特别地,自然社会成员普遍且严格地履行他们的

---

① "一个良序社会是这样的社会:(1)每个人都接受、也知道别人接受同样的正义原则;(2)基本的社会制度普遍地满足、也普遍地为人所知地满足这些原则"(罗尔斯,1998 年,第 5 页)。

义务：不得从个人的道德观点（无论他们的道德信念是什么）出发，对他人的行为、欲望、生活目标等进行评价及（行为上）回应。

IV. 自然状态是理性的社会（a reasonable society）。值得注意的是，自然状态是一个理性的社会。第四章第五节已经论证，理性的内在规定性是权利分配的对等性要求：

> 每个人都满足于平等构成自然法的基础……这个条款相当于"爱人如己"。这个条款的……恰切理解是：对于他享有的任何权利或特权，一个人应当认为他的邻人同样值得享有它们；并且，对于任何东西，如果他认为自己值得拥有，他也应当认为他人值得拥有（he should esteem his neighbor worthy all rights and privileges that he himself enjoy; and attribute unto him, whatsoever he look should be attributed unto himself）——这个条款无他，只是要求人们谦逊、温顺和满足于平等。（EL, pp. 100—101；OC, p.62，p.161；Lev, p.141）

（a）由于自然人普遍具有"对于一切事物的权利，包括他人身体"，那么，自然状态是一个权利分配对等的社会，因此（客观地）是理性的社会。（b）我们说，自然人作为自然权利主体观念包含自然人承认每个自然人具有对一切事物权利，因此，每个自然社会成员都是理性的（reasonable）——在严格地服从对等性要求的意义上（由此，自然状态被设想为良序社会）。严格服从的集中表现是，自然人不以主观的道德信念为立足点，判断或指责邻人的欲望、行为和生活目标，特别地，邻人的伤害和侵犯他人（包括判断者或遭受者自己）类型的欲望、行为和整体善。在这个意义上，在自然社会的成员这里，作为对等性要求的理性本身或自然法本身（Reason, or the law of nature itself）不仅具有对象实在性，而且获得了形式实在性。

在这个部分的最后，让我们简单地比较霍布斯和洛克的自然人／自然状态观念。相较霍布斯，洛克的自然状态显得是更具内容的自然法发挥作用的生活空间，洛克的自然人似乎更富道德性——他们会因违背道德而自我悔恨［"贮藏多于能够使用的东西，这既愚蠢又不厚道"（Locke，1988，p.47）］、会判断他人行为的道德性并实施道德惩罚［"每个人都享有为限制和杜绝类似罪行而惩罚犯罪行为的权利"（Locke，1988，p.273）］等。不过，"自然状态是平等的：在这种状态下，任何权力和裁断权都是相互的（reciprocal），无人拥有的比他人更多"（Locke，1988，p.269）这个洛克和霍布斯的共同思想将上述差异相对化。在这个思想的关照下，两者的区别是：洛克为自然人保留某些裁断的共同尺度，霍布斯的拥有"对于一切事物的权利，包括他人身体"（Lev，p.117）的自然人则抽象掉任何共同尺度。这里所谓"裁断的共同尺度"相当于日常理解的道德标准，即在判断或臧否行为、品性、欲望、生活目的上，一个伦理共同体的成员共同接受的标准。

　　进一步地，我们认为，这个区别源于不同的写作策略。洛克之所以会保留某些有实质内容的尺度［比如，"任何人不得侵害他人的生命、健康、自由或财产"（Locke，1988，p.271）］，是因为在他看来，这些尺度本就被常识道德视为天经地义。就此而论，向读者分析它们并无必要，而是完全可以将它们设为始点，从此出发向读者阐释政治权力问题。这种策略就是亚里士多德所谓的"辩证演绎（a dialectical deduction）"①。相较之，霍布斯的自然状态既抽象掉一切具体的、有内容的道德，只保留人性的理性（Reason）形式（作为人的本质，理性无法剥离），我们看到，他随后不得不提供相对完整的道德理论。粗略来讲，这个理论的要旨是，诉诸理性的对等性要求和人性自我保存的经验原则，辩护"正义、感恩、公道、同情以及其他自然法（Lev，p.146）暨常识道德。关于这个理论，做下述想象也是有益的：人性自我保存的普遍

---

①　"演绎（a deduction）是这样的论证（an argument）：设下某些东西，别的东西从它们当中必然地产生出来。如果作为演绎始点的前提是真的和原初的，或者，它们是通过真的和原初的前提而被知道的，那么这样的演绎构成证明（a demonstration）；如果演绎是从有声誉的意见（reputable opinions）开始的，则它构成辩证演绎（a dialectical deduction）……所谓'有名誉的意见'，或者是所有人接受的意见，或者是大部分人接受的意见，或者是智慧的人秉持的意见。"（Aristotle，1984（b），pp.2—3）

欲求向"对于一切事物的权利,包括他人身体"(Lev,p.117)施压;于是,每个人的自然权利开始对等地"收缩",至少收缩至"相切"的地步。

众所周知,洛克不曾建立完备的道德哲学。我们刚刚提到,这是因为他的意图和做法是从常识道德或道德意见出发,讨论政治;并且,这个做法当然是可理解的。进一步地,我相信,倘若洛克建立了自己的道德理论,它的气质应该异于霍布斯的"诸自然法的真学说"几希。就是说,这个理论会是以理性主义人性论为基础、以对等性要求以及自我保存的人性需要为双重原则,并且同样主张个体的自我保存构成承担道德义务的前提等。

第三节　战争状态观念的道德教育意义

这一节考察作为战争状态的自然状态观念在霍布斯政治学著作整体中的位置。尝试论证的观点是,如果将霍布斯的著作看成教授政治科学知识的教材,那么根据他的科学方法论,严格来说,战争状态的设想是多余的;只有将他的著作视作"用某种方式说服或劝阻某人做或不做某件事情"(斯金纳,2005年,第46页)的政治评议,战争状态观念的重要性才得以呈现:霍布斯从事政治学写作的重要意图是说服读者服从国家,而展示无政府条件下人类生活的"病态"(Lev,p.115)和"悲惨"(Lev,p.153)构成兑现这个意图的"有效、甚至必要的"(von Wright,1963,p.150)手段。

1.《霍布斯哲学思想中的理性和修辞》的谬误和启迪

那么,我们主张的观点预设了,霍布斯的政治学著作具有双重文本性质,即政治科学知识的教材和政治评议。这个部分通过反思和批判斯金纳《霍布斯哲学思想中的理性和修辞》来解释这个预设。

在《霍布斯哲学思想中的理性和修辞》中,斯金纳提出,针对道德和政治题材的写作能否使用雄辩术或修辞,霍布斯的态度和看法发生过变化。在《法律原理》和《论公民》时期,霍布斯一度排斥政治哲学书写中修辞的运用;而"如果我们……转向1651年的《利维坦》,会遇到一种显著的思想变化,后来在 1688 年的拉丁文本《利维坦》中,这种思想变化得到巩固并甚至延伸开来"(斯金纳,2005 年,第 5 页):"尽管霍布斯在《利维坦》中继续追求他的科学的抱负,但是他在对公民科学最后的阐述中,无疑展示了一种新的意愿,即把科学方法与雄辩术的说服力结合起来"(同上书,第 356 页)。

进而,斯金纳为这个"惊人的差别"(同上书,第 6 页)构造了语境主义解释。在早期教育阶段,霍布斯接受的是人文主义公民科学观。人文主义公民科学观的要点是:

> 公民科学的思想由两个不可或缺的成分构成。一种是理性,这是使我们有能力揭示真理的本领;另一种是修辞,这是使我们有能力以雄辩的方式展示真理的艺术。……对修辞的需要产生于以下事实:理性缺乏任何说服我们并把我们带向真理光芒的内在能力。这就是为什么如果要使理性拥有力量并发生影响,必须始终加上雄辩术的说服力。(斯金纳,2005 年,第 4 页)

随后,随着 40 岁"爱上几何学",霍布斯"把自己的人文主义连根拔起"(斯金纳,2005 年,第 262—263 页),他转而认为"说服的艺术在教导的过程中没有任何合法的地位。这是因为正当理性的方法,是所有真正的科学的程序,本身就有命令我们接受其所发现的真理的作用"(同上书,第 5 页),同时,他将排斥修辞的理念贯彻到《法理原理》和《论公民》的写作中。最后,由于法国流亡期间与崇尚修辞的文化圈的接触以及"对 1640 年代英国内战爆发的种种原因的思考"(同上书,第 454 页),霍布斯重新接纳人文主义的公民科学观并以"雄辩术与科学方法联合"(同上书,第 359 页)的方式写作《利维坦》。接下来,批判斯金纳的上述观点。

I. 不存在所谓"惊人的差别"。斯金纳声称,在写作《法律原理》和《论公民》时期,霍布斯排斥道德和政治科学教授中修辞的运用。这是明显悖于事实的论断,因为《法律原理》和《论公民》遍布着修辞。别的不说,霍布斯众多脍炙人口的警句出自《法律原理》和《论公民》:"人生如同一场赛跑"的比喻(EL,pp.59—60);"人和人是狼"的箴言(OC,p.3);对民主制的著名揶揄:"在民众统治的条件下,有多少奉承人民的演说家,就有多少个尼禄"(OC,p.120)等。我们说,风骚气质与霍布斯如影随形①,而修辞性和文学性构成他的任何著作的魅力源泉。

II. "数学式教学法"。《法律原理》和《论公民》提出,道德和政治题材的教授应当遵循自明性原理-演绎的方法。斯金纳将这个观念看作霍布斯拒斥人文主义政治科学观(即在道德和政治题材的教授中使用修辞的主张)的决定性证据。不过,自明性原理-演绎的教学法并不包含排斥修辞的意义。

比如,在《法律原理》"献辞"中,霍布斯声称,《法律原理》贯彻"数学式教学法":

> 人性主要由两个部分构成:理性和激情。由此,产生两种学习方法,即数学式的(mathematical)和教条式的(dogmatical)。前者是无争议和争论的,因为这种方法的主题是形状和运动的比较,而这些事项的真理和人的利益没有冲突。相较之,后者则无处不在争议之中,因为它比较的对象是人,以及人们的权利和利益——在这个领域,就像理性经常反对着人,人也经常反对着理性。因此,一般来说,迄今为止写作正义和政治的作家们既彼此不一致,也自相矛盾。我们要做的是,回溯到正义和政治论题的理性(不可错的)诸规则,由此首先需要列出作为基础的诸原理……其次在这些原理之上建立自然法的真理。(EL,p.19)

《法律原理》第八、九章澄清了"数学的方法"和"教条的方法"的

---

① 就这方面来说,不容忽视的一个事实是,霍布斯早年是诗人:"从青年时期开始,他就嗜好阅读历史和诗歌;他也作诗,且颇负诗名"(EL,p.244),并且,他一生都保持着对文学的兴趣(比如,霍布斯颇感自豪的一件事是,耄耋之年,他重新编辑了荷马史诗并翻译成英文(Ibid))。

意思：

1. 语言的第一种作用是：表达我们的观念；就是说，在别人那里引起我们具有的观念。语言的这种运用，称作"教（teaching）"；进一步地，如果教授者的话语总是伴随着他的观念，并且［观念的］始点是经验中的某些事物，那么就会使听者知道某些东西，并且把握了它的证据；这种情形，听者就是在"学（learning）"。如果教授者没有提供证据，那么这种教称作"尝试说服（persasion）"；这种情况下，说话者只引起听者的意见。（EL，p.73）

2. 通常，有两类人被称为有学识的（learned），一种是从朴素而自明的原理出发的人——如前一章所描绘的［即上段引文中"教-学"情形中的教授者］，这类人称作"mathematici"；另一种人则将在教育中接受的、权威规定的抑或习俗中存在的某些东西接受为公理，并且运用仿佛正确推理的习惯性谈论，这类人称作"dogmatici"。如前一章谈到的，针对存在如此众多争议的局面，mathematici 没有责任；……dogmatici 应负全责；就是说，这些人一方面并没有完备的学识，另一方面却具有将他们的意见随时伪装成真理的激情——关于这些意见，既没有以经验为始点的清楚证明，也没有以圣经的公认解释为始点的清楚证明。（EL，p.75）

结合两段引文，"数学式教学法"声明的要点是：霍布斯判断，或者由于缺乏正确的原理，或者由于推理错误（以及兼而有之），既往的实践学说缺乏科学性（即贯彻"教条的方法"）。进而，他承诺，《法律原理》对激情的探究和教授真正兑现了科学性（"数学的方法"），即从自明性原理出发，通过严格的推理，由此读者"不得不接受"得出的结论。

在斯金纳看来，这个声明的意义是"霍布斯直面人文主义公民科学的基本假设"：

［人文主义公民科学的一个假设是］理性并不具有与生俱来

的感动和说服的力量。这被认为是一个依据,以推断出一门有效的公民科学必须以理性与雄辩术的结合为基础。对此,霍布斯的回答是,必须承认,理性与激情一样是"我们的自然的两个主要组成部分"之一,甚至在正义和政策事物中,理性的力量就足以产生一种"无需争吵和辩论"的知识。(斯金纳,2005年,第312页)

将"数学式教学法"声明看成对"理性并不具有与生俱来的感动和说服的力量"思想的拒斥,意味着斯金纳认为,这个声明表达了霍布斯的下述信念,即"理性具有与生俱来的感动和说服的力量"。就是说,霍布斯相信,通过自明性原理-正确推理的程序,"迫使"学习者 A"不得不接受"作为结论的"你应当做如此这般的事情"形式的命题为真意味着 A 必然决定做如此这般的事。抛开这个信念的荒谬性①不提,我们说,这个声明本来没有这层意思。对它自然的理解是,霍布斯打算通过自明性原理-演绎的教学法展示他的道德和政治思想,由此(他期待)读者"不得不"将作为结论的规范性命题当作真命题接受下来(在人们"不得不"接受几何证明的结论意义上),从而终结实践**理论**"无处不在争议中"的现状(像"形状和运动"的知识领域已经发生的那样)。就此而论,它和理性(自明性原理-正确推理)是否保证学习者按照得到辩护的规范性结论(通过自明的原则-正确推理程序"输出"的规范性命题)**决定和行事**的问题("感动和说服"问题)没有关系。

换言之,这个声明确实表明,霍布斯相信"理性的力量就足以产生一种'无需争吵和辩论'的知识";不过,相信这一点,不意味着霍布斯相信"理性具有与生俱来的感动和说服的力量"。基于对这两个命题

---

① 这个思想的荒谬性在于:某人在智识上承认一个规范性命题,同时,他却并不按照这个命题的要求来决定和行动,这是生活中十足平常的情况。比如,意志软弱或不自制的情形;或者,在尝试说服不道德的人做道德的事时可能遭遇的情况:"假设我们向他表明了,他相信、接受的观念 X 蕴涵他以道德的方式行动。那么,这种情况下,他必须放弃三者之一:(a)不道德地行动;(b)坚持 X;(c)这个问题上[即观念 X 蕴涵以道德的方式行动]的一致性。现在,这个不道德的人很可能这样回应我们:'说实话,如果不得不选择的话,那么我放弃一致性'。"(Williams, 2006, p.23)

的混淆,斯金纳从"数学式教学法"声明中误读出"霍布斯直面人文主义公民科学基本假设"的意思。

III. 修辞术和修辞学家。我们不打算检讨斯金纳关于霍布斯哲学思想中的理性和修辞关系论题的其他细节,只是陈述我们对于这个论题的一般观点以及《霍布斯哲学思想中的理性和修辞》的基本谬误。一方面,早在《修辞术短论》中,追随亚里士多德,霍布斯将修辞技术价值中立地定义为"在任何话题上,运用各种可能手段以实现说服听者目的的能力"(Aristotle and Hobbes,1903,p.276)。基于此,他对于修辞的态度,取决于修辞所修饰的思想:(a)如果在"错误理论,以及基础不牢靠的理论"(OB,p.11)的展示中运用修辞,那么这种修辞(连同它所装饰的"错误理论"或者"基础不牢靠的理论")应当被拒斥(因为它们通常起到掩饰谬误思想的作用);(b)如果在对科学——那些基础牢靠并且推理正确的思想——的表达中恰当地运用修辞,那么这种运用就值得拥护。①另一方面,霍布斯始终拒斥和批判"修辞家""演说家""dogmatici"或者"修辞性论说"。在他这里,这类人指称**显得**具有科学、实际上只具有错误理论或意见的人;这类作品指称**看上去像**科学、实际上缺乏科学性的著作。归根结底,由于没能清楚地区分上述两种态度(两者都是霍布斯的一贯态度),使得斯金纳错误地提出,《法律原理》和《论公民》拒绝政治学书写中修辞术的运用(在此,他将《法律原理》和《论公民》中对于"修辞学家"的批判误解为霍布斯对修辞技术的全盘排斥),《利维坦》则重新肯定了修辞术在政治思想表达中的作用。

总之,我们的看法是,霍布斯没有改变过对于(在道德-政治著作写作中使用)修辞技术的态度。不过,某种意义上,《霍布斯哲学思想中的理性和修辞》又颇具启发性——它提醒我们注意霍布斯尝试说服

---

① 在《论公民》中,上述思想通过两种雄辩术的区分表达出来:"存在两种雄辩术。一种是用流畅和优雅的语言表达思想和概念的技术,进而思想和概念部分地来自对事物的观察、部分地来自对概念的恰当意义的理解;另一种雄辩术则以隐喻的方式使用语词,以便激发激情。前一种说话方式的始点是真正的原理;后一种的始点则是任何被接受的意见。……前者总是与智慧相伴而行,后者几乎从来都与智慧是分离的。"(OC,p.139)

读者以特定方式行事的写作意图,进而基于这个意图,霍布斯政治学著作的写作策略维度。接下来,解释这个论题。

首先,霍布斯明确表达过,他写作政治学著作的意图(之一)是尝试说服读者以特定方式行事:

> 我写作这部作品不是为了获得夸奖,而是为了你,读者!我希望,当理解了呈现于此的学说后,你能够耐心容忍国家为你的私人事务可能带来的某些不便,而非去搅扰国家秩序。我希望,你在思考行为的正当性时,以国家的法律为正义的尺度,而非以某个个人的言论或建议为尺度。我希望,你不再被有野心之人利用——他们激发你的激情,只是出于增加他们个人力量的私欲。我希望,你产生这样的想法:相较于步入战争,国家中的生活对你来说更好,否则"宛其死矣,他人是愉"。(OC,p.14)

大体来说,霍布斯希望尝试说服(try to persuade)读者的是:应当服从所生活的国家中的统治者。或者(借用柏拉图的说法),他期待自己政治学著作在说服(作为臣民的)读者具有"节制的德性"(柏拉图,1986年,第152页)方面发挥作用。

可以用两种方式再描述这个要点。(a)霍布斯的政治学著作的一重文本性质是政治评议。政治评议的功能在于"规劝和忠告"或者"用某种方式说服或劝阻某人去做或不做某件事情"(斯金纳,2005年,第46—48页)。(b)作为政治学作者的霍布斯与读者的一种关系是:建议者(a counselor)和被建议者(someone be counseled)。①即通过他的政治学著作,霍布斯在向读者建议应当服从统治者。

其次,值得注意的是,政治评议不是霍布斯政治学著作的唯一性质,或者,建议者和被建议者并非霍布斯和读者的唯一关系。霍布斯

---

① "当一个人[对他人]说:'做X!'或'不要做X!',同时,说话者提出这个说法的根据在于听话者的利益,那么这些说法构成建议。……被建议者没有做所建议之事的义务"(Lev,p.241)。

同时声称他写作政治学著作的意图是：尝试向读者提供"人的义务，包括作为人的人的义务、作为公民的人的义务，以及作为基督徒的人的义务"（OC，p.7）或者"保护与服从的相互关系"（Lev，p.713）等议题的科学/哲学（science/philosophy）。就是说，通过他的政治学著作，霍布斯期望读者能够就这些议题达成科学的认识（cognitions）。

可以用两种方式描述这个要点。（a）霍布斯的政治学著作的另一重文本性质是教授（teaching）（政治及道德）科学/哲学**知识**或**"理性知识"**（the scientific knowledge or rational knowledge）的教材（textbooks）。（b）作为作者的霍布斯和读者的另一种关系是：科学/哲学的教授者（a teacher）和学生（a learner）。即通过他的政治学著作，霍布斯在向读者教授实践知识。

目前为止，区分了霍布斯政治学著作的双重性质，即作为政治评议和作为科学/哲学教材（或者，区分了作为《法律原理》《论公民》《利维坦》作者的霍布斯和读者之间的双重关系：行动的建议者-被建议者和科学/哲学的教授者-学生）。在此基础上，暂时提出另一对区分：有效的说服方法（some valid method of persuasion）和有效的教学法（some valid method of teaching）。这对区分的含义是，既然霍布斯的写作具有双重意图，可以合理期待的是：他会针对说服和教授目的分别采取合适的写作策略或方法。

2. 战争状态观念在科学教授维度上的无地位

如前文所述，关于教授科学的有效方法，霍布斯一贯的思想是：任何科学的教授都应当模仿《几何原理》的表现形式，即以普遍原理为始点，通过"正确的推理"（OB，p.3），得出"不得不"接受的确定结论：

[哲学/科学知识的]教授不过是将学生的心灵依循探究者的探究顺序引向所发现的知识，因此发现的方法就是我们向他人证明的方法。不过，在教授中，我们会忽略从对事物的感觉到普遍原则的部分；普遍原则，作为原则，是不能被证明的……它们无需证明，尽管需要解释。因此，教授的全部方法是综合，也就是以最

初或最普遍的命题为始点……通过三段论来不断结合命题，直到最终使学习者理解了结论的真。……普遍原则也就是定义。（OB，pp.80—81）

当然，霍布斯没有使用"数学式教学法"组织政治学的全部细节；毕竟，他政治学著作的表达方式和（比如）斯宾诺莎的《伦理学》具有显见差别。不过，第二章第一节论证了下述内容：从《法律原理》《论公民》《利维坦》的文本整体结构来看，霍布斯的政治学教授确实符合普遍原理-演绎的教学法。政治学的核心主题是国家当中主权者-臣民的权利-义务关系；三部著作均从国家的定义出发，来推导这个关系，即诉诸国家定义辩护绝对国家的观念。

进一步地，在提出国家定义之前，三部著作都"谈论人性"。之所以如此，是为了阐述国家本质的各个要素："为了获得国家及其特性的知识，首先必须知道人的性情、情感和品性。"（OB，p.11）我们说，国家是一个可分析的概念，而对于一个复合定义的理解以对其简单要素的分别理解为条件："必然地，只有知道了构成整体的诸部分，我们才可能知道整体"（OB，p.67）；因此在提出国家定义之前，霍布斯预先阐释了国家概念的各要素，这个阐释落实为三部著作的人性论部分。

我们现在需要考察的问题是：为了彻底理解国家的本质，霍布斯需要预先阐释什么？或者，构成霍布斯国家概念的简单思想要素分别是什么？为此，需要查看国家的定义：

一个国家是**一个人格**（one person），这个人格是**众人以授权者的身份通过彼此缔结契约**而产生的。授权使得产生的人格能够以他认为最合宜的方式来动用所有人的能力和手段，这种动用的目的在于他们的**和平以及共同防御**。（Lev，p.158）

那么，国家的定义包含四个要素：（a）国家的质料或材料（"众人"）；（b）国家的生成或创制方式（"以授权者的身份通过彼此缔结契约……")；(c)创制国家的目的（"他们的和平以及共同防御"）；(d)国家作为人格的观念。

接下来，在文本中按图索骥，查看《利维坦》第一部分的哪些章节阐释这些要素。《利维坦》第十三章（"自然状态下人类的幸福与不幸"）结尾提出，人性"部分地凭借激情，部分地凭借理性"能够摆脱作为普遍战争状态的自然状态：

> 关于仅凭自然使得人类所处的实际境地——如此病态的处境，我们就谈到这里。不过人性中毕竟包含摆脱这一状态的可能性：部分地凭借激情，部分地凭借理性。
>
> 使得人们倾向和平的激情是对死亡的恐惧，对于便利生活必需品的欲望，以及通过个人勤劳获得它们的希望。理性则向人类建议和平的便利条款（这些条款是人类能够达成）共识的。这些条款通常被称为"自然法"：在接下来的两章，我将具体讨论它们。(Lev，pp.115—116)

进而，在紧接着的道德理论阐述中（第十四、十五章），霍布斯开始诉诸"对死亡的恐惧"和"理性"这两个人性特征引申自然法。

第一，《利维坦》第十四章（"论第一、第二自然法以及契约"）正式引入和平的概念。霍布斯提出，基本自然法是"追求和平，并且维持和平"(Lev，p.117)。进一步地，和平对每个人的重要性显然通过恐惧死亡的人性激情（或者每个人都追求自我保存的观念）获得辩护或者说明。因此，第十四章阐述了人性创制国家的目的。

第二，国家制造方式要素的阐述包括两个部分。1.《利维坦》第十四章阐述了契约的观念（特别地，行动者通过契约向他人转移一项权利意味着自我施加了一项义务的基本原理），而契约观念以自然法理论为语境。如引文表明的，自然法的人性根据是对死亡恐惧的激情和理性。2.《利维坦》第十六章（"论人格、作者和被代表的事物"）将授权—代表归为契约的一种类型；霍布斯的国家定义表明，创制国家的具体方式是授权,因此第十六章也部分地阐述了创制国家的方式。可补充的是,由于《法律原理》和《论公民》不使用授权-代表观念把握国家的创制方式,这两部著作中没有与《利维坦》第十六章相对应的内容。

第三,《利维坦》第十六章("论人格、作者和被代表的事物")也阐述了人格的概念。类似地,由于《法律原理》和《论公民》不将人格理解为国家的种(genus),这两部著作没有对应于《利维坦》第十六章的内容。

第四,就理解国家本质而论,国家的材料("众人")是无需独立解释的要素。这是因为,创制国家人性根据——"部分地凭借激情,部分地凭借理性"——已经包含在国家概念其他要素的阐释之中(特别是创制国家的目的和方式)。

因此,追随文本的脉络,我们看到,自然法的章节**完备地**阐述了国家概念的各要素。进一步地,自然法又诉诸两种"适应政治社会"(OC,p.21)的人性特征获得说明,即恐惧死亡的激情(自我保存的基本目的)和理性。然而,这个结论引出的一个发现是:从科学教授的角度看,严格来说,作为战争状态的自然状态观念——霍布斯政治学最著名的观念——是多余的!我们换一个角度阐述这个思想。

第二章第三节曾阐述,自然人和自然状态观念的形式意义十分明确:自然状态和自然人是"在思想中拆分国家"(OC,p.10)的成果。即,自然状态是人类行动者共处的现实境况"减去"或抽象掉政治因素(后者的意义是对个体自由多少构成限制或"阻碍"的东西)后"剩下"的状态。进一步地,自然人是自然状态下的性格;相较于现实的人类行动者,自然人的特点在于他们的决定和行为不受政治因素的影响或干预。

自然人的"品性、情感和性情"(或者,独立于政治因素条件下的人性)是霍布斯政治学的基础。(OB,p.11)进一步地,他的著作总是沿着两条路径展开人性的阐述:1. 阐释竞争、猜忌、荣誉等"不适于政治社会"(OC,p.24)的人性特征并展现它们引起的普遍战争状态;2. 提出恐惧死亡的激情、理性这两种"适应政治社会"（OC，p.21）的人性特征并以此为基础阐述自然法。不过，第一种阐述似乎和国家的概念没有关系。举例来说，假如正方形的概念是平面图形—由四条相等线段围成-具有四个直角，那么为了让学生理解正方形，教师诚然有必要先行解释"平面图形""线段""直角"等（OB，p.69）；不过，就把握正方形的概念而言，学生无需知道"非—平面图形""非—线段""非—直角"等。

3. 战争状态观念在政治评议维度上的意义

我们尝试从政治评议的角度把握普遍战争状态观念的地位。如前所述，霍布斯明确提出，他的政治学书写具有说服的旨趣：即尝试说服读者服从所生活国家中的统治者；或者，他期待自己政治学著作在说服（作为臣民的）读者具有节制的德性——服从主权者的品性，更准确地说，臣民克制自己不服从主权者的激情或倾向的能力——方面发挥作用。

关于习得某种德性（learn a virtue）的条件，von Wright 做出下述反思：

> 根据我们对德性的解释，克服激情意味着在具体的行为情境中消除激情对于实践判断的"掩盖"效应。所谓"掩盖"效应是指，激情引诱我们做出错误的选择，即做出那些随后有理由后悔的选择，或者随后会评论"倘若［过去］我对情境及其蕴涵就足够清楚，我将会采取不同的行为"类型的选择。
>
> 因此，从个人幸福的角度讲，克服激情——它是获得德性的途径——意味着"收益（a gain）"。去克制激情……是一件有用的事情（a useful thing）。对我来说，意识到它的有用必定是德性教育的重要组成部分。……
>
> 一个人或许通过遭受暴饮暴食的痛苦而意识到节制的有用，或者通过目睹贫困的悲惨而认识到勤劳的有用。这不是说只有通过"恶"才能习得"德性"。……不过，在德性教育中，对于坏人

生活的某些预见（some foretaste of the life of the wicked）总是有效，甚至是必要的。人们通常通过举悲惨的或具有震慑效果的例子来表达这些预见。许多文献中都包含着这类德性反—模式（such anti-models of virtues）的虚构设想。（von Wright，1963，pp.150—151）

von Wright 的思想是，如果尝试说服某个人采取特定行为，那么"有效，甚至必要的"策略是要让他认识到（相较于做这个行为）不做这个行为（对他来说）是坏的；以及，如果尝试说服某个人具有特定品性，那么"有效，甚至必要的"策略是要让他认识到（相较于具有这种品性）不具有这种品性（对他来说）是坏的。我们说，这个"在所有技艺中，只有演讲［及辩证法］需要在相反的两面上做推理"（Aristotle，2007，p.35）的思想，一经提出显得稀松平常。因为在日常生活中，当说服他人时，人们惯常的策略就是提出"德性的反—模式"或"好行为的反—模式"，类似"你应当如此这般的行事，否则……"或者匹诺曹撒谎鼻子变长的童话故事之类。

作为战争状态的自然状态的观念正是霍布斯设计的"节制德性的反—模式"。Watkins 通过一个精巧的类比解释这个观念的意义：

> 设想 B 是一位象棋老师。当 A 走了一步臭棋时，B 向 A 展现（shows him）这部棋将使得 B 能够将 A 的军。……霍布斯和读者的关系就类似于这个象棋老师和学生的关系。（Watkins，1989，p.53）

这个类比的要点是，正像象棋老师 B 通过一个动作（挪动一步棋：将军），向 A 直接展现出 A 的前一步棋的坏处，在《法律原理》第十四章、《论公民》第一章和《利维坦》第十三章中，作为行为或德性建议者的霍布斯向预期的被建议者——那些不服从或准备不再服从统治者，或者说，那些不能克制或准备不再克制其不服从统治者的激情或倾向的读者们——直接展示普遍放纵"不适于政治社会"（OC，p.24）的激情或倾向的坏处。在此，一方面，不出所料，霍布斯无所不用其极地、用尽修辞地来渲染这种境遇的"病态"和"悲惨"；另一方面，对读者来说，这个展示具有直接的（借用 von Wright 的讲法）"震慑效果"，从而有助于他们去改变或调整对于国家的态度。

那么，我们的结论是，就作为战争状态的自然状态观念而言，如果将霍布斯的政治学著作定位成传授道德或政治科学/哲学的教材，那么不能妥善地说明这个观念的意义。相较之，如果将霍布斯与读者的关系定位成行为/德性的建议者与被建议者，结合合情理的有效说服策略的思想，能够完美地解释这个观念的地位。本节最后，提出两个进一步的反思和评论。

I. 文本在改变选择和品性方面的内在局限性。我们看到，von Wright 合理地提出"德性反—模式"对于德性的塑造而言是"有效，甚至必要的"。不过，很明显，"德性反—模式"对于德性的具有来说并不充分。就是说，假如被说服者（通过"德性反—模式"向他的展现）承认了某行为或者某种品性的有用性，不必然意味着他决定采取这个行为，或者，他就具有了那种品性。

我相信，霍布斯认为，在改变读者的选择或品性方面，"德性反—模式"或"行为反—模式"作用是有限的。为此提出两个线索，首先，他承认一个行动者"行为上承认了他在语言上否认的某些事情"（OC，p.10）的情况；其次，他对于形成某种性情或品性的困难性和复杂性有着充分的认识。比如，《论人》谈道：

> 性情，也就是人们趋向特定事物的倾向。性情的形成具有六个来源：体质、经验、习惯、好运气、关于自己的意见以及权威。这些事物改变，一个人的性情就随之改变。（OM，p.63）

与此同时，霍布斯也认为，他的政治学文本的科学面向在影响行为和塑造品性上的作用是有限的。我们看到，一方面，霍布斯提出，知识就是力量（OB，p.7）；另一方面，他也指出，"科学的力量很小"（Lev，p.75）——这个说法的部分含义是：即便在道德和政治科学的教学中严格执行"数学式教学法"，并且读者理解了原理的自明性、推理过程的有效性，由此"不得不"承认作为结论的规范性命题为真，不过这并不意味着读者将自动地按照这个科学行事。

可以将上述两个要点——政治论说（"德性的反—模式"）在成功改变行为和品性方面的不充分性以及道德和政治科学/哲学教材（"数学式教学法"）在成功改变行为和品性方面的有限性——收敛成一个思想：在改变人的行为和品性方面，文本或著作（texts or works）具有内在的局限。我们说，一个道德或政治文本（无论纯粹的政治论说、纯粹的道德-政治科学/哲学教材，还是霍布斯的《利维坦》《法律原理》《论公民》或柏拉图的《理想国》这样的混合）的直接效用在于能够改变人们对于实践问题的认识或想法（change one's cognitions or ideas）；然而，实践问题认识或想法的改变，不意味着当事者将在行事中自动地随之"改变心意"（change one's mind）。

要成功地"改变心意"、决定和品性，除了认识的转变外，当然还需要"更现实的"因素的参与：当事者自己改变的决心和努力、"奖励和惩罚的治疗"（Aristotle，2002，p.113）、"范例"（Lev，p.322）或榜样的耳濡目染等。所有这些"更现实的"因素是文本或著作（作为文本或著作）无法提供的。

这个评论不是否定文本或著作在德性和正确行为教化上的价值，而是指出它们的固有限度。进而，我相信，那些对教化具有深刻省查的作家都对这个限度有所自觉①；在此基础上，他们的写作，旨在在改变读者对实践问题的看法和认识方面尽力做到最好。当然，关于规范性题材最优书写策略，作家们的看法不尽相同。不过，如果本文对霍

---

① 比如，柏拉图具有这种自觉性："关于非伦理的生活引出的问题，柏拉图比其他哲学家看得更深。柏拉图不认为对伦理生活的辩护本身具有[使得非道德主义者选择过伦理生活的]强制力（a force）。他的看法是：伦理的力量是理性的力量，然而理性的力量必须被制作成（be made into）强制力。由此，使得伦理生活的辩护生效，这是一个政治问题——事实上，这确实是政治问题"（Williams，2006，pp.26—27）。

布斯的分析是正确的，那么可以说，就这个问题而论，霍布斯和柏拉图是同道，即他们共同相信，为了有效地改变人的实践思想，最好的策略是"科学教授与政治评议相结合"（或者，也可以说，"理性与修辞相结合"）。

II. 普遍意义。尽管我们这里讨论的是霍布斯，不过或多或少地，这个讨论对于理解经典契约论的叙事结构具有普遍意义。

霍布斯、普芬多夫、洛克和卢梭的政治学共同采用了一个准时间性或准历史的叙事结构：自然人的"非/前政治"的共同生活是悲惨的或存在这样那样的不便；然后，自然人考虑到并为了克服不便，通过彼此缔结契约创制国家；最后，取决于转移权利的程度，形成不同形态的国家，或者确立起不同的主权者—臣民的权利—义务关系。

从这些作家意图辩护的主题来看，似乎无需如此迂曲的叙事。我们说，他们无非要辩护某种基本政治结构的合理性（正当性）。为此，从论证的角度讲，似乎只需要四个步骤的工作（类似于罗尔斯做的那样）：（a）提出并辩护某种实践理性观念；（b）提出并辩护某种人性的"基本善"观念；（c）描述意图辩护的政治结构；最后，（d）表明从实践理性的观点看，这种结构最能够实现和保护任何人的基本善。特别地，没必要展现人类"不理性"（以及卢梭那里，"无理性"）的"前/非政治"的共同生活场景。

实际上，这些作家各自塑造的"前/非政治生活"场景总是他们意图辩护的那种政治结构的"反面"。这种对所辩护政治制度"反面生活"的悲惨或各式不便的展现，其作用在于（借用 Descartes 的话来说）"能够潜移默化地就使读者们接受这些原理"（Descartes，1991，p.173）。就是说，在正式提出所辩护的政治结构之前，这些具有震慑效果的"反面典型"已然"引诱"读者们（在认识上）接受那个结构。我们说，经典契约论著作中的"追溯政治权力起源"（Locke，1988，p.269）的叙事结构，既不意味着这些作家正在书写"政治的历史"[①]，也不意味

---

① "存在两种知识：关于事实的知识和关于命题的序列的知识……后一种知识被称为'科学'。……对于事实知识的记录是历史……对于科学的记录（the registers of science）——那些展现从命题到命题的证明的书籍——通常称作'哲学书籍（books of philosophy）'。"（Lev，p.71）

着(严格来说)前/非政治生活场景的刻画对于他们政治结构的正当性论证有什么必要。采用这个叙事,完全是出于教学和/或说服效果的考虑——或者,如果愿意的话,也可以说,在这些著作中,自然状态下生活场景的展现本身就构成一个修辞。

第六章　道　德　理　论

本章阐述"诸自然法的真学说（the true doctrine of the laws of nature）"（Lev，p.146），即霍布斯的道德理论。第一节分别分析他的道德哲学观念和自然法概念，借此廓清霍布斯道德理论的目的、方法及若干基本特征。

第二节重构霍布斯的道德辩护。首先，我们将基本自然法（the fundamental law of nature）——"追求并且维护和平"（Lev，117）——看成两个命题合成的结论：1.任何人都厌恶战争；2.己所不欲勿施于人或爱人如己。其中，命题 1 是霍布斯人性的基本善（the primary good）设定（"任何人都追求并致力维护自我保存"）的一个蕴涵。在霍布斯这里，规范性命题 2 有许多名字："适度（modesty）"或"公平（fairness）"（OC，p.50）、"平等（equality）"或"公道（equity）"（Lev，pp.140—142；EL，pp.93—94）等，它表达的是实践理性——"自然法是正确理性的指令"（EL，82；OC，p.33；Lev，p.147）中的"正确理性"——自身的规定性，或者说，表达了实践理性的内在要求。其次，关于其它诸自然法与基本自然法的关系，我们将前者视作后者的"分殊"。就是说，诸自然法规定了"追求并且维护和平"的具体方式，或者，它们提供了针对各式人际欲望冲突的非战争的解决方案。最后，考虑到自然权利与自然法之间的关系，我们提出，霍布斯这里，每一项自然法都属于以当事者的生命安全或者自我保存为"前提"的（借用 von Wright 的术语）有前提的规范（a hypothetical norm），而非确立无条件义务的绝对命令。

可以说,霍布斯道德理论的最大特色系于下述立场:舍生取义不是人的职分。

"诸自然法的真学说"奠立在霍布斯敏锐细腻的道德心理学观察之上,融合了霍布斯对传统道德哲学,特别是亚里士多德道德哲学缺陷的认识,兑现了霍布斯针对哲学的严格性或整饬性要求,反映了霍布斯的人道主义精神。这个学说属于大师之作,但愿我们的解释不会让它显得过度平庸。当然,有利的方面是,在第一章第一节、第四章及第五章第二节,我们已经接触了霍布斯的道德理论的大部分要点,这里对它们做集中的、专题性的阐述即可。

第一节　两个基本观念

分别在《法律原理》第 15—18 章、《论公民》第 2—4 章、《利维坦》第 14—15 章,霍布斯阐述了自然法学说。由于"诸自然法的真学说就是真正的道德哲学"(Lev,p.146),也可以说,在这些章节中,霍布斯阐述他的道德理论。

首先,《法律原理》第 18 章("论诸自然法和上帝话语的一致性")和《论公民》第 4 章("论自然法是神法")论证作为"自然理性指令"的诸自然法(natural laws)与神圣法——"圣经揭示的上帝话语"(EL,p.99)——之间的一致性或相容性(EL,p.99;OC,p.58)。相较之,在《利维坦》中,霍布斯没有专辟一章讨论这个议题,只在第 15 章结尾处简单地宣布结论:

> 如果考虑到:同样的诸定理[注:指称作为自然理性指令的诸自然法条款]正是上帝——上帝具有对任何事物下达命令的权利——的话语,那么将它们称作"法"是恰当的。(Lev,p.147)

这个文本事实不意味着关于自然法和神圣法的一致性问题,霍布斯的思想发生了变化。因为,在《利维坦》中,关于上帝话语——准确地说,上帝"通过先知"向人类传达的神圣法(Lev,p.345)——和"自然理性的指令"一致性的论述散布在了各章,比如第 30 章("论主权者的职权")和第 31 章("论基于自然的上帝的国")。

其次,抛开自然法和神圣法的关系,《法律原理》《论公民》《利维坦》对于自然法的阐述遵循类似的结构。第一,提出自然法的定义。第二,提出"自然法典",即自然法条款的罗列或者"引申"。第三,"余论"部分。在这个部分,(a)霍布斯补述三个自然法相关的观念:诸自然法的"简单总和"是"己所不欲勿施于人";自然法是永恒和不变的;自然法永远约束人的内心领域,尽管并不总是约束外部行为(Lev,p.145;OC,pp.54—55;EL,pp.96—97)。(b)定义道德哲学概念,提出只有他的"诸自然法的真学说"构成真正的道德哲学,简要地批判以往的"道德哲学的作家们"。

再次,很明确,"自然法典"是霍布斯道德理论的实体内容。对于诸自然法的初步观察包括:(a)就语法形式而论,每个款项是一条"应当-规则(ought-rules)",即"关于人们应当做什么以及不应当做什么的表述"(Kavka,1986,p.309);(b)就内容而论,这些应当-规则表述的东西大抵稀松平常。就是说,基本上,这些规则在日常道德生活中广泛地发挥作用:充当道德行为的根据或者道德评价的尺度等。

只格自然法典诸条目,致不了任何良知(good sense)。想要如实和客观地掌握霍布斯的道德理论,最好从他的道德哲学观念开始。

1. 道德哲学

在《利维坦》中,霍布斯报告:

> 关于德性和恶的科学(the science of virtue and vice),是道德哲学;因此诸自然法的真学说是真正的道德哲学。尽管道德哲学的作家们承认同样的德性和恶,不过他们没有看到的是:诸德性何以为善(wherein consisted their goodness);他们夸奖它们,也并非基于后者是和平的、社会性的以及舒适生活的手段。(Lev,

pp.146—147）

这个报告包含两个要点。（a）德性和恶构成道德哲学的基本探究对象。（b）霍布斯道德理论提供的自然法典或德性表是平淡的、并不独特："道德哲学的作家们承认同样的德性和恶"；这个理论的科学性或贡献体现在，它发现或建立了诸德性的正确根据。关于要点（b），《论公民》这样表述：

> 尽管所有人都夸奖我们谈出的这些德性，然而关于这些德性的本质——也即，它们每一个的构成（what each one of them consists in）——人们没有共识。……迄今为止的道德哲学家们没能改善这个困境，这是因为：他们都未能看到行为的（道德意义上的）好（the goodness of actions）在于和平的倾向，以及，行为的恶系于导致无序的倾向。（OC，p.56）

接下来，我们检讨这两个要点。

I. 品性与规则。我们看到，关于道德哲学的主题或对象，霍布斯提出，道德哲学是"德性和恶的科学"（EL，p.98；OC，p.55；Lev，p.146）。进而，"某种性情，如果经由习惯的强化以至当事者轻松地、不受理性反抗地做出相应的行为，那么它构成当事者的品性（manners）；好品性（good manners），称为'德性'，坏的品性（evil manners），称为'恶'"（OM，p.68）。据此，霍布斯的道德哲学以品性为考察对象，它的至少一项任务是将好的品性暨德性与坏的品性暨恶区分开来。

不过，上述结论和自然法典由"应当—规则"构成的事实之间存在一些张力。就是说，鉴于这个结论，我们需要解释，霍布斯道德哲学的两种面向——德性伦理学面向和规则伦理学面向——在何种意义上是统一的？霍布斯针对伦理德性传统定义方式提出的反对意见，构成解决这个问题的线索：

按照常识意见,德性存在于适度,恶则系于极端。一方面,我看不出这个意见的根据;另一方面,**我不知道怎样才能发现所谓的"适度"**……我知道,中道学说是亚里士多德提出的;不过,说起来,他的这个关于德性和恶的看法,不过是普通大众的流俗意见罢了——那么,也就无怪乎**它是不精确的**。(EL,pp.98—99;Lev,pp.146—147;OC,p.56)

这个评论包含丰富的思想,比如,霍布斯敏锐地认识到,通过"适度"来定义具体伦理德性并非亚里士多德的创造,这种做法在古希腊的日常伦理生活中有其基础。[①]对当前的论题来说,重要的是理解"我不知道怎样才能发现所谓的'适度'"或者中道学说"不精确"。这是要点清楚的表述,意在指出伦理德性的"适度"-定义在指导当事者决策及行动方面的空洞性。假设人们接受中道学说暨"德性存在于适度"——比如"在钱财接受和付出上的适度是'慷慨'"(Aristotle,2002,p.118),不过接受这一点无助于当事者在任何情境下**做到慷慨**。总之,对霍布斯来说,道德哲学的重要方面在于指引实践:"知识的目的在于力量……理论考虑均应当指向特定的行为或实践"(OB,p.7),然而亚里士多德的中道学说对此毫无建树。就此而论,中道学说好像一位不合格的射箭教师:他不断地命令学生射中靶心,却不告诉学生靶心的位置。

这反过来意味着,在具体伦理德性的定义上,霍布斯的一项自我要求是:它们应当能够引导决策和行动。这驱使他"从理性本性的指令中引申德性"(OC,p.56),即通过规则定义诸德性。由此,值得注意,自然法典中出现的诸"应当-规则"是霍布斯用来定义伦理德

---

① 冯·赖特提出,亚里士多德的中道学说没有重要的哲学意义,理由是"[德性作为'适度']只是很好的概念观察罢了"(von Wright,1963,p.145)。即"适度""过度""不及"本是古希腊伦理世界中的普通评价词;就此而论,中道学说无非是当时流行的评价方式的一种投射。进一步地,关于"适度""过度""不及"等评价词在古希腊伦理世界的普通性,确实存在一些证据,比如,亚里士多德在《修辞学》中就曾指出,"不得过度(Nothing too much)"属于"流行的智慧(popular wisdom)"(Aristotle,2007,p.167)。

性(以及对应的恶)的。比如,提出"执行既已订立的信约"后,他接着阐述:

> 制定了信约却不遵守,就是"不义(unjust)",因此"不义"的定义是:不履行信约。所有并非不正义的事情,是"正义的(just)"。(Lev,pp.130—131)

类似地,在"从别人那里得了恩惠"条件下,倘若当事者"致力于使施惠者不为他的善意后悔",那么他是一个感恩的(gratitude)人,"违背这条法律,构成忘恩负义(ingratitude)"(Lev,p.138)。"遵守'每个人都应当尽量适应他人'自然法的人,称作'随和的(sociable)',不遵守它的人,是'不随和的(unsociable)''固执的(stubborn)''难搞的(froward)''难相处的(intractable)'"。(Lev,p.139)"遵守'对于你不愿意任何他人保留的权利,你自己也不得要求保留'自然法的人,我们称作'适度的(modest)';违背者,称作'自负的人(arrogant men)'"(Lev,pp.141—142)等等。

概言之,在霍布斯的道德哲学中,某人具有一种伦理德性——他是正义的人、感恩的人、随和的人、适度的人、公道的人、怜悯的人等——意味着他内化了(internalize)或者"忠诚于"一项(作为"应当-规则"的)自然法。因此,事实上,自然法典是霍布斯的德性表,更准确地说,好/坏品性的范畴表。

反思和评价通过规则定义伦理品性的方式,不是我们的任务。需要说明的是:注意到霍布斯的德性伦理学面向,对于正确地理解他的道德哲学具有重要的意义。

道德哲学总是描述、解释、辩护道德的尝试(an attempt to describe,explain,and justify morality。Gert,2010,p.68)而当面对自然法典时,我们当然想要知道霍布斯推荐它的理由:自然法条款自然地引出霍布斯伦理学中的道德辩护问题。

倘若没有注意到霍布斯的德性伦理学面向,那么针对每一项自然法，人们倾向于"根据字面"将它领会为无前提规范（a non-hypothetical norm）。①比如，第三自然法"执行既已订立的信约"的完整形式被想象为"如果某人订立了信约，**那么无论处境如何**，他都应当执行信约"。在这种条件下，重构第三自然法的合理性，相当于回应针对（借用 Williams 的说法）"特殊的行为（particular actions）"（Williams，1993，p.74）提出的问题，类似：

> 问题 1：基于怎样的理由，霍布斯认为，**在任何实践处境下**，相较不执行已订立的信约，一个人总应当选择执行已经订立的信约？

事实上，这是很多解释者的思路。Gauthier 借助博弈论思想分析第三自然法得到的基本结论是：自然状态下，如果 A 和 B 订立互惠的信约，那么无论 B 是否执行他这个部分的信约，A 合理的或最大化自我利益的选择都是不执行（Gauthier，1969，pp.76—89）。Warrender 对于"霍布斯的自然法体系并非便利体系"的一个证明是，"自然法（寻求和平、遵守信约等）是关于保存全人类的规则；相较之，为了保命，人们完全可能采取更可疑的手段［即道德上更可疑的手段：违背信约、欺骗等］"（Warrender，1962，p.139）。Gauthier 的分析和 Warrender 的证明都预设第三自然法（以及其它自然法条款）属于无前提的规范。

相较之，一旦注意到自然法典是德性表或好/坏品性的范畴表，我们自然地（借用威廉斯的说法）"在一般的层面上（at a very general level）"或者"针对政策、制度、品性及各式动机等一般事物（general things）"（Williams，1993，pp.74—75）提出针对霍布斯道德辩护的追问。依旧以第三自然法为例。既认识到"执行既已订立的信约"是霍

---

① "有前提的规范，大体而论，是规定在特定事态出现的条件下，应当、允许或这不应当去做某事的规范。通常来说，有前提的规范由条件句表达。比如：'如果狗叫，不要动'——在常规情形下，我们使用这个据此来规定（prescribing）在特定事情发生条件下，应当、允许、不应当去做的行为类型。"（von Wright，1963，p.19）

布斯关于正义之人特征的描述，那么，针对这项自然法，自然的提问是：

> 问题2：基于怎样的理由，霍布斯认为，相较做不正义的人，一个人应当选择成为正义的人？更一般地，基于怎样的理由，霍布斯相信，相较没有契约制度，契约制度存在的生活对每个人更好？

对伦理直觉来说，问题2和问题1完全不同，因为健全的普通人相信，总是实施相应的德性行为，不是当事者具有这种德性的必要条件。值得注意，霍布斯也这样认为：

> "正义（just）"和"不义（unjust）"谓述人时，表示一种东西；谈论行为时，表示另一种东西。……正义的人是力所能及行正义之事的人，不义之人则无视正义的行为。……行一件或一些不义之事，未必使人失去正义之人的身份，比如，这些行为出于冲动或源于他错识相关的人和事等；做了正义的行为，未必使某人失去不义的性格，比如，倘若他是出于恐惧（而不是为了正义本身）选择做符合正义的行为。（Lev，pp.135—136）

其实，从日常道德的观点看，问题1可能根本没意义。毕竟，谁会疯狂到去相信（比如）**无论如何**，一个人都应当执行订立的信约？然而，事实上，很多坐而论道的当代伦理学家相信，他们还愚蠢地相信霍布斯、边沁、康德也相信。

II. 与交往相关的品性和只对自己有用的品性。从思想史的角度讲，品性或德性构成伦理学或道德哲学的研究对象属于平常的事实。"arête"——传统上以拉丁词"virtus"、英文词"virtue"、中文词"德性"对译的希腊词——的本意是：在其类别当中，或者根据其恰当目的，任何事物获得卓越性或作为好的所凭借的东西（von Wright，1963，p.137）；比如，斧子的功能是砍，那么锋利构成斧子的 arête。根据麦金太尔的报告,在荷马史诗描绘的伦理社会中,德性是和具体的社会角色(战士、儿子、母亲等)联系在一起的概念,意谓使得个体完成其社会角色要求之事的品质(麦金太尔,2011年,第162页)。通过把德性与任何人必然置身其中的"角色"或"身份"——人(man as such)——联系在一起,亚里士多德提升了这个日常伦理概念。为了刻画一个好人(a good man),他的《尼各马可伦理学》提供了丰富性空前的德性表:这部著作是德性伦理学传统的范式。

刚才指出,霍布斯的道德哲学同样具有德性伦理学的方面。这里补充的是,对霍布斯来说,不是任何品性都属于道德哲学的考察范围,它只关注"在交往中,一个人对待他人的那些品性"(EL, p.90)。霍布斯的道德哲学仅只相关于"在人际关系中发挥作用的诸品性"的定义、好/坏分类、分类标准的辩护等。

这意味着,霍布斯的"道德"概念及道德哲学观预设针对品性的一个二分法,类似"在人际关系中发挥作用的品性"与"单纯与行动者自己相关的品性"。针对四主德的评论鲜明地反映了这个区分:

> 全部道德德性均包含在这两种[指正义和慈善]当中。然而,正义之外的另三种主德——勇敢、审慎和节制——并非作为公民的人的德性,而是人之为人的德性,因为它们之于社会并不像它们之于个人那样有用:就像公民们的勇敢、审慎和节制不足以维持社会,敌人的勇敢、审慎和节制也不足以毁灭[对方的]社会。和审慎相似,勇敢不属于好品性的范畴……;节制,……就其自身而言,并非一种道德德性。……我所谓"好的性情"指称那些进入社会所要求的品质;我所谓的"好的品性"(也就是道德德性)指称那些适应社会最好地持存的人类品质。就此而论,全部道德德性包含在正义和慈善当中。(OM,pp.69—70)

这段表述的要点是,(a)通过定义,霍布斯将"道德/道德的"和"与社会的建立和维护相关的"或"在人际关系中起作用的"关联甚至可以说等同起来。这个视域下,(b)勇敢、审慎和节制等不属于道德领域的事项。因为尽管这些品性对于"私人利益(private goods)"的兑现"有用"(EL,p.70),不过(霍布斯相信)人们具有勇敢、审慎和节制与否,与社会的建立和维系、人际关系的战争或和平没有实质的关联。

事实上,倘若仔细查看,不难发现,霍布斯反复申明道德哲学的范围(the scope of moral philosophy)限于和人际交往相关的品性:

> 1. 前面提出所有这些法律——由于它们是自然理性的诸指令,人们称之为"诸自然法"——也是道德法(moral laws),这是因为**它们是关于在交往中,一个人对待他人的那些品性的**。(EL,p.99)
>
> 2. 道德哲学是关于"什么是好的?什么是坏的?"的科学,**就这些问题与相互交往以及人类社会相关而言**。(Lev,p.146)

总之,如 Oakeshott 所言,霍布斯这里,"道德行为关涉的是人类行动者之间的关系,以及他们彼此能够向对方施加的力量"(Oakeshott,1975,p.80)。进一步地,道德哲学,就其与品性、"应当—规则"、行为相关而言,只涉及社会性品性(social dispositions)、涉他性规则(other-regarding rules)的定义、解释和辩护。

III. 哲学直觉主义的道德哲学方法。我们看到,霍布斯认为,只有他的道德哲学具备科学性。理由在于,他的理论正确地回答了诸德性"何以为善",而非它正确地辨识出哪些品性构成德性、哪些是恶。就后一个方面而言,霍布斯的想法恰恰相反:他认为,"诸自然法的真学说"确认的德性与既往"道德哲学的作家们"认可的德性没有多少差别。

对此,值得反思的问题是:霍布斯德性表的平淡性实属偶然,还是事出有因?"德性表的平淡性出于偶然"指涉下述可能情况:(a)存在某种道德哲学研究方法:它以发现"真正的"德性或"正确的"道德规则为旨归,同时这种方法的运用独立于探究者对于现实道德生活(普通的道德意见或伦理直觉)的关切。(b)霍布斯严格贯彻这种方法,特别地,在从事道德研究时,他未曾关注日常的道德生活。(c)自然,该方法的成果就是霍布斯著作中展示的道德理论。进一步地,通过把成型的理论和日常道德比较,霍布斯才得以发现,其道德哲学确立的"正义、感恩、适度、公道、怜悯,以及其它诸自然法"(Lev,p.146)**碰巧**和"道德哲学的作家们"甚至"所有人"的伦理直觉具有基本的一致性。

关于霍布斯的道德哲学方法论以及哲学方法论,当代解释者的标准描述是,比如,霍布斯的道德理论包含"'几何学方法(the geometrical method)'的方法论承诺"(Lloyd,2009,p.190)、"霍布斯致力将欧几里得的证明方法(Euclid's demonstrative method)——从不可否认的公理引申出诸定理——推广到其它领域"(Watkins,1989,p.44)。我并不认为这些描述是完全错误的,不过它们确实是模糊的以致容易引人误解。对前述问题的反思有助于澄清标准表述的模糊之处,以及更具体地把握霍布斯的道德哲学方法论。

霍布斯宣称,他的自然法典或德性表中的"其它诸自然法"是"首要和基本自然法"的"诸结论或诸定理(conclusions, or theorems)"(Lev,p.147)。"诸自然法真学说"的"证明"特征,结合霍布斯对于几何学众所周知的青睐,可能导致有人做这样的推测:(a)霍布斯的道德哲学研究是对几何学方法的模仿;(b)在几何学领域,针对探索的议题,几何学家不关心普通人的见识,这非但可能,或许应当如此(比如,笛卡尔认为,常识意见可能以多种方式摧毁探究的客观性)。那么,类似地,(c)霍布斯的道德哲学探究独立于对日常道德生活的关切。

不过,自然法典"公理—定理的演绎结构"不足以表明霍布斯的道德哲学探究是几何学方法的挪用,特别地,倘若几何学方法包含如下观念:之于知识的发现,对普通意见的关切并无必要。事实上,上述论证不仅是证据不足的联想,而且通过霍布斯相关论述的分析,能够证明它属于彻底的误解。

在《论物体》阐述哲学方法论的环节,霍布斯提出:

［哲学/科学知识的］教授（teaching）不过是将学生的心灵依循探究者的探究顺序引向所发现的知识，因此发现的方法就是我们向他人证明的方法。不过，在教授中，我们会忽略从对事物的感觉到普遍原理的部分（saving that we omit the first part of method which proceeded from the sense of things to universal principles）。（OB，p.80）

在霍布斯这里，"哲学/哲学方法（a method of science/philosophy）"是可分析的概念，即哲学方法包含两个方面："发现的方法（the method of invention）"和"教授的方法（the method of teaching）。"（OB，p.79）所谓"发现的方法"是指探究者在探究中运用的方法。所谓"教授的方法"或教学法是探究者将运用"发现的方法"获得的成果——哲学/科学知识——有效地向他人传授依赖的方法。

"探究（an enquiry）"或者"［哲学知识的］发现"是探究者个人的心灵活动——在这个意义上，霍布斯评论，如果只有一个人，他也可能成为哲学家，亚当就是如此。（OB，p.79）进一步地，任何领域的完备探究总是包含心灵活动的两个方面："分析（the analytical）"和"综合（the synthetical）"。（OB，p.79）分析指涉以相关的"感觉或经验知识"、作为"结果或现象"的事物（OB，p.66）、"复合的和特殊的"事物（OB，pp.68—69）为始点，抵达"理性知识""［结果的］原因/原理"或者"普遍和简单的"事物（OB，pp.68—69）的心灵过程。综合指涉心灵从普遍原理出发，向"复合和特殊"事物的折返——这种折返也就是诉诸原理对于相关现象进行解释，而提供正确的解释或辩护构成探究者理解了（has understood）相应现象或主题的标志。

前述引文是哲学方法教学法方面的评论。霍布斯认为，探究可以不依赖语言（OB，pp.3—4）；相较之，"去教授（to teach），也就是证明（to demonstrate），总得至少两个人存在，以及语言的存在"（OB，p.80）——教授要求探究者（在教授的语境下，就是教师）将其探究的心灵过程或所涉"观念"向学生表示（signify）出来，这类表示需要语言的中介(OB, pp.13—15)。在此基础上,引文的要点是:在教授中,教师只是将探究活动中的综合方面——从普遍原理下溯到现象的方面——向学生表达,而不展示分析的方面暨探究的心灵从现象上溯至原理的方面。

回到自然法典。尽管自然法典呈现出证明的特征,不过,这里的基本背景是,自然法典是作为教材(the textbooks)的《法律原理》《论公民》《利维坦》作者霍布斯教学内容的一部分。就此而论,自然法典没有体现霍布斯道德探究的全过程:它展示了综合的方面,却没有展示分析的环节,也就是霍布斯从道德现象或实际道德生活上溯至道德原理("应当追求并维护和平")的环节。

让我们结合伦理学史,补充和完善对于霍布斯道德哲学方法论的重构。

首先,如果上述对霍布斯道德哲学方法论的阐述是正确的,那么,不难看出,康德《道德形而上学奠基》贯彻的探究方法与霍布斯是一致的:

> 首先,以[关于道德的]常识认识为始点,通过分析,抵达它们的最高原则的规定性;其次,以对最高原则及其本原的检视为始点,通过综合,折返回常识认识。(Kant, 1997, p.5)

其次,作为道德哲学探究的最初环节,道德哲学家对于日常道德(普通道德信念)的关切包含着他们对日常道德生活以及普通人道德感的基本信心或毋宁说尊重。举例来说,(a)"在道德事务方面,人类理性能够轻易地实现极高程度的正确性和成就;即便对最普通的理解来说,也是如此"——这是康德提出的,相对自然形而上学(对纯粹思辨理性的批判),道德形而上学(对实践理性的批判)的建立并不迫切的原因(Kant, 1997, p.7)。(b)密尔教导,"所有的理性人在踏入生活的海洋时,其心灵也以对普通的行为的对错问题以及许多困难得多的问题做好了准备。我们只要还能做出预见,就应当相信,人们将一如既往地这样做下去"（密尔，2016 年，第 29 页）。（c）在《论物体》开篇，霍布斯谈及的第一个道理是，"满足于日常经验，对哲学既不反对、亦不高看"的普通人的意见值得尊重，相较"缺乏方法（want of method）"的哲学家，"普通人的判断要公正的多"（OB，pp.1—2）。

正是对普通人道德感以及日常道德生活的基本信心决定了在"道德哲学的作家们"甚至"所有人"看来，霍布斯"诸自然法的真学说"的德性表显得稀松平常。

再次，这种信心当然不意味着针对日常道德，道德哲学家抱着完全满意的态度。众所周知，哲学必然不满于习俗，知识必然不满于日常：这种不满源于后者"知其然不知其所以然"的特征。据此，Sidgwick 这样为道德哲学家代言：

> 即便常识道德（the morality of common sense）被整理的尽量精确和有序，对于哲学的心灵来说，依然觉得它缺乏体系性，尽管他们并不挑战常识道德一般而论的权威性。对于那些通过反思人类的日常思想而得到的道德概括（the moral generalities），尽管他们分享这些概括，却很难将它们作为科学的第一原理（scientific first principles）接受下来。即便那些规则[按：指"道德概括"]被很好地定义，以至彼此协调，并且涵盖人类行为的全部领域——就是说，它们不发生矛盾，并且足以回应任何实践问题，我们仍然觉得：这只是诸多指令的偶然集合，因此需要理性的综合（some rational synthesis）。简言之，我们不是要否定关于行为[道德]正确与否的日常判断，而是进一步追问"为什么"—问题，或者要求更深的解释。从这种要求中，产生直觉主义的第三个形态或阶段：这种直觉主义接受常识道德，不过它尝试发现常识道德的哲学基础（后者是常识道德本身不能提供的）。就是说，这种直觉主义尝试确立一个或几个更绝对、更难以怀疑、更自明的原理；进一步地，以原则为始点，流行的规则——无论是以常识确认的形式，还是以某种修正或矫正的形式——也许能够演绎出来。（Sidgwick，

1962，pp.101—102)

　　事实上,在 Sidgwick 看来,康德和密尔都符合这个描述:两人的区别系于"理性综合"日常"道德概括"的方式,或者说,他们建构了不同的哲学直觉主义道德体系。那么,如果从 Sidgwick 的这种观点出发,理应这样看待霍布斯的道德哲学:他的以"应当追求并且维护和平"为"首要和基本自然法"的自然法体系,构成与"普遍化原则"体系、功利主义体系并立的道德体系。

　　自不必提,我们谈论的是在进入霍布斯的道德哲学之前,解释者应当采取的立场;或者说,我们正在谈论尊重霍布斯伦理思考方面的起码要求。至于霍布斯的"和平原则"体系最终能够还原为康德的体系或密尔的体系、抑或它具有自己不可磨灭的特色,这需要在对霍布斯的道德哲学做了客观、公允的研究后才能定论。

2. 自然法

　　显然,针对霍布斯的哲学直觉主义道德体系,理应追问的第一个问题是:"其它诸自然法"在何种意义上构成"首要和基本自然法"(Lev,p.117)的"诸结论,或诸定理(conclusions, or theorems)"(Lev,p.147)、"道路,或和平的诸手段(the way, or means of peace)"(Lev,p.146)?或者说,"追求并且维护和平(to seek peace, and follow it)"(Lev,p.117)怎样实现对于常识道德——"为所有人夸奖的诸德性"(OC,p.56)——的(借用 Sidgwick 的讲法)"理性综合"? 在考察霍布斯的自然法概念之前,针对透视霍布斯道德理论的这个视角暨哲学直觉主义,我们再多说几句。

　　首先,尽管无论霍布斯、康德、密尔还是西季威克都惯用诸如"原理/基本原理/最高原理""公理""推导""演绎出""定理""结论"等典型的几何学术语刻画他们的道德反思环节,不过,哲学直觉主义认为,这不意味着道德哲学的探究方法与几何学的程序是一致的,即从已知的普遍命题(公理、定义等)出发,通过正确推理,知道了此前不知道的东西（定理等）。①哲学直觉主义认为，道德哲学不是发现未知的科学，而是"反思平衡（reflective equilibrium）"②的艺术。就是说，这样描述道德哲学的程序更恰当：探究之先，道德哲学家就对"两端"——一端是常识道德、道德意见、伦理直觉，另一端是诸如人在宇宙中的位置、人性的形而上学等更抽象的东西——都多少有所领会。进而，他的核心工作是：参照彼此、"调试"这"两端"，并在此基础上，以恰当的方式"连接"它们，构成体系。道德体系是这样的整体：在其中，具体的道德要求从更一般更抽象的观点那里（诸如"目的论的人性观/宇宙论/世界观"③"超验的人性观"④"理性主义人性论"等表示的东西）获得根据或

---

① "被证实的事情是何等地罕见啊！证明只能使精神信服。习俗形成了我们最强而有力的、最令人信服的证明；它约束那个能使精神就范而不进行思索的自动机[即身体]。有谁证实过，将会有明天或是我们将会死呢？而又还有什么是更能让人相信的呢？因此，正是习俗说服了我们这些……"（帕斯卡尔，1985年，第136页）

② "……这种环境下，期待一个伦理理论是合情理的；再者，对他们来说，下述筹划也是合情理的：运用一种将尽可能多地保留他们伦理直觉的方法，与此同时，它将产生一个诸原理的理性结构，后者会帮助人们弄清楚，哪些直觉应被抛弃或者修正。实现上述目标的明显的路径是，一边调节理论、一边调节诸直觉，直到它们大致相互适应为止。很明显，我提到的这些目标，就比如罗尔斯的契约理论的目标；而这种方法也正是罗尔斯推荐的方法：它致力于达成理论和直觉之间的（罗尔斯所谓的）'反思平衡'。"（Williams，2006，p.99）

③ 这个词在类似下述这些评论中的用法涉及的是我们所谓的"更一般、更抽象的观点"，比如：1.论及道德合理性的启蒙筹划为什么必然失败，麦金太尔说道，"所有这些思想家[狄德罗、斯密和克尔凯郭尔等]都拒斥**任何目的论的人性观、任何认为人具有规定其真正目的的本质的看法**……构成这些人思想之历史背景的道德构架是一个必须具备三个要素的结构：未经教化的人性，实现其目的而可能所是的人，以及使他能够从前一个状态过渡到后一个状态的道德训诫。但是世俗社会对新教和天主教神学的拒斥和科学、哲学对亚里士多德主义的拒斥的共同结果，却是消除了任何有关'实现其目的而可能所是的人'的概念。既然伦理学的全部意义——无论作为理论的金律还是实践的训诫——就在于使人能够从目前的状态过渡到其真正的目的，因此在消除任何本质人性的观念从而放弃任何目的概念之后，所留下的是一个由两种残存的、其关系已变得极为不清楚的要素所组成的道德框架。……因此，18世纪道德哲学家们所从事的是一项注定不会成功的筹划"（麦金太尔，2011年，第69—70页）。2.论及古典自然权利论的基础，施特劳斯说道，"古典形式的自然权利论是与一种目的论的宇宙观联系在一起的。一切自然的存在物都有其自然目的，都有其自然的命运，这就决定了什么样的运作方式对于它们是适宜的。就人而论，要以理性来分辨这些运作的方式，理性会判定，最终按照人的自然目的，什么东西本然地（by nature）就是对的。**目的论的宇宙观（有关人的目的论的观念构成了它的一部分）**似乎已被现代自然科学摧毁……"（施特劳斯，2016年，第8页）。

④ "这类理论的主导性特征是，它尝试根据一个超验的框架（in terms of the transcendental framework），辨明人性所为了的东西（something that man is for）；如果人性理解清楚了他在事物的基本结构中的角色，那么他将发现与他相应的、并且他应当致力于实现的特定目的。下述信念构成这种观点的典型：上帝创造了人，并且上帝对人有特定的期望。"（Williams，1993，p.63）

辩护,而更一般更抽象的人性观点被诸道德要求所充实。

其次,我们讲的"调试及连接两端"活动不是指以融贯性为情趣的智力小游戏(类似本研究这样的东西),而是指建构那些具有历史意义的道德理论的活动(亚里士多德、保罗、康德、朱熹)。在此,"两端"不仅被哲学家本人事先多少领会,而且那个时代、那个伦理共同体的人们多少都有所领会。这一点解释了道德体系对于彼时彼地人们的感召力或吸引力。具体来说,某种意义上,道德体系的建立不过是将"本来就在每个人这里的东西"整合起来、使之清晰:"为生民立命",那么,当面对它时,彼时彼地的人们自然恍若对镜自观:"于我心有戚戚焉""认识你自己"。

因此,伟大的道德哲学是解释学:它将文化中或许散乱、但客观存在的东西予以结构化和整理,并提升到自觉层面。伟大的道德哲学家是特定文化、特定伦理生活的代言人(spokesman);我的意思是,只看表面,哲学家和立法者有相反的一面:前者把已然蕴含在伦理生活中的规矩揭示出来,后者"从外面"向伦理生活施加(impose)规矩。

在此基础上,引申出来的一个思想是,现实感和常识感是道德哲学家必要的德性。这是因为道德哲学的生命力系于它与听众——生活着的人们——之间的"亲近"。如前所述,"亲近"不是指道德哲学只能反映常识意见;可是,有灵魂的道德哲学必定受到常识意见的约束,仿佛理性悬上了重物。举例来说,(a)假如你的哲学提出的道德要求不曾呼应或"唤醒"伦理共同体中人们的某种隐秘的渴望、蛰伏的需要,那么即便你为你的要求提供了融贯的辩护、辩护诉诸的原理玄远高妙等,众人眼中,这个哲学依然不过是你主观愿望一厢情愿的表达罢了(它融贯整饬的风格,指示它的华而不实);(b)假如你的哲学由以出发的人性-形而上学对于普通的人性自我理解而言过度怪异、陌生,那么即便众人认同和接受你提出的道德要求,接受的理由也在你的哲学之外。这些例子关乎努斯或见识、帕斯卡尔所谓的"敏感的精神"(帕斯卡尔,1985 年,第 3—5页)——不要将它们误解为事关道德哲学家的刻意甚至对于普通人的逢迎。

I. 自我保存、理性与和平。前文介绍,霍布斯的道德理论阐述总是从自然法的定义开始。在《法律原理》第 15 章和《论公民》第 2 章开头，霍布斯指出，事实上，任何"道德哲学的作家"都以自然法的名义提出一系列道德要求或道德正确性尺度，然而"尽管作家们频繁使用'自然法'一词，关于这个词的定义，他们却没有共识"（OC，p.32）。比如，(a)有的作家将"自然法"中的"自然的(natural)"理解为"最智慧或最文明国家认同的"；(b)另一些作家则将"自然的"规定为"人类共同同意的"（EL，p. 81；OC，p.32）。

针对意见(a)，霍布斯提出，由于这派作家没有给出判断文明或智慧国家的实质标准，归根到底，他们的道德理论是道德标准的独断论。针对意见(b)，他指出，如果自然法果真属于全人类事实上共同同意的东西，那么没有人是不道德的；既是如此，这派作家的道德理论本应不具任何现实批判意义（EL，pp.81—82；OC，pp.32—33）。在此基础上，霍布斯声明："自然法"中的"自然的"等价于"人的本性的"暨"理性的"，因此，自然法就是"理性的指令"（EL，p.82）；或者，"自然的"是"自然理性的(natural reason's)"的缩写：

> 所有人都同意：任何不违反正确理性的行为是正确的(right)，因此必须承认：任何与正确理性相冲突的行为是错误的(wrong)。然而，基于一个行为违背了某项法，我们评价它是错误的。因此，法是正确理性；同时就像心灵的激情或者别的能力那样，正确理性是人性的构成部分(it is no less part of human nature)，在这个意义上，[这种]法也称作"自然的"[即也称作"自然法"]。由此，自然法的定义是：正确理性的指令；这些指令针对尽可能长时间地维持生命和肢体的目的，提出一系列关于应当做什么、不应当做什么的规定。（OC，p.33）

《利维坦》的自然法概念与《论公民》的定义大同小异：

> 一项自然法，也就是理性发现的一个指令或一项普遍规则，

它禁止人们做下述事情:摧毁自己生命之事,或者取消保存自己生命的各种手段,或者忽略那些能够最好地实现个人生命保存之事。(Lev,pp.116—117)

从伦理学史的角度看,自然法作为理性的指令属于平常的观念。如果说在《法学汇编》中(《法学汇编》最早出现"自然法"一词),自然法和理性的关联尚不明确,西塞罗直接诉诸理性定义自然法:"真正的法律是与本性符合的正确理性。"在中世纪,将自然法直接等同于理性,或者,确认自然法与理性的某种紧密关系是哲学家们的共同做法。比如,对托马斯来说,自然法是"理性造物分参永恒法的方式";或者,当胡古齐奥归纳"自然法"的学术用法时,首先提出的是"自然法是理性。理性是灵魂的一种自然能力,人类据以区分善恶,并选择好的、拒斥坏的;理性之所以具有权利,是因为它有权发布命令;它之所以是法律,是因为它约束,或者强迫人们做正确行为;理性是自然的,因为它是自然的善之一,或者因为它与本性符合,从不违逆本性"。[①]就此而论,霍布斯的自然法作为理性法观念简单地是学术传统的因袭。

对我们来说,重要的是,自然法的定义提供了处理一个问题的线索。根据前文的论证,霍布斯的"自然法典"或德性表暂时视为以"追求并且维护和平"(Lev,p.117)为第一原理的哲学直觉主义道德体系。直觉主义体系中的"第一原理"意味着,该体系将它设定为"自明的(manifest of themselves)"(OB,p.69)暨"无法证明,只能尽力解释其意思(explication)"(OB,p.83)的命题。举例来说,在密尔的体系中,功利主义原理是"不可证明的":

终极目的的问题是无法在"证明"一词的日常意义上得到证明的。任何第一原理、我们知识的第一前提以及我们行为的第一前提,都是无法得到推理性的证明的。(密尔,2016年,第42页)

---

① 关于自然法传统,可参看,比如:登特列夫,2008年,第13—72页;施特劳斯,2016年;简·波特,2018年,第1—64页。

那么,针对"追求并且维护和平",一个顺理成章的看法是,在霍布斯这里,它属于不可还原的、最基本的道德要求。当 Warrender 将服从自然法的根据说成"自然法的自明性,或内在的权威性"时,他似乎就持有这种看法:

> 在[《霍布斯的政治哲学》的]第三部分,我转向自然法义务的本质问题。对此,我并没有提出一种解决方案,而是提出三种可替换的方案——我宣称,这三者和霍布斯理论的其它部分都是相容的。简要来说,自然法义务的根据是:
>
> (1)神圣奖惩;或者
>
> (2)简单地是上帝的意志;或者
>
> (3)自然法的自明性,或者其内在的权威性。
>
> 我的书用了很长的篇幅考察道德义务的根据在于神圣制裁的方案,这是因为看起来这是霍布斯自己最倾向于给出的回答——尽管关于这一点,也存在争议的空间。基于当前的目的,关于第二种方案,我们略过不谈。第三种方案是将霍布斯的体系奠基于一组具有内在权威性的自然法。如果接受这种方案,那么也就没有必要在霍布斯的政治理论中引入上帝的角色了。我也曾指出:某种意义上,霍布斯[的道德理论]并没有超出这样立场;与此同时,其它的方案似乎能够还原为这种立场。事实上,我更偏爱霍布斯持有这种立场;或者毋宁说,倘若霍布斯将这种思想倾向表达的更明确就最好不过了。不过,在我的书中,我并没有用很大精力来阐释和发挥这个方案。(Warrender,1965,pp.89—90)

不过,自然法的定义提示,在霍布斯的道德体系中,"首要和基本自然法"似乎依然存在还原的空间。这是因为,我们看到,霍布斯的自然法概念与两个思想要素明确地相关:(a)作为人的本性的理性。"[自然]法是正确理性"(OC,p.33);"自然法是理性法发现的指令或普遍规则"(Lev,p.116);"自然法是自然理性的诸指令"(EL,p.82, p.99；Lev，p.174)等。(b)自我(生命的)保存观念。自然法是"针对尽可能长时间地维持生命和肢体的目的,提出一系列关于应当做什么、不应当做什么的规定"(OC，p.33)等。据此,可以追问这样的问题:自我保存、实践理性、和平的义务这三者的关系是什么? 进一步地,倘若"追求并维护和平"果真能够向"自我保存的心理学"还原,那么成功的关键当然在于,揭示实践理性本身或其内在规定性。如果我们认同理性主义的人性观,那么,归根到底,如康德所言,"诸道德的形而上学没有别的基础,只是对于纯粹实践理性的批判"(Kant，1997，p.5)。

II. 对基督教伦理学维度的排斥。接下来,陈述我们拒斥霍布斯道德理论的神圣命令(Divine Command)解释进路的理由,先来介绍背景。

除了自然法作为理性指令,我们看到,霍布斯也声称"自然法是神圣法"(EL，p.99；OC，p.58)或者"自然法是上帝的命令"(OC，p.56；Lev，p.147)。事实上,自然法的双重规定性属于传统上正统基督教哲学家的标准配置,举两个例子。

1. 托马斯·阿奎那提出,自然法是神圣法,理由是"理性造物对于永恒法的分参,称为自然法":

> 由于服从天主智慧统治的万事万物都被永恒法统治或权衡,显然万事万物都以某种方式分参永恒法,永恒法铭刻在它们身上,从而派生出指向恰当行为和目的的各自倾向。与其他事物相比,理性造物以一种更为卓越的方式服从天主的智慧统治,他自身即分参着这种智慧统治,既照管着自身也照管着他物。因此,理性造物有一种对永恒理性的分有,借此他们拥有了一种指向恰当行为和目的的自然倾向。这种理性造物对于永恒法的分参,称为自然法。因此,圣咏作者吩咐"奉上正义的献祭",他似乎已经预见到有人会提出正义功用的问题,然而补充道:"很多人文,谁像我们显现善的事物?"回答说:"上主,望你向我们显示你光荣的仪容。"这就表明了,我们借以辨别善恶的理性之光,也就是自然

法的功能,不过是天主之光在我身上的铭刻。因此,自然法无疑是理性造物对永恒法的分参。(托马斯,2016 年,第 17 页)

托马斯这里,(a)法律是实践理性的诸指令(同上书,第 3 页)。进一步地,从特定角度出发,"自然法"是相对"人法"而言的:后者是"从自然法的原则,从共同的不证自明的原则,人类理性需要进入的对特定事项更为具体的规定"(同上书,第 19 页);相较之,前者——作为"天主之光在我身上的铭刻"——是实践理性本身或理性的内在结构。(b)自然法之所以是神圣法,是因为神造就了人性的理性("借以辨别善恶的理性之光")本质。(c)"理性造物对永恒法的分参,称为自然法"表达的是:相较其它造物,上帝对作为理性造物的人性的统治具有特殊性。首先,这种特殊性体现在上帝将律法铭刻人心,或者造就了人性的理性本质。不过,其次,如果铭刻于心的律法对人性不可认识,这种铭刻就毫无意义;或者,若是如此,意味着上帝做了无用的事功——这是不可能的。因此,对人性来说,律法铭刻于心意味着它们的可认识性;更准确地说,人能够凭借理性实现对理性自身("天主之光在我身上的铭刻")的认识:"理性造物是以一种理智性的方式分有[永恒理性]"(同上书,第 18 页)——这是特殊性的第二个方面。那么,最终说来,上帝支配人性的特殊性表现在,人性能够对神圣意志(就其铭刻于人心而言)有所自觉,并在此基础上,选择服从。

2. 在《基督教要义》中,加尔文说道:

人心里内在的律法,即我们以上描述为刻在所有人心里的,它的教导在某种意义上和十诫相同。因为我们的良心不容我们沉睡,反而见证我们对神的亏欠。这良心也将是非陈明在我们面前,在我们不尽本分时责备我们。然而人被幽暗层层笼罩,几乎无法借自然法(良心)领会神所纳悦的崇拜方式。甚至对神所纳悦的敬拜没有丝毫概念。此外,因人野心勃勃、不可一世,以及被自爱蒙蔽，所以无法正确地看待并省查自己，谦卑地承认自己悲惨的光景。又因人的愚妄和傲慢，神就给我们书面的法，为了更清楚地见证自然法这种较为模糊的启示，并除去我们的惰性，使得我们印象深刻。（加尔文，2010 年，第 347 页）

在此，(a)加尔文区分神为人立法的两种方式："刻在所有人心里"（自然法）和"神给我们书面的法"，并提出良心的呼声与十诫是一致的。(b)那么，神为什么以两种方式向人类传达神圣意志？他的回答是：尽管神将律法刻在所有人心上，不过由于原罪与种种软弱，人性往往"无法正确地看待并审查自己"以至自然法通常显现为"较模糊的启示"；为了克服这种状况，神亦将神圣意志通过书面传达于人性。

这段评论中，尽管加尔文提出：**事实上**，由于"人被幽暗层层笼罩"，导致**几乎**无法借自然法（良心）领会神所纳悦的崇拜方式，不过他不会否认：倘若"正确地看待并省查自己"，或者"正确地运用理性"（Descartes，1985，p.111）以及其它认识能力，那么人确实能够发现"刻在所有人心里"的法。

我们说，自然法的双重规定性是基督教信仰理性化或哲学化——基督宗教与理性主义人性观/道德观相融合——的极为自然的结果。而从思想史的角度看，即便到了近代早期——基督教文化依旧浓重、世俗文化含苞待放的思想时期，双重规定依然是道德—政治哲学家们（格劳秀斯、霍布斯、笛卡尔、费尔默、洛克、斯宾诺莎等）的标准说法。

在此基础上，有解释者强调自然法作为神圣命令观念是霍布斯"诸自然法的真学说"中不可分离的思想要素——"Taylor，Warrender，Hood 和 Martinich……的观点是，对霍布斯来说，自然法的规范性的最终来源在于它们是上帝要求我们服从的命令"（Lloyd，2009，p.182），从而将霍布斯的道德理论重构为以"溢出人外—原理"（extra-human principles。Watkins，1973，pp.67—68）为基础的超验伦理学。导论第一节第 3 部分曾提到我们拒绝这种解释路径，现在为这个立场或态度提供一些理由。

第一,无论诉诸上帝的何种特性充当服从自然法的根据——比如,前文中读到,Warrender 提出,霍布斯这里,"自然法义务的根据是:(a)神圣奖惩,或者(b)简单地是上帝的意志"(Warrender, 1965, pp.89—90),从哲学的角度看,总是面临各式困难。如 Williams 所言:

> 如果追问上帝的何种特性构成人性应当满足上帝期望的根据,这种思路的困难将暴露出来。如果回答是上帝的力量(his power),或者他创造人性的事实,那么上帝就可类比于国王或父亲;然而我们都知道,很多国王和父亲是不应当服从的。如果回答说上帝的能力是无限的且他创造了全部事物,我们就指出这些特征似乎不意味着上帝更值得服从,只是决定了不服从他是极困难的。如果在这些特征的基础上,再加上帝的善(God is good),那么我们可以继续反对(像康德那样):这种提法预设了对于值得赞赏之事和有价值之事的承认,然而达成这个承认正是一开始引入上帝的动机。(Williams, 1993, pp.63—64)

然而,除了列举和分析几段引文,进而声称对于霍布斯来说,上帝这样那样的属性构成人性负担自然法义务的根据之外,神圣命令路径的解释者似乎从没有尝试回应——特别地,借助霍布斯的思想来回应——类似的困难。

第二,假设解释者甚至霍布斯自己克服了这些困难,以至于能够就人性服从作为上帝命令的自然法问题提供融贯的说明,可是,鉴于我们根本不相信上帝,类似的超验道德体系又能为我们带来什么启发性呢?

> 事实上,宗教伦理学逻辑或结构方面的问题,正像上帝相关的诸多问题,只有你信上帝,它们才显得饶有兴趣。如果上帝存在,那么关于他的论证就是关于宇宙的以及具有宇宙论意义的论证;如果上帝不存在,那些论证就是扯淡。在后一种情况下,重要

的问题必定是关于人的问题,比如,为什么人一度相信上帝? 而关于宗教伦理学的问题将转化为关于宗教伦理学在其中获得表达的、人类冲动(the human impulses)的问题。对于不相信宗教伦理学的人们来说,对宗教伦理学结构的持续争论意味着某种逃避:关于人性,宗教伦理学的视域本来能够向我们传递特定信息;然而,针对结构的争论扭曲了这种可能带来启发性的关切。(Williams,2006,p.33)

第三,文本当中,霍布斯道德及政治思维的自然主义倾向确实有迹可循。比如,(a)第一章第一节第 3 部分和第二章第一节第 3 部分中都曾谈到,无论针对道德议题还是政治议题,霍布斯一贯的做法是先通过理性的独立运用证明特定结论,进而补充基督教素材以佐证这个结论。(b)《利维坦》第十二章("论宗教")阐释宗教这种人性独有激情的起源,并且这个阐释彻头彻尾地是人类学或自然主义的。(c)霍布斯把誓言(an Oath)仅理解为承诺的"附着物":"誓言是附着在承诺上的一种话语;通过它们,承诺者宣称放弃上帝的怜悯,如果他没有兑现承诺的话"(OC,p.40),并且只从心理效果的角度讨论誓言的意义:"誓言只是为发誓者添加一个害怕的理由"(OC,p.41),"某人不信上帝,他就不怕上帝;那么,要求这样的人以上帝之名起誓是不得要点的"(OC,p.41)。(d)真先知的一个必要条件是能够施奇迹,可是,霍布斯提出的另一条件是"不传授本国已确立宗教之外的宗教"(Lev,p.362);霍布斯通盘从"地上的城"的观点出发透视圣经记载的世界历史,以致《论公民》和《利维坦》将圣史重述为纯粹的尘世政治史——类似的细节表明,霍布斯隶属国家神学(Civil Theology)的传统:"国家神学的对象是政治共同体中实际实践着的宗教理论和信念;它不关注(诸如)第一因或上帝存在的哲学思辨和证明,只关注宗教生活中包含的普通信念"(Oakeshott,1975,pp.73—76)。通过这些例子,我们想说,就风格和气质而论,宗教本位的道德政治学说——比如,奥古斯丁在《上帝之城》中探讨道德和政治的方式、费尔默版本的父权制—绝对国家论等——与霍布斯的理论具有云泥之别。

第四，关于不宜将霍布斯的道德理论重构成为基督教伦理学的某种形态，决定性的证据在于霍布斯的自我保存的自然权利（the right of nature for the preservation of one's own life）观念，或者按照第五章第一节第 1 部分提出的说法，他的生命安全构成人性承担道德义务"前提"的伦理立场。鉴于本章第二节第 3 部分会专门阐述这个观念，这里只简要地解释它为什么不属于传统基督教伦理学的立场。

众所周知，在基督教的传统观念中，现世生活与个人的此世生命最多具有相对的价值。奥古斯丁说，"［对于死亡］肉身感觉怯弱而战栗地逃避是一回事，用心志的理性仔细辨明，从而认为好的生活之后的死不是坏事，是另一回事。除非是那死后发生的事，没什么使死成为坏事。既然人们是必然要死的，就不必太多费神于会以怎样的方式死，而应该问死后会到哪里去"（奥古斯丁，2007 年，第 20 页）。加尔文说，"对神的认识不但会激励我们崇拜他，也会使我们醒悟并激发我们对永世的盼望。因为当我们发觉神对于它怜悯和审判的彰显在今生只是一个起头时，无疑地，我们应当视它们为将来更大之事的序幕，这些事的完全显现要得到来世"（加尔文，2010 年，第 30—31 页）。

这意味着，在传统的基督教哲学家那里，诸道德律——作为"神的律法"的道德律，典型地，神刻在两块石板上的律法（加尔文，2010 年，第 346—347 页）——不可能被领会为以个体的现世生命或任何此世的事物为"前提"的有前提的规范。举例来说，（a）加尔文明确地提出，"可赦之罪和不可赦之罪的区分毫无根据！"（同上书，第 399 页）（b）奥古斯丁肯定将十诫领会为绝对命令。否则的话，比方说，当为被奸淫的圣贞女做无罪辩护时，只需要声称神圣诫命"不得奸淫"的准确涵义是"在现世生命有保障的条件下，不得奸淫"即可；可是，奥古斯丁的实际做法是，他必须通过相当复杂的理论来论证圣贞女与野蛮人的肉体关系与奸淫的概念不符（奥古斯丁，2007 年，第 26—40 页）。

这不是说，任何传统的基督教思想家都以消极厌世的眼光看待此世生活与尘世生命。作为支配了西方世俗历史逾千年之久的文化，基督教定然不缺乏妥善安顿重要的尘世事物——个体的此世生命、世俗社会和政治等——的方式。关键在于，无论做怎样的具体安排，原则是不变的：尘世事物，就其作为尘世事物，注定是虚幻甚至虚无的。但是，也不是说，霍布斯明确地否认这个原则。他不曾明确否认。只是，当他将死亡视为个人的绝对事件而非"通向永恒的大门"（帕斯卡尔，1985 年，第 110 页），进而严肃热忱地发明一种向死而生的此世道德时，这项原则确实成了背景。——并且永远地成了背景。霍布斯颠倒了传统基督教中永恒和此世的存在论：在他这里，此世最实在，永恒近乎虚无。

强调对死亡的恐惧有好处：恐惧死亡，就不那么恐惧"无限空间的永恒沉默"。

"毫无疑问，灵魂究竟是有朽还是不朽这件事，必定会使得道德的面貌全然不同"（帕斯卡尔，1985 年，第 116 页）——霍布斯这里的情况是：究竟将灵魂看作有朽还是不朽，会使道德的面貌全然不同。

第二节　道德义务的形质论辩护

目前为止，通过对霍布斯道德哲学观念及自然法概念的考察，我们明确了解释任务。概言之，在将霍布斯的"自然法典"或德性表视为哲学直觉主义体系的基础上，存在两个基本的问题：(a)"向下的问题"：其它自然法（诸具体德性）如何从首要和基本自然法中引申出来？(b)"向上的问题"：首要和基本自然法是否存在辩护？而结合对霍布斯自然法概念的观察，这个问题转化为，霍布斯如何通过"自我保存的心理学"及他的实践理性观念完成对首要和基本自然法的辩护？接下来，我们尝试着解决这两个问题。

1. 基本自然法：对等性、自我保存与和平

多次提到，一方面，关于霍布斯的实践理性观念，Watkins，Gauthier，Rawls，Kavka，Curley 等采纳合理性（rationality）或工具理性（instrumental reason）的分析。所谓"那些最能够实现人们目的的行为，是最

理性的"(Gauthier，1968，p.21，p.25)，或者采取规范性表述，在具有特定目的或欲望条件下，实践理性要求，应当这样行动：做最能够实现这个目的或最能够满足这个欲望的行为。另一方面，解释者们有理由将霍布斯自我保存观念解读成"自我保存构成人的基本目的的心理学说"(Gauthier，1968，p.22)，或者，"对于死亡的近乎普遍的态度是：人们将它作为相当重大（即便不必最大）的恶来逃避"(Kavka，1986，p.81)。

将两个思想合并，生成诸自然法作为断言式假言命令的基本解释思想。大致而论，霍布斯这里，每项自然法（"你应当服从契约""你应当感恩"等）是作为实现或保障当事者自我保存或生命安全——人性不维护自己的生命是（心理上）不可能的；或者（借用 Kant 的思想），"基于自然必然性，人性普遍具有一个目的，即他自己的幸福"(Kant，1998，p.26)，由于存活是现世幸福的条件，每个人"自然必然地"维护自己的生命——的最有效或必要的（总之最好的）手段而提出。自然法的指令性特征源于工具理性的规范性；它们之所以是断言式，因为自我保存是人性"现实的目的(actual purpose)"(Kant，1998，p.26)。

我们说，这个理解方案并非空穴来风，而是基于霍布斯诸多表述联合营造的一种印象——类似，(a)定义自然法的方式；(b)"任何自然法都从一项理性指令中引申而来，即要求我们自我保存和谋求安全的指令"(OC，p.53)；(c)"我所谓的正确理性……是指推理的活动，即一个人就其行为在促进自己利益或导致他人损失方面进行推理"(OC，p.33)；(d)将其它自然法描述为"和平的道路，或诸手段"(Lev，p.146)等。另一方面，如果推敲这个方案，会发现诸多缺陷。这里提出两点：首先，诸自然法，作为维护个体生命安全的审慎建议，事实上不审慎。其次，着眼于霍布斯的整体叙事，这种方案意味着霍布斯从相同的人性原理推导彼此矛盾的两套东西：自然权利与自然法。

首先，如果遵从这个思路，将诸自然法看作假言命令，那么它们或者是不合理(irrational)、不审慎的(imprudent)，或者是合理与否无法判定的。以正义自然法为例。根据假言命令解释，"你应当执行你制定的信约"(Lev，p.130)是一个缩写，完备的表达式是："为了你的自我保存或生命安全,应当执行制定过的信约。"进而,这个完备的命题理应分析为三个要素:(a)"自我保存是十分重要的人类动机,尽管不是必然的基本动机"的"心理学"(Gauthier,1968,p.24);(b)工具主义的理性观念——它对该命题中的规范性部分负责。(c)排除这两个要素后,剩下一个因果性论断,类似"相较不执行制定过的信约,执行信约更有利于当事者的自我保存"。那么,在接受(a)、(b)的条件下,对于该假言命令的合理性判断问题就转化或还原为对于因果关系陈述暨(c)的真假判定问题。

进一步地,关于这个因果性命题,或者它是无条件的("在任何条件下,相较于不执行信约,一个执行信约总是更有利于他的自我保存")。倘若如此,它显然为假,因为我们能够设想无数种实践处境,在那些处境下,当事者不执行制定的信约反而更安全。[①]或者,这种因果关系确实在特定条件下成立;不过该命题并没有界定这种因果关系得以出现或发生的条件,那么,它是不完整或不精确的,因此无法判断真假。

其次,按照这种解释,霍布斯设想的人性具有两个基本特征:(a)对于自我保存和生命安全的强烈关切;(b)工具主义的理性。一方面,如果说霍布斯确实从这两个特征中引申出什么的话,那么似乎首先应当是作为"对一切事物权利,包括他人身体"(Lev,p.117)的自然权利:

> 自然权利……是每个人根据其意志,为了保存他的本性(也即,保存他的生命)而动用自己能力的自由。换言之,自然权利意味着:针对一个人的理性或判断所设想的[就实现和维护他的自我保存而

---

① 比如勒古鲁斯的事迹。"马可·阿提里乌斯·勒古鲁斯,罗马人民的统帅,被抓到迦太基去。但迦太基人想用他交换自己被罗马抓去的人,而不愿把勒古鲁斯羁留在俘房中。于是他们就特遣勒古鲁斯带使团一起去罗马,首先以誓言来限制他,如果他不能完成他们要他做的事,他就得回到迦太基。他回到了罗马,劝说元老院做相反的事,他认为,交换俘房对于罗马的共和没有好处。劝说之后,本来没人逼他一定要回到敌人那里去,但是由于他先前发了誓,他愿意践行诺言。敌人知道此事后,以残酷的折磨杀死他。他被命令站在一个很小的木笼子里,周围钉上无比尖利的钉子,因此无论他靠上盒子上的哪个地方,无不会带来刺骨的疼痛,敌人通过剥夺他的睡眠杀了他。"(奥古斯丁,2007年,第24页)

言]任何最合适的手段,他都允许付诸行动。(Lev,116)

然而,另一方面,"权利和法……在同一主题上彼此矛盾":

> 著作家们在谈及这个话题时,将"ius"和"lex"(即"权利"和"法")混用,不过他们应当将两者区分开来。权利存在于做 X 或者克制做 X 的自由(liberty to do, or to forbear),法规定并限制人们采取其中之一(determine and bind to one of them)。因此,"法"与"权利"——正如义务和自由——在同一主题上相互矛盾。(Lev, p.117)

据此,假言命令解释方案似乎意味着,霍布斯从同一组人性原理(对于自我保存和生命安全的强烈关切;工具主义的实践理性)引申出两套相互矛盾的东西:自然权利及"规定并限制"自然权利的自然法。这是无法接受的。

换言之,一方面,看起来,一个根据自然权利行事的人简单地是一个理性(rational)的人:在面临生命威胁时,他的合理性(rationality)告诉他(着眼于自我保存)应当怎样行事、或怎样行事便宜——无论履行或背约、感恩或忘恩负义等(哪种决策合理,取决于具体实践情境),他就会怎样行事。另一方面,一个严格地服从自然法的行动者是这样的行动者:甚至在面临生命威胁时,他以(被自然法)"规定或限制"了的方式行事——履行契约、感恩、公道等。然而,既然依自然权利行事的人是完全理性的(rational),他没有理由接受自然法对行为方式的"规定或限制";或者说,在合理性(rationality)限度内,不可能辩护自然法,就后者作为对自然权利的规定或限制而言。

总之,合理性的规范性(结合个体自我保存甚至自我利益的"心理学")不足以引申出诸自然法。那么,让我们将视线重新投向"自然法典",看有没有别的资源可利用。

I. 两项特别的自然法。审视霍布斯的诸自然法清单,不难发现,

除了"应当追求并且维护和平",另两项自然法也享有特殊地位:

1. "己所不欲勿施于人"。所有版本的自然法学说都谈及这个款项的特殊性:它是自然法的"简单规则(an easy rule)"(EL, p.96);或者,一个准备服从诸自然法的行动者"唯一需要的规则(the only rule he needs)"(OC, p.53);或者,是诸自然法的"简单总和(the easy sum)"(Lev, p.144)。《论人》将它直接等同于实践理性本身——"如何知道上帝命令了我们什么呢?答案是:上帝,在他将人类造作成有理性的东西的意义上,让人服从下述律法,并将它铭刻在所有人心上:己所不欲勿施于人"(OM, p.73)。

2. "爱人如己"。《法律原理》将公道自然法(equity)表述为:任何人要求自己保留的权利,应当是他也允许每个他人都保留的权利(whatsoever right any man requires to retain, he allow every other man to retain the same)(EL, p.94)。《论公民》中,这项自然法称作适度(modesty)或"对于权利平等性的承认(the recognition of equality of rights)",具体表述为:一个人主张自己具有的任何权利,他应当允许每个他人都具有(whatever rights each claims for himself, he must also allow to everyone else)(OC, p.50)。看起来,在《利维坦》的自然法罗列中,这项自然法表述了两次。(a)第十自然法(适度自然法):任何人不得为自己保留这样的权利:不能允许每个他人保留的权利(no man require to reserve to himself any right, which he is not content should be reserved to every one of the rest);违反这条规则的行动者是在"欲望超出了他们应得的"(a desire of more than their share. Lev, pp.141—142);(b)第二自然法:为了和平和自我防御,在邻人愿意条件下,一个人应当放弃对一切事物的权利;就是说,任何人应当满足保留这般数量的自由:他允许他人保留的自由(a man be willing, when others are so too, as far-forth, as for peace, and defence of himself he shall think it necessary, to lay down this right to all things; and be contented with

so much liberty against other men, as he would allow other men against himself. Lev, p.118)。

关于这项自然法的卓越地位,(a)《利维坦》将它等同于"福音书中的那条法律:你应当对邻人行你要求邻人对你所行之事;也就是,对人性普遍适用的法律:己所不欲勿施于人"(Lev, p.118)。(b)《论公民》声称:它"将所有其它自然法都囊括其中(it encompasses all the other laws within itself)"(OC, p.62);《法律原理》声称:它"构成自然法的基础(the foundation of natural law)"(EL, pp.100—101)。(c)在《法律原理》和《论公民》中,它被等同于"爱人如己(you should love your neighbor as yourself)",后者(连同"爱上帝")构成"全部法律和启示依赖的两个命令"(EL, pp.100—101; OC, p.62, p.212)。(d)"爱人如己……正是源于理性本性本身的自然法。……所有自然法和国家法都归结为下述说法:爱人如己"(EL, p.180; OC, p.212)。

第四章第五节提出,一方面,金律和公道分别是"对等性要求"在个人行为及权利的社会性分配方面的反映;另一方面,"对等性要求"具有形式性特点,并且霍布斯确实将它描述为实践理性的本质。据此,一个貌似合理的解释方向是:能否诉诸"对等性要求"实现对于"应当追求并且维护和平"的辩护?

II. "趋向和平的激情是对死亡的恐惧"。首先,"对等性要求"不直接意味着"追求并且维护和平"。比如,(a)第五章第二节第 2 部分论证过,自然状态的权利分配满足"对等性要求":自然人普遍具有"对于一切事物的权利,包括他人的身体"(Lev, p.117);并且,自然社会成员被设想为普遍服从这般的"对等性要求";换言之,他们承认或尊重彼此的自然权利主体身份——特别地,这种承认规定了自然战争的伦理意义:自然人不将敌人理解为[违背某些正当理由(justa causa)]的罪犯、不将战争看作惩罚,而是"将对方在相同的道德和法律层面承认为[正当]敌人(justus hostis)"(施密特,2017 年,第 98 页)、将战争(无论他对邻人发动的战争,还是邻人对他发动的战争)领会为非歧视的战争。然而,自然人严格服从这般"对等性要求"的结果是,自然状态(作为一个良序社会)是普遍战争状态。(b)一个以"优先通过拳头解决问题"为生活准则或行事作风的暴力主义者,同样可以是"对等性要求"的兑现者,即只要他也允许别人动拳头。

其次,这就是说,"对等性要求"需要结合人性基本善(the primary good of a human nature)的观点,才能生成有内容的"指令或普遍规则"(Lev,p.116)。进一步地,霍布斯的基本善设定简单而鲜明:

> 1. 对于每个人来说,最大的好处是自我[生命]的保存。因为自然如此安排人性的欲望:为他所欲的任何东西,对他而言都是好的;进一步地,只要在当事者的能力范围以内,他必然致力谋求生命[的持存]、健康以及未来的安全。(OM,p.48)
>
> 2. 另一条[人性公理]是通过理性获得的。它教导我们将非自然的死亡作为最大的恶来避免。(OC,p.6;EL,pp.78—79)
>
> 3. **在人所具有的东西中,对任何人来说,他最为珍视的是自己的生命和肢体**;对大部分人来说,次为珍视的是他的妻子儿女;再次之,是财物和生计的手段。(Lev,pp.329—330)

因此,他主张:对任何人来说,个体生命存续是最基本的好处;或者,对每个人来说,死亡构成最大的坏事。霍布斯将自我生命的关切确立为自爱(self-love)的集中表现——和当代各式基本善的理论相比较,可以说,这是最小和最保守的设定。

再次,如果将"对等性要求"与自我保存作为基本善的观念直接结合,那么生成的是对待他人生命方面的普遍义务:

> 1. 人性自爱的集中表现是:致力维护个人生命的持存。
>
> 2. 爱人如己。
>
> 3. 因此,任何人应当致力维护每个人生命的存续。

作为"指令或普遍规则",这个结论确立了(对待他人的)消极义务和积极义务:(a)不得侵害他人生命;(b)在他人生命受威胁的情况下,应当施以援手。

III. 生命的关切与战争的厌恶。尽管上述两项道德义务是常识确认的,不过,在这个演绎中,和平没有出现在结论中。要引申出和平,尚需一个中介性观念,即人性普遍地厌恶战争;进一步地,这个思想从自我保存作为基本善的观念获得辩护:

> 人们既不想要战争(因为人总是欲求那些好的,或者至少显得好的东西),也并非不知道战争的结果是恶的(有谁会不把生命的丧失和贫困看成大恶呢?)。(OB, p.8)

事实上,除了提出战争(敌意)与和平——无论作为社会的整体风貌,抑或作为对他人的态度或行为等——构成相反者而外(Lev, p.113),霍布斯并没有明确地界定这两个概念。不过,我们必须对战争的本质做必要的反思,特别地,去考虑(用奥古斯丁的话说)"战争中究竟是什么有害和危险"(奥古斯丁,2009 年,第 168 页)。

首先,克劳塞维茨指出,战争是"一种暴力行为",尽管它"完全不排斥同时使用智力"(克劳塞维茨,2016 年,第 101—102 页)。无论霍布斯的用法还是战争的日常概念都确认这一点。其次,他提出,暴力的运用,对于战争发动者来说,总是手段性的:"他的直接目的在于打倒对手,以便使之无法进一步抵抗",进一步的目的是"强迫敌人服从我们的意志"(同上书,第 101 页)。我们注意到:战争对于人性的纯粹手段意义,或者,没有人性将战争确立为内在有价值之事——用奥古斯丁的话说,"正如没有人不想快乐,也没有人不想拥有和平……人性发动战争,所要达到的目的是和平"(奥古斯丁,2009 年,第 143 页)——构成霍布斯人性论的重要方面。

第一,这一点体现在,自然人发动战争的理由或动机均被设想为"战争以外的考虑"。(a)竞争(Lev, p.112):面临"两人欲求同样的东西,然而后者不能共享"(Lev,p.111)的实践处境,或者,想要占有对方的"妻子、儿女和牲畜"(Lev,p.112)等;荣誉(Lev,p.112):为了制裁及杜绝对方对自己的冒犯(Lev,p.112);猜忌(Lev,p.112):当事者出于安全的考虑而"先下手为强"或采取进攻性防御(Lev,p.111)。(b)严格来说,虚荣之人也不是"与人斗,其乐无穷"的性格。他们发动战争的动机同样在战争之外,即希望他人的服从(Lev,p.112)。借用奥古斯丁的分析:

> 这些想要发动战争的人不过是想征服;他们想用战争的方式达到和平的光荣。除了征服与我们为敌的人,还有什么算作胜利呢?而如何实现了胜利,那也就是和平了。因此,哪怕那些热衷于在指挥和发动战争中表现自己力量的人,发动战争的意图都是为了和平。(奥古斯丁,2009年,第143页)

总之,如我们在第三章第一节第4部分阐述过的,对自然人来说,战争并没有内在意义,它们纯粹是解决问题(处理欲望冲突)的手段或方式。

第二,进一步说,基于两个人性预设——(a)人性自然能力平等;(b)自我保存作为人性基本善,霍布斯不认为战争可能被人性设定为具有内在价值之事。恰恰相反,遭受战争(suffering a war)或处在战争当中(in war)是人性普遍厌恶、想要回避之事。① 基本的论证如下:

1. 人性自爱的集中表现是:致力维护个人生命的持存。
2. 遭受或陷入战争意味着丧失生命的危险。
3. 因此,人性厌恶遭受战争。

---

① "如果某人相信他应该留在这种每个人允许做任何事的状态中,那么他是自相矛盾。因为基于自然必然性,每个人是追求他自己的好处,然而没人认为一切人反对一切人的战争——这是这种状态的局面——对他而言竟是好事。"(OC,p.30)

解释命题 2。首先,在霍布斯的体系里,它通过人性自然能力的平等——我们记得,这个观念的核心是:"即使能力最弱的个体也能够不困难地杀死更强的人"(OC,p.26)——获得辩护。其次,需要注意,命题 2 既不意味着承认"你死我活"是战争的通常结果,也不意味着将"你死我活"纳入战争的本质。(a)就"你死我活"不是战争的一般结果而言,显然,战争的经验表明这一点。虽然 A 遭受战争或进入战争大概终归伴随着 A 的某些损失或付出某些代价,不过并非普遍地以 A 的生命被毁灭(或敌方的毁灭)为结果。(b)"你死我活"之所以不应纳入战争的定义,是因为这种做法使得战争的概念过分狭窄。沿着这个思路,"B 对 A 发动战争"="B 对 A 实施暴力,并且,B 这样做的目的在于致 A 于死地";然而,尽管这个定义(或定义的一部分)确实适用某些战争(典型地,比如决斗或极端的复仇),不过它不足以涵盖"战争"的甚至大部分用法。命题 2 表达的是战争对人性的主观意义,或者,关切自我保存的人性领会战争意义的方式。刚才指出,遭受战争或陷入战争不必然导致生命的毁灭;然而,一个常识或事实是:在备战者这里,他不会将自己的命运托付给遭受战争和自我保存之间的偶然关系;或者说,不会托付给发动战争者的主观意图。换言之,对任何人来说,"遭受战争"或"置身战争的处境"总被领会为生命危险或者死亡的可能性;进一步地,倘若针对即将面对的战争,当事者不是自我放弃的话,他必然要着眼于前者作为可能摧毁其生命的事项这个意义筹备战争。

IV. 战争的普遍厌恶与"对等性要求"的结合。现在,尝试将人性厌恶遭受战争的观念与"对等性要求"结合:

1. 人性自爱的集中表现是:致力维护个人生命的持存。

2. 遭受或陷入战争意味着丧失生命的危险。

3. 因此,人性厌恶遭受战争。

4. 己所不欲勿施于人。

5. 因此,任何人不得让他人遭受战争。

这个结论对人性提出两项道德要求：(a)任何人不得主动发动战争；(b)针对陷入战争的他者，任何人应当致力于使他们摆脱战争。进一步地，由于"战争之外的时间是和平"(Lev，p.113)，这个结论基本等价于"应当追求并且维护和平"。

V. 自然法与自然权利。第五章第二节指出，霍布斯这里，任何自然法款项都是(von Wright 所谓的)有前提的规范(a hypothetical norm)，即只有在当事者根据自然法行事不会有生命之虞的条件下，这项自然法才构成严格的道德义务。据此，上述引申的结论——"任何人不得让他人遭受战争"——的完备表达是：除非不让他人遭受战争将导致当事者自己的生命危险，否则不得让他人遭受战争。相应地，这个表达的两项意涵是：(a)除非不对他人施加暴力将导致当事者的生命危险，否则不得对他人发动战争；(b)除非让他人摆脱战争的尝试将使得当事者面临生命危险，否则应当致力于使战争中的他者摆脱战争。

霍布斯这里，自我保存作为服从基本自然法前提的思想是通过针对"和平不可获得"以及"具有获得和平的希望"的实践处境，理性提出了两组准则(自然权利-准则和基本自然法-准则)表达出来的：

> 理性的指令，或一般规则是：如果具有获得和平的希望，那么每个人应当致力获取和平；如果和平是不可获得的，那么在战争中，他被允许谋求和利用任何帮助和有力条件。这个规则的前半部分，包含着首要和基本自然法(the first, and fundamental law of nature)，即追求并且维护和平；它的后半部分，是自然权利的总和(the sum of the right of nature)，即尽己所能地自我防御。(Lev，p.117)

本节第三部分会阐述霍布斯个体生活作为承担道德义务"前提"的伦理立场，不过我们最好在这里就把自然法的内容表达的尽可能完备。

2. 其它诸自然法："和平的道路"

霍布斯的"自然法典"中，首要和基本自然法（以及平等待人）和其它诸自然法的关系，无非是理一分殊的关系。具体而言，诸自然法是对于追求与维护和平的具体方式的规定，或者，它们是针对各种各样的人际欲望冲突的非-战争暨和平的处理方案。其它自然法是首要自然法的"月映万川"：这可类比于亚里士多德伦理学中，作为德性公式的自制/适度/理性等与自制/适度/理性等在生活各局部领域的具体表现形式（节制、勇敢、慷慨、大方、大度、友善、诚实、机智等具体德性）之间的关系。我们来阐述这些思想。

I. 霍布斯对亚里士多德伦理学的继承与批判。本章第一节第 1 部分表明，霍布斯的道德理论具有德性伦理学面相，"自然法典"也是霍布斯的德性表。一旦注意到这个事实，我们认为，针对"自然法典"提出的"向下的问题"——其它诸自然法如何从首要自然法中引申出来？——相当于传统道德哲学中的德性统一性问题：

> 思考德性时，柏拉图耗费极大心力、亚里士多德亦有关注的一个问题是德性的统一性（the problem of the unity of virtue）。也即：是不是说，在根本意义上，全部诸德性（all virtues）都是同一性格架构或状态——诸德性的多样性只是源于有德之人不得不去主宰的激情的多样性，或者（也许），源于德性得以展现的行为情境之间的差异？（von Wright，1963，p.148）

就是说，"自然法典"首要和基本自然法/其它诸自然法的结构性，或者说，其它自然法作为"和平的道路，或各种手段（the way, or means of peace）"的思想[①]已然表明：针对德性统一性问题，霍布斯给出肯定

[①] "任何人都同意：和平是好的。因此，他们也同意：和平的道路，或各种手段（the way, or means of peace）——也就是，此前展示的，诸如正义、感恩、适度、公道、怜悯以及其它诸自然法规定的东西——是好的。就是说，它们是诸道德德性；而作为它们相反者的道德恶，是坏的"（Lev, p.146）。

的回答;进而,各式德性是和平这一主德的诸样态、最终(根据前一个部分的分析)是平等待人的诸样态。那么,问题只在于,能否及如何更具体地描述和平及"己所欲不欲勿施于人"对诸德性的统一?

针对德性统一性问题,von Wright 的回答是,诸德性确实可以统一到或还原为一种德性:诸德性的形式或德性本身(the Virtue)是"自制(self-control)"(von Wright,1963,pp.148—149)。但是,从亚里士多德伦理学的观点出发,这个回答肯定需要澄清。这是因为,亚里士多德提出,"[自制或坚韧和不自制或软弱]这两种品质既不能看作与德性和恶一致,不过也并非根本不同"(Aristotle,2002,p.190);既然自制和德性(连同不自制、恶、兽性和神性)甚至属于不同种类的品性或"品格(states in relation to character)"(Aristotle,2002,p.189),自制不可能构成德性本身。

事实上,自制充当德性本身的思想确实成立,只不过不能将这里的"自制"理解为那种和知行之间的张力相关的心理现象或习惯,而是需要结合"已发表著作中的灵魂学说"(Aristotle,2002,pp.103—109)暨理性主义人性论来理解它。那个被亚里士多德认作伦理学奠基的灵魂论,其要旨耳熟能详。人的灵魂具有两部分:无理性部分和理性部分。无理性的部分由两个子部分构成:负责营养和生长的部分或植物灵魂——其运作独立于理性;同感受、选择和行动相关的部分或"欲望的部分"——这个部分"看起来无理性,却以特定方式分有理性"(Aristotle,2002,p.110):"欲望部分能够倾听并服从理性的意义上——这种'听从和服从'与考虑父亲或朋友意见的情形相仿。"(Aristotle,2002,p.110)《尼各马可伦理学》第六卷第一章提出,一般而论,灵魂的理性部分负责"真理的把握"(Aristotle,2002,p.178)暨知识的获得;进一步地,根据探究对象的区别,理性部分包含两个子部分:"反思其本原是必然事物"的部分暨"科学的(scientific)"部分和"反思可变事物"的部分暨"算计的(calculative)"部分(Aristotle,2002,p.178)。

在此基础上,诉诸"适度"对于德性的定义表明:某种意义上,德性无非是一个人的欲望确实倾听并服从理性：

> 德性是与决定（decision）相关的品性，[德性施用中的决定]取
> 决于对我们而言的适度；适度是理性规定的，或者，像明智的人
> （the wise man）那样去决定。因此，德性存在于两种恶——即过度
> （excess）和不及（deficiency）——之间；换言之，一种坏的状态是在
> 感受和行动上的不及，另一种坏的状态是在感受和行动上的过
> 度，德性则意味着既找到了、也选择了适度。（Aristotle，2002，
> p.117）

既然理性构成人性或自我（self）的本质，为理性所主导或者理性
控制（control）欲望的状态可以称作"自制"。①如果采取自制的这层意
思，那么，我们说，德性无非是自制。事实上，在预设理性主义人性观
的任何道德哲学中，通常来说，"有德性的人／道德的人"与诸如"理性
的人（a reasonable man）""适度的人（a modest man）""有智慧／实践智
慧／明智的人（a wise man）"等是同义语。这种同义性源于，说到底，
"理性的""适度的""实践智慧""有德性的"等语词相关于同一件事，即
"欲望部分能够倾听并服从理性的意义上：这种'听从和服从'与考虑
父亲或朋友意见的情形相仿"。

在提出德性的定义之后，《尼各马可伦理学》第三卷至第五卷阐述
诸具体德性。阐述的基本套路是：针对一个表示具体德性的名词，辨
识出它指涉的究竟是哪个实践领域（钱财的获取与用度、荣誉的处置、
日常交往、危险的应对等）的适度，或者，它是实践理性对哪种欲望或
激情的控制或（更准确地说）驯服等。类似：

> 恐惧和信心方面的适度是"勇敢"。其过度的形式，无恐惧意
> 义上的过度是无名字的；信心上的过度称作"鲁莽"。快乐和痛苦

---

① 自不必提，在西方道德和政治思想史上，这个"自制"（"自我支配""自律"等）与积极自由
（positive freedom）的观念联系密切。

方面的适度是"节制",过度是"放纵",由于在快乐上不及的人很少,这种品性没有名字,或可称作"麻木"。在钱财接受和付出上的适度是"慷慨",过度和不及分别是"挥霍"和"吝啬"。……荣誉和耻辱方面的适度是"恢宏",过度是"虚荣",不及是"卑下"……（Aristotle,2002,pp.118—120)

本章第一节第 1 部分提出,鉴于德性的"适度"的定义在指引决策和行动方面的空洞性,霍布斯对这种定义德性的方式不满:"我不知道怎样才能发现所谓的'适度'"(EL,p.98),他转而通过规则定义诸德性。通过上述对亚里士多德伦理学相关要点的介绍,结合霍布斯的(a)自然法观念及(b)对等性作为实践理性内在规定性的思想,可以合理地构想出霍布斯对亚里士多德诉诸"适度"定义德性做法的深层批判。我们认为,和亚里士多德一致,霍布斯同样接受理性主义人性论或欲望倾听并服从理性的灵魂秩序观念。不过,在霍布斯看来,亚里士多德对于理性主义人性观的反思并不彻底,这体现在亚里士多德对就其自然(by nature)应该充当"父亲或朋友"的实践理性批判不足,以至没能揭示实践理性的内在规定性暨"爱人如己"或"己所不欲勿施于人"。而正是这个反思不足要为亚里士多德伦理学指引实践功能的缺失负责,因为,我们已经看到,某种意义上,通过"适度"定义诸德性不过是不断地重复欲望倾听并服从理性的灵魂秩序观念而已——慷慨:在钱财用度方面,服从你的理性;勇敢:恐惧和信心等情感从心所欲不逾理性,理性地处置和应对危险的处境;节制:感受性欲望(饿渴、性欲等)的收放符合理性,等等。

另一方面,亚里士多德这里,德性本身(the Virtue)——称其为"理性(reasonableness)""实践智慧(practical wisdom)""适度(modesty)""智慧(wisdom)"还是前文所述"自制(self-control)""自主/自律(autonomy)"等无关紧要——和诸德性(virtues)是普遍与特殊("月映万川")、抽象与具体("道成肉身")的关系:后者是前者在不同的生活行动领域,或者,在不同的感受或情感上的表达。我们提出,霍布斯这里,"追求并维护和平"的基本自然法——我们记得，第二节第 1 部分已经把它还原为作为实践理性本身（the Reason）的"己所欲不欲勿施于人"或"爱人如己"——和其它诸自然法的关系与亚里士多德的单数-大写德性和复数-小写德性的关系类似，即后者是前者的月映万川、道成肉身。

II. 基本自然法得以具体化的方式。我们看到，亚里士多德那里，从单数-大写的德性到复数-小写德性的变化，中介是（或可以说）"实践领域的划分学说"（"面对可怕的事物""应对快感""财产的用度""大宗财富的用度""针对重大事物和重大的荣誉""在小荣誉方面""人际交往中评价他人""人际交往中在他人面前展现自己""闲聊时的风格"等等）以及"情感或感受的类型学"（"恐惧和信心""感性快乐""羞耻"等）。霍布斯道德理论中单数自然法到"其它诸自然法"（Lev，p.146）的过渡，同样需要中介。进而，有必要结合本章第一节第 1 部分的一项观察——霍布斯的道德哲学，就其作为道德哲学而言，只关注"在交往中，一个人对待他人的那些品性"（EL，p.90）——来把握霍布斯这里的中介，即首当其冲地，它属于"人际交往或人际关系的类型学"。让我们澄清这一点。

关于霍布斯的自然法学说，李猛的一项观察和评论是：

> 霍布斯的自然法学说针对的是使得自然状态沦为战争状态的主要因素：平等自然法旨在抑制虚荣，占有自然法努力减少竞争的范围，而仲裁自然法则试图建立解决人与人之间纷争的机制，社会性自然法则在整体上减少与自我保存无关的敌意。因此可以说，霍布斯的各项专门自然法就是要从人的自然权利运用中系统减少、甚至排除导致普遍敌意的因素，从而使平等的人能够和平地生活在一起。（李猛，2015 年，第 294 页）①

这个观察是有启发性的。在《利维坦》的"其它诸自然法"中：(a)与

---

① 根据李猛的分类，"平等自然法""占有自然法""仲裁自然法""社会性自然法"分别指称《利维坦》开列的自然法款项中的 VIII—XI、XII—XIV、XV—XIX、IV—VII。

竞争或物欲的冲突——"如果两个人欲望同一个东西,然而这个东西既不能共享、也无法分享,那么他们就成为了敌人"(Lev,p.111)——相关的是第十二、十三、十四自然法:

> 第十二自然法:虽不能分享却能共享之物,应当共享。如数量可观,则不应限制对它的享用;如数量有限,则应当根据有权分享的人数按比例分配。
>
> 第十三自然法:针对既不同分享、亦不同共享之物,应根据抽签决定其占有;或者轮流享用,在这种情况下,首次享用的权利根据抽签决定。
>
> 第十四自然法:抽签具有两种形式:一种是随机的,一种基于自然。

(b)与冒犯或荣誉——"出于纠纷,比如由于话语、嘲笑、异见或任何其它藐视的迹象[引起的战争]"(Lev,p.112)——相关的是第五自然法("任何人都应当致力于适应邻人")、第八自然法("任何人不应通过行为、语言、表情、肢体动作向他人显示出仇恨和轻视的迹象"),第四自然法(感恩自然法)似乎涉及对某种形式冒犯的克服。(c)直接针对虚荣提出的是第九自然法("任何人应当承认邻人与自己的平等")。(d)我们曾介绍,每个人具有并运用自然权利表述为普遍战争的原因(OC,p.29;EL,p.80)。第二自然法(对等地放弃或转移权利)、第三自然法("任何人应当执行所订立的[转移权利]的信约")、第十自然法(适度自然法)涉及这个原因的克服。

剩下的自然法包括:第六、七自然法;第十一、十六、十七、十八、十九自然法;第十五自然法。其中,第六、第七自然法分别规定原谅的条件和报复的宗旨,第十一、十六、十八、十九自然法联合规定了(针对人际欲望及权利冲突的)第三方仲裁制度,第十五自然法提出应当确保和平使者的安全。

那么,大抵而言,可以这样理解其它诸自然法的本质及生成。

（a）在战争状态原因的探讨中，霍布斯提出各式欲望冲突（物欲的冲突、荣誉的冲突、虚荣和猜忌、自然权利的运用等），这构成他的"人际交往或人际关系的类型学"。（b）追求并维护和平的首要自然法要求克服这些欲望冲突暨敌对的、坏的人际关系样态，诸自然法正是分别克服（overcome）它们的具体方案。

III. 针对其它诸自然法与基本自然法关系的两项补充说明。

第一，道德体系的完备性问题。根据前文的分析，我们认为，针对一个"理一分殊"模式的道德哲学，不应当期待它能够穷尽所有德性或全部道德要求。这是因为，我们看到，"理一分殊"模式道德哲学对诸德性或诸道德要求的阐释，依赖于（权且这样表达）"生活世界的类型学"；然而，关于道德哲学家对生活世界的划分（情感和感受的样态、决策和实践境况的类型、人际关系的种类等），当然不能以科学的眼光量度之，也就是，比如，要求划分的唯一性（我们说，这种划分显然是道德学家从特定观点出发、基于特定旨趣的划分）、周延性（形式上说，确保划分的周延性并非难事；不过，基于生活的复杂性和丰富性，我们怀疑，周延的划分以及奠基其上的德性理论应该是无启发性和无趣的）等。在《尼各马可伦理学》中，亚里士多德评论，探究者应当寻求与所探究事物的本性相适应的"精微性（precision）"，比如，以几何学的标准来量度探究实践事物的科学，是没教养的表现（Aristotle，2002，p.96）。我认为，这个评论的一层意思就是，不要向道德哲学索取德性或道德要求的完备性。

鉴于霍布斯将其它诸自然法称为首要自然法的"诸结论，或诸定理"（Lev，p.147。进而，正如本章第一节第 2 部分开头曾提到，近代以降的道德哲学家几乎都惯用诸如"原理/基本原理/最高原理""公理""推导""演绎出""定理""结论"等典型的几何学术语），人们很容易向他的"自然法典"追问完备性方面的问题。我们说，霍布斯的德性表当然同样并非完备的。因为，正如第三章第一节表明，霍布斯对自然战争暨敌对性人际关系的划分不是完备的，甚至不可能是完备的。

第二，道德哲学和"更一般的事物"。前文提出，结合战争状态观念来理解霍布斯的自然法学说，那么"诸自然法"的功能在于提出克服（overcome）各式欲望冲突及敌对性人际关系的方案。这个观点必须结合本章第一节第1部分建立的那个洞见来理解，即道德哲学首要的对象（the primary objects）是"政策、制度、品性及各式动机类型等更一般的事物（more general things）"（Williams，1993，pp.74—75），而不是此时此地的感受、"特殊的行为（particular actions）"之类。

因此，我们注意到，"诸自然法"不只是（比如）简单地要求人们在任何时间都克制竞争、猜忌、荣誉等**冲动或感受**。首先，如一再谈到的，"自然法典"也在推荐诸德性。就是说，竞争、猜忌、荣誉等**品性**，就其导致人们的相互敌意和战争而言，构成恶（vices）——"诸自然法"推荐它们的相反者。其次，"自然法典"涉及诸多利于和平的制度的定义和描述。典型地，信约制度（第二、第三自然法）；针对物的分配的共享制度及抽签制度（第十二、十三、十四自然法）；第三方仲裁制度（第十一、十六、十七、十八、十九自然法）等。

之所以补充这两点——（a）"自然法典"不是对于道德要求的**完备规定**；（b）"自然法典"是在"政策、制度、品性及各式动机类型等**更一般事物**"的层面上做规定，是因为当代道德哲学思维大抵预设了它们的否命题。人们常说，道德哲学的基本问题是苏格拉底问题，即"人应当如何生活？"很多当代哲学家将它误解为"一个人在**任意时刻**应当如何感受、意向和行动？"如此一来，道德哲学的能力和使命就成了，在最特殊的层面上（任意时刻的意向、决定或行动），为人类行动者提供随时随地的（因此，完备的）指导。**有常识的人**会觉得，对苏格拉底问题和道德哲学的这般理解是愚蠢的。

西方人会把"人应当如何生活？"理解为"一个人在任意时刻应当如何感受、意向和行动？"，在我看来，这确实是基督教洗礼的结果。虽然上帝已死，上帝没死时的那个自我或人性却保留下来了。这个自我就是奥古斯丁的《忏悔录》刻画或记录的自我，基本特征是，他相信全知的上帝对他时时刻刻的感受、思绪、意向、行动都洞若观火；基于这个信念，他随时随地地感到惶恐和不安（奥古斯丁，1963年，第197—

198 页）。

3. 生命与道德

之所以将我们的重构称作"道德义务的形质论辩护"，是为了突出霍布斯道德理论的二元论特征。就是说，根据他的理论，道德义务奠基于双重原则：（a）形式性原则：以平等待人为内在规定性的实践理性；（b）质料性原则：自我保存作为基本善或死亡作为最大的恶的"心理学"。

不过，二元论的道德理论似乎需要就两种原则的优先性问题做出决断。比如，霍布斯曾评论，为了使得行为不违背理性或道德，读者无需记得诸自然法条款，只要将"己所不欲勿施于人"确立为行事准则即可。（Lev, p.144）针对这个评论，我们可以追问：设想某种实践处境，在这种处境下，当事者根据金律采取行动，同时意味他丧失生命的危险；那么，这种情况下，当事者应当如何选择？针对这个问题，霍布斯的回答是：这种情况下，当事者可以（may）不选择根据金律行动。换言之，如我们不断重申的，霍布斯的重要伦理立场是：个体生命的价值是绝对的，因此舍生取义不是人的职分。

I. Warrender"自我保存是［道德或自然法］义务的生效条件"的思想。关于霍布斯的这个伦理立场，在当代的解释者中，Warrender 看得最为清楚。那么，我们就从他的表述出发，展开阐释：

> 霍布斯学说中的诸自然法并非个人自我保存的严格规则。在霍布斯的话语体系中，个人的自我保存，不是一项义务（a duty），而是一项权利（a right）；个人的自我保存并未造就行为的义务性的原因，而是使得个人解除义务要求的豁免理由。自然法（寻求和平、遵守信约，等等）是关于保存全人类的规则（rules for the preservation of men in general）；相较之，为了保命，一个人完全可能采取更可疑的手段［Warrender 的意思是，当然不难设想这样的实践处境：相较于按照自然法行事，一个人采取不符合自然法的行为（比如违背信约或欺骗等）更能保命或维护自我利益］。因

此，辩护国家的公式并非"保存你自己"（尽管这总是允许的），而是"以所有人都能够被保存的方式行动，除非这样行动与你的自我保存冲突"——进一步地，如此这般的规范性原则是无法从日常意义上的个体自我利益中引申出来的。……一方面，霍布斯将诸自然法归结为"做你愿意他人对他做之事"这一原则；另一方面，霍布斯赋予了自然法以普遍性——这使得他的自然法体系区别于一个便利体系（a system of expedience）。（Warrender，1962，p.139）

我们看到，Warrender 提出，"个人的自我保存……构成使得他解除义务要求的豁免理由"。在其它场合，这个思想也表述为"自我保存是［道德或自然法］义务的生效条件（a validating condition of obligation）"，所谓义务的生效条件是"义务要成为被激活的（to be operative）东西，那些必须被满足的条件"（Warrender，1955，p.14）。Nagel 则将 Warrender 的这个想法描述为，"自我防御的权利为道德义务［的执行］设下界限"（Nagel，1959，p.118）。接下来结合日常道德经验阐述 Warrender 意图表达的东西。

第一，基于行为决策"日常心理学"的说明。我们从 Warrender 的下述观点入手解释"自我保存作为自然法义务生效条件"：尽管诸自然法构成一个道义论气质的体系，不过这不意味着霍布斯认为，**任何条件下**，一个行动者都要求将诸自然法（执行信约、感恩等）付诸行动。对此，Warrender 频繁援引霍布斯的如下表述作为证据：

> 诸自然法永远约束着内心领域（in foro interno），就是说，它们对欲望构成恒常限制；不过，诸自然法并不要求总是对外部领域（in foro externo）起作用，就是说，它们并不永远要求付诸行为。这是因为，在其他人均不守信的时段或场合，倘若一个中道之人依旧执行任何信约，那么他不过是使自己成为了别人的猎物、让自己暴露在他人的毁灭之下——这与自然法的最终根据，也就是人们自我保存的本性，是违背的。（Lev，p.145）

借助 Nagel 指明的、一个理性决策"日常心理学"来理解这个表述的意思。Nagel 观察到,"道德义务是参与权衡的因素之一(Moral obligation is something that plays a part in deliberation)"(Nagel,1959,p.122)。这说的是,对于日常生活中的普通人——他具有自己的利益诉求;具有一定的道德感或"朴素的良心";一定程度上,能够动用理性考虑具体行动并做决策等——来说,权衡或通达具体决策的心灵活动通常意味着在不同类型的行为理由(道德的理由、自我利益的理由、国家法的理由等)之间"谋求平衡";特别地,在普通人这里,道德的理由并非总是(在决策过程中充当)决定性的理由(自然,针对个人利益的理由或其它类型理由,情形亦是如此)。

借助这个观察,"诸自然法永远约束着内心……不过,并不总是对外部领域起作用"的意涵是,在执行自然法使得当事者面临生命之虞的条件下,当事者可以(may)或被允许(be allowed)选择不根据道德行事或不做出道德的行为。换言之,倘若自我保存的考虑和道德的考虑发生冲突,前者可以(may)"压倒"后者。一言以蔽之,对霍布斯来说,舍生取义不是人的职分。

倘若这个解释可接受,也就意味着,只有在执行自然法不使得当事者面临生命危险的条件下,他应当(ought to)选择根据道德行事或做出道德行为。或者说,只有在当事者享有"充分的安全"(Lev,p.145)条件下,服从诸自然法才构成严格的(道德)义务。

就此而论,可以说,霍布斯区分了(严格意义的)道德义务与分外行为。关于分外行为,罗尔斯谈到:

> 诱人的分外行为也是属于允许的行为一类,像仁慈和怜悯、英雄主义和自我牺牲的行为等。做这些行为是好的,但他不是一个人的义务或责任。分外行为不是被要求的,虽然如果不是因为涉及行为者本人的牺牲和冒险,本来一般会要求它们的。一个做了一件分外事情的人,就是做了自然义务允许免除的事情的人。因为当我们有一种创造重要利益的自然义务时,那是在我能够相

对容易这样做的情况下，而在我们要为此付出巨大代价时，我们就可以免除这一义务。（罗尔斯，1988年，第117页）

对霍布斯来说，倘若自然法的服从或自然义务的履行将导致当事者面临生命危险，这种条件下，自然法义务转化为当事者的分外行为。

第二，基于反应性态度的说明。对他人或自我的行为予以道德评价；或者，针对他人或自我的行为，从道德观点出发，形成特定的反应性态度（reactive attitudes），是日常生活中的平常之事。进一步地，人们或许会说，存在两种典型的（道德方面的）反应性态度：谴责（blame/censure）（在行为背离我们接受的道德标准的条件下）和夸奖（praise）（在行为符合我们接受的道德标准的条件下）。不过，这个评论不准确，因为它忽视了另一种态度：对某些行为的"原谅甚至怜悯（sympathy and even sometimes pity）"（Aristotle，2002，pp.122—123）。

大抵来说，原谅和怜悯的行为是这样的行为：一方面，它确实背离了公认的道德标准；另一方面，当事者（在那种具体实践情境下）是为了成全某些更重要、更基本的东西，或者"出于对更大的恶的恐惧"（Aristotle，2002，p.123）而选择做违背道德的行为。（a）关于值得原谅的行为，亚里士多德举过两个例子：僭主以某人的父母或子女为人质，迫使这人做某些耻辱之事（Aristotle，2002，p.123）；以及，当遭遇风暴时，为了保全乘客们的生命，"任何头脑健全的"船长都会将船上的货物抛弃（Aristotle，2002，p.123）。（b）针对道德的成全不得不以当事者的生命为代价的情况，亚里士多德的评论显得犹豫不决：

有些混合行为是可谅解的，却非值得夸奖的。由于超出人性限度，导致某人因无法忍受的压力做了坏事时，情况就是如此。不过，某些行为恐怕即便受了强制也不应做的，或者，是我们宁肯受尽践踏而死也不肯做的。例如，在欧里庇得斯的剧中，阿尔克迈翁被迫杀死母亲的那种理由很可笑。确实，我们有时很难决定究竟该牺牲什么、选择什么，或者，究竟应当为获得某些东西而去忍受什么。这是因为,在那些状况下,预期的东西令人痛苦,而被迫做的事又总是耻辱。(Aristotle,2002,p.123)

我们说,除了夸奖和谴责,原谅和怜悯也是实在的道德维度上的反应性态度,也就标识出,在日常道德中,道德标准或规则的适用并非绝对或无条件的。特定的行为理由能够使人们豁免于道德的约束;或者,特定理由的参与,将使得当事者的不道德行为——它们本应被谴责,就其背离公认的道德标准而言——转化为可谅解的或者(用霍布斯的术语)"免于谴责(blameless)"(EL,p.79)的行为。

总之,在 Warrender 看来,对霍布斯来说,个体的自我保存或生命安全——更准确地说,"为了保存自己的生命和肢体,任何人具有为此动用他的任何自然能力的权利(right)、正当性(ius)或免于谴责的自由(blameless liberty)"(EL,p.79)——构成他豁免于道德的约束或者解除道德义务的理由。这就是说,任何人出于保全自己或维护个人生命安全的"紧迫性"而做的某些事情,即便违背了自然法,从道德的观点看,它们也无可厚非。

针对这种解释观点,可进一步反思的是:一个舍生取义的行动者(至少)是可设想的;那么,针对舍生取义的行为、选择或者行动者,霍布斯又如何看待呢? Oakeshott 提醒我们,霍布斯确实触及过这个问题:

"那种赋予人类行为以正义意味的东西,"霍布斯说道,"是某种高贵或者对勇气的挚爱(a certain Nobleness or Gallantness of courage)(这种品质当然是极为罕见的);拥有这种品质的人,嘲笑那些为了个人生活的满意,而宁肯欺骗或违背承诺的选择……"——因此,霍布斯认识到:某人信守信约,未必是出于对于违背信约的坏的后果的恐惧,也可能出于"不需要违背它的荣誉感或骄傲"(from "a glory or pride appearing not to need to break it")。霍布斯将恢宏(magnanimity)等同于从对不正义的"鄙视(contempt)"中产生的正义行为,而且他认识到:人们有时宁愿牺牲生命,也不承受某些耻辱。不能认识到霍布斯设定了这样一种性格的唯一阻碍是人们的一个偏见,即以为霍布斯总是贬义地使用"骄傲(pride)"这个词。(Oakeshott,1975,pp.129—130)

因此,(a)霍布斯将严格以自然法为行事根据,以至即便付出生命代价也在所不惜的;或者,鄙视任何不道德、因而道德上"绝对饱满"的人类行动者称作"恢宏的人"或者"[道德上]骄傲的人";(b)作为人类可能具有的品质,恢宏或[道德上的]骄傲是高贵的和罕见的。基于此,针对舍生取义的行为或选择以及拥有恢宏德性的行动者,与亚里士多德类似,霍布斯的态度是崇敬或崇拜。我们记得,虽然崇敬/崇拜与赞扬/夸奖都是积极的(positive)态度,不过两者也有差别:对于"属人的"或基本在我们能力限度之内的好人好事,我们给予赞扬或夸奖;对于超出了我们能力限度的好事或存在者(神或近乎神的人),我们崇拜、崇敬或景仰(Aristotle,2002,pp.108—109)。

II. 诸自然法作为以生命安全为"前提"的有前提规范。既然在霍布斯这里,自我保存是道德或自然法义务的生效条件,那么,严格来说,"自然法典"中的每项自然法都是以当事者的生命安全为"前提"的有前提的规范。"有前提的规范(hypothetical norms)"是 von Wright 定义的一个术语:

1. 我将技术性规范(technical norms)的标准表达式规定为:技术性规范通过条件句表达,在这个条件句中,前件提及某些被欲求的事物,后件提及那些必须(不得、应当)或者不得去做的事情。比如,"如果想要这间屋子舒适,你应当点燃壁炉"。(von Wright,1963b,p.18)

2. 技术性规范区别于(我所谓的)有前提的规范。就后者而言,大体而论,是规定在特定事态出现的条件下,应当、允许或者不应当去做某事的规范。通常来说,有前提的规范同样通过条件句来表达。比如："如果狗叫，不要动"——在常规情形下，我们使用这个句子来指定（prescribing）在特定事情发生条件下，［应当、允许、不应当去做的］行为类型。（von Wright，1963b，p.19）

举例来说，霍布斯第四项自然法的原始表述是，"如果 A 从 B 的赐予中获益，那么 A 应当这样对待 B：尽量使得 B 不会为他的好意感到后悔"（Lev，p.138）。我们认为，感恩自然法的严格或完备表述形式是：

> 如果 A 从 B 的赐予中获益，那么 A 应当这样对待 B：尽量使得 B 不会为他的好意感到后悔——在遵循这个对待 B 的准则或宗旨不与 A 的生命安全出现冲突的范围内。

添加的条件的涵义是：（a）在对待 B 的感恩准则——"这样对待 B：尽量使得 B 不会为他的好意感到后悔"——的具体执行与 A 的自保或生命安全发生冲突条件下，A 可以（may）或被允许（be allowed）选择不去执行感恩准则；或者，这种条件下，A 的保全生命的选择及行为是可谅解或免于指责的。（b）换言之，一旦对 B 感恩与 A 的自保冲突，感恩就丧失了严格道德义务的地位（"A 应当感恩 B"），转化为分外行为（"A 可以感恩 B"）。进一步，当面对"A 的生命，或者，对 B 的感恩"的可能行为路径时，A 事实上选择对 B 感恩（这个选择同时意味着 A 选择遭受生命危险）当然可能。如果 A 选择做分外之事，那么 A 成就了一件高贵或高尚（noble）——因而值得崇敬或景仰——之事。所有"其它自然法"都做如是理解。

事实上，霍布斯自己对大多数自然法的表述并不严格；就是说，他不会每每明确地提及生命安全的条件。首先，霍布斯之所以可以如此，是因为在诸自然法条款表述完成之后，在"诸自然法永远约束着内心……不过，并不总是对外部领域起作用"那个段落（Lev，p.145），他集中地、一次性地添上了这个"前提"。其次，我们发现，在每个版本的原谅自然法的表述中,霍布斯都会提到作为原谅"前提"的原谅者的自我保存。原谅自然法的表述是,"在 A 的未来有保障的条件下[即在 A 未来的人身安全有所保障的条件下],如果 B(对于他过去的所为)感到悔恨并寻求 A 的原谅,那么 A 应当原谅 B"(OC, p.48；EL, p.90；Lev, p.139)。霍布斯之所以总是完备或严格地表述原谅自然法,大概是因为常识而论,相较其它自然法规定的行为类型,原谅更容易和原谅者(将来的)生命安全和自我利益出现冲突。

再次,正如本节第 1 部分临近结尾处提到的,在表述"追求并且维护和平"的首要和基本自然法时,霍布斯总会提到自保或生命安全这一"前提"。这表现在:首要和基本自然法("在具有获得和平的希望"(Lev，p.117)条件下……)总是和自然权利(the right of nature)[在"和平不能指望"的条件下,"拼尽全力保卫自己"(Lev，p.117)]放在一起表述。

III. 霍布斯"自我保存作为自然法义务生效条件"的意义和影响。霍布斯这里,个人生命的价值以及个体维护自己生命的权利都是绝对或无条件的。我们看到,它能够"压倒"对等性要求及全部道德义务——它同样能够"压倒"国家和主权者的意志:霍布斯提出,即便生活在国家中、甚至面对国家本身,当一个公民的生命和肢体遭受威胁时,他保有"任意行事"的道德自由:

> 1. 如果主权者命令 A 自杀、自残(主权者发布这样的命令并非不正义);或者,命令 A 不得反抗对 A 的侵犯;或者,命令 A 不得享用食物、空气、药物及其它对于生命维持来说的必要之物,那么 A 拥有违背这些命令的自由……(Lev，p.204)
>
> 2. 如果 A 被囚禁起来,或带上了镣铐,或者 A 没有被许以人身自由……那么,A 允许(may)尽己所能地、动用任何手段逃跑。(Lev，p.208)

鉴于霍布斯赋予公民以这些消极不服从的权利,他的政治理论不是严格意义的绝对国家论，应当称作"准-绝对国家论"。

在我看来，如果霍布斯的思想中真的包含"此后所有的道德思想和政治思想，都明确地或缄默不宣地建立于其上"（施特劳斯，2001年，第1页）的东西，那么，对个人此世生命绝对价值的确认以及道德政治在个人生命面前的相对化应当位列其中。举例来说，在《政府论下篇》中，洛克将"理性，也就是自然法（Reason, which is the Law of Nature)"的宗旨归结为，"每个人都必须保存自己，不得肆意放弃生命；基于类似的理由，**在自我保存不成问题的条件下**，他应当致力于保存其他人类"（Locke, 1988, p.271）。在《人类不平等的起源和基础》中，卢梭认自然法的感性基础为自爱和怜悯"两种原则的协作与配合"，进而他这样概括自然法的要点，"他不会伤害他人甚至任何有感受性的东西，**除非他的自我保存受到威胁**：这种情况下，自然必然性约束着他优先自保，并且这是正当的"（Rousseau, 1997, p.127）。这些挑明了洛克和卢梭的霍布斯主义者身份（a Hobbesian）。霍布斯主义是一种人道主义。

第七章　捕捉利维坦

　　当 John Bramhall 撰写名为"捕捉利维坦（The catching of Leviathan）"的著作时，他的用意是反驳、批评、最终毁灭《利维坦》中的政治学说。[①] 本章虽借用这个名字作为标题，但涤除其中的杀机。在我们的用法中，"捕捉"意谓"理智的'捕捉'"暨领会或理解（comprehension）。

　　第一节是对霍布斯（狭义）政治哲学的重构，我们关注的是霍布斯如何借助契约及相关法律道德观念阐释和辩护特定形式的主权者臣民权利义务关系。第二节则试图将霍布斯的政治观念放置在西方煌煌的政治思想传统中予以评论。

　　第二节的内容确实是尝试性的，读者姑且听之，"我的眸子不亮／透不过历史"（刘海川，《神圣的书》）。说起来，书写这个部分，主要是为本次霍布斯思想之旅添补一个貌似恢弘的结尾。

第一节　霍布斯的人造人

　　第二章第一节提出，严格的政治哲学以政治体或国家为探究对象，任务是揭示政治体或国家的原因／生成方式（causes or generation）、本质／定义（essence or definition）、诸特性（properties）。进而，应优先证

---

① 　对于 Bramhall《捕捉利维坦》的介绍，参看 John Parkin，2007，*Taming the Leviathan: the Reception of the Political and Religious Ideas of Thomas Hobbes in England 1640—1700*，Cambridge University Press，pp.41—51。

明的国家特性当属"政治体或主权者的权利和义务以及臣民的义务和权利"（Lev，p.72；OC，p.7；OB，p.74），可想而知，这是因为主权者臣民权利义务关系方面的立场确立了谈论更具体政治现象或问题的基调。

顺便一提的是，《利维坦》对于具体政治现象或问题的讨论极为丰富，包括但不限于：国家内部各种形式的社团（家庭、工会等）、人事权与公务员、政治-经济问题（经济政策、税收等）、国家法相关问题（立法、司法、制裁或奖惩、豁免）、政治-宗教问题、"政治解体"或政治稳定性相关问题（党派、公民不服从理论及革命或政治动乱问题等）、公民教育问题、外事问题（战争法权的归属、军队和军事相关问题等）。

我的看法是，未来的霍布斯政治思想研究应当转向这些更具体的问题：多研究些问题，少谈些"主义"。不过，本章的论述将限定在较抽象的部分，即国家的创制方式以及主权者和臣民的基本权利义务关系。第 1 部分阐述霍布斯所谓"[臣民的]绝对服从（simple obedience）"观念；第 2 部分阐述"主权者职分（the office of sovereigns）"思想；第 3 部分辨析对霍布斯政治思想的几种误解，藉此继续澄清他的（狭义）政治哲学。

将臣民的义务（主权者权利）与主权者的义务分开阐释是必要的。理由在于，在西方政治思想的传统中，霍布斯的主权者臣民权利义务关系学说一向贴着"政治奴隶制""专制主义""集权主义"等"邪恶标签"，以至（在我看来）针对霍布斯的政治思考，多数西方当代的解释者缺乏起码的信任、基本的同情。①比如，罕有西方学者严肃地检讨霍布斯"主权者职分"的思想，希望我们的重构突出这部分内容。自不必提，读者会看到：我们突出"主权者职分"的讨论，不是为了让霍布斯显得政治正确（论证他是自由主义者之类），只是为了表明他的（狭义）政

---

① 根据我的观察，西方人中，有两种人会对霍布斯的政治思维有所同情（还不是说认同他的政治理论）。一种是像施米特这样，基于忧患意识，从事政治反思、且具有政治实践经验的理论家。另一种是像边沁、奥斯丁、梅特兰这样的法律哲学家或法律史家——法律人的思维更具体、更关注细节，或者他们的反思习惯以具体性和细节为出发点。

治哲学不像通常认为的那般愚蠢。

1. 臣民的绝对服从

根据霍布斯的规划,(狭义)政治学的主题是"政治体或主权者的权利和义务以及臣民的义务和权利"(Lev, p.72; OC, p.7; OB, p.74);同时,为了兑现科学性暨符合定义—演绎的几何学教学法,主权者权利及臣民的政治义务要求从"国家的建制"(Lev, p.72)暨国家的定义中引申出来。进而,国家的定义主要包括三个要素:国家的材料("一大群人")、国家的创制方式("彼此缔结信约")、创制国家的目的("和平和共同防御")。如 Gauthier 观察到的,霍布斯确实通过其中的两个要素——创制方式与创制目的——阐述主权者权利-臣民义务(Gauthier, 1997, pp.518—519);就此而论,霍布斯的实践和规划保持一致。

进一步地,霍布斯建议,应当以理解一部钟表的方式理解国家;而在工具类型的人造物中,创制目的或创制者预期创制物实现的功能构成以如此这般的方式组合质料或材料(即创制方式)的根据或理由(Aristotle, 1996, p.39),据此,可将霍布斯的国家学说分解为两个步骤:第一,诉诸创制方式阐述主权权力的准-绝对性;第二,诉诸创制目的辩护该创制方式的合理性。本部分刻画第一个环节,下一个部分会接触到第二个环节。

众所周知,在霍布斯的政治学叙事中,自然人通过信约创制国家或主权者:"政治体得以制造的……契约或信约,仿佛上帝创世时的那句言语:让我们造人"(Lev, p.x)。一方面,我们看到,霍布斯将自然的或初始的权利-义务关系设想为人性平等地具有"对于一切事物的权利,包括他人身体"(Lev, p.117),或者,没有任何人对他人负担任何义务(obligations)的状况。另一方面,霍布斯既将人类行动者的同意(consent)设定为变更(alter)其权利义务状况(the condition of his right and obligation)的充要条件,那么,行动者的相互同意——合意或信约(agreement or the covenant)——构成变更行动者之间的权利义务关系唯一的程序或"函数"。由此,事实上,霍布斯只能通过信约的观念阐述主权者—臣民的权利—义务关系。总之，如 Kavka 所言，"关于政治义务问题，霍布斯采取同意理论的阐释路径。根据该理论，人们之所以应当服从政府，是因为他们曾经（应当）同意、合意或允诺服从它"（Kavka，1986，p.385）。

I. 关于主体通过同意变更其权利—义务状况的方式，Gauthier 描述："某人同意放置他做某行为的权利，或者同意放置他占有某物的权利，意味着自我施加一项义务：不做该行为，或者不占有该物。当且仅当某人同意在某些事项上放置权利，他在相应事项上承担义务"（Gauthier，1969，p.40）——这是在细节上追随着霍布斯的描述。（a）霍布斯区分对行为的权利和对物的权利："对于物的权利，称为'财产权'；对于某个行为的权利，称为'授权（authority）'"（Lev，p.148）。（b）"放置权利具有两种形式：简单地宣布放弃权利和向他人转移权利。如果权利放置者不关心谁将从放置中获益，那么他是在宣布放弃一项权利"（Lev，pp.118—119）。而关于转移对物权利的规范性后果，霍布斯提出，A 自愿向 B 转移 A 对物 O 的权利，意味着 A 承担一项义务："不得阻碍 B 享有对 O 权利的好处。"（Lev，pp.118—119）——我理解，这是对财产权转移常识观念的表述，即 A 将对物 O 的权利转移给 B，意味着 A 丧失了对 O 的权利、B 获得了对 O 的权利；而这意味着，A 不得阻碍 B 对 O 的使用和处置。那么，相应地，行为权利转移——霍布斯称作"授权（authorization）"——的规范性后果是，A 将对某行为 P 的权利转移给 B，意味着 A 丧失了做/不做 P 的权利、B 获得了做/不做 P 的权利；这进一步意味着，A 不得再做 P 并且（如果 B 做 P，那么）A 不得阻碍 B 做 P，"授权指涉做某行为的权利；而基于授权做某事，也就是行动者在该权利的拥有者的许可或允许条件下去做这件事"（Lev，p.148）。

II.《利维坦》这样描述创制国家的信约：

> 每个人分别对每个其他人说："我对这个人或这个集体授权（authorize）并放弃（give up）我统治自己的权利（my right of gover-

ning myself），条件是，你也以同样的方式对这个人或这个集体授权并放弃你的权利。"（Lev，p.158）

经过这个程序，霍布斯宣称，国家得以创制完成。被授权的第三方获得主权者的政治身份，每个缔约人获得臣民身份（Lev，p.158）。根据霍布斯，被授权的第三方可以是"一个人，或多于一个人；如果多于一个人，或者是所有人构成的全体，或者全体的一部分"（Lev，p.171）。根据被授权的人数，存在三种正当的国家类型：君主制（Monarchy）、民主制（Democracy）、贵族制（Aristocracy）（Lev，p.171；OC，pp.91—92）。

在这个信约中，由于缔约人各自放弃（因而丧失了）"统治自己"的权利或授权，每个臣民不得再"统治自己"。进一步地，由于缔约人各自将这项权利授权（authorize）或转移给了主权者，每个臣民不得阻碍主权者对他的"统治"。

所谓"统治自己的权利"，顾名思义，无非自然状态下"每个人只受自己理性统治的权利"：

> 在一切人反对一切人的处境中，每个人只受自己理性的统治（every one is governed by his own reason）；并且，对于任何东西，只有他认为对于反对敌人、保存自己有用，他都可以运用之。由此，自然状态下，每个人都具有对一切事物的权利，包括他人身体。（Lev，p.117）

"只受自己理性的统治"的行动者就是只根据他的合理性的判断（private judgments by his rationality）来行事和生活的行动者。由此，1.自我统治权利的丧失意味着臣民不得再以他的合理性为根据来行动和生活。2.主权者获得统治每个臣民的权利，其涵义是（a）从主权者的方面讲，他享有根据"自己的"意志或判断来支配每个臣民的自由；（b）从臣民的方面讲，针对主权者的任何意志表示暨命令，他都应当服从。

III. 那么，目前为止，自然人建立的国家是这样的：从规范性的观点看，"无论主权者做什么，都不构成对于臣民的侵害；同时，主权者的任何行为都不应当被臣民控诉为不义"（Lev，p.148）。或者，对于主权者的任何命令，臣民个体均没有抗辩权；针对主权者的任何法律或命令，臣民均没有不服从或反抗的权利。主权者—臣民满足上述权利义务关系的国家，我们称作"绝对国家（an absolute state）"——这个用语从如下段落提取出来：

> 在任何完备的国家中，主权权力（a sovereign power）必然在某个地方；主权权力是人们能够授予（confer）的最大权力：它大过个人可以具备的任何力量。人们所能转移于某人的最大权力，我们称作"绝对权力（absolute power）"；而既然人们通过下述条款使自己的意志臣服于国家的意志，即国家能够免于责难地做它选择的任何事情——制定法律、裁决争议、施加惩罚，以及根据它的裁量来运用任何人的体力和财富——并且它有权利做这些，那么人们当然给予国家以他们所能给予的最大权力。……主权者方面的绝对权利（absolute right）对应于公民方面同等数量的服从（so much obedience）……尽管基于某些理由，公民可以正当地拒绝服从，不过我们还是称其为绝对服从（simple obedience），因为这毕竟是人性所能承担的最大限度的服从。（OC，pp.81—82）

在这段表述中，我们也发现：尽管创制国家，要求"人们给予国家以他们所能给予的最大权力"，不过"基于某些理由，公民可以正当地拒绝服从"——因此，霍布斯承认，确实存在不服从主权者（某些）命令的正当理由。关于这类理由，不出所料，它们的原则是（第六章一再阐述的）"个体生命价值绝对性"的伦理立场。在建国契约的语境中，这个立场通过"不可通过信约转移的权利（the right cannot by covenant be transferred）"表达出来：

十分明显，针对不能通过信约来转移其权利的任何事物，臣民将保留对它们的自由；进一步地，我在第 14 章展示了：任何放弃保卫自己身体权利的信约，都是无效的。因此：

如果主权者命令某人 A（尽管这种制裁是正义的）将 A 自己杀死、自残、把 A 自己弄成残疾；或者命令 A 对攻击者不抵抗；命令 A 绝食、弃绝呼吸、摒除医药或放弃任何对于他的存活来说必要的东西，那么 A 有不服从的自由。

如果某人 A 被主权者或其它公职问询犯下的罪行，那么在没有获得宽恕保证条件下，A 没有义务承认。因为，如此前展示的，信约无法在行动者这里生成指责自己的义务……(Lev，p.204)

这就是说，建国信约的缔约方没有向第三方转让各自［在面临生命危险的条件下］维护生命的授权，因为维护生命的权利不可（cannot）转移，或者，转移保命权利的信约总是（always）无效的。自然，规范性后果是：政治生活中，在遭遇生命危险（包括这种危险是主权者的意志或命令引起的）的条件下，当事者为了保命而采取的任何行为——包括不执行主权者的命令——都是无可厚非或并非不义的。

关于臣民保留保命权利的观念，需要注意的是：建国契约的缔约人没有转移各自的生命权，这个事实不蕴涵随后的主权者具有"不得剥夺任何臣民生命"的义务，或者说，它不蕴涵（比方说）政治生活中与死刑相关的事项（规定死刑的法律、判处死刑、死刑的执行等）是不义的。霍布斯这里的思想是：一方面，在面临来自主权者的生命威胁时，确实，一个臣民为保命采取的任何行为都是情有可原的（sensible）或并非不义的；另一方面，主权者同样具有置臣民于死地的权利，就是说，政治权力处死臣民的意向、命令、行为同样免于臧否或者是正义的。(Lev，pp.204—206；Lev，pp.297—298)

总之，一方面，基于"个体生命价值绝对性"的伦理立场，霍布斯认为个人维护生命的权利不可转移；另一方面，霍布斯想要主权者的统治权利尽可能地不受限制。两方面联合起来的形成这样一种观点：在臣民生命受到国家威胁的情况下,臣民和国家之间的法权关系"恢复为"或类似于自然人之间的法权关系,即正当敌人关系。不过,无论如何,霍布斯认为,针对主权权力满足特定条件的命令——使得臣民身陷生命危险的那些命令,臣民(从规范性的角度讲)可以(may)不服从。那么,为了突出霍布斯不认同类似"君要臣死,臣不得不死"的论调,最好将他关于主权者-臣民的权利-义务关系的看法更精确地表述为"准-绝对国家论(the doctrine of quasi-absolute state)"。

IV. 在《法律原理》《论公民》及《利维坦》中,根据创制方式的不同,霍布斯区分国家的两种样态,所谓"根据[信约]制度建立的国家"和"获取的国家"。目前为止,我们阐述的都是第一种样态;接下来,简单地评述"获取的国家":

> 存在两种获得主权权力(sovereign power)的方式。一种是通过自然强力(natural force),比如一个人使得他的孩子、孩子的孩子等服从他的统治:倘若他们拒绝服从,他有能力毁灭他们;或者,在战争中,一个人可以通过保留敌人生命,使得敌人屈服于他的意志。另一种是出于对某人或某个集体保护大家的信心,人们通过相互同意,自愿地顺服于这个人或集体。通过后一种方式建立的国家,或可称作政治国家(a political commonwealth)或者通过[信约]制度建立的国家(a commonwealth by institution);前者,称作获取的国家(a commonwealth by acquisition)。(Lev,pp.158—159)

首先,在"获取的国家"的名义下,霍布斯刻画的是个人组成家庭,进而家庭通过持续的生养与征服而扩展为国家的国家生成模式:"国王简单地意味着具有对于许多人的支配权,因此国家是一个大家庭,而家庭无非是小国家"(OC,p.102)。

其次,"获取的国家"同样通过信约生成。这是因为,霍布斯这里,家庭中各种伦常——夫妻、主仆、家长和孩子——需要通过个体间的信约确立。(a)霍布斯似乎将男女的最初结合理解为男性或女性在性欲的驱使下对异性的征服①;在此基础上,夫妻关系的确立,或者夫、妻身份的获得,要求双方的合意;在这个合意中,一方取得对另一方的支配权(Lev, pp.186—187)。(b)家长和孩子的权利义务关系通过虚拟或反事实的信约说明。孩子长大成人后,有绝对服从养育者的义务:"一个人应当服从于维护了他的生命的人,因为生命的保存构成决定某人顺服他人的目的;此中的预设是:任何人都会承诺服从于这样的人,后者的能力如此之大,以至于足以或维护、或毁灭前者。"(Lev, p.188)(c)"被征服者为了避免当下的死亡,通过语词或其它意思表示符号和胜利者订立信约:只要把生命与身体的自由留给他,胜利者可以按照自己的意愿使用它们。当且仅当这样的信约订立,被征服者转变为仆人。"(Lev, p.189)

再次,根据霍布斯的论述,夫妻、主仆、家长和孩子的(规范性)关系都是类似的,即一方应当绝对地服从另一方的意志,除非后者危及前者的生命安全。据此,"获取的国家"中的主权者臣民的权利义务关系,与目前为止重构的"根据[信约]制度建立的国家"中的主权者-臣民关系没有分别。

最后,如此说来,在霍布斯的政治思想中,"获取的国家"显得多余。关于霍布斯为什么描述由家庭到国家的"渐进模式",可以结合他的书写意图给出一种猜测。1.在当时的英国,统治的正当性的公认依据之一是主权权力的合法继承。比如,《比希莫特》声称查理一世统治的正当性时,霍布斯顺序提到的根据是(a)查理一世对英格兰、苏格兰和爱尔兰王位的合法继承(by right of a descent);(b)查理一世的德性(virtues, either of body or mind);(c)查理一世的虔诚,即他尽力兑现对上帝的义务。(Hobbes, 1990, pp.1—2)进而,这类根据的普遍认信似乎预设英国当时政治文化中流行某种英民族或家族的历史叙事:最初,英国人构成一个家庭或家族;在族长带领下,伴随对异族的征服和

---

① 霍布斯不认为男性是"更卓越的性别",参见 Lev, pp.186—187。

繁衍,这个家庭不断壮大;一个政治权力合法传承的谱系,云云。2.另一方面,众所周知,在现实政治中(英国内战),霍布斯一度同情国王,他的政治哲学写作多少有为当时国王做辩护的意思。3.这样,不难看到,"根据[信约]制度建立的国家"和英国的民族史以及英王的谱系"距离太远",以至很难指望从中发展出对当时的英国人有吸引力的国王权力辩护方案。于是,在"首先,我将阐述根据制度建立的国家"(Lev,p.159)之后,霍布斯阐述"获取的国家":一幅因为与英国的民族史或政治史更相似,当时的英国人更感熟悉和亲近的画面。

看起来,上述猜测对于 Filmer 的父权制-绝对国家论也适用,即解释了 Filmer 为什么会坚持"家政权力(economical power)与政治权力没有本质的分别……[家政权力和政治权力]不过是分别对应小规模的和大规模的共同体(a commonweal)而已"(Filmer,1991,p.19)。说到这里,倘若推敲"获取的国家"观念,我的意见是,它不比 Filmer 以圣经权威为根据的父权制-绝对国家论高明多少。比如,我们看到,为了辩护家庭内部的绝对统治与服从(进而辩护政治权力的绝对性),霍布斯不得不将夫妻关系、家长和孩子关系与战争-战俘-信约-战争奴隶的模式等量齐观。我相信,无需等到洛克教导"政治权力与父亲对孩子、主人对仆人、丈夫对妻子以及领主对奴隶权力的区别"(Locke,1988,p.268),任何时代的常识感和道德感都会觉得,霍布斯的这种做法不妥,甚至荒谬可笑。别的不提,亚里士多德就曾评论:"在波斯人那里,父亲的统治仿佛僭主:他们对待儿子像对待奴隶。确实,主人对奴隶的统治与僭主制相仿,毕竟主奴关系为的是主人的利益。可是像波斯人那样对待儿子当然是错的;家庭中的各种伦常泾渭分明,断不可并为一谈"(Aristotle,2002,pp.219—220);"女性就其本性区别于奴隶……野蛮人才对女性和奴隶做同样安排。"(Aristotle,1984,p.36)

2. 主权者的职分

在《比希莫特》中,B 曾向 A 请教亚里士多德伦理学对时人的影响,不出所料,A——《比希莫特》中,B 的角色是学生(a learner)或捧眼,而作为老师(a teacher)或逗眼的 A 是霍布斯思想的代言人——迅速地吐槽一番:"他们的学说[亚里士多德连同'其他人'的伦理学说]引发针对德性和恶的大量争讼;这些学说既不提供德性和恶本质的知识,也不告诉获得德性、避免恶的方法",等等。(Hobbes,1990,p.44)B 告往知来、举一反三,通过这个吐槽,隐隐地对 A 本人的伦理思想有所领会:"看起来,先生对臣民的伦理和主权者的伦理有所判分(it seems you make a difference between the ethics of subjects and the ethics of sovereigns)"——此言深得 A 意:

> 是的。归结起来,臣民的德性无非系于服从国家的各种法律。服从法律就是正义和公道(justice and equity)——后者就是自然法本身,因此也是世界上任何国家的要求;而天下至不道义之事,莫过违背[国家或主权者制定的]法律。况且,对臣民来说,服从法律也是审慎的……主权者的德性(the virtues of sovereigns)则在于维护国内的和平,以及防范和抵抗外敌……(Hobbes,1990,pp.44—45)

前文介绍了"臣民的伦理",这个部分阐释霍布斯"主权者的伦理"方面的思想。《论公民》和《利维坦》中,诉诸契约观念对主权者职分的引入和说明略有差异。再者,要重构这个思想,需要先行澄清霍布斯关于各人转让权利、建立国家的合理性(rationality)问题的思想。

I. 创制准—绝对国家的理由。那么,让我们重回"根据[信约]制度建立的国家",追问这样一个问题:人性向第三方转让自我统治权利(从而成为准—绝对国家治下的臣民)的动机或者理由是什么? 对此,《利维坦》第 17 章开宗明义:

> 人们——每个人都天性热爱自由和统治他人——自我施加约束、从而生活于国家当中的最终因、目的或意图是:对于他们的自我保存,以及更满意生活的预见;就是说,他们想让自己摆脱悲

惨的战争状态。……如果不存在足以震慑每个人的可见力量,战争状态将是人类自然激情的必然后果。(Lev,p.153)

根据自然状态观念的表述,人性为两种激情主导:竞争和荣誉。"竞争"是获取和占有物的欲望,"荣誉"是想要他人承认当事者尊严的欲望或心理倾向。在每个人享有自我统治权或者"充分和绝对自由"(Lev,p.201)条件下,两种激情使得人际战争在所难免。进一步地,猜忌——对于他人敌视态度与行为的揣度和预见,以及在此基础上采取"先下手为强"或"进攻性防御"策略的倾向——使得社会的局面进一步恶化。总之,每个人享有"充分和绝对的自由",人类的共同处境就是"一切人对一切人的战争"(Lev,p.115)。

霍布斯设定"每个人都将死于他人之手作为至恶来避免",由此"一切人对一切人的战争"——当事者时刻面临他人的侵害甚至生命危险的境遇——是任何人想极力避免或摆脱的处境。换言之,相较于战争状态,任何人都更偏好和平:"每个人都同意,和平是好的",或者,"应当追求并维护和平"(Lev,p.146)。

将上述观念——(a)享有充分和绝对的自由的行动者们的共同处境是战争状态;(b)相较于身处战争状态,任何人都更偏好和平——与创制国家方式的阐述结合起来,首先,霍布斯无疑相信:准—绝对国家能够(could)实现社会和平以及个人福祉。我们说,如果并非如此,自然人将缺乏参与创制准-绝对国家的起码动机。

其次,在《利维坦》第18章,霍布斯评论:

> 有人可能反对说,如果主权者具有无限的权力,那么臣民的境况未免太悲惨了:他们将不得不听任主权者的贪欲或其它不正常激情的摆布。……其实任何政体中的主权权力,如果它能够完备地保护臣民,都是一样的。(Lev,pp.169—170)

我们将这个评论理解为,霍布斯相信,除非一个国家是准—绝对国家,否则内部的和平以及臣民个体的自我保存与福祉是不可能的。

由于准—绝对国家是自然人通过彼此缔结向第三方转让各自自然权利的信约创制的,可以从手段-目的角度描述上述两个信念。也就是,霍布斯相信:自然人彼此缔结契约向第三方转移自我统治权利这个集体行为,不仅是摆脱战争、产生和平环境的有效手段(productive means),也是必要手段(necessary means)①——总之,是唯一手段(the only means)。②

II.《论公民》:感恩(gratitude)作为主权者义务的根据。关于主权者义务的基本内容和根据,《论公民》谈道:

> 1. 主权者的全部义务包含在一句箴言中:人民的安全是至上的法律(the safety of the people is supreme law)。这是因为,既然拥有主权和臣服他人构成矛盾,具有主权权力的人不能服从严格意义的法律['laws properly so called':这个语境下,意谓主权者所制定的国家法(civil laws)]……不过,无论如何,他或他们具有在任何事情上,尽己所能地服从正确理性的义务(duty);正确理性就是自然法、道德法和神圣法。人们既然为了和平而建立政府,而之所以追求和平,是出于安全的考虑,那么,倘若主权者不将主权权力用于人们的安全,而是另作他用,他或他们的行事就违背了和平的诸原理,即自然法。(OC,p.143)
>
> 2. 所谓["人民的安全是至上的法律"中的]"安全",不应仅理解为在任何条件下的存活,而应当理解为尽可能幸福的生活(a happy life so far as that is possible)。(OC,p.143)

---

① "作为手段的行为与作为目的的事态之间的因果或外部关系具有两种类型。一种是行为与其后果的关系:如果做 p 产生一个事态 q,q 不同于 p,并且 q 是人类行为的一个目的,那么做 p 是实现这个目的的有效手段。另一种存在于行为和行为的因果性要求之间:如果事态 q 的产生要求做 p,并且如果 q 是人类行为的目的,那么做 p 是实现这个目的的必要手段。"(von Wright,1963,p.165)

② "之于特定目的,某个手段可以既是它的有效手段,也是它的必要手段。如果情形如此,我们就说这个手段是这个目的的唯一手段。"(von Wright,1963,p.165)

那么,《论公民》这里,转移权利者(政治生活中的臣民)的动机或意图——为了各自的"自我保存,以及更满意生活"(Lev, p.153)——构成主权者的义务——力所能及地维护和促进每个臣民的存活和幸福——的根据。这个思想应当结合感恩自然法理解:

> 第三项自然法是:如果 A 授 B 以好处且 A 的授予全赖 B 的善意(good faith),那么 B 不应当辜负 A;或者,如果缺乏不让惠与者对其惠与感到后悔的意向,那么任何人都不应接受[惠与者给予的]好处……由于违背这项法律无关乎违背契约或合同(not a violation of faith or of agreement)——毕竟,施惠者和受惠者不曾订立合同,这种违背不应称为"不义(wrong)";鉴于受惠和感激结伴而行,这种违背应称作"忘恩负义(ingratitude)"。(OC, pp.47—48)[①]

我们记得,建国契约是(a)"每个公民(比如 A)和他的公民同胞(比如 B, C, D, E)订立的合同",(b)合同的内容是"我将我的权利转移给这个人(比如 F),条件是你也将你的权利转移给他"(OC, p.90)。显然,可以这样分析建国契约的相关部分:A, B, C, D, E 各自抱着维护和实现"自我保存,以及更满意生活"的意图和期待,将自己的"统治自己的权利"分别授予暨赠予 F。那么,根据感恩自然法,受惠人 F 随后对于 A, B, C, D, E"统治自己的权利"的运用——也就是主权者 F 对于臣民 A, B, C, D, E 的统治,不应辜负 A 的好意暨应当力所能及地维护和实现 A 的"自我保存,以及更满意生活"、不应辜负 B 的好意暨应当力所能及地维护和实现 B 的"自我保存,以及更满意生活"、不

[①] 请参考亚里士多德:"就像正义有两种形式:以成文法为根据的正义与不成文的正义,相应地,互利关系中的友爱有两种样态:或者以法律要求为基础,或者以品格为基础。……以品格为基础的友爱的施用与合同或法律文书无关。比如,[因为我们有用而爱我们的]朋友送东西:馈赠者毕竟期待着获得相同价值或更大数量的回报——就此而论,礼物倒是和贷款有相像之处。……期待回报的馈赠是人之常情……[针对馈赠]只要力所能及,受惠者就应当回馈;因为倘若受惠者辜负了施惠者的好意,他们大抵就做不成朋友了。"(Aristotle, 2002, pp.223—224)说起来,关于感恩自然法,诗经的说法才美且精:"投我以木瓜,报之以琼琚。匪报也,永以为好也。"(《卫风·木瓜》)

应辜负 C 的好意暨应当力所能及地维护和实现 C 的"自我保存,以及更满意生活"……总之,主权者 F 应当致力于维护和促进所有臣民的"自我保存,以及更满意的生活":所谓"主权者的全部义务包含在一句箴言中:人民的安全是至上的法律"。①

III.《利维坦》:作为人造法人的主权者。通过 Pitkin 在 1964 年发表的两篇题为《霍布斯的代表概念》的论文,霍布斯研究领域逐渐认识到,《利维坦》第十六章暨"论法人、授权者及被代表的事物(Of Persons, Authors, and Things Personated)"阐述的授权代表法律制度构成理解《利维坦》版本的建国契约的关键。对此,我的意见是:(a)《利维坦》借助法人、授权、代表等法律概念——这些概念几乎不见于《法律原理》和《论公民》——描述建国契约和主权者—臣民的权利义务关系,这是不争的事实。(b)不应过分夸大这个事实的重要性。比如,Gauthier 的下述评论不可接受:"相较霍布斯的早期政治思想,《利维坦》提出的政治理论具有很大的进步,这个进步几乎完全依赖于授权概念的引入。"(Gauthier,1969,p.120)(c)这是因为,这个事实的本质是:《利维坦》借用信托(trust)的法律制度及术语、连同拟制法人的法律观念刻画建国契约。确实,通过这种方式,"国家是一个人造人(an artificial man)"(Lev,p.ix)的理念获得更鲜明或更直接的传达,但也仅此而已:就是说,霍布斯并没有改变他关于主权者臣民权利义务关系的任何观点。

鉴于这些意见,这里不拟详细地梳理和分析《利维坦》第十六章的内容。我们只简单地交待所涉的核心观念;在此基础上,扼要描述《利维坦》阐发主权者职分的新方式:其要点在于主权者被描述为受托人(trustee)。

《利维坦》第十六章始于"法人(person)"的定义和分类:

---

① 请参考博丹:"现在我们转向主权定义的另一部分——'绝对的权力'意味着什么呢? 因为一个共同体的人民或贵族能够纯粹地、单一地赋予某人绝对和永久性的权力,去处置财产、人口,如果他愿意甚至可以处置整个国家,也可以按自己的意愿将这项权力再交给他人行使,正如一名财产所有人,仅仅因为自己乐善好施,而将财产作为礼物慷慨地赠送他人一样。这是一种真正的赠予,因为它不附带任何条件,能够彻底地得到完全实施,然而那些附义务和条件的赠予不是法律上的有效的赠予。"(博丹,2008 年,第 37 页)

当一个自然人的言语和行动被考虑成（be considered as）或者是他自己的（his own），或者是代表（representing）其他人的言语和行动；或者是代表着（无论是真正地还是虚构地）属于他的某些东西，那么这个自然人构成一个法人。（Lev，p.147）

因此，自然人作为法人（a natural man as a person）存在两种基本情况：1.如果一个人A的言语和行为"被考虑成是他自己的"或"代表他自己"，那么A构成自然法人（a natural person）。2.如果A的言语和行动不被"考虑成代表他自己的"，那么他构成一个虚拟或人造法人（a feigned or artificial person）（Lev，p.147）。进而，虚拟法人有两种情况：（a）A的言语和行动代表他人；（b）A的言语和行动代表"属于他的物"。

我们关注A的言语和行为代表他人（比如B）的情况。第一，针对这种情况，霍布斯提供了多种形式的描述。A是B的"representer，或representative［即代表］，或 lieutenant，或 vicar，或 attorney［即代理人］，或 deputy，或 procurator，或 actor"（Lev，p.148）。"A是［相当于舞台剧］演员（actor），B是［相当于剧本的］作家（author）；这种情况下，A根据B的授权行事（the actor acts by authority）"（Lev，p.148）。"A承担了B的位格或者A以B的名义行事（A bear B's person，or act in B's name）"（Lev，p.148）等。

第二，定义中（A的言语和行动）"是他自己的"或"是B的/代表B的"显然意指法律上的归属，即A（"物理意义"上）的言语或行为之法律后果（制裁暨奖惩、合法的收益等）应当由谁承担。那么，A代表B大致相关的情况是，针对A"物理上"说的话或做的事，相关的法律后果应当施加到B身上。在此，霍布斯邀请读者设想A代B签合同的情形（Lev，p.148）。

第三，Pitkin对A代表B的分析是这样的：代表者A由于授权者B的权利转让获得了一项新的对行动x的权利；而授权者B由于权利转让获得了一项责任，即如果代表者A采取行动x，行动x的责任由B

承担(Pitkin，1964，p.329)。进而，Pitkin评论说霍布斯的这个观念是狭隘的，因为他忽略了"代表关系中包含着代表者需要承担的某些义务、关于代表者行为的某些限制或标准"(Pitkin，1964，p.338)。

看起来，Pitkin的这个分析和《利维坦》中(作为诸臣民代表的)主权者的(貌似如此的)"无责任"特征相适应。可是，Pitkin做这般分析的所谓"授权-代表"的法律制度是如此不合情理(unreasonable)——根据她的理解，代表者无非收割全部好处的人，授权者则意味着承担所有倒霉的事，以至很难设想一个正常人(a normal man)竟然会成为"授权人"或者想要"被代表"。

第四，结合英国普通法史，我认为，在"A作为B的代表/代理人""A以B的名义行事""A根据B的授权行事""A承担B的位格"等名目下，霍布斯谈论的最基础的东西是清晰的，即信托制度及通过信托合同确立的信托人—受托人关系。

根据梅特兰的报告，传统信托合同的基本观念是，B"为了(A以外的)他人[可以是B自己]用益"将特定权利转移给A。信托制度的起源是，根据12世纪封建时期的法律，英国人想要将土地通过遗嘱留给后人，必须向领主付出极大代价，这个背景下：

> 受托人成为求助的对象。土地所有者将自己的土地转让给一些朋友。他们将"为了他的用益(a son oes)"而保有这些土地。在他在世时，他们将让他享有土地的收益，而他可以告诉在自己死后他们如何来管理它。(梅特兰，2008年，第107页)

梅特兰提醒，不应将受托人"为了信托人或其他人的用益"而具有的财产权，理解为附条件的财产权(梅特兰，2008年，第102页)，实情是"在通常的案件中，受托人被赋予不受限制的、无条件的所有权"(梅特兰，2008年，第115页)。这是因为，在信托关系中，"不存在要求受托人必须正式承诺将遵守信托的强制规定"(梅特兰，2008年，第112页)。与此相关，信托中的诉讼是由御前大臣的衡平法院——不是负责按普通程序司法的普通法法院——负责审理和判决的（梅特兰，2008 年，第 106—107 页），而"道义感是衡平法管辖权的基础"（梅特兰，2008 年，第 118 页）。

此后，信托制度或这种法律思维在英国迅速扩展。比如，它在动产上的一种典型应用是处理"家庭财产协议"（梅特兰，2008 年，第 122—124 页）；在 1601 年，英国已经有许多信托基金，基金受托人称作"慈善团体（charity）"（梅特兰，2008 年，第 125—132 页）等。

第五，在此基础上，我们现在能够为《利维坦》建国信约的分析补充信托的部分。建国契约中的各缔约人（A，B，C，D，E）与 F 发生关系的方式是信托合同：A"为了 A 的用益"将 A 统治自己的权利转移给 F，B"为了 B 的用益"将 B 统治自己的权利转移给 F……结果是，受托人 F 获得支配 A，B，C，D，E 的绝对权利，与此同时，F 也承担起"为了 A，B，C，D，E 的用益"暨"为了所有臣民的用益"的道义责任。如前所述，A，B，C，D，E 的具体用益是各自的"自我保存，以及更满意的生活"（Lev，p.153），那么，再一次地，

> 主权者（无论是一位君主还是一个团体）的职分存在于[臣民们]将主权权力**信托于他（he was trusted）**的目的中，即**代理**人民的安全（the procuration of the safety of the people）……这里所谓的安全，不仅指自我保存，也包括一个人生活中的全部其它好东西——只有它们是他通过合法的劳动、以不危害国家的方式获得的。（Lev，p.322）

第六，既然霍布斯将信托制度及相关用语（"trust""attorney""deputy""procurator"等）和法人观念及相关术语（"person""natural person""feigned or artificial person"）等"统一"或等同起来，针对上述信托合同及确立的权利义务关系，也可以用别的说法替换。举例来说，借助《利维坦》第十六章的"密码本"，(a)也可以把这个信托合同描述为众人集体创造虚拟法人（a feigned or artificial person）的过程——

这样描述，显示的是霍布斯版本的"国王的两个身体（The King's two body）"。这个虚拟法人的"事业是人民的安全"（Lev，p. x）、他的利益是所有臣民的利益："衡平和法律，构成人造的理性和意志"（Lev，p. x）；这个虚拟法人是严格意义的主权者（sovereignty），众人让一个或者一些自然法人（a natural person/some natural persons）承担这个虚拟法人等。（b）也可以"转译"出这样的话：主权者的言语和行为"获得臣民的授权"或者"以人民的名义做出"等。既然已经通过信托观念将《利维坦》中"主权者职分"的议题勾勒清楚，对我们来说，考察这些替换性说法及其预设的理论（无论思想史进路的考察和比较，还是反思它们在霍布斯政治学其它环节的作用等）就不再必要。

3. 辨析两种误读

"人民的安全是至上的法律"（OC，p. 143；Lev，p. 322）将霍布斯的政治思想与色拉叙马霍斯"正义是强者的利益"的政治观区分开来，也使他的思想同奴隶制的指责绝缘。以这条箴言为据，如果主权权力的承担者不曾尽己所能地[1]投身于（endeavor）或者未能成就（achieve）（借用奥古斯丁的术语）公共事业（res publica）、共同利益（common interest），那么他就犯了罪（sin）：

> 在法律的语境下，"罪"的意思要更窄一些。它不再意谓任何违背正确理性的行为，而是相关于被谴责的行为（which is blamed）；正是这个缘故，我们看到，人们也将一桩罪称作"一桩当受谴责之恶（a culpable evil）"。不过，这当然不是说，一件［事实上］受到谴责之事，就构成一桩罪——事情的关键在于，谴责的要有理由（it is blamed with reason）。（OC，p. 162）

——无论这罪的本质是对民众的忘恩负义（ingratitude），抑或是受托者的不公道（inequity）。

---

[1] "友爱要求尽己所能地回报，而非酬其配得，毕竟在很多情况下，酬其配得是做不到的……倘若某人尽力而为、倾其所有，我们就认为他做事体面公道。"（Aristotle，2002，p. 225）

认识并接受上述事实构成从霍布斯的政治思维中获得教益的起码条件。事实上，我们必须指出，"Salus populi suprema lex"——除了霍布斯，至少还会在格劳秀斯、博丹、费尔默、洛克、卢梭的著述中读到这句话——本来就是政治哲学（political philosophy）的始点或原则。我的意思是，在认同"Salus populi suprema lex"的基础上，出现的分歧和争议——个人福祉与共同福祉是什么关系？表面利益/真实利益的区分是否有意义？怎样衡量或计算共同福祉？怎样的社会联合方式最能促进城邦的幸福？等等——才构成政治哲学领域内的争议。反过来讲，一位人事的考察者，倘若不认同"Salus populi suprema lex"，那么他也许是其它实践领域的专家——比如家政（Economy）专家，但不是政治哲学家。

霍布斯的读者必须抓住这个事实：霍布斯提出"主权者的义务包含在这句话中：Salus populi suprema lex"（EL，p.172）。以这个事实为路标，霍布斯的政治思维显示的启发性，我们举一个例子。刚刚看到，主权者没有兑现职分暨犯罪是可能的；然而，霍布斯的准-绝对国家观蕴涵，他的学说不曾赋予臣民个体（individual）以审判主权权力运用的资格或权利。这个张力意味深长。它引导我们区分针对公共事务（res publica）——国家以共同利益的名义从事的行为：立法、司法、行政和社会政策、和战的决断等——的个人好恶（private preference）和公正判断（sound judgment）。在此基础上，鼓励我们反思，公正判断的复杂条件：占据共同利益的观点或高度，具备充分的知识（社会科学知识、道德知识、相关的复杂的经验知识）等。并且提醒我们注意，在对待政治事务上，人性将个人好恶混同于理性（the good sense）或正义感（the sense of justice），是多么容易的事、又曾造成怎样的灾难（霍布斯眼中的英国内战、柏克眼中的法国革命）等。

下一节会评述霍布斯的政治思想带来的若干启迪，这个部分还是将视线锁定在霍布斯的政治理论本身。接下来，辨析当代解释者对霍布斯政治思想的两种误读，通过这种方式，继续阐述他的（狭义）政治哲学。

I. van Mill 论霍布斯与密尔的关系。当代学者热衷探讨霍布斯与自由主义的关系,主流的论调是:一方面,由于霍布斯的政治哲学辩护绝对国家,而非有限政府,他不是自由主义者;另一方面,霍布斯的思想包含自由主义的若干思想元素(个体主义、平等、自由等)。比如,Okin 评论,"就结论而论,霍布斯不是自由主义者,因为他倡导绝对的、而非受限制的国家(advocating an absolute rather than restrained state);不过他的诸多观念——包括原初的个人平等和自由——随后构成自由理论的核心要义"(Okin,1991,p.257)。Barber 认为,"自由主义者正确地放弃了霍布斯作为自由主义先行者的想法,这是因为对无序的恐惧导致霍布斯拥护威权主义国家观(an authoritarian conception of the state),而这个观念和有限政府(limited government)不相容。……不过,霍布斯分享了自由主义的重要前提:政治合法性的原则系于维护每个个体的自我保存,而维护个体的生存当然构成维护个体自由的要素或条件"(Barber,1991,p.261)。Shklar 提出:"原则上,自由主义不依赖于特殊的宗教或哲学体系;只要这些思想体系不反对宽容,自由主义者就无需在它们之间做出选择。这就是霍布斯不是自由主义之父的原因。任何理论,如果赋予公共权威以无条件的权利……就没有资格视为自由理论。"(Shklar,1991,p.24)

这种论调受到 van Mill 的挑战。van Mill 提出,"细读《利维坦》,可以得出结论:主权者既受道德的限制亦受审慎的限制(the sovereign is limited by both morality and prudence)"(van Mill,2001,p.164);进一步地,事实上,霍布斯分享了密尔公民或社会自由学说的关切与旨趣:

> 霍布斯的一项基本考虑是(这项考虑体现在他的自然法讨论当中):使人民平等地生活在国家当中。平等地生活于国家当中,构成每个个体运用各自自由的条件。……尽管霍布斯不使用这样的语汇,不过整体地看,他的诸自然法可视作一组(多少尚未成熟的)自由主义者的"伤害原则(harm principles)",后者旨在确立人类交往的界限以及运用自由的必要外部条件。我是在密尔的

意义上使用"伤害原则"的,即指称为影响他人的行为设置界限的原则。……霍布斯和密尔处理的是同样的问题:"将界限设置在哪里?——即,如何平衡个人独立与社会控制。建立这方面的规则是人类生活的头等大事"。(van Mill,2001,p.155)

通过进一步介绍霍布斯的主权者职分学说来澄清 van Mill 的思路。前文提到,霍布斯这里,主权者义务的原则是"人民的安全是至上的法律":"所谓'安全',不应仅理解为在任何条件下的存活,而应当理解为尽可能幸福的生活"(OC,p.143)。

而我们记得,霍布斯持有主观主义幸福观——"旧道德哲学家们所谓的'finis ultimus'暨最终善或者'summum bonum'暨最大的善是不存在的"(Lev,p.85),不过,这不妨碍他可以辨识若干(借用罗尔斯的术语)基本善(primary goods),即大多数人的幸福观包含的那些要素或者任何幸福观得以兑现的(一般而论的)条件等。在提出致力于臣民幸福构成主权者的职分之后,霍布斯马上界定了四种基本善:

> 就此世生活而论,公民可享用的好东西或可划分为四类:免于外敌的侵犯;内部和平的社会环境;具有一定数量的财富(当然,私人财产应当以不威胁公共安全为度);充分地享得自由(full enjoyment of innocent liberty)。(OC,p.144)

据此,霍布斯确认自由——个体的决定和行动免于他者(他人、社会、国家)干涉的空间——对于个人幸福的重要性。进而,他强调,政治生活中,限制个体自由的主要途径是国家法(civil laws),基于此,"如果统治者或政治权威制定的法律超出了公民及国家利益本质上要求的限度(the good of the citizens and of the commonwealth essentially required),那么他违反了义务"(OC,p.151)。这样看来,霍布斯的理论认为,主权者有维护和保障公民自由的(用 van Mill 的表述)道德义务或"道德限制"。

van Mill 提出,"受审慎的限制",当权者也应当维护和保障公民自由。这种提法是霍布斯的主权权力承担者的个人利益("对权力的热爱")与民众福祉统一性论调的推论。这个统一性论调①,霍布斯念念不忘,基本观念是:在政治权力的维系、施用与臣民的境况、对当权者的态度之间存在着清晰的因果关系:政治权力的维系最终取决于治下臣民对当权者的拥戴/憎恨态度,而臣民的态度取决于他们的幸福/悲惨。② 那么,当权者的自我利益考虑理应限制着施用政治权力的方式,或者说,即便只是想要继续维持既已据有的权力,施用政治权力时,当权者也应当将"salus populi"作为"至上的法律"(van Mill,pp.165—166)。

van Mill 这些思考的意义在于,它逼迫当代学者更仔细地反思和界定诸如"自由主义""有限政府""受限制的国家"等术语的意思。不过,从密尔本人的观点看,把《论自由》和《论公民》的主权者职分话题等量齐观,并在此基础上,将霍布斯视作密尔的自由主义同志,这属于和稀泥的做法。

密尔认定他自己是自由主义者。在他的用法中,相当明确,"自由主义"意指拥护民主和代议制政府的政治态度以及民主理论(密尔,2011 年,第 3 页)。密尔明确地交代,《论自由》阐发和辩护的公民或社会自由学说是一个"应景的"学说:它关注和应对的是当时欧洲和"我们英国"(密尔,2011 年,第 9 页)面临的特殊问题,即民主已成定局条件下的"多数者暴政"(密尔,2011 年,第 4 页)。那么,对他来说,《论自由》的学说构成欧洲全新的自由主义政治文化内部的一次运动和推进。

另一方面,由于霍布斯的理论并不认可民主是唯一正当的国家形

---

① "亚里士多德在《政治学》中讲到,存在两类政体(regime):一类为了统治者的利益,另一类为了臣民的利益。……我们一定不允许他这么讲。因为任何政体中的好处和坏处对于[这个政体当中的]统治者和臣民而言是一样的、是双方共享的。"(OC,p.116)
② 臣民幸福/悲惨的境况不必非得是政治权力的施用导致的。比如,霍布斯曾描述一种心态:只要一个人穷——不管这是他自己造成的(比如懒惰),还是有其它原因,通常来说,他就会对主权者和政治感到不满。(OC,p.147)

式,而代议制政府对他来说更是几近陌生的观念,霍布斯明显不符合密尔的自由主义概念。那么,《论公民》和《利维坦》表述的主权者有责任保护臣民自由的观念,在密尔眼中,必定有不同的意义:它们最多是欧洲过往的专制政治文化中,"自由和权威之间斗争"(密尔,2011 年,第 1—2 页)的一次表达;就此而论,它们属于过时的东西。

II. 施特劳斯论霍布斯与洛克。施特劳斯将霍布斯视为"自由主义的创立者":

> 如果自然法必须得从自我保存的欲求中推演出来,如果,换句话说,自我保存的欲求乃是一切正义和道德的唯一根源,那么,基本的道德事实就不是一桩义务,而是一项权利;所有的义务都是从根本的和不可离弃的自我保存的权利中派生出来的。……既然基本的、绝对的道德事实是一项权利而非一桩义务,公民社会的职能和界限就一定得以人的自然权利而不是自然义务来界定。国家的职能并非创造或促进一种有德性的生活,而是要保护每个人的自然权利。国家的权力是在自然权利而不是别的道德事实中看到其不可逾越的界限的。倘若我们把自由主义称之为这样一种政治学说,它将与义务判然有别的权利视为基本的政治事实,并认为国家的职能在于保卫或维护这些权利,那么,我们必须说自由主义的创立者乃是霍布斯。(施特劳斯,2016 年,第 185 页)

他随后指出,"霍布斯的主权学说给拥有主权的君主或人民赋予了不受限制的权利,而令他们随心所欲地置一切法律的或宪法的限制于不顾,它甚至于给明达的人们设置了一项自然法的禁令,让他们不能审查主权者和他的所作所为"(施特劳斯,2016 年,第 197 页),因此,施特劳斯并不认为,霍布斯的政治理论已然构成标准的自由主义理论。准确来说,他的思想是:1.尽管霍布斯将个体普遍具有的自我保存的自然权利确立为其政治理论的基本预设,不过他没有辨识清楚自然权利观念的政治蕴涵,即有限政府。2.在洛克那里,(借用霍布豪斯的区分)"自然秩序理论"的自由主义①才开花结果。为此,洛克做了三个步骤的工作,(a)正确地认识到"霍布斯的原则——自我保存的权利——远不是有利于专制政府,而是要求有限政府的"(施特劳斯,2016 年,第 236 页);(b)从霍布斯设定的自我保存的自然权利推导出个人对[通过满足特定限定条件的劳动所获得的]财产的自然权利(施特劳斯,2016 年,第 240—241 页);(c)根据(a)和(b),生成以不得侵犯且应当促进公民的财产或获得财产的能力为责任的有限政府观念:"洛克的思想用麦迪逊的话可以很好地表达出来:政府的第一要务就是保护获得财产的不同的和不平等的能力。"(施特劳斯,2016 年,第249—250 页)

由于忽视了霍布斯的自我保存的自然权利观念与洛克的财产权观念中"权利"的同名异义性,施特劳斯构想的这个由霍布斯到洛克的自由主义谱系属于虚构。这一次,我们借助德沃金对"权利"日常语法的澄清来说明这个问题:

> 我必须提醒大家注意这一事实,即权利这个词在不同的语境中有不同的含义。在大多数情况下,当我们说某人有权利做某事的时候,我们的意思是,如果为了证明干涉的合理性,你必须提出一些特别的理由。当我说虽然你应当把钱用在更值得的地方,但是如果你愿意,你有权利拿你自己的钱去赌博的时候,我是在很强的意义上使用这个词汇的。我的意思是,即便你打算花钱的方式我认为不对,但是如果有人干涉你,那么他做错了。……
>
> 有时候我们说一个人有权利做某事时,我们的意思只是说他

---

① 根据个人自由的辩护模式,霍布豪斯将自由主义分成两种样态:"自然秩序理论"或自然权利论与"从'最大快乐原则'出发的"自由主义;前者以洛克和卢梭为代表,后者的代表人物是边沁和密尔(霍布豪斯,1996 年,第 24—38 页)。这个区分影响深远,比如,在当代最著名的自由主义论文《基于恐惧的自由主义(the liberalism of fear)》中,Shklar 依然沿用这个区分(Shklar, 1991, pp.26—27)。关于这种划分,我个人持保留态度。"自然秩序理论"或"自然权利论"这些标签及目前的约定涵义,构成对洛克、卢梭等政治思想的过分简单化(over-simple)概括,对于他们政治思想的扭曲效果远大于启发性。

做这件事没有错。因此,当我们说俘虏有"权利"试图逃跑的时候,我们的意思不是说我们阻碍他逃跑是错误的,而是说他没有义务不设法逃跑。(德沃金,2008年,第252—253页)

很明确,在施特劳斯看来,洛克财产权观念中的"权利"是或包含德沃金辨析的第一种含义。这是因为,他认定,私人财产权直接构成对政治权力的道德约束:"国家的权力是在自然权利中……看到其不可逾越的界限的"(施特劳斯,2016年,第185页),即除非提出更有力的理由,否则政治权力对于个人(符合正当程序获得的)财产运用的干涉应视作不义。

相较之,霍布斯自我保存的自然权利观念中的"权利"属于德沃金辨析的第二种含义。在提出自我保存的自然权利时,霍布斯定义了相关的"权利"/"自然权利":

不违背理性的行为,人们称作"right"或"ius";后者是指运用我们的自然能力或者力量的、**免于谴责的自由**(blameless liberty)。因此,"自然权利"是指:为了保存他的生命和肢体,一个人**可以**(may)尽其所能。(EL, p.79)

据此,霍布斯这里,自我保存作为自然权利观念的意思仅仅是:任何人为保全自己的性命和肢体所做的任何事都是被允许的、没有理由谴责的、不是不义的。鉴于我们已经多次解释这个要点,这一次点到为止。

第二节　利维坦与现代政治

存在多种批评霍布斯"人造人"学说的方式。1. 从缔结建国信约的合理性(rationality)入手。对于你我这样的理性人来说,除非进入某个契约是合理或有利的,我们才会缔结它。这个自明的命题,是契约论政治哲学的共同原理,或者,构成任何契约论论证效力的源泉。而我们看到,关于缔结建国信约的合理性,霍布斯的基本说明是:当且仅当每个人将自我统治权利转移(成为准—绝对国家中的臣民),社会的和平及个体各自的安全(特别是生命安全)才是可能的或有保障的。对此,(a)尽管斯宾诺莎认同转移权利(对于自我保存及自我利益)的必要性,不过,他的进一步想法是:对于理性人来说,霍布斯提议的近乎全盘转移权利的建国方案不划算或性价比太低,那么,"我们将证明没人能够或需要将其全部权利转移给主权权力(It is demonstrated that nobody can, or need, transfer all his right to the sovereign power)"(Spinoza, 2002, p.536)。(b)举国之人竟然都"无偿地将自己贡献出去",这只证明"这是傻瓜组成的国度(a nation of fools)"(Rousseau, 2002, p.159):这个提法是卢梭对霍布斯式建国信约合理性的质疑。当然,卢梭并不认同斯宾诺莎的构想,即每个人向第三方转移部分权利;他的立场是,唯一合理的/正当的建国方案在于,自然人相互转移各自的全部权利,藉此构成(作为主权者的)公意(the general will)或人民(the people)。(c)《政府论下篇》第93节的著名表述——"……竟认为人们是如此愚蠢(so foolish):为了避免臭鼬或狐狸的骚扰,就甘愿入狮子之口,且自觉获得了安全"(Locke, 1988, p.328)——无疑是在评论霍布斯式建国信约的不合理,尽管洛克政治学的进一步想法——究竟是主张斯宾诺莎式的转移部分权利的观念、倡导卢梭式的人民主权论,还是别有所指——显得晦暗不明。2.从建国契约的程序入手。在契约论政治哲学中,主权者—臣民的权利义务关系经由哲学家设计的"契约函数"得以"输出",那么,我们或许可以质疑或指出相应的"契约函数"存在瑕疵。比如,霍布斯一贯认定,"除非国家法规定胁迫的行为不再合法,否则我们出于[对胁迫者的]恐惧而订立的信约是有约束力的"(OC, pp.38—39; Lev. pp.126—127)。我们说,他当然得坚持这个思想,否则相互**恐惧**的自然人通过契约建立国家的全部叙事都会坍塌。然而,洛克针锋相对地提出,在自然状态下或者根据自然法,"非法强力胁迫下的承诺是无效的"(Locke, 1988, p.385)。3. 上述均属于契约论哲学内部的批判,而有些政治思想家会拒绝通过契约观念来探讨政治的方法。比如,一种理由是,契约论哲学包含日常道德和法律制度——比如,霍布斯这里感恩的日常道德、信托制度、授权和代表制度、法人概念等——的超验性或隐喻性应用。

我们不准备处理这些或其它对霍布斯(狭义)政治哲学的具体批评。政治哲学理论毕竟只是复杂政治生活(res publica)的简笔画(连素描都说不上)。它们的积极意义在于把典型的、重要的人性或人类生活特征、价值和理想等凸显出来,从而或提醒、或劝导、或激励人们;而硬币的另一面是,之于政治生活的整体,它们大抵是片面的,如果不说是挂一漏万的话:

> 一座城市、一片郊野,远看就是一座城市和一片郊野;但是随着我们走进它们,它们就是房屋、树木、砖瓦、树叶、小草、蚂蚁、蚂蚁的脚,以至于无穷。这一切都包罗在郊野这个名称里。(帕斯卡尔,1985年,第67页)

对于任何政治哲学,我们总是能够提出貌似合情理(reasonable)的批判意见。话说回来,倘若在一个政治哲学的刺激或启发下,公民形成了自己的合理见解——好比霍布斯之于洛克、斯宾诺莎、卢梭,这个哲学就算兑现了价值。我是这样看待政治哲学的。

抛开细节,我认为,注意到霍布斯写作的背景是英国内战及英国政治的解体,对于领会它的思想来说比较关键。因为这个简单的事实决定了他政治思维中的太多东西:决定了他看重秩序和安全胜过自由,[①]决定了他不可能像安稳政治环境下的人们那样去思考政治——关注政治改良、探讨"社会所能合法施用于个人的权力的性质和限度"(密尔,

---

① "任何时代的政治思想都表现两组对立:压迫与自由(oppression-freedom);无序与统一(anarchy-unity)。霍布斯的政治思想被后一组对立激发;他的政治学的主旨并非用自由对抗压迫,而是用统一来对抗无序。困扰霍布斯的是权威的解体,从关于什么是正义、什么是不义的争议中产生出来的无序,以及伴随限制权力要求而来的统一权力的破灭。总之,霍布斯关注无政府状态的威胁;对他来说,无政府意味着人类进入了自然状态。"(Bobbio,1993,p.29)

2011年,第1页)等,决定了他眼中人性并不含情脉脉、温文尔雅等。

这一节准备以西方政治思想传统为背景,分析和玩味霍布斯那些更宏大的政治观念。第1部分尝试分析霍布斯否定"人就其本性是政治的动物"的意涵。一方面,诸多权威的霍布斯研究者认为,这个否定标志着霍布斯对于亚里士多德及古典政治思想的挑战和颠覆。不过,我的看法是,将霍布斯的"并非人就本性是政治的动物"视为亚里士多德版本的"人就其本性是政治动物"的反题,这属于误解(misunderstanding)和误读(misreading)。另一方面,以"人性的政治性"为切入点,确实可以管窥霍布斯的政治学与柏拉图的政治学、现代政治思想与古代政治思想的某些差异。第2部分品读霍布斯针对国家提出的那两个著名的比喻性意象:利维坦(Lev,p.ix,p.158,p.307)和上帝(Lev,p.158;OC,p.9)。我的意见是,某种意义上,这两个意象平淡无奇:它们无非是平民眼里国家,或者,老百姓对于国家的基本想象。

1. 人性的政治性

《论公民》开篇不久,霍布斯评论:

> 以往的大多数公共事务(public affairs)作家或假定、或尝试证明、或简单地宣称人就其本性是政治的动物(Man is an animal born fit for Society)……尽管这条公理被广泛地接受,不过它是错误的:这个错误基于对人性的一种肤浅认识。如果悉心考察人们和他人为伴、享受与他人一起生活的原因(the causes why men seek each other's company and enjoy associating with each other),那么很容易得出结论:人们喜欢和他人生活在一起,并非基于自然必然性,而是出于偶然。这是因为,倘若人们自然地爱他的伙伴——我的意思是,将他人作为伙伴来爱构成人的本性,那么人类生活的实情就不会是爱有差等了(there is no reason why everyone would not love everyone equally as equally man);就是说,我们当然更愿意与能带给我们名望、对我们有好处的邻人为伴。就我们的本性来说,我们追求的不是朋友,而是朋友带来的利益和荣誉。

利益和荣誉是我们首先寻求的,朋友是第二位的。……因此,一个严肃观察人类行为的人,很容易从经验中得出结论:人们的联合的意愿或者来自相互需要,或者来自对荣誉的追求;因此,当人们过在一起的时候,他们关切的是自己的好处,或者从伙伴那里得到名声或荣誉……任何[政治]社会,或者为了利益、或者为了荣誉而存在;就是说,它是自爱的产物,而非朋友之爱的产物(it is a product of love of self,not of love of friends)。(OC,pp.21—24)

I. 霍布斯的"人性非政治性"观念不是亚里士多德的"人就其本性是政治的动物"的反题。从引文来看,相当清楚,霍布斯否定"人就其本性是政治的动物"不意味着他无视人们通常"和他人为伴、享受与他人一起生活"的一般事实。事实上,《论公民》后文澄清,"人们组成社会、无人生活在社会之外以及所有人都谋求与[某些]他人的熟识与交谈等属于事实",并且霍布斯承认,"就本性而言暨作为人之为人而言",形单影只的生活难以忍受和难以为继,"毕竟新生儿需要他人帮助以存活下来;成人要生活的幸福,他人的帮助就不可避免"(OC,p.24)。

总之,霍布斯确认人性个体(individuals)对于他人的依赖性或者共同生活的必要性。这个确认已然决定了,他的"人性非政治性"观念不应视为亚里士多德经典的"人就其本性是政治动物"的反题。

亚里士多德在《政治学》第一卷第二章提出了他的"人就其本性是政治的动物":

根据我们谈到的这些,十分明显,城邦属于根据自然而存在的那类东西,人就其本性是政治的动物(man is by nature a political animal)。倘若一个东西就其本性(而非出于偶然)没有城邦生活,那么它或者低于人或者高于人——像荷马形容的那样,这个东西"没有宗室,没有法律,没有灶台(without clan,without law,without hearth)"……相较任何种类的蜜蜂或其它群居动物,人具有更多的社会性,这一点是清楚的。(Aristotle,1984,p.37)

这段表述之前,"亚里士多德解释以家庭(the family)为始点,经由村落(the village)的中介阶段,国家(the state)——the polis[政治体]或城邦——如何最终生成或演化出来"(Bobbio,1993,p.5)。基本思想如下:(a)人种延续和保存的自然目的,导致男女结合和主奴关系,即导致家庭这种形式的共同体出现。(b)家庭满足成员的"生计需要(the needs of daily life)",在此基础上,人性自然地产生"生计外的需要(nondaily needs)";后者必须在"基于若干家庭的伙伴关系而形成的村落"中得到满足。(c)仓廪实而知礼仪,衣食足则知荣辱,并且,人性更高的亦最终的(或可以说)"幸福暨德性的需要"只能在更高亦最终的人类共同体形式暨城邦中获得培植和满足:

> 从若干村落的伙伴关系中产生的整体就是城邦。城邦达成了充分的自足(self-sufficiency);城邦为了[人性]活着而生成,为了活的好而持存(while coming into being for the sake of living, it exists for the sake of living well)。(Aristotle,1984,pp.36—37)

我认为,从这些思想得到的"人就其本性是政治的动物",其要点无非是指出人性个体的依赖性或不自足性。大抵而言,人性各层次的自然需求——生存、生育、吃穿用度、德性的养成和运用、幸福的获得等——得在不同规模、不同形式、各个层次的伙伴或友爱关系、共同生活和共同体中获得满足。我们看到,这些都是霍布斯同意的。

II. "人性非政治性"观念的真实含义。只看《论公民》的那段文字,霍布斯否定"人就其本性是政治动物"的准确或具体含义存在歧义。看上去,他的"并非人就其本性是政治的动物"(a)或者指涉一种关于私人交往一般性动机的观点。即,多数情况下,个人与他人结交是为了自己获利得名;或者说,大部分友爱属于"彼此是因为对方有用、而非为着对方本身而互爱"(Aristotle,2002,p.210)的情况。(b)或者指向对于(比如,卢梭的典型设定)作为自然情感的怜悯(pity)(Rousseau,1997,p.152)的否认。

但是,这两种可能性传达的是私人交往和个人情感方面的道理,似与"公共事务"暨政治哲学的观点存在距离。我们认为,霍布斯的下述澄清更恰切地表达了他否定"人就其本性是政治动物"的意思:

> 由于新生儿根本不知道政治社会是什么,他们没能力进入政治社会;成人则不关切政治生活,既然他们不懂它的好处。那么,十分明显,人性在初生之时不适合政治社会;许多成人(也许是大多数成人)终其一生都不适合政治社会,这是因为他们缺乏训练(lack of training)。……因此,人就其本性不是政治的动物;人变得适应政治生活,是训练的结果(Therefore man is made fit for Society not by nature, but by training)。(OC, p.25)

概言之,霍布斯的"并非人就其本性是政治动物"大抵相当于"除非后天接受相应的训练,否则人性不会'自动地'成长为关切政治生活的人"。

进而,结合《比希莫特》的"普通民众心理学"理解这段表述中的一个评论,即许多成人(也许大多数成人)终其一生都不适合政治社会:

> 民众对于他们的公共义务保持无知,而是只去权衡他们的特殊利益,这种情形过去一向如此,未来也会一直如此(people always have been, and always will be, ignorant of their duty to the public, as never meditating anything but their particular interest);在其它事务上,民众则听从他们的直接领导(in other things following their immediate leaders)……就像多数情况下他的班长对于普通士兵具有最大权威。(Hobbes, 1990, p.39)

从政治的观点看,这个"普通民众心理学"与日常所谓的"自私(selfish)"及伦理学中的"利己主义(egoism)"等没有关系。应当这样理解它:通常来说,一个普通民众的(借用 Williams 的术语)"伦理选区(the ethical constituency)"(Williams,2006,pp.14—15)不是整个国家(a commonwealth)或全体国民的利益,而是诸如家庭、村落、社区、甚至只他个人(himself)等更小规模的(用霍布斯的术语)"依附性体系(systems subject)"①或者(用亚里士多德-洛克的术语)"共同体(community)"(Locke,1988,p.355;Aristotle,2002,pp.218—219)。

进而,"普通人的伦理选区通常是更小规模的共同体"表达的主题不是(诸如)面临国家利益和社团利益取舍的**极端**处境下,当事者会做怎样的伦理选择——蒙田说,在作为公民之前,他首先是朋友(Shklar,2019,p.57);Forster 宣称"如果必须在背叛国家与背叛朋友之间做出选择,我会选择背叛国家"(Shklar,2019,p.58);安提戈涅;大义灭亲;林觉民的《与妻书》;舜帝与其父瞽叟的相爱相杀等。说起来,倘若某人真的遭际类似的伦理冲突,他大抵不属于这里谈论的大多数普通人了。这个讲法更关乎**日常**,表达的是(或可以说)普通人进行实践考虑与决策的习惯:日常生活中,评价事物、选择和决定、做事时,我们"自动地"或自然地选取的观点是个人利益的观点、家庭利益的观点、伙伴和好朋友的观点、社区的观点等,大部分人日常的评价和决策罕有直接从国家的观点(the view of a commonwealth)、共同利益(common interest)或公共事务(public affairs/res republic)的观点出发的。针对这些更开阔的观点,"知道并关心自己利益的明智的"(Aristotle,2002,p.183)普通人大概会说,它们是"参与政治(take part in politics)"或"投身政治的大忙人们(those occupying themselves with politics are thought to be busybodies)"(Aristotle,2002,p.183)才于情于理应当占据的高度。

那么,为什么"普通人的伦理选区通常是更小规模的共同体"? 亚里士多德引用过一句俗语:"一起吃盐的人才可能相知(people cannot

---

① "我所谓的'体系',是指为了一项利益或者一项事业,任何数量的人的联合";"……其它体系则是依附性的,就是说,附属于主权权力;依附性体系中的每个成员,连同体系的代表人,都具有臣民身份。"(Lev,p.210)

have got to know each other before they have savoured all that salt to-gether)"(Aristotle，2002，p.212)；在此基础上，我们可以补充：通常来说，休戚与共的"外延"及"强度"和当事者（基于"一起吃盐"暨共同生活）与他人的熟识程度"成正比"。当然，针对这个问题，尚有哲学分析和澄清的巨大余地。

那么，将这个"普通民众心理学"带回"许多成人（也许大多数成人）终其一生都不适合政治社会"，后者提出的事实是：在许多成人（也许大多数成人）这里，爱本来就有差等；许多成人（也许大多数人）的主导品质不是公共精神，更谈不上做"兼爱者"。

进而，将这个"许多成人（也许大多数成人）终其一生都不适合政治社会"带回到霍布斯的"并非人就其本性是政治动物"暨"除非后天接受相应的训练，否则人性不会'自动地'成长为关切政治生活的人"，后者的涵义大抵是：除非通过后天的教育与训练，否则人性不会自动地成长为时时心系人民福祉、处处关切社会整体利益的高尚爱国者。

——这个思想，很难不让我们联想起苏格拉底和格劳孔兄弟（从立法者的超然观点出发）对于护卫者阶层的锻造。

Ⅲ.《理想国》中的"人性非政治性"。就是说，如果上述解释是合理的，那么柏拉图无疑认同霍布斯的论断"并非人就其本性是政治动物"。众所周知，柏拉图认为，除非一国的统治者"具有护卫国家的智慧和能力"并且**真正关心国家的利益**（柏拉图，1986 年，第 127 页），否则这个国家不可能构成"一个整体幸福的国家"或"全体公民获得最大幸福"的国家（柏拉图，1986 年，第 135 页）。进而，必须是天赋优秀的人性——所谓"身上加了白银或黄金"的人（柏拉图，1986 年，第 131页），通过接受严格的礼乐教化和体育训练，才可能成长为只存公心、私欲俱灭的称职护卫者。事实上，在打造理想护卫者的进程中，"教育和培养"如此关键，以至构成"当政者唯一需要注意的……大事"（柏拉图，1986 年，第 140 页）：

苏格拉底：教育和培养。因为，如果人们受了良好的教育就能成为事理通达的人,那么他就很容易明白,处理所有这些事情还有我此刻没有谈及的别的一些事情,例如婚姻嫁娶以及生儿育女——处理所有一切都应当本着一个原则,即如俗话所说的,"朋友之间不分彼此"。(柏拉图,1986 年,第 140 页)

并且,柏拉图进一步认定,公共精神属于特别脆弱、极易腐蚀的品性。鉴于此,即便对于天赋异禀,经历严格的规训,最后貌似成为城邦共同利益构成其人生意义的护卫者,"我们还得随时考察他们,看他们是否能终身保持这种护卫国家的信念,是否⋯⋯不知不觉之间放弃了为国尽力的信念"(柏拉图,1986 年,第 140 页)。再者,要确保护卫者一直保持公心,最好釜底抽薪地为他们取消使(与共同利益对立的)个人利益得以可能的社会条件,即护卫者可能栖身其中的各种"依附性体系"或"共同体",特别是家庭:

> 苏格拉底:那么,我们已讲过的和我们正在这里讲的这些规划,是不是能确保他们成为更名副其实的保卫者,防止他们把国家弄得四分五裂,把公有的东西各个说成"这是我的",各人把他所能从公家弄到手的东西拖到自己家里去,把妇女儿童看作私产,各家有各家的悲欢苦乐呢?他们最好还是对什么叫自己的有同一看法,行动有同一目标,尽量团结一致,甘苦与共。
>
> 格劳孔:完全对。(柏拉图,1986 年,第 203 页)

IV. "吾将曳尾于涂中"的霍布斯。另一方面,以霍布斯和柏拉图的"人性非政治性"共识为切入点,能够管窥他们政治思想的某些差异甚至截然不同的思想气质。

刚才通过言语城邦中护卫者的培育来证明《理想国》对"并非人就其本性是政治动物"的确认。不过,不要忽略柏拉图的另一个思想:无论就其本性、还是通过训练,无论如何,大多数人根本**不可能**成为政治的动物。让我们解释这一点。

众所周知,言语城邦中的少数人构成护卫者阶层;并且,柏拉图认定,护卫者品质**必然地**只可能属于少数人:

> 苏格拉底:由此可见,一个按照自然建立起来的国家,其所以整个被说成是有智慧的,乃是由于它的人数最少的那个部分和这个部分中最小的一部分,这些领导着和统治着它的人们所具有的知识。并且,如所知道的,唯有这种知识才配称为智慧,而能够具有这种知识的人按照自然规律总是最少数。(柏拉图,1986 年,第203 页)

这段表述中,"人数最少的那个部分"指涉纯粹为公的护卫者。"这个部分[即'人数最少的那个部分']中最小的一部分"指涉"护国者",就是柏拉图的哲学家王;除了公共精神,护国者还拥有相关的理智德性或科学技艺:亚里士多德所谓的"城邦事务上的明智(wisdom as it relates to the city)"或"政治学(political expertise)"(Aristotle,2002,p.182)。

我们想说的是,柏拉图的政治思维明显地预设了"上智下愚"的人性等级制。这个人性观的轮廓是(a)"下愚不移":大多数人的斗筲之性——所谓"心灵里混入了破铜烂铁的孩子"(柏拉图,1986 年,第 131页)——已然决定了他们不可能成长为无私之人,即使经受严格的礼乐教化。(b)"中人之性":经过后天恰当的教化和训练,少数人的天赋——所谓"老天铸造他们的时候……在身上加了白银"(柏拉图,1986 年,第 131 页)——能够兑现为公共精神。(c)更罕见的"圣人之性"不仅能够现实化(actualizes)为公共精神,而且经由进一步努力,还能在公共事务上权衡的好、具备处理公共事务方面的明智。

那么,这个人性等级制的一个蕴含是:无论就其本性、还是通过训练,其实大多数人根本不可能成为政治的动物。一方面,《理想国》的读者容易忽视这个思想。这是因为,当苏格拉底和格劳孔兄弟建造言语城邦时,尽管**最早**引入的成员是"农夫、瓦匠、纺织工人、鞋匠""木匠铁匠和其他匠人"等（柏拉图，1986 年，第 59—60 页）斗筲之徒，可是由于苏格拉底迅速地将话锋转向统治者阶层（护卫者和护国者），《理想国》中，言语城邦中的大多数很快沦为"沉默的大多数"。另一方面，自不必提，既然大多数人不是政治动物——他们生活的"色调"是家政性的（economical）、他们友爱的"外延"较小、他们汲汲于"私欲"等，无论从"国家整体幸福"（柏拉图，1986 年，第 135 页）的观点看，还是从"给予每个人以应得"的自然正义观点（柏拉图，1986 年，第 156—159 页）看，大多数人需要的是严明的法律为之立规矩、有效的制裁使之不逾矩等，总之需要/应当被统治（be ruled）。

回到霍布斯。首先，平等者（one among the equals）霍布斯通过怀疑论解构了人性等级制的形而上学观点。进而，他的政治思维不预设人性等级制这项事实意味着，对于否定多数人或所有人成长为政治动物（"摩顶放踵利全国，为之"的护国者）的可能性，霍布斯失去了强有力的形而上学工具。但是，如此一来，我们怎样理解"普通民众心理学"中的必然性论断呢？所谓"民众……只权衡他们的特殊利益：**这种情形过去一向如此，未来也会一直如此……**"（Hobbes，1990，p.39）

"普通民众心理学"中没有必然命题。对我来说，"未来也会一直如此"表达的是托马斯·霍布斯——"那个鲁莽顽劣、破坏偶像的极端派，第一个平民哲学家，出于他那几乎有些带孩子气的直来直去、他那永不衰竭的人道和他那无与伦比的明晰和力量而让人赏心悦目的作家"（施特劳斯，2016 年，第 169 页）——的一个愿望（a wish）。或者，整句话相当于霍布斯的一个诘问："为什么民众不应当权衡他们的特殊利益？"

比如，针对"每个人都参与公共事务（everyone manages public business）"的民主政治，霍布斯评论，它的一个不便之处在于，"使我们耽搁自己的私事（to neglect our private affairs）"（OC，p.122）。

当然，诘问的对象不是柏拉图。毕竟，我们看到，柏拉图相信，城邦的大多数暨民众注定了权衡各自的特殊利益；在这个信念面前，这个诘问是无意义的。可以说，这是为后辈卢梭——乐观而热忱的卢梭——准备的诘问。一方面,作为霍布斯的同志,卢梭的政治思维同样不预设人性的等级制。非但如此,事实上,卢梭将人性的自然平等(权且这样说)坐得太实、过于鲜明,以至在他这里,任何社会不平等——"比他人更富有(more wealthy)、更有名望(more honored)、更有权势(more powerful)"等(Rousseau,1997,p.131)——都包含着对自然正义的背离和偏离。另一方面,作为柏拉图与拉西第蒙的拥趸,卢梭将"对祖国如此热爱,以至为了祖国甘愿牺牲个人自由"的护卫者视为人的楷模。这两方面的思想结合起来,生发出只由为公的护卫者组建和构成的理想国,并且(基于天赋平等的信念),卢梭认定,这个政治理想是可行的(practicable)或者"在我们能力范围以内的(within our powers)"。(参阅 Rousseau,2002,pp.163—164)

2. 利维坦与有朽的上帝

说起来,我们这位声称"政治哲学更年轻,不早于我的著作《论公民》"(OB,p.ix)的霍布斯,在任何"古今政治思想谱系"都占据一席之地——事实上,他是公认的矗立在"今"之开端的大人物。而在霍布斯政治哲学思想史意义的各式见解中,皮埃尔·莫内的看法最有趣。莫内的阐释始于马基雅维利《君主论》中记录的一段博尔贾事迹:

> 当公爵[切萨雷·博尔贾]占领罗马尼阿的时候,他察觉罗马尼阿过去是在一些孱弱的首领的统治之下,他们与其说是统治他们的属民,倒不如说是掠夺属民,给他们制造种种事端,使他们分崩离析而不是团结一致,以致地方上充满了盗贼、纷争和各式各样横行霸道的事情。他想使当地恢复安宁并服从王权,认为必须给他们建立一个好政府,于是他选拔了一个冷酷而机敏的人物雷米罗·德·奥尔科,并授予全权。这个人在短时期内恢复了地方的安宁与统一,因此获得了极大的声誉。可是公爵后来因为害怕引起仇恨,认定再没有必要给他这样过分大的权力。于是他在这个地区的中心设立了一个人民法庭,委派一名最优秀的庭长,在那里每一个城市都设有他们自己的辩护人。因为他知道,过去的

严酷已经引起人们对他怀有某些仇恨。为此,他要涤荡人民心中的块垒,把他们全部争取过来。他想要表明:如果过去发生过任何残忍行为,那并不是由他发动的,而是来自他的大臣刻薄的天性。他抓住上述时机,在一个早晨使雷米罗被斫为两段,暴尸在切塞纳广场,在他身旁放着一块木头和一把血淋淋的刀子。这种凶残的景象使得人民既感到痛快淋漓,同时又惊讶恐怖。(马基雅维利,2013 年,第 27—28 页)

莫内进而说道,"托马斯·霍布斯在马基雅维利充满戏剧化的描述中清楚地看到了一系列行动和情感中蕴藏的人类秩序的逻辑。霍布斯的'利维坦'……就是切塞纳广场上切萨雷·博尔贾行为的制度化形式"(莫内,2011 年,第 20 页)。我们看到,博尔贾的行为是通过施加残忍和制造恐惧,以克服另外的残忍和恐惧;霍布斯的国家既是博尔贾行为的制度化,那么,霍布斯这里,"政治秩序因此成为了恶制恶的炼丹术"(莫内,2011 年,第 20 页)。

确实,霍布斯将政治视为恶制恶的技艺,我们从利维坦和有朽的上帝这两个国家的隐喻性意象开始,评注这一点。

首先,利维坦是"尘世间无以伦比"的力量(Lev, p.307),上帝是"永恒、无限和**全能的**(omnipotent)"(Lev, p.95),是"[人性]无从抵抗的力量(irresistible power)"(OC, p.173)。我相信,霍布斯之所以将国家类比于利维坦和上帝,是因为国家拥有卓越的力量,或者,国家构成超拔的力量。

国家作为超拔的力量,是相对臣民个体来说的——这个讲法简单地在描述一种经验:一种在我们每个人和国家(官吏、政策、法律、警察、军队、政府、主权者或随便什么名字)的遭遇中,一再确认的经验。

那么,在我看来,"国家像利维坦"或者"国家像上帝"属于霍布斯政治思维中最初的东西,而非最后的东西。就是说,个人本来就(至少部分地)把国家体验为(experiences)压倒性力量(an overwhelming power)——这种经验可以成为政治反思(reflection of politics)的对象和素材,却不是政治反思的成果或者政治哲学确立的结论。

值得强调的是,臣民或被统治的个体才会把国家体验为压倒性力量。"国家像利维坦"和"国家像上帝"是臣民阶层的政治譬喻,霍布斯是"第一个平民哲学家"(施特劳斯,2016 年,第 169 页)。霍布斯教会我们以平民的观点——用你我的眼睛——打量政治,这是他的政治思想中最悠远、最意味深长的东西。

其次,政治哲学,就其自身而言,不会造成国家作为压倒性力量这个事实的任何变化,就像针无法穿过心灵。国家的任何变化都是实践领域的事。政治哲学反思的是,国家对人性来说意味着什么? 因此,政治哲学相关的及也许可以改变的是,人们理解或领会国家作为压倒性力量这一事实的方式。

回顾和反思本章第一节重构的"人造人"学说的相关要点,很容易发现霍布斯的政治哲学把国家理解或领会为必要的恶。我们记得,为了避免可恶的战争和死亡,自然人两害相权取其轻,通过转移"就其本性热爱的自由"(Lev,p.135)创制国家。根据这个叙事,对臣民个体来说,"体格和力量比自然人大得多的人造人"(Lev,p.ix)是必要的,就其保护他的安全(特别是生命安全)而言;不过,作为压倒性力量的国家也是恶的,就其收束和限制个体自由而言。因此,国家是必要的恶。

再次,这个"矛盾的"国家概念,蕴藏着个人对国家的**两种**基本情绪或态度:马基雅维利的"既感到痛快淋漓,同时又惊讶恐怖"(马基雅维利,2013 年,第 28 页);斯宾诺莎所谓个体对国家的"恐惧(fear)"或"希望(hope)"(see Spinoza,2002,pp.438—440);帕斯卡尔所言"国王……给臣民留下尊敬与畏惧的印象"(帕斯卡尔,1985 年,第 160—161 页)等。比如,可以设想,一个内化了必要之恶国家观的人,面对祖国,取决于后者的必要性(necessity)方面占主导,还是恶(evil)的方面居上风——准确说来,取决于他相信或愿意相信是哪种情况,他或者感到痛快淋漓、希望和尊敬,或者感到惊讶恐怖、畏惧和恐惧。

这个层面提供了以另外的方式玩味"国家像利维坦"和"国家像上

帝"的空间。我们说,在作为压倒性力量的同时,利维坦毕竟是肆虐的、狂暴的,以至在基督教文化中一度"意谓以各种各样面目出现的恶魔力量,也可以表示撒旦本身"(施米特,2008 年,第 43 页);另一方面,上帝终归是仁慈的,是希望的对象、爱的对象(OC, p.62)、敬仰的对象(OC, p.9)、崇拜的对象(OC, pp.175—182)。那么,从这个角度出发,我们能够将这两个比喻区分开。"国家像利维坦"描述这个"震慑着每个人的可见力量(visible power to keep everyone in awe)"(Lev, p.153)与人交恶的可能情况,"国家像上帝"刻画的是它造福(beneficial)于民、与人为善的可能面貌。

最后,虽然相对于个人,无论利维坦还是上帝,都构成"无从抵抗的力量(irresistible power)"(OC, p.173),不过,圣经和基督教文化中,在全能者上帝面前(约伯记第 40 章第 2 节),利维坦终归是任意摆布的小角色:"哦,万福的十字架/木质上佳,/为你羁绊/那贪婪的利维坦。"(施米特,2008 年,第 45—46 页)

这个宗教观念在政治领域的映射是一个美好的愿望:国家终将"净化",政治权力(political power)的滥用必将终结。当然,美好的愿望尚构不成政治哲学,因为政治哲学必须相关于将愿景兑换成现实。这种气质的政治哲学大概由明智的洛克(the Judicious Locke)开启。(a)对于政治权力的猜忌渗透在《政府论下篇》的每一页;(b)当洛克谈起"……竟认为人们是如此愚蠢:为了避免臭鼬或狐狸的骚扰,就甘愿入狮子之口,且自觉获得了安全"(Locke, 1988, p.328)时,他正面的想法是,为了避免臭鼬、狐狸或狼的骚扰,人们当然得豢养狮子;不过,如果人们是明智的话,他们最好把狮子拴起来,并把链子的一端牢牢攥在自己的手中。

洛克评论,只是头脑简单、质朴天真、缺乏经验的原始人才"不会费心思考各种方法以限制被赋予权威者的专横,以及,不会去筹划通过把政府权力各部分配给不同的人来平衡政府权力"(Locke, 1988, p.338)。我们完全可以将这个评论视为对霍布斯的揶揄。另一方面,我们完全能够确认霍布斯——这个在臣民身位上抬起头打量政治、在国家的力量面前战栗不已、领会国家为必要之恶、将国家置于利维坦和上帝之间的霍布斯——与自由主义气质的政治哲学之间的联系。"每一个开始/仅仅是续篇，//事件之书/总是从中途开启。"（辛波斯卡：《一见钟情》）

参 考 文 献

Allison, Henry E, 2011, *Kant's Groundwork for the Metaphysics of Morals : a Commentary*, Oxford/New York: Oxford University Press.

Anscombe, G. E. M. , 1958, *"Modern Moral Philosophy"*, in *Human Life, Action and Ethics : Essays by G.E.M. Anscombe*, ed. Mary Geach & Luke Gormally, Imprint Academic, 2005, pp. 158—183.

Anscombe, G. E. M. , 2000, *Intention*, Cambridge: Harvard University Press.

Aristotle and Thomas Hobbes, 1903, *Aristotle's Treatise on Rhetoric : Literally translated from the Greek with an Analysis by Thomas Hobbes, and a Series of Questions. New Edition, to Which is Added, a Supplementary Analysis Containing the Greek Definitions, also, the Poetic of Aristotle*, London: Bohn's Libraries.

Aristotle, 1963, *Categories and De Interpretatione*, trans. J. L. Ackrill, Oxford: the Clarendon Press.

Aristotle, 1984, *the Politics*, trans. Carnes Lord, Chicago and London: the University Press of Chicago Press.

Aristotle, 1984(b), *Topics*, trans. W. A. Pickard-Cambridge, in *the Complete Works of Aristotle, the Revised Oxford Translation*, ed. Jonathan Barnes, Volume One, Princeton: Princeton University Press.

Aristotle, 2002, *Nicomachean Ethics*, trans. Christopher Rowe, Oxford: Oxford University Press.

Aristotle, 2006, *On Rhetoric : a Theory of Civic Discourse*, trans. George A. Kennedy, New York/ Oxford: Oxford University Press.

Aristotle, 1968, *De Anima*, trans. D. W. Hamlyn, Oxford: Oxford University Press.

Aristotle, 1978, *De Motu Animalium*, text with translation, commentary and interpretive essays by Martha Craven Nussbaum, Princeton: Princeton University Press.

Aristotle, 1996, *Physics*, trans. Robin Waterfield, Oxford: Oxford University Press.

Aristotle, 2016, *Metaphysics*, trans. C. D. C. Reeve, Indianapolis/Cambridge: Hackett

Publishing Company, Inc.

Augustine, 1998, *the City of God: Against the Pagans*, ed. R.W. Dyson, Cambridge: Cambridge University Press.

Barber, Benjamin R., 1991, *"Liberal Democracy and the Costs of Consent"*, in *Liberalism and the Moral Life*, ed. Nancy L. Rosenblum, Harvard University Press.

Bobbio, Norberto, 1993, *Thomas Hobbes and the Natural Law Tradition*, trans. Daniela Gobetti, Chicago and London: the University of Chicago Press.

Brandt, Frithiof, 1928, *Thomas Hobbes's Mechanical Conception of Nature*, Copenhagen: Levin & Munksgaard.

Curley, Edwin, 1989, *"Reflections on Hobbes: Recent Work on His Moral and Political philosophy"*, in *Hobbes*, ed. Robert Shaver, Brookfield: Ashgate Publishing Company, 1999, pp.171—252.

Descartes, Rene, 1985, *the Philosophical Writings of DESCARTES*, Vol. I, trans. John Cottingham, Robert Stoothoff, Dugald Murdoch, Cambridge: Cambridge University Press.

Descartes, Rene, 1984, *the Philosophical Writings of DESCARTES*, Vol. II, trans. John Cottingham, Robert Stoothoff, Dugald Murdoch, Cambridge: Cambridge University Press.

Descartes, Rene, 1991, *the Philosophical Writings of DESCARTES*, Vol. III, trans. John Cottingham, Robert Stoothoff, Dugald Murdoch, Cambridge: Cambridge University Press.

Descartes, Rene, 2006, *A Discourse on the Method of Correctly Conducting One's Reason and Seeking Truth in the Sciences*, trans. Ian Maclean, New York: Oxford University Press.

Filmer, Robert, 1991, *Patriarcha and Other Writings*, ed. Johann P. Sommerville, Cambridge: Cambridge University Press.

Gauthier, David P., 1969, *the Logic of Leviathan: the Moral and Political Theory of Thomas Hobbes*, Oxford: the Clarendon Press.

Gauthier, David P., 1979, *"Thomas Hobbes: Moral Theorist"*, in *Hobbes*, ed. Robert Shaver, Brookfield: Ashgate Publishing Company, 1999, pp.3—15.

Gauthier, David P., 1997, *"Hobbes on Demonstration and Construction"*, in *Journal of the History of Philosophy*, Vol.35, No.4 (Oct., 1997), pp.509—521.

Gauthier, David P. 1997, *"Book Review: Reason and Rhetoric in the Philosophy of Hobbes, by Quentin Skinner"*, in *the Journal of Philosophy*, Vol.94, No.2 (Feb., 1997), pp.94—97.

Gauthier, David P., 2001, *"Hobbes: the Laws of Nature"*, in *Pacific Philosophical Quarterly*, 82 (2001), pp.258—284.

Gert, Bernard, 1965, *"Hobbes, Mechanism, and Egoism"*, in *the Philosophical Quar-*

terly, Vol.15, No.61(Oct, 1965), pp.341—349.

Gert, Bernard, 2001, "*Hobbes on Reason*", in *Pacific Philosophical Quarterly*, Sep. 2001, Vol.82, pp.243—257.

Gert, Bernard, 2010, *Hobbes*, Cambridge: Polity Press.

Hampton, Jean, 1992, "*Hobbes and Ethical Naturalism*", in *Hobbes*, ed. Robert Shaver, Brookfield: Ashgate Publishing Company, 1999, pp.31—51.

Hobbes, Thomas, 1839, *Concerning Body*, ed. Sir. William Molesworth, Bart, London: John Bohn.

Hobbes, Thomas, 1839, *Leviathan*, ed. Sir. William Molesworth, Bart, London: John Bohn.

Hobbes, Thomas, 1990, *Behemoth or the Long Parliament*, ed. Ferdinand Tonnies, Chicago and London: the University of Chicago Press.

Hobbes, Thomas, 1991, *Man and Citizen* (*De Homine and De Cive*), ed. Bernard Gert, Indianapolis/Cambridge: Hackett Publishing Company.

Hobbes, Thomas, 1994, *the Elements of Law: Natural and Political*, ed. J.C.A. Gaskin, Oxford: Oxford University Press.

Hobbes, Thomas, 1998, *On the Citizen*, ed. & trans. Richard Tuck and Michael Silverthorne, Cambridge: Cambridge University Press.

Hobbes, Thomas and Bramhall, 1999, *Hobbes and Bramhall on Liberty and Necessity*, ed. Vere Chappell, Cambridge: Cambridge University Press.

Hume, David, 2007, *A Treatise of Human Nature*, eds. David Fate Norton, Mary J. Norton, Oxford: Clarendon Press.

KavKa, Gregory S., 1983, "*Right Reason and Natural Law in Hobbes's Ethics*", in *Thomas Hobbes: Critical Assessments*, Vol.II, ed. Preston King, London and New York: Routledge, 1993, pp.419—433.

Kavka, Gregory S., 1986, *Hobbesian Moral and Political Theory*, Princeton, New Jersey: Princeton University Press.

Kant, Immanuel, 1997, *Groundwork of the Metaphysics of Morals*, Cambridge: Cambridge University Press.

Levin, M, 1982, "*A Hobbesian Minimal State*", in *Thomas Hobbes: Critical Assessments*, Vol.III, ed. Preston King, London and New York: Routledge, 1993, pp.673—685.

Lloyd, S. A., 2009, *Morality in the Philosophy of Thomas Hobbes: Cases in the Law of Nature*, New York: Cambridge University Press.

Locke, John, 1988, *Two Treatises of Government*, ed. Peter Laslatt, Cambridge: Cambridge University Press.

Lubienski, Z, 1930, "*Hobbes's Philosophy and Its Historical Background*", in *Thomas Hobbes: Critical Assessments*, Vol.I, ed. Preston King, London and New York: Routledge, 1993, pp.1—16.

Macpherson, C. B., 1945, "*Hobbes's Bourgeois Man*", in *Hobbes Study*, ed. K. C. Brown, Oxford: Basil Blackwell, 1965, pp.169—183.

Macpherson, C.B., 1962, *The Political Theory of Possessive Individualism: Hobbes to Locke*, Oxford/ New York: Oxford University Press.

Malcolm, Noel, 2002, *Aspects of Hobbes*, New York: Oxford University Press.

Martinich, A.P., 1992, *the Two Gods of Leviathan: Thomas Hobbes on Religion and Politics*, Cambridge: Cambridge University Press.

McNeilly, F.S., 1966, "*Egoism in Hobbes*", in *the Philosophical Quarterly*, Vol.16, No.64 (Jul., 1966), pp.193—206.

McNeilly, F.S., 1968, *the Anatomy of Leviathan*, New York: St Martin's Press Inc.

van Mill, David, 2001, *Liberty, Rationality, and Agency in Hobbes's Leviathan*, Albany: State University of New York Press.

Mill, John Stuart, 1919, *A System of Logic: Ratiocinative and Inductive, Being a Connected View of the Principles of Evidence and the Methods of Scientific Investigation*, London: Longmans, Green, and Co.

Nagel, Thomas, 1959, "*Hobbes's Concept of Obligation*", in *Thomas Hobbes: Critical Assessments*, Vol. II, ed. Preston King, London and New York: Routledge, 1993, pp.116—129.

Nagel, Thomas, 1970, *the Possibility of Altruism*, Princeton: Princeton University Press.

Nagel, Thomas, 1986, *the View from Nowhere*, New York: Oxford University Press.

Oakeshott, Michael, 1975, *Hobbes on Civil Association*, Indianapolis: Liberty Fund.

Okin, Susan Moller, 1991, "*Humanist Liberalism*", in *Liberalism and the Moral Life*, ed. Nancy L. Rosenblum, Harvard University Press.

Pitkin, Hanna, 1964, "*Hobbes's Concept of Representation- I*", in *The American Political Science Review*, Vol.58, No.2.

Pufendorf, Samuel, Baron von, 1688, *On the Law of Nature and Nations*, Content download from http://heinonline. org.

Rousseau, Jean-Jacques, 1997, *The Discourses and Other Early Political Writings*, ed. Victor Gourevitch, Cambridge: Cambridge University Press.

Rousseau, Jean-Jacques, 2002, *The Social Contract and The First and Second Discourses*, ed. Susan Dunn, New Haven and London: Yale University Press.

Sacksterder, Williams, 1984, "*Man the Artificer: Notes on Animals, Humans and Machines in Hobbes*", in *the Southern Journal of Philosophy*, Spring 1984; 22, 1; Periodicals Archive Online pp.105—121.

Sacksterder, Williams, 1992, "*Three Diverse Sciences in Hobbes: First Philosophy, Geometry, and Physics*", in *The Review of Metaphysics*, Vol.45, No.4 (Jun., 1992), pp.739—772.

Shklar, Judith N., 1991, *"The Liberalism of Fear"*, in *Liberalism and the Moral Life*, ed. Nancy L. Rosenblum, Harvard University Press.

Shklar, Judith N., 2019, *On Political Obligation*, ed. Samantha Ashenden and Andreas Hess, New Haven & London: Yale University Press.

Sidgwick, Henry, 1962, *the Methods of Ethics*, Palgrave Macmillan.

Sorell, Tom, 1986, *Hobbes*, London: Routledge & Kegan Paul Inc.

Sorell, Tom, 1988, *"The Science in Hobbes's Politics"*, in *Perspectives on Thomas Hobbes*, ed. G.A.J. Rogers and Alan Ryan, Oxford: Oxford University Press, pp.67—80.

Strauss, Leo, 1965, *"On the Spirits of Hobbes's Political Philosophy"*, in *Hobbes Study*, ed. K.C. Brown, Oxford: Basil Blackwell, 1965, pp.1—29.

Spinoza, Benedictus De, 2002, *A Theologico-Political Treatise*, in *Spinoza Complete Works*, trans. Samuel Shirley, ed. Michael L. Morgan, Indianapolis/Cambridge: Hackett Publishing Company, Inc, pp.383—583.

Taylor, A.E., 1938, *"the Ethical Doctrine of Hobbes"*, in *Thomas Hobbes: Critical Assessments*, Vol. II, ed. Preston King, London and New York: Routledge, 1993, pp.22—39.

Tricaud, Francqis, 1988, *"Hobbes's Conception of the State of Nature from 1640 to 1651: Evolution and Ambiguities"*, in *Perspectives on Thomas Hobbes*, ed. G.A.J. Rogers and Alan Ryan, Oxford: Oxford University Press, pp.107—123.

Tuck, Richard, 1988, *"Hobbes and Descartes"*, in *Perspectives on Thomas Hobbes*, ed. G.A.J. Rogers and Alan Ryan, Oxford: Oxford University Press, pp.11—41.

Warrender, Howard, 1955, *the Political Philosophy of Hobbes*, Oxford: Clarendon Press.

Warrender, Howard, 1962, *"Hobbes's Conception of Morality"*, in *Thomas Hobbes: Critical Assessments*, Vol. II, ed. Preston King, London and New York: Routledge, 1993, pp.130—145.

Warrender, Howard, 1965, *"A Reply to Mr. Plamenatz"*, in *Hobbes Study*, ed. K.C. Brown, Oxford: Basil Blackwell, 1965, pp.89—100.

Watkins, John, 1955, *"Philosophy and Politics in Hobbes"*, in *The Philosophical Quarterly*, Vol.5, No.19 (Apr., 1955), pp.125—146.

Watkins, John, 1989, *Hobbes's System of Ideas*, Aldershot: Gower Publishing Company Limited.

Williams, Bernard, 1993, *Morality: An Introduction to Ethics*, Cambridge: Cambridge University Press.

Williams, Bernard, 2006, *Ethics and the Limits of Philosophy*, London and New York: Routledge.

Wright, Georg, Henrik von, 1963, *the Varieties of Goodness*, London: Routledge & Kegan Paul.

Wright, Georg, Henrik von, 1963b, *Norm and Action*, London: Routledge & Kegan Paul.

Wright, Georg, Henrik von, 1971, *Explanation and Understanding*, London: Routledge & Kegan Paul.

奥古斯丁,2007 年,《上帝之城:驳异教徒(上)》,吴飞译,上海:上海三联书店。

奥古斯丁,2008 年,《上帝之城:驳异教徒(中)》,吴飞译,上海:上海三联书店。

奥古斯丁,2009 年,《上帝之城:驳异教徒(下)》,吴飞译,上海:上海三联书店。

奥古斯丁,2015 年,《忏悔录》,周士良译,北京:商务印书馆。

奥克肖特,2004 年,《政治中的理性主义》,张汝伦译,上海:上海译文出版社。

波特,2018 年,《自然作为理性——托马斯主义自然法理论》,杨天江译,上海:华东师范大学出版社。

博丹,2008 年,《主权论》,李卫海、钱俊文译,北京:北京大学出版社。

登特列夫,2008 年,《自然法:法律哲学导论》,李日章、梁捷、王利译,北京:新星出版社。

德沃金,2008 年,《认真对待权利》,信春鹰、吴玉章译,上海:上海三联书店。

贡斯当,2015 年,《古代人的自由与现代人的自由》,阎克文、刘满贵、李强译,上海:上海人民出版社。

霍布斯,1985 年,《利维坦》,黎思复、黎廷弼译,北京:商务印书馆。

亨普尔,2006 年,《自然科学的哲学》,张华夏译,北京:中国人民大学出版社。

霍布豪斯,1996 年,《自由主义》,朱曾汶译,北京:商务印书馆。

哈特,2011 年,《法律的概念》,许家馨、李冠宜译,北京:法律出版社。

休谟,2007 年,《道德原则研究》,曾晓平译,北京:商务印书馆。

詹姆斯,2017 年,《激情与行动:十七世纪哲学中的情感》,管可秾译,北京:商务印书馆。

加尔文,2010 年,《基督教要义(上册)》,钱曜诚等译,北京:生活·读书·新知三联书店。

克劳塞维茨,2016 年,《战争论(上册)》,时殷弘译,北京:商务印书馆。

库恩,2012 年,《科学革命的结构》,金吾伦、胡新和译,北京:北京大学出版社。

洛克,1982 年,《政府论(上篇)》,瞿菊农、叶启芳译,北京:商务印书馆。

洛克,1964 年,《政府论(下篇)》,瞿菊农、叶启芳译,北京:商务印书馆。

罗尔斯,2011 年,《政治哲学史讲义》,杨通进、李丽丽、林航译,北京:中国社会科学出版社。

李猛,2015 年,《自然社会:自然法与现代道德世界的形成》,北京:生活·读书·新知三联书店。

密尔,2016 年,《功利主义》,徐大建译,北京:商务印书馆。

密尔,2011年,《论自由》,孟凡礼译,桂林:广西师范大学出版社。

梅特兰,2008年,《国家、信托与法人》,樊安译,北京:北京大学出版社。

马基雅维利,2013年,《君主论·李维史论》,潘汉典、薛军译,长春:吉林出版集团有限责任公司。

莫内,2011年,《自由主义思想文化史》,曹海军译,长春:吉林人民出版社。

麦金太尔,2011年,《追寻美德:道德理论研究》,宋继杰译,南京:译林出版社。

诺奇克,2008年,《无政府、国家和乌托邦》,姚大志译,北京:中国社会科学出版社。

佩蒂特,2010年,《语词的创造:霍布斯论语言、心智与政治》,于明译,北京:北京大学出版社。

柏拉图,1986年,《理想国》,郭斌和、张竹明译,北京:商务印书馆。

帕斯卡尔,1985年,《思想录》,何兆武译,北京:商务印书馆。

培根,2016年,《新工具》,许宝骙译,北京:商务印书馆。

托马斯,2016年,《论法律》,杨天江译,北京:商务印书馆。

施特劳斯,2001年,《霍布斯的政治哲学:基础和起源》,申彤译,南京:译林出版社。

施特劳斯,2016年,《自然权利与历史》,彭刚译,北京:生活·读书·新知三联书店。

施特劳斯,2012年,《柏拉图式政治哲学研究》,张缨等译,北京:华夏出版社。

施特劳斯,2012年,《迫害与写作艺术》,刘锋译,北京:华夏出版社。

施特劳斯,2014年,《什么是政治哲学》,李世详译,北京:华夏出版社。

施特劳斯,2018年,《西方民主与文明危机》,刘小枫选编,北京:华夏出版社。

施米特,2008年,《霍布斯国家学说中的利维坦:一个政治符号的意义及其失败》,应星、朱雁冰译,上海:华东师范大学出版社。

施米特,2015年,《政治的概念》,刘宗坤、朱雁冰译,上海:人民出版社。

施米特,2017年,《大地的法》,刘毅、张陈果译,上海:人民出版社。

斯金纳,2011年,《霍布斯与共和主义自由》,管可秾译,上海:上海三联书店。

斯金纳,2005年,《霍布斯哲学思想中的理性与修辞》,王加丰、郑崧译,上海:华东师范大学出版社。

维特根斯坦,2011年,"关于伦理学的演讲",《维特根斯坦论伦理学和哲学》,江怡译,杭州:浙江大学出版社。

威廉斯,2014年,《羞耻与必然性》,吴天岳译,北京:北京大学出版社。

吴增定,2017年,《利维坦的道德困境:早期现代政治哲学的问题与脉络》,北京:生活·读书·新知三联书店。

图书在版编目(CIP)数据

霍布斯政治哲学研究/刘海川著.—上海:上海
三联书店,2023.5
(思想与社会)
ISBN 978 - 7 - 5426 - 7703 - 7

Ⅰ.①霍…　Ⅱ.①刘…　Ⅲ.①霍布斯(Hobbes,
Thomas 1588 - 1679)-政治哲学-研究　Ⅳ.①B561.22
②D0

中国版本图书馆 CIP 数据核字(2022)第 044163 号

霍布斯政治哲学研究

著　　者 / 刘海川

责任编辑 / 黄　韬
装帧设计 / 徐　徐
监　　制 / 姚　军
责任校对 / 王凌霄

出版发行 / 上海三联书店
　　　　　(200030)中国上海市漕溪北路 331 号 A 座 6 楼
邮　　箱 / sdxsanlian@sina.com
邮购电话 / 021 - 22895540
印　　刷 / 上海惠敦印务科技有限公司

版　　次 / 2023 年 5 月第 1 版
印　　次 / 2023 年 5 月第 1 次印刷
开　　本 / 640mm×960mm　1/16
字　　数 / 380 千字
印　　张 / 28.25
书　　号 / ISBN 978 - 7 - 5426 - 7703 - 7/B・774
定　　价 / 88.00 元

敬启读者,如发现本书有印装质量问题,请与印刷厂联系 021 - 63779028